汉代的谣言

北京启真馆

启真论丛
QIZHEN

吕宗力 著

汉代的谣言

ZHEJIANG UNIVERSITY PRESS
浙江大学出版社

目　　录

绪　　言

什么是谣言？

现代汉语中，谣言往往被定义为“没有事实根据的传闻，捏造的消息”①；“没有事实根据的消息”②；“没有事实根据的传言”③。讨论大众心理学的普及读物，或将其定义为主动造假、凭空捏造而在一定时空范围内流传的言论。④社会心理学著作称之为“错误不实的消息”⑤，“在社会大众中相互传播的关于人或事的不确切信息”⑥。有的历史学者在其研究近代史上谣言的著作中定义谣言为“彻头彻尾的假言，凭空捏造，毫无依据”，“构成因素中没有一点真实性的条件”⑦。

以上通俗或学术的定义，各有其特定语境和学术、社会背景。欧美经典谣言心理学著作认为，谣言是指在缺乏可靠证据的情形下，人们基于自己的信念所作的特定或时事性陈述，一般经过口耳相传，在人与人之间传播；在传播过程中，任何谣言都可能包含着某些真实的信息。⑧

---

① 《辞海》(1999)，1册，页1094。

② 《现代汉语词典》(2005)，页1583。

③ 《汉语大词典》，(1993)，11册，页382。

④ 张铁民（1997)，页6、30。

⑤ 刘安彦（1993)，页133。

⑥ 周晓虹（1997)，页427。

⑦ 苏萍（2001)，页5。

⑧ Allport and Postman (1965), *The Psychology of Rumor*, preface ix.该书原版由Henry Holt and Company于1947年出版，1965年由纽约的Russell & Russell, INC.重版。中译本作奥尔波特等著，刘水平、梁元元、黄鹏译，《谣言心理学》，沈阳：辽宁教育出版社，2003。

谣言是如何发生，如何成形的呢？奥尔波特（Gordon W. Allport）和波斯特曼（Leo Postman）认为，谣言的发生有两个基本条件：对于传谣者和听谣者来说，流传中的谣言必须包含“重要”的议题；而谣言中所包含的真实信息必被隐藏并经过“模糊”处理。[①]谣言其实也遵从社会心理学的一个普遍规则：人们在对环境的感知与演绎中，难免涉及主观情感的扭曲，扭曲的程度，则取决于“重要”和“模糊”的叠加效果。[②]他们由此归纳出一个谣言发生条件的著名公式：R（Rumor，谣言）$=i$（importance，重要性）$\times$ a（ambiguity，模糊性）。所谓“模糊性”，是指谣言发生时所处情境/语境所具有的不明朗性。所带出的信息、议题越重要，所处语境的不明朗性越高，谣言的影响力就越大。

这个公式在揭示谣言发生的前提条件方面，有一定说服力，有助于理解谣言的发生机制，但却忽略了在谣言形成、传播、演变过程中人际沟通网络的重要性，以及不同群体、个人的反应和互动，有意无意间将牵涉谣言发生和流传的群体、个人视为“无意识地做出反应的主体”。[③]

欧美社会学家们在研究谣言时，针对谣言传播过程中的人际网络、群体互动，作了深入的探讨。希布塔尼（Tamotsu Shibutani）发现，在谣言研究中，不同学科的关注重点有所不同：历史学家和法理学家关注证言可靠性的问题，心理学家更关注感知与记忆的准确度，精神病学家对沟通行为中所表现出来的被压抑之冲动有特别兴趣，社会学家则着重研究谣言形成过程中如何凝聚成集体解决问题的方案、公众舆论，以及面对灾难的群体回应。[④]他称谣言为“即兴创作的新闻”，认为谣言是一种集体解决问题的方式，是一种在人群、社会中反复出现的沟通形式。人们通过这种沟通形式，尝试在不明朗不稳定的社会处境中，共享其智力资源，建构出

---

① Allport and Postman（1965），p.33.

② Allport and Postman（1965），p.44.

③ 诺伊鲍尔（2004），页221。即 Hans-Joachim Neubauer. *The Rumour：A Cultural History*（Trans. into English by Christian Braun，London：Free Association Books，1999），书名原意为“谣言文化史”。中译本作汉斯－约阿希姆·诺伊鲍尔著，顾牧译，《谣言女神》，北京：中信出版社，2004。

④ Shibutani（1966），p.3.

对他们而言有意义的关于处境的诠释。①

也有学者认为，虽然“不明朗”因素在谣言形成中是一个常见的原动力，却并非必要条件，其他环境因素，例如社区的矛盾冲突，就可能对谣言的发生和形成更为重要。②谣言有别于与其他言论资讯例如新闻报道、记事、声明等之处，主要在于其“未经（权威来源）证实”。这些“未经证实”的信息很可能在事后被证明是真实的，当然也可能是虚构的。③“谣言并非事实，只是传闻或闲言碎语。有些谣言最终可能被证实是正确的，但当其仍被视为‘谣言’时，它们是未经证实的信息。”④

一则谣言出现以后，能否获得广泛传播、广泛接受，其涵盖的议题、提出的看法和诉求是关键。希布塔尼认为，谣言传播和形成过程中的人际互动和群体散布，应该是一个充满意识的“扭曲”、沟通、集体讨论、构建和再构建的动态过程，最后达致共识。因此，“虚假谬误”并非谣言必然具备的特性。一则谣言可能在初起时传达着虚假信息，但在构建、再构建期间逐渐发展成为自我实现的预言。⑤

参考上述社会心理学家、社会学家关于谣言的论述，笔者在本书中将谣言定义为一种未经证实但未必虚妄谬误、主要经口头传播（当然也可以文字为载体）的言论信息，经人际沟通、集体参与和广泛传播而构建成形。至于谣言的最初版本是否属无中生有，或谣言原创者（如果有的话）的动机是否故意捏造，并不是本书关注的重点。因为一则言论，如果不能进入传播渠道，并在人际互动中赢得一定的受众和关注，它就不属于本书要探讨的谣言。而一旦它进入传播渠道并产生相当的社会影响，并在群体互动中建构出能够凝聚一定共识的版本，那它代表的已是群体的意愿和诉求，与原创者的主观动机不再相干。本书所要讨论的谣言，是一种广泛存在的社会文化现象。在任何

---

① Shibutani (1966), p.17.

② Knopf (1975), pp.90 -91.

③ Knopf (1975), p.2.

④ Rosnow and Fine (1976), p.10.

⑤ Shibutani (1966), pp.14 -24, 70 -97, 140 -181.

历史时期、任何国家地区、任何社会文化形态中，可以说是无时不在、无处不在。“虽然其具体内容会因不同时空的语境而异，其行为方式却是不断重复的。”[①]正因为谣言是一种普遍存在、影响广泛的文化现象，在现代语言学、社会学、心理学、人类学、传播学、市场学中，谣言已成为一个重要的研究范畴。[②]

谣言与历史也大有干系。其实人类历史的大部分时间，是在对种种谣言或谣言类言论作出反应，与之互动。[③]在古希腊的雅典，谣言被视为宙斯的神谕，当时的人们曾为传播谣言的女神设立神坛。[④]在古罗马帝国，谣言女神的名字叫法玛，在拉丁语中意为名誉、公众看法、流言飞语、谣言。帝国首都罗马，曾是“一个充斥着流言、听传与谣言的城市”[⑤]。欧洲的中世纪至近现代历史叙事中，谣言仍然满天飞。欧美历史学家对此已作出一些研究，如文艺复兴时期欧洲的新闻与谣言[⑥]，16 世纪大发现时代的旅行、谣言与流行于巴尔干、东欧、小亚细亚、中东、北非、印度等地区的东方基督教徒[⑦]，法国大革命前夕的谣言与政治[⑧]，《锡安长老议定书》：一个反犹太主义的谣言案例[⑨]，谣言与 18 世纪中叶北美殖民地纽约的“黑人大阴谋”冤案[⑩]，等等。

在中国历史上，谣言也是普遍存在的社会文化现象。许多脍炙人口、传诵千古的传奇、神话故事，其原型都来自“谣言”；在军事、政治斗争中兵不厌诈地使用的大量“诈伪”之言，亦可说是“谣言”；

---

① Shibutani (1966), p.17.

② 如周晓虹（1997）在其《现代社会心理学》中论述“由信息传播影响的集群行为”时，专门讨论了流言与谣言的性质、传播过程及制止的方法。（页 427—434）

③ Allport and Postman (1965), p.159.

④ 诺伊鲍尔（2004），页 12—13。

⑤ 诺伊鲍尔（2004），页 43、51。

⑥ Matthews (1959), *News and Rumor in Renaissance Europe: the Fugger Newsletters*.

⑦ Rogers (1962), *The Quest for Eastern Christians: Travels and Rumor in the Age of Discovery*.

⑧ Farge and Revel (1991), *The Vanishing Children of Paris: Rumor and Politics before the French Revolution*.

⑨ Bronner (2000), *A Rumor About the Jews: Reflections on Antisemitism and the Protocols of the Learned Elders of Zion*.

⑩ Davis (1985), *A Rumor of Revolt: the "Great Negro Plot" in Colonial New York*.

朝廷种种言不由衷的宣言，御史的风闻言事，种种政治神话、民间传说，即使被载入正史，仍然可能是“谣言”。

现代中国谣言研究的先驱陈雪屏先生[1]，在1939年已指出：“谣言与其他一切语言文字的报告或陈述，如新闻、传说、历史等，在实质上是可以相通的。”如果以“真实”作为区分不同形式言论信息的标准，则“不可靠”、“不真实”并非谣言独有的特性。报纸和广播所传播的新闻，是现代人生活中一种不可缺少的智识来源，应该在性质上与谣言大不相同，但在国际形势复杂、新闻受到管制、社会上迷信与欺诈流行的时代，新闻却不可尽信。众所周知、深入人心的民间传说甚至历史传说，其实往往是经过时代淘洗而得以长久留存的谣言；最可宝贵最可信赖的史料，以及依据史料撰述而成的史学论述，其中难免掺杂着无数不可靠的成分，而时过情迁，客观的标准早已不存在。本应是最真确的档案文件，往往由于某些“不便宣布”的理由，若干部分竟被篡改或删除，被删除的部分有的比保存下来的也许更重要，《东华录》的编纂方法就是一个好例子。各种有意无意的主观成见，都足以减少历史的可靠性。如果以“无根之言”、“传闻之未实者”来界定谣言，则这样的言论“在新闻、供词、传说、宣称与历史中无不存在”。[2]

笔者引用以上论述，当然并非要将谣言与出自严肃、权威渠道的言论信息等量齐观，而是要说明在历史研究上，各种形式的语言文字信息都有其特定价值与局限。从这个意义上说，孔飞力（Philip A.Kuhn）《叫魂》[3]，柯文（Paul A.Cohen）《历史三调：作为事件、经历

① 陈雪屏（1901—1999），江苏宜兴人。1926年毕业于北京大学哲学系，主修心理学，随即赴美国哥伦比亚大学心理研究所进修，获硕士学位。20世纪30年代初回国，先后任教于东北大学、北京师范大学、北京大学、西南联大，著有《谣言的心理》（1939）等。1948年曾任国民政府教育部政务次长、代部长。1953年开始担任台湾大学心理学系教授。其女陈淑平之夫婿即历史学家余英时。

② 陈雪屏（1939），页4—9、13。

③ Kuhn（1990），*Soulstealers：the Chinese Sorcery Scare of 1768*（Cambridge，MA.：Harvard University Press，1990）.中译本作孔飞力著，陈兼、刘昶译，《叫魂：1768年中国妖术大恐慌》，上海：上海三联书店，1999。

和神话的义和团》第五章[①]，苏萍《谣言与近代教案》等著作，以谣言为切入点，别出蹊径，研究清史和近代史，都可谓独具慧眼的力作。

清、近代的史料浩如烟海，为研究历史上的谣言提供了较大的便利。中国古代的传世和出土文献虽然数量有限，但也记载了一些谣言、谣言类言论。官方认可的政治神话、民间流传的传奇“俗说”，有些已著录文本。这些言论通常被视为虚妄、谬误、无稽、迷信，没有事实根据的传闻，捏造的消息，怪诞不经的邪说，易为有心人利用来误导、愚民，颇类现代汉语所说的“谣言”。这些谣言或谣言类言论，或散见于史籍纪、传，或与朝野间流行的诗谶、民谣、童谣一起，由传统历史编纂者编入《五行志》诗妖类，成为诠释历史时的小小注脚。我们今天如果要研究古代历史上的谣言，历代的《五行志》可以说是一个“宝库”。[②]但到目前为止，中国古代史研究中，尚缺乏对这些谣言或谣言类言论的系统整理和严肃讨论，当然也就难以认真回答如下问题：在中国古代，什么样的言论被标签为谣言？谣言因何而发生？有哪些表现形式？如何传播？如何建构？所传递的信息属何性质，有何特点？谣言所承载的信息与真相、虚假、讹误之间有什么样的关系？传谣者和受众以什么样的心态看待谣言？人们为何信谣和传谣？谣言有什么样的社会与政治影响力、功能及局限？统治当局如何面对与回应谣言？智识界如何面对与回应谣言？

由于种种局限（包括史料和功力、见地），本书恐怕难以逐一回答上述一系列问题，完整地重构约两千年前谣言发生、传播时的社会文化情境。但对有关历史文献所记载的流言、讹言、妖言、谶言、谣言、政治神话、民间传说及其相关语境进行认真考察和研究，可能有助于我们提示官式文本、主流思维之外的另类真相或史观，解读特定历史时空中的群体心态和社会心理氛围，描绘出更多维、多层、多彩的历史图像，对此类信息的“历史真实性”及其与特定历史语境之间的关系作出更完整的解读。这正是笔者在这本小书中想作的尝试。

---

① Cohen (1997), *History in Three Keys: the Boxers as Event, Experience, and Myth* (New York: Columbia University Press, 1997). 中译本作柯文著，杜继东译，《历史三调：作为事件、经历和神话的义和团》，南京：江苏人民出版社，2000。

② 陈雪屏（1939），页8。

第一章　流言与讹言

第一节　流　　言

现代汉语语文工具书，一般定义流言为“散布没有根据的话”，“谣言”①；“没有根据的话（多指背后议论、诬蔑或挑拨的话）”②。陈雪屏先生认为，“谣言或被称为流言或被称为讹言”，亦即流言等于谣言。③社会心理学者或有不同的理解，比如认为流言与谣言都是“不确切的信息”，但也有些区别，主要在于“前者常常是无意讹传的消息，后者则是有意捏造的”④。也有大众心理学者归纳为：“流言，事出有因；谣言，凭空捏造。”⑤笔者在绪言中已说明，本书讨论的谣言，无论发生在古代还是现代，都不等于没有根据、虚假、捏造的言论信息。那么，流言与谣言是什么关系呢？汉代的流言是什么样的一种言论呢？

我们先来看看流言在先秦典籍中的用法以及汉代以降经学名家对它的诠释。

“流言”一词见于《书·周书·金縢》：“武王既丧，管叔及其群弟

---

① 《辞海》(1999)，2册，页2545。
② 《现代汉语词典》(2005)，页876。
③ 陈雪屏（1939），页4。
④ 周晓虹（1997），页427。
⑤ 张铁民（1997），页30。

乃流言于国，曰（周）公将不利于孺子。”[1]此《今文尚书》文，属上古历史文献汇编，一般认为编定于战国时期，秦始皇（嬴政，公元前246—公元前210年在位）诏令焚书后，已有残缺。至西汉初，由秦博士伏胜（约公元前260—公元前161）口传，以隶书抄录写而成。这则故事在汉代家喻户晓，《史记》的《周本纪》和《管蔡世家》都有记述。

此处的“流言”，指公开散布、传播言论，“流”用作动词。从《金縢》的上下文来看，该文献编撰者对管叔及其群弟的传播行为和所传播的言论持批评态度。但就字面而言，“流言”所表达的只是言论的公开散布及传播之过程。所以郑玄（127—200）在《尚书笺》中虽然强化这则信息中的道德批判分量，斥管、蔡所言“公将不利于孺子”是“诬周公，惑成王”，但释“流言”为“放言”，并不含褒贬的意味。孔颖达（574—648）疏：“流言者，宣布其言，使人闻之，若水流然。流即放也。”[2]与郑玄的诠释一致。

就我们所见先秦文献而言，“流言”有时确与虚假、没有根据的言论有联系。如《诗·大雅·荡》：“强御多怼，流言以对，寇攘式内。”郑玄笺：“女执事之臣，宜用善人，反任强御众怼为恶者，皆流言谤毁贤者。王若问之，又以对寇盗攘窃为奸宄者，而王信之，使用事于内。”[3]明确地以“流言”为“谤毁贤者”的恶劣言论。

朱熹（1130—1200）《诗集传》对“流言”的解释是：“浮浪不根之言也。”“言汝当用善类，而反任此暴虐多怨之人，使用流言以应对，则是为寇盗攘窃而反居内矣。是以致怨谤之无极也。”[4]也指“流言”出自“暴虐多怨之人”之口。

《战国策·赵策二》：赵肃侯（赵语，公元前349—公元前326年在位）十六年（公元前334），燕文侯（公元前361—公元前333年在位）资助苏秦（?—公元前284）车马金帛，令其游说赵国合纵抗秦。苏秦在游说中，希望肃侯能排除谗言流言的影响，当机立断：“臣闻

---

① 《十三经注疏·尚书正义》卷13，页197。
② 《十三经注疏·尚书正义》卷13，页197。
③ 《十三经注疏·毛诗正义》卷18，页553。
④ 《诗集传》卷18，页203。

明王绝疑去谗，屏流言之迹，塞朋党之门。”①显然也视流言为不良言论。

顾炎武（1613—1682）释《大雅·荡》“流言以对”句，谓：

> 强御多怼，即上章所云强御之臣也，其心多所怼疾，而独窥人主之情，深居禁中而好闻外事，则假流言以中伤之，若二叔之流言以间周公是也。夫不根之言，何地蔑有？以斛律光之旧将，而有百升明月之谣；以裴度之元勋，而有坦腹小儿之诵。所谓流言以对者也。如此则寇贼生乎内，而怨诅兴乎下矣。郄宛之难，进胙者莫不谤令尹，所谓“侯作侯祝”者也。孔氏疏《采苓》曰：“谗言之起，由君数问小事于小人也。”可不慎哉！②

黄汝成（1799—1837）案语曰：“明封疆勋旧多伤于谗，而卒以人之云亡，邦国殄瘁，皆由中朝奸邪之徒流言以对也。”顾、黄在这里都将流言等同奸邪之徒恶意中伤的谗言。顾炎武所引的“百升明月之谣”、“坦腹小儿之诵”，是北魏、唐代政治斗争中的著名谣言。现代汉语中流言常被定义为“散布没有根据的话”，“背后议论、诬蔑、挑拨的话”，就是受到上述传统诠释的影响。

但没有根据、难以确认的言论，未必等同诬蔑、诽谤。

《荀子·致士》：

> 凡流言、流说、流事、流谋、流誉、流愬，不官而衡至者，君子慎之。闻听而明誉之，定其当而当，然后（士）［出］其刑赏而还与之，如是则奸言、奸说、奸事、奸谋、奸誉、奸愬莫之试也，忠言、忠说、忠事、忠谋、忠誉、忠愬莫不明通，方起以尚尽矣。③（王先谦注：“流者，无根源之谓。

---

① 《战国策集注汇考》中册卷19，页941、942。

② 《日知录集释》卷3，页163。

③ 《荀子集解》卷9，页259。

> 愬，谮也。”“君子闻听流言、流说，则明白称誉。谓显露其事，不为隐蔽。如此，则奸人不敢献其谋也。”）

在荀子（约公元前313—公元前238）看来，君子听到流言一类的言论，应当秉持谨慎的态度，令信息公开化、透明化，同时认真鉴别，明智判断，赏罚得当，如此则奸人难售其奸。荀子以“流”为无根源、无确证之谓，却并不认为“流言”一定是奸言、奸谋、谮谗之类。

在先秦文献中，“流言”还可指众人流传之言。先儒称许儒者之特立独行，可做到“流言不极”①。不极，即不追究其所从出，因为那是众人“流传之言”。

一、“管蔡流言”

汉代文献中的“流言”一词常被涂上伦理色彩，视同诽谤、诬蔑、挑拨、谣言，这显然是受到《书·金縢》用例的影响。周公被古典儒家视为理想政治制度的始创人，也是儒家伦理传统中的完美典范。所以其诸弟在权力斗争中发动的以“流言”争取公众支持的舆论攻势，很自然地被儒家影响下的传统史观定位为谣言惑众、诬蔑和诽谤圣人、挑拨君臣关系的典型案例。虽说西汉武帝以后“独尊儒术”是言过其实，但周、孔之超然历史地位在汉代毋庸置疑。汉代史家似乎也普遍接受这一价值判断。《史记·鲁周公世家》对该事件的陈述完全基于《金縢》：“其后武王既崩，成王少，在强葆之中，周公恐天下闻武王崩而畔，周公乃践阼代成王摄行政当国。管叔及其群弟乃流言于国曰：‘周公将不利于成王。’”②“管蔡流言”因而成为汉代政争舆论战中之习用标签，成王、周公、管、蔡等历史人物成为定型化的政治符号。

如《汉书·昭帝纪》赞：

> 昔周成以孺子继统，而有管、蔡四国流言之变。孝昭幼

① 《十三经注疏·礼记正义》卷59，页1669。

② 《史记》卷33，页1518。

> 年即位，亦有燕、盍、上官逆乱之谋。成王不疑周公，孝昭委任霍光，各因其时以成名，大矣哉！承孝武奢侈余敝师旅之后，海内虚耗，户口减半，光知时务之要，轻徭薄赋，与民休息。至始元、元凤之间，匈奴和亲，百姓充实。举贤良文学，问民所疾苦，议盐铁而罢榷酤，尊号曰“昭”，不亦宜乎！①

昭帝（刘弗陵，公元前87—公元前74年在位）八岁登基，在位十三年，霍光（?—公元前68）以大司马大将军专擅朝政，甚至操纵昭帝身后之废立，直至宣帝（刘询，公元前74—公元前49年在位）地节二年（公元前68）病逝。一年后霍家以谋反被族诛。其情其境，虽不同于成王、周公、管蔡之局，史家赞语以霍光比拟周公，昭帝比拟成王，颇有褒扬之意。值得玩味的是，这赞语也成为当时朝野反霍流言汹涌之反证。

元帝（刘奭，公元前49—公元前33年在位）初元（公元前48—公元前43）、永光（公元前43—公元前38）年间，外戚许氏、史氏与宦官弘恭、石显弄权，屡次排斥朝臣萧望之（?—公元前47）、周堪（?—公元前40）、张猛（?—公元前40）等。宗室刘向（公元前77—公元前6）与萧望之等相党，乃于永光元年上书，寄望元帝为成王，推许望之、堪等为周公，指斥恭、显等为管蔡：

> 昔者鲧、共工、驩兜与舜、禹杂处尧朝，周公与管、蔡并居周位，当是时，迭进相毁，流言相谤，岂可胜道哉！帝尧、成王能贤舜、禹、周公而消共工、管、蔡，故以大治，荣华至今。②

成帝（刘骜，公元前33—公元前7年在位）时，外戚大司马大将军领尚书事王凤（?—公元前22）用事，排除异己，朝廷侧目。王凤独信

① 《汉书》卷7《昭帝纪》，页233。
② 《汉书》卷36《刘向传》，页1943。

重大将军武库令杜钦，置之幕府，国家政事多与之谋。史称“当世善政，多出于钦者”。杜钦有鉴于王凤专政太重，树敌甚众，屡以“管蔡流言”相提醒，希望王凤能居安思危，警惕流言的杀伤力：“昔周公身有至圣之德，属有叔父之亲，而成王有独见之明，无信谗之听，然管蔡流言而周公惧。”希望王凤仿效“周公之谦惧”，“毋使范雎（?—公元前255）之徒得间其说”。

哀帝（刘欣，公元前7—公元前1年在位）元寿元年（公元前2），以日食诏举方正直言，也是汉代常见的开放言路的举措。杜邺（?—公元前2）举方正，对策说“臣闻野鸡著怪，高宗深动；大风暴过，成王怛然”。颜师古（581—645）注：“谓成王信流言而疑周公，天乃雷电以风，禾尽偃，大木斯拔，王乃启金縢之书，悔而还周公。”[①]杜邺引经据典，期许哀帝以成王为典范，善待贤臣，其实也是以“管蔡”影射当时用事的太后们及外戚傅氏、丁氏。

因白居易（772—846）“周公恐惧流言后，王莽谦恭未篡时。向使当初身便死，一生真伪有谁知”[②]诗而盖棺论定，被后世认定与流言结下难解之缘的王莽（公元前45—公元23），常爱以周公辅成王自况，以占据道德高地，却也因此对“流言惑众”最为敏感，故常以“管蔡”之罪名加诸政敌，甚至与自己政见不同的家人。

如王莽之子王宇（?—3），不赞成其父隔绝平帝与其生母卫姬，恐平帝长大后见怨，但王莽不听。王宇与其师吴章、妻舅吕宽商议，为惊怪以惧之。事发后，王莽下令处死王宇夫妻，奏曰：“宇为吕宽等所诖误，流言惑众，与管蔡同罪，臣不敢隐，其诛。”太后下诏：“公居周公之位，辅成王之主，而行管蔡之诛，不以亲亲害尊尊，朕甚嘉之。昔周公诛四国之后，大化乃成，至于刑错。公其专意翼国，期于致平。”“莽因是诛灭卫氏，穷治吕宽之狱，连引郡国豪桀素非议己者”，“死者以百数，海内震焉”。[③]

有趣的是，王莽既以周公自许，朝野间不满时政者就有为召公、

---

① 《汉书》卷85《杜邺传》，页3478。

② “周公恐惧流言后”句，一作“周公恐惧流言日”。参见《白居易集》卷15，《放言五首》之三，页319。

③ 《汉书》卷99上《王莽传上》，页4065。

管蔡做翻案文章的。当时被举贤良方正的申屠刚，在对策中质疑王莽隔绝平帝与外家冯、卫二族的用心："臣闻成王幼少，周公摄政，听言下贤，均权布宠，无旧无新，唯仁是亲，动顺天地，举措不失。然近则召公不悦，远则四国流言。"①申屠刚这段话的潜台词是，忠贤如周公，摄政时举措毫无失误，仍不免引起同为贤者的召公之不悦，认为周公应该功成身退，归政于成王。王莽不臣之心，路人皆知，招致四方流言，岂足怪哉！申屠刚的论说已隐隐视流言为公众舆论，不尽含贬义。

汉平帝（刘衎，公元前1—公元5年在位）驾崩，王莽奉孺子（刘婴，6—8年在位）居摄。东郡太守翟义（?—7）心恶之。他对外甥陈丰说："新都侯摄天子位，号令天下，故择宗室幼稚者以为孺子，依托周公辅成王之意，且以观望，必代汉家，其渐可见。"于是举兵反，立宗室严乡侯刘信为天子，并以舆论攻势先行，"移檄郡国，言莽鸩杀孝平皇帝，矫摄尊号"②。

"莽鸩杀平帝"是一则"未经验证"、无事实根据的谣言。但以王莽屡立孺子之居心，挟天子令天下之态势，自居周公而行迹之可疑鬼祟，这则流言很可能引起不少人的共鸣。王莽起初大惧，大举发关东甲卒击翟义，又日抱孺子会群臣，称："昔成王幼，周公摄政，而管蔡挟禄父以畔，今翟义亦挟刘信而作乱。自古大圣犹惧此，况臣莽之斗筲！"未几翟义被击破，王莽大喜，下诏指斥："翟义、刘信等谋反大逆，流言惑众，欲以篡位，贼害我孺子，罪深于管蔡，恶甚于禽兽。"③既曰"惑众"，可知翟义的流言攻势当时可能产生了一定的舆论影响。

从上述历史案例看，在西汉后期的政治斗争中，公开散布、传播的言论一旦被贴上"管蔡流言"的标签，不论其论述是否虚假、悖逆、恶意，在政治伦理上立即处于劣势，当权者也可以名正言顺地剥夺其论述的正当性。但一则流言应定位为诬蔑、诽谤还是拨乱反正的公众舆论，仍要视具体的历史语境和当事人的立场、利益而定。当权

---

① 《后汉书》卷29《申屠刚传》，页1012。
② 《汉书》卷84《翟义传》，页3426。
③ 《汉书》卷84《翟义传》，页3436。

者所贴的标签，有时未必可以完全剥夺一则流言的认受性及其对大众心理的影响力。申屠刚的翻案文章、翟义的舆论造势，就是例子。

二、众人流传之言

当“管蔡流言”成为政治斗争中的习见标签、符号，流言的原意“言论的公开散布及传播”往往被人们遗忘或忽略。流言之公开散布及传播，不同于许多在史籍中被定位为“诽谤”、“诬蔑”的言辞。其散布、传播的主体和客体一般是群体或集团。某些流言的传播面积较大，很容易成为“众人流传之言”，如水银泻地，无孔不入，在一定条件下、一定范围内能够影响甚至形塑公众舆论。对“流言”的这层语义及其社会政治功能，汉代政论家也有所认识。

《汉书 · 司马相如传》赞：“《大雅》言王公大人，而德逮黎庶，《小雅》讥小己之得失，其流及上。所言虽殊，其合德一也。”①此处的“流”，即含流动、散布之义。所以《汉书》注引张揖：“己，诗人自谓也。己小有得失，不得其所，作诗流言，以讽其上也。”②也就是说，在《汉书》编撰者和曹魏时期经学家的心目中，《诗经 · 小雅》诸篇其实可视为在下者讽喻上层及自我表达、宣泄的“流言”。

杜周（?—公元前95）少子杜延年（?—公元前52），为霍光故吏，昭帝初年以告发上官桀（?—公元前80）、燕王刘旦（?—公元前80）、桑弘羊（公元前152—公元前80）等谋逆，为霍光排除政敌建立大功。但当霍光与丞相车千秋在处分廷尉王平、少府徐仁的案件上出现分歧时，杜延年力谏霍光：

> 以为丞相久故，及先帝用事，非有大故，不可弃也。间者民颇言狱深，吏为峻诋，今丞相所议，又狱事也，如是以及丞相，恐不合众心。群下讙哗，庶人私议，流言四布，延年窃重将军失此名于天下也！③

---

① 《汉书》卷57下《司马相如传下》，页2609。
② 《汉书》卷57下《司马相如传下》，页2610。
③ 《汉书》卷60《杜延年传》，页2663。

在杜延年看来，群下讙哗而四布的流言，不但不能强化霍光的道德优势，论证霍光为周公及反霍光者为管蔡，反而会令霍光丧失众心，失名于天下。

元帝时宦官石显等屡次谮毁大臣周堪、张猛等，刘向上书皇帝，说这是“群小窥见间隙，巧言丑诋，流言飞文，哗于民间”①。可知石显等对周、张等的“丑诋”已超出在人主面前的耳语诽谤，而成为在众人中流传的言论。

成帝即位，重用外戚，王太后的兄弟王凤、王音（？—公元前14）、王商、王根分别位居要津，形成“王凤专权，五侯当朝”的局面。而曾教授太子《论语》的张禹（？—公元前5）以帝师为关内侯、诸吏、散骑光禄大夫、给事中，与大司马大将军王凤并领尚书。张禹内不自安，屡次以病为由上书请求退休。成帝埋怨道：

> 朕以幼年执政，万机惧失其中，君以道德为师，故委国政。君何疑而数乞骸骨，忽忘雅素，欲避流言？朕无闻焉。君其固心致思，总秉诸事，推以孳孳，无违朕意。②

既谓流言，张禹欲避的恐怕亦不只是王凤个人或王氏家族的攻讦。

事实上，汉代君臣如果不是出于政治斗争的私心，他们未必动辄给流言贴上“管蔡”的标签，有时还视之为一种探测舆情、观察政局动向及预警讯号的公众言论，即所谓物议。

元帝时，东平思王刘宇与其母公孙太后失和。元帝遣太中大夫张子蟜奉玺书敕谕之，提醒刘宇留心流言的批评：“今闻王自修有阙，本朝不和，流言纷纷，谤自内兴，朕甚僭焉，为王惧之。”③元帝指出东平国之流言纷纷，是因为刘宇自身不正，“谤自内兴”，而非居心叵测的管、蔡之流造谣生事。

成帝为元帝与王政君（公元前71—公元13）之子。成帝之立与

---

① 《汉书》卷36《楚元王交传附刘向传》，页1945。
② 《汉书》卷81《张禹传》，页3348。
③ 《汉书》卷80《东平思王传》，页3321。

王政君之成为太后，对于西汉后期的政治、国运，影响极大。成帝为太子时，元帝因其放纵佚荡、意志力薄弱，曾考虑另立傅昭仪之子定陶王。若果另立，王氏失去政治舞台，此后数十年之历史可能重写。《汉书·史丹传》称竟宁元年（公元前33）元帝病重，而与太子有隙，曾有另立嗣君之意。时外戚史丹有宠，常侍视疾，候元帝独寝，直入卧内，涕泣言曰：

> 皇太子以適（嫡）长立，积十余年，名号系于百姓，天下莫不归心臣子。见定陶王雅素爱幸，今者道路流言，为国生意，以为太子有动摇之议。审若此，公卿以下必以死争，不奉诏。臣愿先赐死以示群臣！①

"太子由是遂为嗣矣。"《史丹传》的说法当然略显简单。太子之定嗣，还因得到丞相匡衡、外戚王氏、中书令石显等权势人物的全力支持。然而史丹以"道路流言"、众心浮动为由，力谏元帝勿以废嗣动摇国本，仍然不失为一有力的论据。

哀帝宠爱董贤（公元前22—公元前1），欲封为侯。丞相王嘉（?—公元前2）与御史大夫贾延上封事劝阻，亦以"流言"为由，警诫哀帝：

> 窃见董贤等三人始赐爵，众庶匈匈，咸曰贤贵，其余并蒙恩。至今流言未解。陛下仁恩于贤等不已，宜暴贤等本奏语言，延问公卿大夫博士议郎，考合古今，明正其义，然后乃加爵土；不然，恐大失众心，海内引领而议。②

以上所引杜延年、汉元帝、史丹、王嘉等关于"流言"的论述，都视之为反映"众心"向背的指标性信息，而非诽谤、虚假之言。

---

① 《汉书》卷82《史丹传》，页3377。"天下莫不归心臣子。见定陶王雅素爱幸"两句，疑当断作"天下莫不归心。臣子见定陶王雅素爱幸"。

② 《汉书》卷86《王嘉传》，页3492。

东汉光武帝（刘秀，25—57年在位）建武四年（28），割据凉州的隗嚣（?—33）遣马援（公元前14—公元49）出使洛阳，观察虚实。援归，“隗嚣与援同卧起，问以东方流言及京师得失”。李贤（652—684）注：“流犹传也。”[①]隗嚣企图通过流言亦即今日所说之“小道消息”，探测京师的政局动向、人心向背，以决定自己的政治选择，亦反映出流言在当时社会政治生活中的分量。

光武帝在历史上以善待功臣和善于用人著称。但建武初年的某些用人方略，也曾受到批评，如依据谶文任用官员、地方长吏调任频繁等。（见本书第三、四章之讨论）建武三年三月，日食。太中大夫郑兴因而上书，批评光武帝当时用人的另一弊端：

> 春秋以天反时为灾，地反物为妖，人反德为乱，乱则妖灾生。……夫国无善政，则灾见日月，变咎之来，不可不慎，其要在因人之心，择人处位也。尧知鲧不可用而用之者，是屈己之明，因人之心也。齐桓反政而相管仲，晋文归国而任郤縠者，是不私其私，择人处位也。今公卿大夫多举渔阳太守郭伋可大司空者，而不以时定，道路流言，咸曰“朝廷欲用功臣”，功臣用则人位谬矣。愿陛下上师唐、虞，下览齐、晋，以成屈己从众之德，以济群臣让善之功。[②]

“道路流言”说“朝廷欲用功臣”，可能有某些事实根据，也可能反映了公众的关注和揣测。关注和揣测孳生出流言，应该是光武帝初期的一些人事任命，给公众留下这样的印象。史称“书奏，多有所纳”[③]，而光武帝后来的用人策略，又以“退功臣，进文吏”受到史论的好评，郑兴的谏诤和“道路流言”的关注，也许曾发挥了一定的影响。

桓、灵之世，外戚、宦官交替专权，儒家官僚、士人多不齿宦

---

① 《后汉书》卷24《马援传》，页830。
② 《后汉书》卷36《郑兴传》，页1221。
③ 《后汉书》卷36《郑兴传》，页1223。

官，因此形成激烈的“党争”。

> 后汝南太守宗资任功曹范滂，南阳太守成瑨亦委功曹岑晊，二郡又为谣曰：“汝南太守范孟博，南阳宗资主画诺。南阳太守岑公孝，弘农成瑨但坐啸。”

> 因此流言转入太学，诸生三万余人，郭林宗、贾伟节为其冠，并与李膺、陈蕃、王畅更相褒重。学中语曰：“天下模楷李元礼，不畏强御陈仲举，天下俊秀王叔茂。”又渤海公族进阶、扶风魏齐卿，并危言深论，不隐豪强。自公卿以下，莫不畏其贬议，屣履到门。①

这里说的“流言”，就是指各地流传颂扬名士的“谣”言。东汉的官僚、士人擅长相互标榜，设定话题。这些“谣”言，经过众人传播，引导着当时的舆论走向。

勃海王刘悝，是桓帝（刘志，147—167年在位）的弟弟。延熹八年（165），刘悝“谋为不道，有司请废之。帝不忍，乃贬为瘿陶王，食一县”。刘悝后来企图通过贿赂中常侍王甫，恢复旧封，答应事成后谢钱五千万。桓帝临终前，遗诏复封刘悝为勃海王。刘悝知道王甫在这件事上并未出力，不肯给谢钱。“甫怒，阴求其过。初，迎立灵帝，道路流言悝恨不得立”，于是诬告刘悝与中常侍郑飒、中黄门董腾有勾结，而郑飒等

> 谋迎立悝，大逆不道。遂诏冀州刺史收悝考实，又遣大鸿胪持节与宗正、廷尉之勃海，迫责悝。悝自杀。妃妾十一人，子女七十人，伎女二十四人，皆死狱中。傅、相以下，以辅导王不忠，悉伏诛。悝立二十五年国除。众庶莫不怜之。②

---

① 《后汉书》卷67《党锢列传序》，页2186。
② 《后汉书》卷55《勃海王悝传》，页1798。

中国古代，每逢皇帝驾崩，而又没有事先确立认受性高的储君继嗣，皇室、宫廷的拥立与反拥立政争必然十分激烈，成王败寇。桓帝无子，灵帝（刘宏，168—189 年在位）是桓帝的堂侄，获桓帝的皇后窦妙选中，迎立为帝。刘悝心中不服，完全可能。"道路流言悝恨不得立"，既是谣言，也合乎人之常情。这样的流言，往往"事出有因，查无实据"，属于诛心之论，真相难明。在集权专制的时代，拿来作为政争的弹药，打击政敌，每有奇效，也制造了不少冤狱。但造成"悝自杀。妃妾十一人，子女七十人，伎女二十四人，皆死狱中。傅、相以下，以辅导王不忠，悉伏诛"的大悲剧，结果引起"众庶"的同情。

三、"流言惑众"

流言既是众人流传之言，自然可以作为宣传舆论战中的武器。当权者常以此为标签，妖魔化政敌，化解反抗群体的舆论攻势。而处于弱势或体制外的反抗群体，亦可借助流言在民间的传播速度和影响力，为己方营造有利的舆论及强化抗争的正当性。

如王莽居摄二年（7），诸将击破西羌及翟义起事。王莽高兴地上奏表功："遭羌寇害西海郡，反虏流言东郡，逆贼惑众西土，忠臣孝子莫不奋怒，所征殄灭，尽备厥辜，天下咸宁。"①翟义之"流言东郡"，诸羌之"惑众西土"，在当时应该都是反抗群体起事，在舆论造势上的必备动作。

新莽末年，赤眉、绿林等群雄并起，前汉宗室刘玄（?—25）由新市、平林、下江诸将共推为皇帝，号更始（23—25）。有关汉室中兴、新莽即亡的形形色色的符瑞、流言、谶言满天飞。由于"人心思汉"的群体心理效应，"刘氏当王"的谶言（也是流言）迅速得到广泛传播。王莽恐慌之余，下令曰，平林将领、前汉宗室刘縯（刘秀的哥哥，16—23）及其"族人婚姻党与，妄流言惑众，悖畔天命，及手害更始将军廉丹、前队大夫甄阜、属正梁丘赐"，"有能捕得此人者，

① 《汉书》卷 99 上《王莽传上》，页 4089。

皆封为上公，食邑万户，赐宝货五千万”。[①]可是天命难悖，流言难禁，由惑众而至众志成城，新莽终于崩溃，谶言“赤伏符”的受益者、刘缜之弟刘秀成为汉室中兴的真命天子。

综上所述，流言是指难以追溯起源、未能证实却在公众中散布传播的言论。至于其传播的信息是否真实，有无根据，应定位为诬蔑、诽谤还是物议或公众舆论，当视具体的历史语境和当事人的立场、利益而定。

第二节　讹　　言

一、诈伪，讹误，变化，流动之言

讹言，现代汉语词典编纂者一般定义为“诈伪的话”，“谣言”[②]；“谣传”，“虚假、谣传的话”[③]。

“讹”字在古代文献中本有虚假、诈伪、错谬之义，可以找到不少书证。如《诗 · 小雅 · 沔水》：“民之讹言，宁莫之惩。”郑玄笺：“伪也。言时不令，小人好诈伪，为交易之言使见怨咎，安然无禁止。”[④]朱熹《诗集传》：“讹，伪。”[⑤]

《诗 · 小雅 · 正月》：“正月繁霜，我心忧伤；民之讹言，亦孔之将！”郑玄笺：“讹，伪也。人以伪言相陷入，使王行酷暴之刑，致此灾异，故言亦甚大也。”孔颖达疏：“有霜由于王急，王急由于讹言，则此民之讹言为害亦甚大矣！”[⑥]刘向认为此句“言民以是为非，甚众大也。此皆不和，贤不肖易位之所致也。”颜师古注：“此言王政乖舛，阳月多霜，害于生物，故己心为忧伤，而众庶之人，共为伪言，以是为非，排斥贤俊，祸甚大也。”[⑦]朱熹《诗集传》：“此诗亦大夫所

---

① 《汉书》卷99下《王莽传下》，页4180—4181。
② 《辞海》(1999)，11册，页1046。
③ 《汉语大词典》(1993)，1册，页73。
④ 《十三经注疏 · 毛诗正义》卷11.1，页433。
⑤ 《诗集传》卷10，页120。
⑥ 《十三经注疏 · 毛诗正义》卷12.1，页441—442。
⑦ 《汉书 · 刘向传》。

作。言霜降失节，不以其时，既使我心忧伤矣。而造为奸伪之言，以惑群听者，又方甚大。"[①]皆以"讹"为虚假、诈伪。按照朱熹的诠释，士大夫认为民众以是为非，共造伪言（奸伪之言），以惑群听，遂作此诗讥刺之。[②]

郦道元（?—527）《水经注 · 河水三》："汉高祖破以县之，王莽之利平矣。民俗语讹，谓之高楼城也。"[③]以讹为讹误，错谬。讹字的这种用法，在《水经注》、《史记》三家注、《汉书》诸家注中相当普遍。

但讹字在先秦文献的不同语境中，还有更丰富、复杂的用法。如讹也通吪、化，意为感化、变化，以及行动、移动。[④]如《书 · 虞书 · 尧典》："申命羲叔，宅南交，平秩南讹。"[⑤]

《诗 · 小雅 · 节南山》："式讹而心，以畜万邦。"郑玄笺："讹，化，畜养也。"[⑥]朱熹《诗集传》："讹，化。"[⑦]陈奂（1786—1863）《传疏》："讹，当作吪。"[⑧]

《诗 · 小雅 · 无羊》："或降于河，或饮于池，或寝或讹。"毛传："讹，动也。"[⑨]

"讹"字的这些用法，在汉代史籍中也不难找到。如《汉书 · 扬雄传》："炎感黄龙兮，熛讹硕麟。"颜师古注："讹，化也。"[⑩]

《汉书 · 王莽传中》："予之南巡，必躬载耨，每县则薅，以劝南

---

① 《诗集传》卷 11，页 129。

② 汉以后注家对这两首古诗中"讹言"的诠释，是否符合先秦语境中的原义，尚有进一步斟酌考辨的余地，笔者暂置不论。

③ 《水经注校证》卷 3，页 87。

④ 参见《汉语大字典》卷 6（1989），页 3948；《汉语大词典》（1993），11 册，页 72。

⑤ 《十三经注疏 · 尚书正义》卷 2，页 119。《史记 · 五帝本纪》"讹"作"为"："申命羲叔，居南交。便程南为，敬致。"《集解》引孔安国曰："为，化也。"《索隐》："为依字读。春言东作，夏言南为，皆是耕作劝农之事。孔安国强读为'讹'字，虽则训化，解释亦甚迂回也。"（卷 1，页 18）

⑥ 《十三经注疏 · 毛诗正义》卷 12.1，页 441。

⑦ 《诗集传》卷 11，页 129。

⑧ 《诗毛氏传疏》，页 124。

⑨ 《十三经注疏 · 毛诗正义》卷 11.2，页 438。

⑩ 《汉书》卷 87 上《扬雄传上》，页 3532—3533。

伪。”颜师古注：“伪读曰讹。讹，化也。”[①]

《史记·天官书》：“鬼哭若呼，其人逢俉。化言，诚然。”《索隐》：“俉音五故反。逢俉谓相逢而惊也。亦作‘迕’，音同。‘化’当为‘讹’，字之误耳。”[②]《索隐》“字误”之说，当据《汉书·天文志》之对应段落：“鬼哭若謼，与人逢遻。讹言，诚然。”[③]然而化、讹本通，化或即讹之本字。所以王先谦引朱一新说，不赞成《索隐》“字误”之说：“讹本训化，见《释言》。此借字，非误字。”[④]

“讹”字有“变化、移动”一义，而“讹言”也有“流动的言论”、“变化的言论”之语义。所以汉代史籍中标签为“讹言”的言论往往与“流言”类似。只不过，流言兼指在朝廷或民间散播的言论，讹言则更多用来标签民间流传之言。

如《后汉书·冯衍传》：“或讹言更始随赤眉在北，（鲍）永、（冯）衍信之，故屯兵界休，方移书上党，云皇帝在雍，以惑百姓。”[⑤]

《王允传》：“（董卓死）时百姓讹言，当悉诛凉州人，遂转相恐动。”[⑥]

二、怪诞，妖异之言

或许因为“讹”字本有伪、谬之义，亦可用来形容怪诞妖异。如《山海经·西山经》：“有鸟焉，其状如鹤，一足，赤文青质而白喙，名曰毕方，其鸣自叫也。见则其邑有讹譌火。”郭璞（276—324）注：“譌亦妖讹字。”[⑦]

《史记·赵世家》：赵王迁六年，大饥。“民譌言曰：‘赵为号，秦为笑。以为不信，视地之生毛。’”[⑧]“譌言”即讹言。这则讹言的表

① 《汉书》卷99中《王莽传中》，页4133—4134。
② 《史记》卷27，页1339—1340。
③ 《汉书》卷26《天文志》，页1298。
④ 《汉书补注》上册，页583—584。
⑤ 《后汉书》卷28上，页975。
⑥ 《后汉书》卷66，页2176。
⑦ 《山海经校注》卷2，页52、53。
⑧ 《史记》卷43，页1832。

达形式类似童谣，“地生毛”乃对事实的描述，“赵为号，秦为笑”表达民众对当时政治局势的评估，如果解读这则讹言为虚假、诈伪的谣传，显然说不过去。所以朱自清说：“‘谣’字有或作‘讹’字者，如《风俗通·皇霸篇》载赵王迁时童谣，《史记·赵世家》‘童谣’作‘民讹言’……而其词用韵，实系歌谣之体，与他处‘讹言’无韵者不同。”①

在汉至南北朝文献的大量用例中，讹言类言论所包含的信息与“虚假、伪造、荒谬”并无必然关系，却常常带有怪诞妖异的色彩。所以郭璞在注释《尔雅·释诂下》“讹，言也”时，会说“世以妖言为讹”②。这也是为什么在汉代史籍中，流言常散见于纪、传，讹言则兼见于《五行志》，《汉书》以下的《五行志》多采讹言入诗妖类，《后汉书·五行志》设有“讹言”专题。这些怪诞妖异的讹言因时因地变化流动，无根无源，难以证实，却在民众中广泛流传，成为带有怪异色彩的谣言。

三、灾异，社会危机与讹言

或许是由于讹言常具怪诞妖异的色彩，在汉代史籍中，讹言的出现常与灾异情境密切相关。

（一）大水讹言

西汉元成之际，宦官、外戚、朝臣相争，废立流言不绝，各地则水旱连绵，民情纷扰不安。成帝建始三年（公元前30）秋，关内大雨四十余日。讹言纷传，说京师即将发大水。这则大水讹言当时流传甚广，社会各阶层人士对之印象深刻，所以史籍屡屡提及。如《汉书·成帝纪》：

> 秋，关内大水。七月，虒上小女陈持弓闻大水至，走入横城门，阑入尚方掖门，至未央宫钩盾中。吏民惊上城。九月，诏曰：“乃者郡国被水灾，流杀人民，多至千数。京师

① 朱自清（1994），页24、25。
② 《十三经注疏·尔雅注疏》卷2，页2575。

> 无故讹言大水至，吏民惊恐，奔走乘城。殆苛暴深刻之吏未息，元元冤失职者众。遣谏大夫林等循行天下。”（颜师古注：“讹，伪言。”）①

大水犯京师后来虽然被证明是讹传，但“郡国被水灾，流杀人民，多至千数”，乃至当时政局之不稳、吏治之苛刻腐败，却是确凿的事实，民众中流行的这种惊恐心态，完全是可以理解的。

《王商传》中有关大水讹言的记载也相当有意思：

> 建始三年秋，京师民无故相惊，言大水至，百姓奔走相蹂躏，老弱号呼，长安中大乱。天子亲御前殿，召公卿议。大将军凤以为太后与上及后宫可御船，令吏民上长安城以避水。臣皆从凤议。左将军商独曰：“自古无道之国，水犹不冒城郭。今政治和平，世无兵革，上下相安，何因当有大水一日暴至？此必讹言也，不宜令上城，重惊百姓。”上乃止。有顷，长安中稍定，问之，果讹言。上于是美壮商之固守，数称其议。②

王商对京师大水讹言所作判断，事后被证明是正确的，所建议的因应措施，也起到安定民心的效果。但所谓“今政治和平，世无兵革，上下相安”，乃粉饰太平之言，虽然“政治正确”，对朝野大众并无说服力。

朝廷上下明知该则大水讹言不实，却也不敢忽视讹言所透露的预警信息，认为应该“有则改之，无则加勉”。成帝宠爱许后，后宫其他嫔妃希得进见。当时王太后及其家族用事，颇有异言。刘向、谷永（?—公元前9）等遂上书大谈灾异，认为大水讹言之出现，其咎在于后宫及外戚擅权。成帝接受他们的意见，下诏省减后宫用度。许后不服，上疏自辩，成帝就采刘向、谷永所论灾异回复许后，谓种种不

---

① 《汉书》卷10，页306—307。

② 《汉书》卷82，页3370。

祥之兆，如白气出于营室，流星出于文昌，乃至“北宫井溢，南流逆理，数郡水出，流杀人民。后则讹言传相惊震，女童入殿，咸莫觉知”①，都是上天对后宫坐大发出的警讯。

元延（公元前12—公元前8）、绥和（公元前8—公元前7）年间，灾异频生。灾异学家李寻认为这是汉中衰之象。“往者赤黄四塞，地气大发，动土竭民，天下扰乱之征也。彗星争明，庶雄为桀，大寇之引也。”②地震与彗星这样的大凶之兆，都已经出现了。按他的推算，还应该有大水为灾。建始三年长安“城中讹言大水，奔走上城，朝廷惊骇，女孽入宫”③，就是一个信号。虽然长安最后没有发生水灾，这并不意味着大水讹言是虚幻捏造之言。

成帝绥和二年春荧惑守心，李寻又向丞相翟方进进言：“应变之权，君侯所自明。往者数白，三光垂象，变动见端，山川水泉，反理视患，民人讹谣，斥事感名。三者皆效，可为寒心。”④李寻对讹言预警功能的重视，可见一斑。值得注意的是，李寻认为讹言不仅有预警的功能，更具谶言的特质：“案行事，考变易，讹言之效，未尝不至”⑤，大水不是不至，时机未到而已，所以必须赶紧亡羊补牢，以顺天心。刘向、谷永、李寻皆善说《洪范》灾异。按汉代流行的《洪范》五行说，大水乃阴盛之罚。后宫、外戚用事擅权，属阴气过盛，自然要出现水灾。所以京师大水虽是并未应验的“讹言”，在汉代的人们看来，其预警威力丝毫未减。

以《洪范》五行灾异理论解读讹言的预警功能，在东汉政治中仍然流行。《后汉书·桓帝纪》延熹八年十一月壬子：

> 德阳殿西阁、黄门北寺火，延及广义、神虎门，烧杀人。（李贤注引《袁山松书》：“是时连月火灾，诸宫寺或一日再三发。又夜有讹言，击鼓相惊。陈藩等上疏谏曰‘唯善

---

① 《汉书》卷97下《外戚传下·孝成许皇后传》，页3979。
② 《汉书》卷75《李寻传》，页3181。
③ 《汉书》卷75《李寻传》，页3181。
④ 《汉书》卷84《翟方进传》，页3421。
⑤ 《汉书》卷75《李寻传》，页3183。

政可以已之'，书奏不省。"）①

当时流传讹言的具体内容不得而详，陈藩等人上疏的内容，则见于《后汉书·五行志二》李贤注引《袁山松书》：

> 陈藩、刘矩、刘茂上疏谏曰："古之火皆君弱臣强，极阴之变也。前始春而狱刑惨，故火不炎上，前入春节连寒，木冰，暴风折树，又八九州郡并言陨霜杀菽。《春秋》晋执季孙行父，木为之冰。夫气弘则景星见，化错则五星开，日月蚀。灾为已然，异为方来，恐卒有变，必于三朝，唯善政可以已之。愿察臣前言，不弃愚忠，则元元幸甚。"②

陈藩等所言，皆本《洪范》五行灾异说。桓帝时有灾异学家襄楷诣阙上书曰："三月洛阳城中夜无故云火光，人声正喧，于占皆不出三年，天子当之。"③无故火灾和讹言出现，都是对君主的警告，所谓"古之火皆君弱臣强，极阴之变也"。

（二）传行西王母筹讹言

汉代另一则广泛流传的讹言就是中国宗教、神话史上著名的"传行西王母筹"。有关西王母神话的记载，或说殷代卜辞中已出现，较可靠的是战国时期的文献，如《穆天子传》、《竹书纪年》、《山海经》等。有学者认为，西王母在西汉已有福神和高禖之神的职能。东汉画像石、画像砖上常见西王母的形象。在后来的道教神谱中，西王母也占据一个重要的地位。但在西汉的国家祭祀与民间信仰体系中，西王母的地位、职能究竟如何，由于缺乏史料，尚难以确定。④

哀帝建平四年（公元前3）春，大旱。这一年出现了空前壮观、

① 《后汉书》卷7，页316。

② 《后汉书》志14，页3296。

③ 《后汉纪校注·桓帝纪》，页615。

④ 有关西王母的专门研究，参见Michael Loewe, *Ways to Paradise: The Chinese Quest for Immortality* (London; Boston: Allen & Unwin, 1979), pp.86－126; Suzanne E. Cahill, *The Queen Mother of the West in Medieval China* (Stanford: Stanford University Press, 1993)；王青，《汉朝的本土宗教与神话》，台北：洪叶文化，1998年，页253—347。

遍及全国、延续达大半年的“传行诏筹”恐慌性群体事件。

《汉书·哀帝纪》：“关东民传行西王母筹，经历郡国，西入关，至京师。民又会聚祠西王母，或夜持火上屋，击鼓号呼相惊恐。”①

《天文志》：“民相惊动，讙哗奔走，传行诏筹祠西王母，又曰‘从（纵）目人当来’。”②

《五行志》的记载更为详细生动：

> 哀帝建平四年正月，民惊走，持稾或棷一枚，传相付与，曰行诏筹。道中相过逢多至千数，或披发徒践，或夜折关，或踰墙入，或乘车骑奔驰，以置驿传行，经历郡国二十六，至京师。其夏，京师郡国民聚会里巷仟佰，设张博具，歌舞祠西王母。又传书曰：“母告百姓，佩此书者不死。不信我言，视门枢下，当有白发。”至秋止。③

从这次“行西王母筹”事件的规模、参与者的狂热程度以及涉及的区域之广来看，在行筹事件发生之前，民间对西王母的信仰应已相当普遍。后来王莽以新代汉，改封元后为“新室文母太皇太后”，即利用此讹言事件，称之为新室的祥瑞，说“哀帝之代，世传行诏筹，为西王母共具之祥，当为历代（为）母，昭然著明”④。但哀帝的朝廷及汉代史家对此事件的正式定性，仍然是“讹言惑众”。只是这则讹言的预警针对什么现象而发？不同立场者有不同的反应和解读。

哀帝宠臣、屡被舆论指斥为灾异祸源之一的息夫躬，声称祸在边防，建议整饬武备、斩一郡守以立威：

---

① 《汉书》卷11，页342。

② 《汉书》卷26，页1312。

③ 《汉书》卷27下之上《五行志下之上》，页1476。如淳注：“棷，麻干也。”颜师古注：“稾，禾干也。”王先谦《哀帝纪》注曰：“天子将出，一人前行清道，呼曰传筹。今制尚有之，盖昉自汉世。此讹言王母将出至，为之传行诏筹，即其义也。”（《汉书补注》上册，页138）这则讹言的传播方式，令人不禁联想起近世不时出现的“连锁信”，谓接到信后必须抄缮若干份，迅速分寄朋友，勿令连锁中断，否则必遭不测。甚至到了互联网时代，这样的心理游戏仍未绝迹。历史有时真可为鉴。

④ 《汉书》卷98《元后传》，页4033。《五行志下之上》也说：一曰“此异乃王太后、莽之应云”。（页1477）

> 往年荧惑守心，太白高而芒光，又角星茀于河鼓，其法为有兵乱。是后讹言行诏筹，经历郡国，天下骚动，恐必有非常之变。可遣大将军行边兵，敕武备，斩一郡守，以立威，震四夷，因以厌应变异。①

是时，哀帝亲近祖母傅太太后、生母丁太后，傅、丁两家外戚显赫专权，子弟并进，又多用佞臣。朝野间不少人对此不满，认为行筹讹言是对哀帝重用外戚佞幸的谴告，舆情汹涌。元寿元年（公元前2）正月朔日，日蚀。哀帝面对地震、行筹讹言、日蚀等灾异的冲击，不得不顺应舆情，重新起用威望素著的大臣孔光（公元前65—公元5），罢免宠臣孙宠、息夫躬及其他近臣数十人。

丞相王嘉认为种种灾异是上天对哀帝过度宠幸董贤、滥予国家名器的警告：

> 奢僭放纵，变乱阴阳，灾异众多，百姓讹言，持筹相惊，被发徒跣而走，乘马者驰，天惑其意，不能自止。或以为筹者策失之戒也。陛下素仁智慎事，今而有此大讥。②

前凉州刺史杜邺举方正，奉旨上书直言。他在对策中说：

> 窃见陛下行不偏之政，每事约俭，非礼不动，诚欲正身与天下更始也。然嘉瑞未应，而日食地震，民讹言行筹，传相惊恐。③

> 《春秋》灾异，以指象为言语。筹，所以纪数。民，阴，水类也。水以东流为顺走，而西行，反类逆上。象数度放溢，妄以相予，违忤民心之应也。西王母，妇人之称。博弈，男子之事。于街巷阡陌，明离阑内，与疆外。临事盘

① 《汉书》卷45《息夫躬传》，页2184。
② 《汉书》卷86《王嘉传》，页3496。
③ 《汉书》卷85《杜邺传》，页3476。

乐，炕阳之意。白发，衰年之象，体尊性弱，难理易乱。门，人之所由；枢，其要也。居人之所由，制持其要也。其明甚著。今外家丁、傅并侍帷幄，布于列位，有罪恶者不坐辜罚，亡功能者毕受官爵。皇甫、三桓，诗人所刺，《春秋》所讥，亡以甚此。指象昭昭，以觉圣朝，奈何不应！①

杜邺对传行西王母筹事件中出现过的关键符号和意象，包括筹、民、西王母、博具、里巷仟佰、门、枢、白发，从《洪范》灾异学的角度作出了诠释，以外戚丁、傅为灾异谴告的矛头所指。

不久傅太太后崩。名儒、谏大夫鲍宣（公元前30—公元3）上书，说“陛下父事天，母事地，子养黎民，即位以来，父亏明，母震动，子讹言相惊恐”，“诚可畏惧”。如今虽然哀帝“深内自责，避正殿，举直言，求过失，罢退外亲及旁仄素餐之人，征拜孔光为光禄大夫，发觉孙宠、息夫躬过恶，免官遣就国”，但“二月丙戌，白虹奸日，连阴不雨，此天有忧结未解，民有怨望未塞者也”。②请求罢免董贤，遣之就国。哀帝不能听，反拜董贤为大司马、卫将军，领尚书事，甚至有意禅让帝位于董贤。至元寿二年哀帝崩，成帝母王太皇太后临朝，拜王莽为大司马，始废黜董贤，诛灭丁、傅。

（三）土德讹言

与宗教、神话有关的传说和信仰，虽然在智者看来荒谬无稽，却不能简单斥之为迷信、怪诞、谬误。信众之所以相信，自有其深刻的社会心理背景和实际的需要，王嘉所谓“天惑其意，不能自止”，是也。“行西王母筹”讹言的发生和传播就是一个例子，汉代人们对五德终始政治历史观的普遍信仰是另一个例子。王莽依五德相生说，推定代汉火德者当为土德；东汉自承火德，汉末意图代汉者亦多自居土德。所以汉新、汉魏之际，涉及赤、黄更迭的祥瑞灾异征兆及传说数不胜数，其中不少被标签为“讹言”。

《汉书·王莽传中》载，新莽天凤二年（15），民间“讹言黄龙堕

---

① 《汉书》卷27下之上《五行志下之上》，页1476—1477。

② 《汉书》卷72《鲍宣传》，页3091—3092。

死黄山宫中，百姓奔走往观者有万数。莽恶之”。王莽自承土德，自然恶闻黄龙堕死，下令“捕系问语所从起”，显已违背先儒“流言不极”的教诲，结果自然是“不能得”。[①]王莽对这则讹言可能引发的社会影响之恐惧不能算是过度反应，他只是不明白“防民之口，甚于防川”，民间舆论之向背不能靠高压堵截来操控左右。结果同类言论在民间持续流传发酵，终酿成“人心厌新”之社会思潮。

《后汉书·五行志五》载，桓帝永康元年（167）八月，

> 巴郡言黄龙见。时吏傅坚以郡欲上言，内白事以为走卒戏语，不可。太守不听。尝见坚语云：“时民以天热，欲就池浴，见池水浊，因戏相恐‘此中有黄龙’，语遂行人间。闻郡以为美，故言。”[②]

由民间“戏语”经流传而形成众所周知的传说，是讹言、民间俗信的典型生成方式之一。应劭《风俗通义》记载的多种汉代俗神信仰，往往生于误会、误传、戏语。（对于这种现象，第五章将作具体讨论）但巴郡的黄龙传闻，本在当地庶民走卒中戏传。上达郡听后，郡守为了迎合朝廷所好、美化自己的治绩，便作为祥瑞上报，载入史册。“桓帝时政治衰缺，而在所多言瑞应，皆此类也。”当权者有意利用民间戏语，以讹传讹，制造上天垂瑞的假象，岂止桓帝。然而，如“先儒言：瑞兴非时，则为妖孽，而民讹言生龙语，皆龙孽也”[③]。民间戏语所言黄龙，即使当真，亦土德当令之象征。桓帝竟认为汉室祥瑞之征，毋乃天夺其智乎？这则记载，令我们对汉代讹言的发生、传播、建构过程，得到一些较具体的认识。

桓灵之世，与土德相关之讹言陆续有来。《后汉书·五行志五》：

---

① 《汉书》卷99中，页4139。《后汉书》卷30下《襄楷传》：桓帝延熹九年，襄楷上疏，有谓：“王莽天凤二年，讹言黄山宫有死龙之异，后汉诛莽，光武复兴。虚言犹然，况于实邪？”（页1079）指讹言为虚言。但虚言能吸引往观者万数，令王莽寝食难安，其社会政治影响力不容小觑。

② 《后汉书》志17，页3344。

③ 《后汉书》志17，页3344。

熹平二年六月，洛阳民讹言虎贲寺东壁中有黄人，形容须眉良是，观者数万，省内悉出，道路断绝。到中平元年二月，张角兄弟起兵冀州，自号黄天，三十六方，四面出和，将帅星布，吏士外属，因其疲餧，牵而胜之。①

李贤注引应劭《风俗通》：

应劭时为郎。《风俗通》曰："劭故往视之，何在其有人也！走漏污处，膩赭流漉，壁有他剥数寸曲折耳。劭又通之曰：季夏土黄，中行用事，又在壁中，壁亦土也。以见于虎贲寺者，虎贲国之秘兵，扞难御侮。必（是）〔示〕于东，东者动也，言当出师行将，天下摇动也。天之以类告人，甚于影响也。"②

虽然洛阳虎贲寺的"黄人"纯属讹传，但在东汉末，黄人、黄土、黄天、黄巾都有强烈的象征意义。李贤注引杨泉《物理论》："黄巾被服纯黄，不将尺兵，肩长衣，翔行舒步，所至郡县无不从，是日天大黄也。"③张角兄弟选择黄天、黄巾为其政治符号，显然是为了配合当时的普遍信仰和社会心态。东汉末民间层出不穷的与土德、黄色相关的讹言，也可能对张角兄弟的这一选择起了推波助澜的作用。

（四）乱世讹言

自然灾异与社会危机最易在民众中诱发讹言，上述大水、西王母、土德讹言发生之历史情境皆如是。汉代有不少讹言发生及流传于战乱及治安恶劣的社会环境中。

在讨论"流言"时曾提到，申屠刚举贤良方正，在对策中质疑王莽隔绝平帝与外家冯、卫二族的用心。在同一篇对策中，他还指出：

---

① 《后汉书》志17，页3346。
② 《后汉书》志17，页3346。
③ 《后汉书》志17，页3346。

> 今承衰乱之后，继重敝之世，公家屈竭，赋敛重数，苛吏夺其时，贪夫侵其财，百姓困乏，疾疫夭命。盗贼群辈，且以万数，军行众止，窃号自立，攻犯京师，燔烧县邑，至乃讹言积弩入宫，宿卫惊惧。自汉兴以来，诚未有也。①

可见即使接近权力中心的宫禁宿卫，在“盗贼群辈，且以万数，军行众止，窃号自立，攻犯京师，燔烧县邑”之际，也会因惊惧而受讹言的摆布。

东汉章帝（刘炟，75—88年在位）建初二年（77），马严（11—92）出任陈留太守。“时京师讹言贼从东方来，百姓奔走，转相惊动，诸郡惶急，各以状闻。严察其虚妄，独不为备。诏书敕问，使驿系道，严固执无贼，后卒如言。”②

类似事例史不绝书。如《后汉书·五行志一》：

> 安帝（刘祜，106—125年在位）永初元年（107）十一月，民讹言相惊，司隶、并、冀州民人流移。时邓太后专政。妇人以顺为道，故礼“夫死从子”之命。今专主事，此不从而僭也。（李贤注引《古今注》：“章帝建初五年，东海、鲁国、东平、山阳、济阴、陈留民讹言相惊有贼，捕至京师，民皆入城也。”）③

献帝（刘协，189—220年在位）初平三年（192），董卓（?—192）被李肃（?—192）、吕布（?—198）等刺杀。董卓旧部群龙无首，人心惶惶，而朝廷当权者在处置这支凉州大军的决策上，首尾两端，犹豫不决。于是“百姓讹言，当悉诛凉州人，遂转相恐动。其在关中者，皆拥兵自守”④。董卓旧部相互之间，及与其他武装集团因而发生的冲突混战，启动了三国鼎立之前长达二十余年的内战。

---

① 《后汉书》卷29《申屠刚传》，页1013。

② 《后汉书》卷24《马严传》，页861。

③ 《后汉书》志13，页3277。

④ 《后汉书》卷66《王允传》，页2176。

第三节 汉代官方对流言、讹言的态度及其理论背景

从先秦至两汉，历代政府都不会喜欢流言、讹言之类官方难以控制的言论信息。[①]据《周礼 · 大司徒》，周代“以乡八刑纠万民……七曰造言之刑”。郑玄注：“造言，讹言惑众。”[②]

顾炎武认为，造言之刑非常必要，“讹言莫惩，而宗周灭矣”：

> 舜之命龙也，曰：“朕堲谗说殄行，震惊朕师。”故大司徒以乡八刑纠万民，造言之刑，次于不孝不弟，而禁暴氏掌诛庶民之作言语而不信者。至于讹言莫惩，而宗周灭矣。（黄汝成案：野旷难稽，而民愚易惑，故造言必始于乡，唯乡刑得而治之）[③]

不孝不悌，在古代是重罪。对编造讹言的刑罚仅次于不孝不悌，可知罪名之重。

秦汉政府对妖言、诽谤实施严刑峻罚，史有明文。著名案例如秦始皇之坑儒案，“尽取石旁居人诛之”的陨石铭文案，西汉武帝杀窦婴（?—公元前131）、灌夫（?—公元前130）案等。其他因“诽谤”、“妖恶言惑众”而徙边、下狱、伏诛、弃市者不计其数。然而，这未必表示秦汉当权者对造谣诬蔑、谄媚陷害、迷信虚妄深恶痛绝，禁之严，罚之重，纯粹出于道德、伦理、价值判断之考虑。因为有些造谣诽谤、诬蔑陷害的案例就是受当权者默许、纵容、鼓励而起。至于虚假信息的释放、传播更是政治斗争中的家常便饭。应该说，对妖言、诽谤的禁罚主要是出于稳定政局的考虑；有时是因为内部政争激烈，对控制局势缺乏自信；或是讳疾忌医，怕家丑外扬。

---

① 谗言、告密、情报、官方故意释放的假消息等恐怕又当别论。

② 《十三经注疏 · 周礼注疏》卷10，页707。

③ 《日知录集释》卷5“造言之刑”，页280—281。

今存秦汉法令中未见有关编造、传播讹言的罪名及惩罚，但讹言与妖言两词在汉代史籍中往往互通，罪罚当比照妖言。东汉宗室刘瑜，延熹八年由太尉杨秉举为贤良方正。刘瑜到京后上书切谏，痛斥宦官“比肩裂土，竞立胤嗣，继体传爵”，“常侍、黄门，亦广妻娶。怨毒之气，结成妖眚”。“民悉郁结，起入贼党，官辄兴兵，诛讨其罪。贫困之民，或有卖其首级以要酬赏，父兄相代残身，妻孥相视分裂。”①桓帝不能用其言。桓帝崩，大将军窦武谋大诛宦官，引刘瑜为侍中。后事败，刘瑜被诛。“瑜诛后，宦官悉焚其上书，以为讹言。”②

据《杨秉传》李贤注引谢承《后汉书》，中常侍侯览之弟侯参，“取受罪臧累亿。牂牁男子张攸，居为富室，参横加非罪，云造讹言，杀攸家八人，没入庐宅”③。由上述两案例看，编造讹言乃灭门死罪，被认定为讹言的文字必须销毁。

至于流言，虽常被贴上“管蔡同罪”的标签，在政治伦理上处于劣势，被剥夺论述的正当性，但不同于讹言之带有妖异色彩，流言的内容多与政治、人事相关。我们在流言部分的讨论中也谈到，“流言惑众”罪虽可行“管蔡之诛”，一些当权者或统治集团的成员有时也视流言为一种探测舆情、观察政局动向及政治预警信号的公众言论。

值得注意的是，讹言虽然被官方视为与妖言同罪，汉代政府中的明智者其实并未小觑其对民众的心理影响，也没有忽视其反映舆情的功能。汉代制度，刺史代表中央政府巡视地方，监察吏治与行政效能。据《汉官典职仪》，“刺史班宣，周行郡国，省察治状，黜陟能否，断治冤狱，以六条问事，非条所问，即不省”。刺史监察内容的第三项，是郡国长吏有否“不恤疑狱，风厉杀人，怒则任刑，喜则淫赏，烦扰刻暴，剥截黎元，为百姓所疾”之劣迹。而此类劣迹，是以有否出现“山崩石裂，祆祥讹言”为判断标准的。④

汉代人视讹言具有山崩石裂之类天谴灾异的力量，不仅因为讹言

① 《后汉书》卷57《刘瑜传》，页1855—1857。

② 《后汉书》卷57《刘瑜传》，页1858。

③ 《后汉书》卷54《杨秉传》，页1774。

④ 《汉书》卷19上《汉书·百官公卿表上》“部刺史”条颜师古注引，页742。

与妖言两辞在表达时可以互换，更因为它本身就是一种以言论形式显示的灾异，一种特殊的天启征兆。王嘉“天惑其意，不能自止”之说，即已暗示讹言的这种特质。汉代人的这种认识，有其神秘主义的理论基础。

哀帝宠臣息夫躬曾将西王母行筹讹言与荧惑、太白、角星等星异联系起来，“恐必有非常之变”，建议哀帝“遣大将军行边兵，敕武备，斩一郡守，以立威，震四夷，因以厌应变异”①。灾异学家李寻向最高统治者强调“讹言之效，未尝不至”，讹言几乎等同谶言。李寻的学问传自伏胜至小夏侯今文《尚书》学一脉。这一学派善说《洪范》五行灾异，在汉代政治中极具影响。《汉书·五行志》即是以《洪范》灾异说为框架，汇集伏胜、大小夏侯以下及刘向、刘歆（?—23）父子诸家《尚书》学而成。

见于《汉书·五行志》的《洪范》五行说依据的是天人感应、有机互动的宇宙观。据这一宇宙观，天地人间出现的任何反常、怪异现象，都可能是超自然的神秘力量针对人间特别是统治者所作所为发出的奖善惩恶的预兆。惩恶的预兆，依程度不同，称为妖、孽、祸、痾等。“凡草物之类谓之妖。妖犹夭胎，言尚微。”②所谓异常、妖孽，在《洪范》五行说的理论框架中未必是贬义，端视观察者与解读者的立场而定。因为惩罚不得人心的统治者之恶行，正是为了顺应民众之意。③讹言在汉代政治和社会语境中有时被赋予天启征兆之象征含义。广泛流传、接受度高的流言、讹言对舆论之导向能力，它们所凝聚之群体期望、诉求、共识，以及时人对其神秘能力之信仰，可以令它们成为自我暗示型、自我实现型的天启式预言或谶言，有时甚至可以影响事件的发展方向，形塑历史的未来。

---

① 《汉书》卷45《息夫躬传》，页2184。

② 《汉书》卷27中之上《五行志中之上》，页1353。

③ 《汉书·五行志》及汉代阴阳灾异说中关于言语之妖的具体论述，将在第四章“谶谣”部分介绍。

第二章　妖　　言

“妖言”与“流言”、“讹言”一样，是传统中国政治生活和社会生活中一种常见的言论标签。与“流言”、“讹言”相比，“妖言”尤令历朝统治者深恶痛绝。两千多年来，历朝当局对“妖言”的污名化颇为深入人心，对一般的士大夫和普通民众而言，“妖言”都代表着怪异、妖异、危险、不可信的负面信息。在现代汉语中，当“流言”、“讹言”被定义为虚妄、谬误、无稽、迷信，没有事实根据的传闻，捏造的信息，易为有心人利用来误导、愚民，被视为“谣言”时，“妖言”的定义，是“迷惑人的邪说”①，“怪诞不经的邪说”②，“胡说，妄言”及“邪说，惑乱人心的话”③，也属于谣言的一种表现形式。本章尝试通过对相关历史文献所记载的妖言案例及其相关语境所作的考察和解读，对汉代的妖言及其政治、社会角色作出更完整更深入的解释。

第一节　“妖”字在先秦秦汉文献中的语义

妖，在先秦秦汉文献中亦常作“訞”④，或“祅”⑤，亦通“夭”⑥。

---

① 《现代汉语词典》(2005)，页1581。

② 《辞海》(1999)，页2967。

③ 《汉语大辞典》(1989)，4册，页304。

④ 《荀子·非十二子》：“如是而不服者，则可谓訞怪狡猾之人矣。”杨倞注：“訞与妖同。”(《荀子集解》卷11，页100)

⑤ 《说文》“妖”字写作“䄏”：“地反物为䄏也。”见《说文解字注》，页8。

⑥ 《庄子·大宗师》：“善妖善老，善始善终，人犹效之。”郭庆藩集释：“案妖字，正作夭。夭、妖古通用。”(《庄子集释》卷3上，页244、246)

妖、訞、祅，多用以形容一些反常、怪异，不同寻常的事物与现象。如《荀子·天论》：“故水旱不能使之饥，寒暑不能使之疾，祅怪不能使之凶。”①《吕氏春秋·开春论·察贤》：“雪霜雨露时，则万物育矣，人民修矣，疾病妖厉去矣。”高诱注：“妖，怪；厉，恶。”②

有些怪异的现象，对古人来说，难免要理解为涉及鬼神灵异。如《睡虎地秦墓竹简·日书甲种·诘篇》：“鸟兽能言，是夭（妖）也，不过三言。言过三，多益其旁人，则止矣。”③《左传》僖公十五年：“寡人之从君而西也，亦晋之妖梦是践。”杜预注：“狐突不寐而与神言，故谓之妖梦。”④《后汉书·郡国志》广陵郡东陵亭刘昭注引《博物记》：“女子杜姜，左道通神，县以为妖，闭狱桎梏，卒变形莫知所极。以状上，因以其处为庙祠，号曰东陵圣母。”⑤

反常、怪异、不同寻常，在先秦秦汉的历史语境中，有时并不等同负面、邪恶。如《左传》昭公二十六年：“在定王六年。秦人降妖。”《正义》云：“降者，自上而下之言。当时秦人有此妖语，若似自上而下，神冯之然。”⑥这里的“妖”，是附体于王室巫师的神物，故能为秦人作出灵异的预言。前引僖公十五年《传》所说的“妖梦”，也是指神降于狐突梦中。

也因此，美得不同寻常的人物或事物，在当时人笔下，常形容为“妖”。如宋玉《神女赋》：“近之既妖，远之有望。”李善注：“近看既美，复宜远望。”⑦在汉魏的文学作品中，“妖人”⑧、“妖女”⑨，或指美

---

① 《荀子集解》卷11，页307。
② 《吕氏春秋新校释》卷21，页1451。
③ 吴小强（2000），页129。
④ 《春秋左传注》，页357。
⑤ 《后汉书》志21，页3461。
⑥ 《春秋左传注》，页1477。冯，凭也。
⑦ 《文选》卷19，页268。
⑧ 应玚（?—217）《报庞惠恭书》：“发明月之辉光，照妖人之窈窕。”（《全上古三代秦汉三国六朝文·全后汉文》卷42，页700）
⑨ 曹植（192—232）《名都篇》：“名都多妖女，京洛出少年。”《曹子建集评注》，页61。

女；“妖冶”[①]、“妖蛊”[②]，常写美态。

当然，不同寻常的美，对端方谨严的正人君子而言，亦可能带些淫邪不正的意味。《后汉书·皇后纪序》以“妖幸”形容以姿色得幸于君的嫔妃美人，[③]《后汉书·梁冀传》对东汉外戚权臣梁冀（?—159）妻孙寿（?—159）的描述“色美而善为妖态，作愁眉”[④]，即反映出当时史家带有强烈意识形态意味的一种审美观念。

反常、怪异，或不同寻常的事物与现象，在原始信仰、自然崇拜流行的时代，往往能予人以不祥的印象，引起惊惧和警惕。而在讲求天人合一、相信天人感应的秦汉社会中，这种现象被引申为上天示警的凶兆。所以在先秦秦汉的传世文献和出土简帛中，我们可以读到大量这样的论述。

《左传·庄公十四年》：“妖由人兴也。人无衅焉，妖不自作。人弃常，则妖兴，故有妖。”[⑤]

《左传·宣公十五年》：“天反时为灾，地反物为妖，民反德为乱。乱则妖灾生。”[⑥]

《国语·晋语六》：“辨袄祥于谣。”[⑦]

《战国策·楚策四》：“先生老悖乎？将以为楚国袄祥乎？”[⑧]

《吴子·料敌》：“百姓怨怒，袄祥数起，上不能止。”[⑨]

《荀子·非相》：“今之世梁有唐举，相人之形状颜色而知其吉凶

---

① 司马相如（约公元前179—公元前117）《上林赋》：“若夫青琴宓妃之徒，绝殊离俗，妖冶娴都。”（《汉书》卷27上《司马相如传上》，页3039）；张衡《七辩》：“金石协奏，妖冶邀会。”（《全上古三代秦汉三国六朝文·全后汉文》卷55，页775）陆云《为顾彦先赠妇》诗之二：“京室多妖冶，粲粲都人子。”（《文选》卷25，页354）

② 张衡（78—139）《西京赋》：“妖蛊艳夫夏姬，美声畅于虞氏。”（《文选》卷2，页49）

③ “妖倖毁政之符，外姻乱邦之迹，前史载之详矣。”（《后汉书》卷10上，页399）

④ 《后汉书》卷34，页1180。

⑤ 《春秋左传注》，页197。

⑥ 《春秋左传注》，页763。

⑦ 《国语》卷12，页410。

⑧ 《战国策集注汇考》中册卷17，页818。

⑨ 《四部丛刊》初编缩印本卷77，页3。

妖祥，世俗称之。”《大略》：“口言善，身行恶，国妖也。”①

《吕氏春秋·季夏纪·制乐》：“妖者祸之先者也，见妖而为善则祸不至。”“夫天之见妖也，以罚有罪也。”②

《礼记·乐记》：“夫古者天地顺而四时当，民有德而五谷昌，疾疢不作，而无妖祥，此之谓大当。”③

《长沙子弹库战国楚帛书·甲篇》：“日月星辰，乱逆其行。赢绌逆（？乱），卉木亡常，是（？）谓妖。”“唯邦所□妖之行，卉木民人，□四践之常，□□上妖，三时是行。”“唯天作福，神则格之；唯天作妖，神则惠之。”④

《上海博物馆藏战国楚竹书·容成氏》：“当是时也，疠疫不至，妖祥不行，祸灾去亡，禽兽肥大，卉木蓁长。昔者天地之佐舜而佑善，如是状也。”⑤

《马王堆汉墓帛书·刑德乙篇》：“事若已成，天乃见袄，是谓发筋，先举事者地削兵弱。”⑥

从《史记》、《汉书》等记载来看，“妖”在大多数语境中也都含有此意。于是，不祥之兆被称为“妖”或“妖祥”，自然或人事现象出现反常的变化被称为“妖变”，预兆灾祸的星象被称为妖星，起事倡乱者被称为妖贼，等等。更常见的用语是“妖孽”。如《国语·吴语》：“今大夫老，而又不自安恬逸，而处以念恶，出则罪吾众，挠乱百度，以妖孽吴国。”⑦江陵张家山汉简之《奏谳书·盖庐》：“凡用兵之谋，必得天时，王名可成，袄孽不来，凤鸟下之，无有疾灾，蛮夷宾

---

① 《荀子集解》卷3，页72；卷19，页498。荀子对天人感应的“妖祥”观念并不以为然，所以说相术乃“古之人无有也，学者不道也”，天地之常不为人之好恶而变化，自然界的异常现象可怪但不可畏。但我们也可由他的引述得知当时有关“妖祥”的“世俗”信仰。再说，荀子自已也用“人袄”来形容政治、社会的动乱，用“国妖”来形容口是心非的险恶小人。荀子认为，“人袄”和“国妖”都是人祸，“袄是生于乱”。

② 《吕氏春秋新校释》卷6，页350。

③ 《十三经注疏·礼记正义》卷39，页1540。

④ 李零（1985），页50、57。

⑤ 马承源（2002），页262—263。

⑥ 陈松长（2001），页116。

⑦ 《国语》卷19，页601。韦昭注“妖孽吴国”句，谓指伍子胥：“妄为妖言：‘越当袭吴。’”（页602）。

服，国无盗贼，贤悫则起，暴乱皆伏，此谓顺天之时。”①

在汉代人的心目中，“妖孽”具有代天谴告的预警功能。《礼记·中庸》中有一段著名的论述“至诚之道，可以前知。国家将兴，必有祯祥；国家将亡，必有妖孽”②，就常被汉儒引为“天谴灾异”说的理论依据。汉人为什么认为“妖”“孽”可以预言政事、人事的吉凶呢？

如前所述，在先秦秦汉文献中，“妖”亦通“夭”。班固（32—92）撰《汉书·五行志》，曾综合西汉今文《尚书》学名家欧阳、大小夏侯、京房（公元前77—公元前37）《易》学、刘向与刘歆父子诸说③，解释伏胜《洪范五行传》中的灾异说：

> 凡草物之类谓之妖。妖犹夭胎，言尚微。虫豸之类谓之孽。孽则牙孽矣。及六畜，谓之祸，言其著也。及人，谓之痾。痾，病貌，言深也。甚则异物生，谓之眚；自外来，谓之祥。④

其中对形容灾异的妖、孽、祸、痾诸词之词义有所区隔，妖、孽二字的解释，既取不祥之义，也强调其少、微之义，以为灾祸初生之名。正因初生，才有预警、征兆之功能。如京房所撰《易妖占》，就是一种凭据种种自然事物的反常“妖”象来预测政治、社会变动的占卜书。⑤

---

① 《张家山汉墓竹简》（二四七号墓）（2001），释文页275。

② 《十三经注疏·礼记正义》卷53，页1632。

③ 参见王先谦《汉书补注》引王鸣盛说。（上册，页594）

④ 《汉书》卷27中之上，页1353—1354。

⑤ 《汉书》卷85《谷永传》：“訞辞曰：‘关动牡飞，辟为无道，臣为非，厥咎乱臣谋篡。’”颜师古注曰：“《易訞占》之辞也。訞即妖字耳。”（页3470、3471）《汉书》卷27中之上《五行志中之上》亦引之，李奇注作“《易妖变传》辞”（页1401）。其书至魏晋南北朝隋唐仍存。《晋书》卷12《天文志中》：“京房《易妖占》曰：‘天有声，人主忧。’”（页337）《隋书》卷23《五行志下》：“东魏武定二年十一月，西河地陷而且燃。京房《易妖占》曰：‘地自陷，其君亡。’”“后周建德二年，凉州地频震。城郭多坏，地裂出泉。京房《易妖占》曰：‘地分裂，羌夷叛。’”（页664—665）《隋书》卷34《经籍志》：“梁《周易妖占》十三卷，京房撰。”（页1032）《新唐书》卷34《五行志一》：“景龙二年春，滑州匡城县民家鸡有三足。京房《易妖占》曰：‘君用妇言，则鸡生妖。’”（页880）《太平御览·咎征部》颇多引用京氏《妖占》处。

《汉书·五行志中之下》说“凡草物之类谓之妖”[①]，以之区别虫孽、畜祸、人痾，与《左传》宣公十五年“地反物为妖”暗合，都以“妖”来形容与植物有关的异象。所以，当“上不明，暗昧蔽惑，则不能知善恶，亲近习，长同类，亡功者受赏，有罪者不杀，百官废乱”，就可能出现“冬温，春夏不和，伤病民人”的反常气候和物候，如“霜不杀草”，“桑谷共生”，“十二月李梅实”，“枯树复生”，等等，统称为草木之妖。[②]

但细察综观《汉书·五行志》的论述，无论天地星辰人畜，凡见异象，都可称“妖”，不限于“草物之类”。如社会上出现身份错置、性别倒乱、人畜不分的奇装异服，就被认定是出现了服妖。人类生理形态或行为的“奇异”现象，如女变男身，人身长毛或头生角，人有畸形或异形，人死复生，人食人等，被目为人妖。家畜家禽出现怪异反常形态或行为，如犬马鸡生角，犬与豕交，豕入居室，牛生五足，雄鸡自断其尾，雌鸡化为雄，等等，被视为犬妖、豕妖、牛妖、马妖、鸡妖。与野生及神奇动物有关的称鼠妖、狼妖、鸟妖、龙妖、鱼妖等。与天象气候有关的妖孽异象有雨妖、脂夜之妖、星陨之妖。此外，山崩地裂，城门自坏，皆属妖征，宫室火灾，视为妖火。

那么，在语言文字表达中出现的异常现象、反常言论，应该被称为什么呢？

第二节 “妖言”在秦汉历史论述中的语义

《白虎通·灾变》：“妖者，何谓也？衣服乍大乍小，言语非常。”[③]反常、怪异的言论，就叫“妖言”。

在秦汉历史论述中，妖言有时指妄言诽谤。如《史记·秦始皇本纪》：“诸生在咸阳者，吾使人廉问，或为訞言以乱黔首。”[④]《史记·

① 《汉书》卷27中之下，页1353。
② 《汉书》卷27中之下《五行志中之下》，页1405—1414。
③ 《白虎通疏证》卷6，页270。
④ 《史记》卷6，页258。

淮南衡山列传》："荧惑百姓，倍畔宗庙，妄作妖言。"[①]也就是说，对上不敬、不利在上位者的言论，都可能被标签为妖言。

妄言、诽谤，以及非所宜言，在秦汉律中都是与妖言并列的严重言论罪名，也都具有对上不敬、不利在上位者的性质。它们之间应如何区分呢？按张仁玺的研究："凡是对封建王朝有不满言论的，就可能构成诽谤罪。"妄言"就是指煽动或推翻封建王朝统治的言论"。而凡是说了不该说的话，就可能有罪，这叫非所宜言罪。至于什么可以说，什么不可以说，法律上并没有明确的规定。所以其随意性很大。[②]至于妖言的定义，张仁玺引《汉书·高后纪》颜师古注："过误之语以为妖言。"[③]什么是过误之语？"从当时的情况来看，就是'诵不详之辞'，以迷惑群众。"[④]

据上述定义和描述，四种可以入罪的言论在内容和表达形式上有相当高的同质性，都属于违逆上意的大不敬罪。只是"诽谤"罪的重点在于惩罚以古非今的言论；"妄言"多具有煽动或推翻皇朝统治的谋逆性质；"非所宜言"像个大筐，什么都可以往里装；"妖言"则有两个特性，即"不详（祥）"和"惑众"。

张氏的论述相当扎实细腻，也比较准确。当然，从相关史籍的记载来看，在秦汉实际政治生活中，被冠以上述标签的这几种言论，在内容上有时难以严格区分。例如秦始皇三十五年（公元前212），侯生、卢生议论秦始皇"刚戾自用"，"乐以刑杀为威"，不算是以古非今，始皇却以卢生等为"今乃诽谤我，以重吾不德也"[⑤]。汉代法律则以在皇帝面前"怨望非议"政治为诽谤。[⑥]

不少标签为"妄言"的言论确实具有煽动谋逆的性质。如项羽（公元前232—公元前202）与其叔项梁（?—公元前208）观秦始皇帝游会稽，渡浙江。项羽曰："彼可取而代也。"梁掩其口，曰："毋妄言，

---

① 《史记》卷118，页3094。

② 张仁玺（2003），页100。

③ 《汉书》卷3，页96。

④ 张仁玺（2003），页100。

⑤ 《史记》卷6《秦始皇本纪》，页258。

⑥ 汤凌慧（2000），页113。

族矣！”[①]但也有不少被定为妄言罪的，只是一些胡言妄语，狂妄自大语，或只是不顺上意、对上不敬之语。在秦汉历史论述中，“妄言”与“妖言”这两种言论标签有时也互通互用，难以区分。

比较而言，“不祥”和“惑众”确实可以被看做是“妖言”的特性。所谓“不祥之辞”，即语涉阴阳灾异、吉凶鬼神，带有明显神秘色彩的言论，与“妖”字在汉代的常见含义相合。

对妖言的这一诠释始见于《汉书·律历志上》所载昭帝元凤（公元前80—公元前75）年间太史令张寿王请改太初历案。寿王“妄言太初历亏四分日之三，去小余七百五分，以故阴阳不调，谓之乱世”，有司劾以“古之大夫，服儒衣，诵不详之辞，作祆言欲乱制度”[②]。妖言、妄言、诽谤、非所宜言这几种言论标签，在汉代历史叙述中虽然同质性高，但天谴灾异、神鬼吉凶之类的神秘色彩，确是更多地体现在被标签为“妖言”的言论之中。

《史记·高祖本纪》有一段刘邦（西汉开国皇帝，公元前202—公元前195年在位）起事前醉斩白蛇的著名故事，是有关西汉皇室开国合法性最重要的政治神话。[③]刘邦斩蛇之后，有人“来至蛇所，有一老妪夜哭。人问何哭，妪曰：‘人杀吾子，故哭之。’人曰：‘妪子何为见杀？’妪曰：‘吾子，白帝子也，化为蛇，当道，今为赤帝子斩之，故哭。’人乃以妪为不诚，欲告之，妪因忽不见”[④]。《论衡·纪妖篇》中转述这段故事，改“人乃以妪为不诚，欲告之”为“人以妪为妖言，因欲笞之”[⑤]。即当时人以鬼神之说为妖言的一个例证。

东汉时，社会动荡加剧，“盗贼”蜂起，起事者不少具有巫术、原始道教等宗教背景，其动员民众的口号、言论常带有妖异神秘色彩。这些口号、言论往往被当局称为“妖言”，其造作者、宣扬者则被视为“妖人”、“妖贼”。所以后世兵家论述军中如何人尽其才，便主张派“善张皇鬼神之说，推引天命”者去向敌方散布“妖言诈辞”，

---

① 《史记》卷7《项羽本纪》，页296。
② 《汉书》卷21上，页978。
③ 关于这则政治神话，第五章有详细讨论。
④ 《史记》卷8，页347。
⑤ 《论衡校释》卷22，页924。

“使扬声惑众以动敌心”，以获得心理战的效果。①

妖言多是以口头形式传播的，集为文字，就被目为“妖书”或“妖邪之书”了。如《后汉书·天文志中》载，东汉明帝（刘庄，57—75年在位）永平十三年（70）“楚王英与颜忠等造作妖书谋反，事觉，英自杀，忠等皆伏诛”②。东汉道教经典《太平经》的前身，干吉于曲阳泉水上所得之《太平清领书》，以“其言以阴阳五行为家，而多巫觋杂语”，被有司奏为“妖妄不经”③。东汉末年流传的《石包谶》，亦被指为“妖邪之书”④。

汉代人认为，妖言的神秘特征，不仅仅表现在其直接与阴阳灾异、吉凶鬼神相关的内容。有时不同寻常的词语选择或其表达方式，甚或表面看似平常无奇的语词和表达方式，其实内含妖祥征兆的神秘意义，也可视作妖言。《白虎通》之“言语非常”，此之谓也。

如袁康《越绝书·德序外传记》：

> 吴王将杀子胥，使冯同征之。胥见冯同，知为吴王来也，泄言曰：“王不亲辅弼之臣，而亲众豕之言，是吾命短也。高置吾头，必见越人入吴也，我王亲为禽哉！捐我深江，则亦已矣！”胥死之后，吴王闻以为妖言，甚咎子胥。王使人捐于大江口。勇士执之，乃有遗响，发愤驰腾，气若奔马，威凌万物。归神大海，仿佛之间，音兆常在。后世称述盖子胥水僊也。⑤

---

① 《虎钤经》卷1《人用》，页3。

② 《后汉书》志11，页3230。

③ 《后汉书》卷30下《襄楷传》：“初，顺帝时，琅邪宫崇诣阙，上其师干吉于曲阳泉水上所得神书百七十卷，皆缥白素朱介青首朱目，号《太平清领书》。其言以阴阳五行为家，而多巫觋杂语。有司奏崇所上妖妄不经，乃收臧之。后张角颇有其书焉。”（页1084）

④ 《后汉书》卷54《杨彪传》：献帝初，关东兵起，董卓（?—192）惧，欲迁都，乃大会公卿议曰：“高祖都关中十有一世，光武宫洛阳，于今亦十世矣。案石包谶，宜徙都长安，以应天人之意。”杨彪（142—225）反对其议，说：“石包室谶，妖邪之书，岂可信用?”（页1786—1787）

⑤ 《越绝书校释》卷14，页326。

伍子胥（?—公元前484）之语，激愤慷慨，溢于言表，却非妖异怪诞之论。吴王以为妖言，因其大不敬。但后人（包括东汉人）视子胥故事为传奇，认为吴越之争后来的事态发展，验证了子胥之语的预警力量，所以此类言语现象，即属言之妖者。

妖言的第二个特色是“惑众”。从秦汉史籍所记载的妖言案件来看，并非所有的妖言都曾在众人中广泛传播，有些妖言，仅见于“上书”、私人书信、私下诽谤等影响较小的场合。但有些妖言，确实具备“惑众”的能力或潜力。如秦始皇指责群儒“或为訞言以乱黔首”。淮南王刘安的谋逆罪状之一是“荧惑百姓，倍畔宗庙，妄作妖言”。至东汉中后期，社会多动乱，又有原始道教兴起，此类事件尤多，于是有“妖惑”之词，即以妖言妖术煽惑群众之意。①

第三节　秦汉史中的妖言案例

秦汉时期与妖言相关的个案甚多，笔者以发生的时代为序，取其中具有典型历史意义者，尝试在历史自身的演变脉络中观察妖言的政治和文化意味及官方的应对之道。

一、秦诸生“为訞言以乱黔首”案

秦始皇三十四年（公元前213）焚书、三十五年坑儒，是中国政治史、文化史上的大事件，史家著述甚丰。本文仅就坑儒事件与“妖言”的关系，略加探讨。

在中国思想史、文化史的研究中，常将焚书与坑儒并提，强调两者在意识形态、政治利害考虑上的密切关联，以此为秦始皇灭绝儒术之铁证。对此，王充在《论衡·语增篇》中已提出质疑：

> 传语曰：“秦始皇帝燔烧诗书，坑杀儒士。”言燔烧诗书，灭去五经文书也；坑杀儒士者，言其皆挟经传文书之人也。烧其书，坑其人，诗书绝矣。言燔烧诗书，坑杀儒士，

① 如《后汉书》卷57《刘陶传》：“时巨鹿张角伪托大道，妖惑小民。”（页1849）

实也。言其欲灭诗书，故坑杀其人，非其诚，又增之也。

> 燔诗书，起淳于越之谏；坑儒士，起自诸生为妖言，见坑者四百六十七人。传增言坑杀儒士，欲绝诗书，又言尽坑之，此非其实，而又增之。①

秦至西汉的儒士，往往兼具方士性格，所以王充认为，坑儒与禁绝儒家诗书之间，并无必然的联系："三十五年，诸生在咸阳者，多为妖言。始皇使御史案问诸生，诸生传相告引者，自除犯禁者四百六十七人，皆坑之。"②这一说法，与《史记·秦始皇本纪》对事件的叙述大致相同，王充对焚书与坑儒的起因和性质，加以区分，是有道理的。

《史记·秦始皇本纪》在叙述坑儒事件前，先叙侯生、卢生私下对秦始皇的尖锐批评以及逃亡，引发秦始皇的极度愤怒。③秦始皇怒曰：

> 吾前收天下书不中用者尽去之。悉召文学方术士甚众，欲以兴太平，方士欲练以求奇药。今闻韩众去不报，徐市等费以巨万计，终不得药，徒奸利相告日闻。卢生等吾尊赐之甚厚，今乃诽谤我，以重吾不德也。④

骂的主要是方士。紧接着又说："诸生在咸阳者，吾使人廉问，或为訞言以乱黔首。"于是派御史将诸生抓起来审问。"诸生传相告引，乃自除犯禁者四百六十七人，皆坑之咸阳，使天下知之，以惩后。益发谪徙边。"⑤

从《史记》的上下行文来看，被逮捕审问的诸生，当与方士关系密切，而其"妖言"是否语涉妖异，史书没有明确记载，无从考究。

---

① 《论衡校释》卷7，页354—356。
② 《论衡校释》卷7，页356。
③ 这样的叙述顺序，似在凸显侯、卢的背叛和"诽谤"与坑儒事件的因果关系。
④ 《史记》卷6《秦始皇本纪》，页258。
⑤ 《史记》卷6《秦始皇本纪》，页258。

当诸生该坑的坑，该流放的流放之后，始皇长子扶苏（?—公元前210）谏曰："天下初定，远方黔首未集，诸生皆诵法孔子，今上皆重法绳之，臣恐天下不安。唯上察之。"①原来所谓"妖言"，竟是诵法孔子之言？抑或扶苏的意思，是这些诸生，虽有方士性格，亦具儒生身份，故请父皇手下留情？

扶苏谏诤的结果，是他自己被放逐去边郡，未能改变秦始皇迫害诸生的态度。但我们从中或可推测，当年诸生的"妖言"，其实亦不过是所谓引古非今、不顺上意的"诽谤"之语。

到了秦始皇三十六年（公元前211），倒真是发生了一些涉及妖异言语的事件，尽管史书并未将这些言语标签为"妖言"。《史记·秦始皇本纪》：

> 有坠星下东郡，至地为石，黔首或刻其石曰"始皇帝死而地分"。始皇闻之，遣御史逐问，莫服，尽取石旁居人诛之，因燔销其石。

> 秋，使者从关东夜过华阴平舒道，有人持璧遮使者曰："为吾遗滈池君。"因言曰："今年祖龙死。"使者问其故，因忽不见，置其璧去。使者奉璧具以闻。始皇默然良久，曰："山鬼固不过知一岁事也。"退言曰："祖龙者，人之先也。"使御府视璧，乃二十八年行渡江所沉璧也。于是始皇卜之，卦得游徙吉。②

陨石坠落，在秦汉社会的普遍观念中本已是不祥之征，黔首所刻更属不祥之辞。"始皇帝死而地分"，不仅是民众的诅咒，也可以被视为上天的预警。"今年祖龙死"不但语含神秘，其出现及传播的过程更是妖异莫测。秦始皇虽然可以燔销陨石，尽诛石旁居民，泄一时之愤，面对层出不穷的妖异言语及其所代表的民心舆论，最后仍不得不默然

① 《史记》卷6《秦始皇本纪》，页258。

② 《史记》卷6《秦始皇本纪》，页259。

良久，卜问鬼神。①

二、淮南王刘安“荧惑百姓，妄作妖言”案

西汉武帝（刘彻，公元前140—公元前87年在位）元狩元年（公元前122），淮南王刘安（约公元前179—公元前122）谋反事败，自杀国除，治秦汉史者多耳熟能详，对于此案缘起、过程，以及究竟是谋叛案还是冤狱，仍有不少争议。笔者在此无意对此案作全面检讨，只是将《史记》和《汉书》有关此案记载中涉及妖言的一些情节略作梳理。

刘安是淮南王刘长（约公元前198—公元前174）之子，汉高祖刘邦之孙，汉武帝之叔。刘长在文帝时，骄恣僭越，擅杀辟阳侯审食其（?—公元前177），又密议谋反。事发后被废，放逐蜀郡，途中绝食而死，追谥厉王。

据《史记》和《汉书》的记载，刘安袭封后，“时时怨望厉王死”，胸怀异志，“为人好读书鼓琴，不喜弋猎狗马驰骋，亦欲以行阴德拊循百姓，流誉天下”②。景帝（刘启，公元前157—公元前141年在位）三年（公元前154），吴楚七诸侯王国反，刘安本欲起兵响应，因国相反对和朝廷及时派兵至淮南，未遂。

武帝即位初（建元二年，公元前139），刘安入朝。据《史记·淮南衡山列传》，武安侯田蚡（?—公元前131）时为太尉，迎刘安于霸上，对他说：“方今上无太子，大王亲高皇帝孙，行仁义，天下莫不闻。即宫车一日晏驾，非大王当谁立者!”刘安大喜，厚遗武安侯

---

① 在历史上，常有妖言“自发”地出现并广泛流传，影响或煽惑群众，但却找不到原作者或主谋之人，比较像前面讨论过的“流言”、“讹言”。统治者最恶此，但也最无计可施。早如《左传》，已有类似记载。僖公十六年（十二月，会于淮，谋鄫，且东略也）：“城鄫，役人病，有夜登丘而呼曰：‘齐有乱！’不果城而还。”杜预注：“役人遇厉气，不堪久驻，故作妖言。”（《十三经注疏·春秋左传正义》卷14，页1809）“死而地分”妖言刻于陨石，见诸文字，也有明确的发案地点，但即使尽杀“石旁居人”，仍无人招认。“祖龙死”妖言更借鬼神之口发声而有始皇旧时遗物为证。专制暴虐强横如秦始皇，也对此无可奈何。

② 《史记》卷118《淮南衡山列传》，页3082。

财物。①

建元六年，彗星见。当时的社会观念，普遍认为此异象主刀兵之乱。刘安“以为上无太子，天下有变，诸侯并争”，积极整治兵备，重金招揽游士奇才数千人。他所招揽的辨士，有“妄作妖言，谄谀王”者。②用来取悦刘安的这些妖言，当即后文所说的“言上无男，汉不治”之类言论。当时武帝已二十一岁，仍无子嗣。无论前文所引建元二年田蚡与刘安的秘密对话是否属实，看来刘安一直对武帝无子之情势保持热切关注，并有一种希望这种情势持续下去的心理期待。

元朔五年（公元前124），淮南王太子刘迁违法，事连刘安，武帝罚以削地二县。“淮南王削地之后，其为反谋益甚。诸使道从长安来，为妄妖言，言上无男，汉不治，即喜；即言汉廷治，有男，王怒，以为妄言，非也。”③问题是，武帝于元朔元年已得长子刘据（即

---

① 《史记》卷118《淮南衡山列传》，页3082。相同的故事亦见于《汉书》卷44《淮南厉王刘长传》（页2146），《史记》卷107《魏其武安侯列传》（页2855），《汉书》卷52《灌夫传》（页2393）等。然细思之，颇有可疑之处：第一，汉武帝29岁（元朔元年，公元前128）得子，即戾太子刘据。武帝得子虽然较晚，但他16岁登基，建元二年仅18岁（刘安时约40岁），富于春秋，虽然尚未得子，帝室继嗣在当时还不至于成为朝廷内外焦虑的问题吧？再怎么说，刘安要比汉武帝年长20多岁。就算朝廷需要提早安排武帝的接班人，论情理也不至于轮到刘安吧？第二，田蚡于景帝世以王皇后同母弟得享富贵，至武帝即位，更以帝舅（王太后为武帝生母），封侯拜太尉，贵极人臣，一生富贵，系于其为景帝妻舅、武帝母舅之外戚身份。虽然后来曾得罪窦太后而遭罢免，也曾因擅权不为武帝所喜，但武帝即位之初，正值其官场得意之际，何至于要在此时诅咒其皇帝外甥早夭绝后，而煽惑旁系诸侯王觊觎皇位之心？有人说窦太皇太后于建元二年临朝干政，罢免武帝所任命的喜好儒术之大臣，其实是发动了一场未动干戈的宫廷政变，令武帝身处危境，而田蚡也暗中站到了武帝的对立面，所以才有与淮南王刘安暗通款曲之事。此说极悖史实与情理。田蚡与刘安的这段秘密对话，在建元二年至元狩元年（公元前122）十六年间，闻所未闻，直至田蚡死后九年、刘安谋反事发自杀，才有流传，上达天听，甚疑是有心人事后造作。当时主审此案的廷尉张汤（?—公元前115），精律令，能而廉，然为人多诈，治狱深文周纳，善迎合上意。他审理淮南、衡山、江都王谋反案时，“寻端治之，竟其党与，而坐死者数万人”。汲黯曾评论张汤，说他“智足以拒谏，诈足以饰非，务巧佞之语，辩数之辞，非肯正为天下言，专阿主意。主意所不欲，因而毁之；主意所欲，因而誉之。好兴事，舞文法，内怀诈以御主心，外挟贼吏以为威重”。（参见《史记》卷122《酷吏列传》，页3138—3144；卷30《平准书》，页1424；卷120《汲郑列传》，页3110）张汤又曾为田蚡故吏。为撇清自己，迎合武帝，对案情添油加料，对刘安、田蚡落井下石，并非不可能。然无确证，姑且存疑。

② 《史记》卷118《淮南衡山列传》，页3082。

③ 《史记》卷118《淮南衡山列传》，页3083。

戾太子，公元前128—公元前91）[①]，虽然没有立即立为太子[②]，却不可谓“无男”。难道刘安根本否认武帝有子，或心中不承认刘据是武帝之子、帝室继嗣？[③] 难道当时宫廷中或社会上对此有什么传言？抑或是刘安坚持先入为主的偏见，拒绝相信任何他不愿意相信的信息，偏执到走火入魔、完全不顾事实的地步？[④]

诸侯王、列侯、丞相等集议刘安罪状，胶西王刘端所议“淮南王安废法行邪，怀诈伪心，以乱天下，荧惑百姓，倍畔宗庙，妄作妖言”[⑤]，即淮南君臣间流传的种种“妖言”，不但存背叛宗庙之心，而且可能有蛊惑百姓之实，成为此案定罪量刑的重要罪状之一。但刘安“妖言”的具体内容，在汉代历史叙述中多缺而不言，或轻描淡写，令今人对两千多年前发生的这一大案之真相，不免有雾里看花之叹。无论当时刘安心中想的是什么，其根据又是什么，我们今日已不可考，但可以推测相关妖言的内容很可能涉及宫廷秘辛，近乎诽谤、无稽之谈，而非带有妖异色彩的言论。

三、张寿王“诵不详之辞，作袄言欲乱制度”案

昭帝初，内有权臣把持朝政[⑥]，外有强藩虎视眈眈[⑦]，朝野民间

---

① 汉武帝生有六子。除长子刘据、少子刘弗陵（即昭帝，公元前94—公元前74），其余诸子，包括齐怀王刘闳（?—公元前110）、燕剌王刘旦（?—公元前80）、广陵厉王刘胥（?—公元前54）、昌邑哀王刘髆，生年皆不详。参见《汉书》卷63《武五子传》。

② 刘据立为太子在元狩元年四月，是时淮南王刘安谋反事件已经平息。

③ 元狩元年，刘据已七岁，刘安仍然对其心腹幕僚伍被、左吴说：“上无太子，宫车即晏驾，廷臣必征胶东王，不即常山王，诸侯并争，吾可以无备乎！且吾高祖孙，亲行仁义，陛下遇我厚，吾能忍之；万世之后，吾宁能北面臣事竖子乎！”（《史记》卷118《淮南衡山列传》，页3085）这也许是因为刘据当时年幼，尚未被立为太子。但是刘安在此问题上如此执著，颇耐人寻味。

④ 迄今所存史料，未见任何刘安的同时代人或稍后之人持有类似怀疑的言论。但无独有偶，武帝崩，少子刘弗陵继嗣，其兄燕王刘旦即以“少帝非武帝子”为借口，发动武装叛乱（《汉书》卷63《燕剌王旦传》，页2753），与刘安“妖言”，可谓前后辉映。

⑤ 《史记》卷118《淮南衡山列传》，页3094。

⑥ 武帝临终前遗诏霍光、金日磾（公元前134—公元前86）、上官桀辅佐少主。但金日磾在昭帝即位之明年即病故，上官桀因与霍光争权，于元凤元年（公元前80）参与燕王刘旦的谋逆，事败被诛。霍光以大司马、大将军录尚书事，独揽全国军政。

⑦ 武帝崩时，诸皇子以燕王刘旦居长，有才干，有野心。昭帝初即位，旦与齐孝王孙刘泽等合谋，向诸郡国宣扬“少帝非武帝子”，发动武装叛乱，为青州刺史隽不疑所镇压。至元凤元年，再与上官桀父子、桑弘羊等通谋造反，事败自杀。参见《汉书》卷63《燕剌王旦传》，页2753—2759。

纷传的灾异现象，如大水、大旱、日食、亡冰、城门灾、殿堂灾、鼠舞不休、乌鹊相斗、树枝如人头等，也此伏彼起。[①]这样的情形，在当时被认为是阴阳不调所致。

元凤三年（公元前78），太史令张寿王上书，说阴阳失调，乃武帝太初元年（公元前104）修历不当所致，要求改用他所传承的黄帝历。诏命主历使者鲜于妄人召集多位治历专家，从元凤三年十一月朔旦冬至五年十二月，观察日月晦朔弦望、八节二十四气，比较当时流传的十一家历法。其结论是张寿王的黄帝历误差最大。于是有司劾奏寿王“非汉历，逆天道，非所宜言，大不敬”[②]。

逆天道、非所宜言，都是大不敬之重罪。但朝廷没有立刻处分寿王，而是要求治历者再多观察一年。结论仍然是太初历误差最小，黄帝历误差很大。有司再次劾奏寿王身为八百石之官员，乃古之大夫，服儒衣，却“妄言太初历亏四分日之三，去小余七百五分，以故阴阳不调，谓之乱世”，“诵不详之辞，作祅言欲乱制度，不道”。[③]汉代“妖言”的定义之一为“诵不详之辞”，典出于此。昭帝虽愿再次赦免，寿王却固执己见，终于下吏而死。

张寿王虽然愚昧偏执，他所关注的其实只是历法的学理问题。但在汉代，历法所代表的是天道和正朔，是皇朝统治合法性所在。寿王坚持批判兼具学理和政治正当性的太初历，确是言非所宜言；而声称太初历导致“阴阳不调，谓之乱世”，更是触犯当朝的政治忌讳，判他犯下妖言罪不算冤枉。然而，他的“妖言”毕竟不含明显的政治目的，对治历圈子以外的影响看来也不大，这也许就是昭帝，或者说主持政务的霍光，愿意再三赦免他的原因。而大约同时发生的眭弘妖言案，就没有那么幸运了。

四、眭弘，夏侯胜等的谶言式妖言案

眭弘（？—公元前78），字孟，鲁国蕃人。从董仲舒弟子嬴公

---

① 参见《汉书》卷27《五行志》。

② 《汉书》卷21上《律历志上》，页978。

③ 《汉书》卷21上《律历志上》，页978。

受《春秋》公羊学。以明经为议郎，至符节令。

昭帝元凤三年（公元前78）正月，

泰山莱芜山南匈匈有数千人声，民视之，有大石自立，高丈五尺，大四十八围，入地深八尺，三石为足。石立后有白乌数千下集其旁。是时昌邑有枯社木卧复生，又上林苑中大柳树断枯卧地，亦自立生，有虫食树叶成文字，曰“公孙病已立”。①

大石自立、枯木复生、虫食树叶成文字，这些自然界的异象，在汉代一般思维中，都属于典型的灾异征兆，按《洪范》五行说的分类，属于草木、金石之妖及虫祸。按照京房《易》学、董氏《春秋》公羊学，石属阴类；木则或说属少阳，或说属阴。眭弘根据所习董氏《春秋》公羊学，认为：

石柳皆阴类，下民之象，泰山者岱宗之岳，王者易姓告代之处。今大石自立，僵柳复起，非人力所为，此当有从匹夫为天子者。枯社木复生，故废之家公孙氏当复兴者也。②

所以刘汉皇朝已面临改朝换代，新天子将是来自民间的落难王公后裔。这样的“非常”言论，如果不被汉代朝廷视为妖言才怪呢。

这所谓“公孙氏”，当求诸何人？当时的学者们有不同的理解。按照京房《易妖占》的解释：“石立如人，庶士为天下雄。立于山，同姓；平地，异姓。立于水，圣人；于泽，小人。”③如今大石自立于泰山莱芜山南，从匹夫为天子者，就应出自同姓。然而眭弘依董氏《春秋》说，却鼓吹“汉家尧后，有传国之运”，说“先师董仲舒有言，虽有继体守文之君，不害圣人之受命”，汉帝应该顺应天命，遍访贤

---

① 《汉书》卷75《眭弘传》，页3153。

② 《汉书》卷75《眭弘传》，页3153—3154。

③ 《汉书》卷27中之上《五行志中之上》，页1400。

人，禅让帝位，然后退为百里侯，如殷周二王后之故事。[①]这显然是要汉室禅让于异姓贤人了。

眭弘对这套严重犯忌的论述深信不疑，请友人内官长赐呈上此书。而当政者对此会作何反应，也完全可以想像得到。昭帝当时虽已十七岁，但朝廷的军政大权仍由大将军霍光把持，禅让之说最令其尴尬。霍光对此说深恶痛绝，将案件交给廷尉审讯。结果眭弘以"妄设袄言惑众，大逆不道"罪伏诛。[②]既言"惑众"，则眭弘这一套妖言论述，在当时可能已在一定范围内传播，产生了相应的社会影响。

后来的事态发展颇有趣。眭弘伏诛四年之后，即元平元年（公元前74）四月，昭帝暴病驾崩，无嗣，霍光等迎立武帝之孙昌邑王刘贺（公元前92—公元前59）。这就应验了昌邑枯社木卧复生之预兆。刘贺于六月丙寅即位，癸巳即因霍光等大臣以其淫乱，奏请皇太后废黜。[③]至七月，霍光等议决迎立武帝曾孙、戾太子之孙刘病已，即后来的宣帝。[④]

刘病已祖父戾太子刘据、父亲刘进，都在武帝征和二年（公元前91）巫蛊之祸中蒙冤遇难。刘病已当时是襁褓中的婴儿，也被投入狱中。后逢大赦出狱，由祖母娘家史氏养育，在民间成长，直至十八岁，被霍光选中迎立。他的背景，可以说完全符合"故废之家公孙氏"的描述。他本人经历了一步登天，从匹夫到天子的传奇历程。他的背景、经历和名字与虫文"公孙病已立"完全吻合。元凤三年的种种妖异现象以及眭弘的妖言，除了禅让于异姓这一点，在当时的人们看来，已成为完全应验了的谶言，相信对论证宣帝即位的合法性也发挥了不可低估的作用。所以宣帝即位以后，征眭弘之子为郎[⑤]，表达

---

① 《汉书》卷75《眭弘传》，页3154。

② 《汉书》卷75《眭弘传》，页3154。

③ 《汉书》卷8《宣帝纪》，页238。

④ 宣帝本名病已，见《汉书》卷8《宣帝纪》。（秋七月）［霍］光奏议曰："礼，人道亲亲故尊祖，尊祖故敬宗。大宗毋嗣，择支子孙贤者为嗣。孝武皇帝曾孙病已，有诏掖庭养视，至今年十八，师受诗、论语、孝经，操行节俭，慈仁爱人，可以嗣孝昭皇帝后，奉承祖宗，子万姓。"后来改名询，原因见颜师古注："盖以夙遭屯难而多病苦，故名病已，欲其速差也。后以为鄙，更改讳询。"（页238）

⑤ 《汉书》卷75《眭弘传》，页3154。

了对眭弘的肯定和感激。眭弘有弟子数百，著名者如严彭祖、颜安乐、贡禹（公元前124—公元前44）等，后来不是以经学传世，就是位至三公。

眭弘“妄设祆言惑众”一案是由霍光指使廷尉定谳。自昌邑王至宣帝，霍光都居于造王者的地位。宣帝即位之初，霍光仍位处权力的顶峰，他为什么没有阻止宣帝为眭弘平反呢？以下案例，也许可以帮助我们理解霍光当时的心态。

据说，昌邑王刘贺被霍光等大臣选中继嗣皇位后，表现怪诞，骄奢淫逸，灾异累生。[①]霍光因而与亲信大司农田延年（?—公元前72）、车骑将军张安世（?—公元前62）密谋废立。事极机密，外间无有知者。刘贺毫无警觉，照常出宫游玩。时任光禄大夫的夏侯胜拦在乘舆前劝谏说：“天久阴而不雨，臣下有谋上者，陛下出欲何之?”[②]

夏侯胜是西汉今文《尚书》、《齐诗》学名家夏侯始昌的族子及弟子。夏侯胜本人从多位名师受《尚书》及《洪范五行传》，善说灾异，《汉书·五行志》常引述其论说。在汉代的历史文化语境中，按照《洪范五行传》的学说，“久阴不雨”，也叫“常阴”，是上天针对“皇之不极，是谓不建”降下的惩罚。“皇之不极，是谓不建”，是说“人君貌言视听思心五事皆失”，因而见事不明，处事不得其中，结果是万事皆不能立，上弱下强，有下人伐上之祸。[③]由此可见，夏侯胜对刘贺的劝谏及其对政治形势的预言，有其经术根据。

然而刘贺不仅拒绝纳谏，而且大怒，说夏侯胜“为祆言”，缚以属吏。主审官吏向霍光报告有关案情，霍光颇紧张，以为同谋废立的张安世泄露机密，但经询问，安世不曾外泄。霍光因此大为好奇，乃召问夏侯胜。夏侯胜回答说：“在《洪范传》曰‘皇之不极，厥罚常阴，时则下人有伐上者’，恶察察言，故云臣下有谋。”[④]霍光、张安世大惊，从此不敢轻视经术之士的预言能力，非但不治夏侯胜“为祆言”之罪，而且在废刘贺、另立宣帝之后，更推荐夏侯胜教授皇太

① 至少按《汉书》的描述是如此。参见《汉书》卷63《武五子传》，卷38《霍光传》。

② 《汉书》卷75《夏侯胜传》，页3155。

③ 《汉书》卷27下之上《五行志下之上》，页1458—1459。

④ 《汉书》卷75《夏侯胜传》，页3155。

后《尚书》学，迁长信少府，赐爵关内侯。[①]

霍光经历刘贺、宣帝之废立，亲验夏侯胜的灾异论述之后，应该会对眭弘当年的"妖言"有不同的理解。眭案的平反，大概就是得益于这样的政治语境。

后来夏侯胜多次因灾异进谏、触怒宣帝而屡次下狱，又屡蒙赦免，于九十岁卒于官。不过夏侯胜所获得的宽容，似乎主要得益于宣帝、皇太后对他个人的信任，并不代表宣帝朝对妖言案采取宽松政策。本始二年（公元前72），温水侯刘安国"上书为妖言，国除"案[②]，以及五凤四年（公元前54）牵连多名政府要员的杨恽"妖言"案可以为证。

五、杨恽"作为妖言"案

杨恽（?—公元前54），华阴人。父杨敞（?—公元前73），安平侯，昭帝时历任大司农、御史大夫、丞相。母为司马迁之女。杨恽虽是少子，不得嗣父爵，却以其本身才能及家传的史学造诣，名显朝廷，擢为左曹。宣帝世，以告发霍氏谋反，封为平通侯，迁中郎将、光禄勋。[③]

杨恽一生，以两件事名垂中国文化史册。司马迁完成《太史公书》后，正本藏之"名山"（宫廷），副本藏于家中，流传极稀。至杨恽得母亲传授，研读外祖巨著，始在小范围内讲读传抄，令外间得稍窥其学，[④]这是第一件事。宣帝五凤四年（公元前54），杨恽以"作为妖言"之大逆罪，腰斩国除[⑤]，成为西汉以言论得罪的典型案例，是第二件事。此案当时就引起不少议论，《汉书》叙述其事为"大臣杨

① 《汉书》卷75《夏侯胜传》，页3155。

② 《汉书》卷15下《王子侯表下》，页484。

③ 《汉书》卷66《杨恽传》，页2889—2890。

④ 《汉书》卷62《司马迁传》，页2737。

⑤ 《史记》卷20《建元以来侯者年表》附褚少孙补《孝昭以来功臣侯表》，页1066。《汉书》卷8《宣帝纪》则说杨恽"坐前为光禄勋有罪，免为庶人。不悔过，怨望，大逆不道，要斩"（页266）。《汉书》卷17《景武昭宣元成功臣表》平通侯条仅载"五凤三年，坐为光禄勋诽谤政治，免"，未记其腰斩事。（页671）

恽、盖宽饶等坐刺讥辞语为罪而诛”[①]。当时的皇太子、后来的汉元帝刘奭（公元前75—公元前33），为此婉转地劝喻宣帝：“陛下持刑太深，宜用儒生”，结果引发出宣帝一段在中国政治思想史上极其著名的议论：“汉家自有制度，本以霸王道杂之，奈何纯任德教，用周政乎！且俗儒不达时宜，好是古非今，使人眩于名实，不知所守，何足委任！”甚至慨叹曰：“乱我家者，太子也！”[②]差点令刘奭做不成皇帝。后世学者或认为杨恽被腰斩一案是以诗文取祸的滥觞[③]，也可以说是中国最早的文字狱。

杨恽“作为妖言”一案，缘由始末，非一言可尽；其罪罚从免官就国到腰斩国除，亦非一日之寒。“以诗文取祸”或“文字狱”之说，略嫌简单化。据《汉书》，杨恽为人轻财好义，为官清廉公平有才干，颇得宣帝信任，与名臣韦玄成（?—公元前36）、张敞（?—公元前47）、盖宽饶、韩延寿（?—公元前57）等厚善。然而个性尖刻，好发人阴私，多结怨于朝廷。该案起因于五凤二年（公元前56）他与太仆戴长乐间的相互攻讦。宣帝与戴长乐相知于民间，即位后拔擢至亲近职位。戴长乐平步青云，得意而忘形，向部属泄露宣帝即位经过细节，有人于是上书告他“非所宜言”，事下廷尉。[④]戴长乐怀疑是由杨恽教唆，于是亦上书告发杨恽。

长乐所告发之言论，包括两类：一类是说杨恽牢骚满腹，对上不敬，“诽谤当世，无人臣礼”。例如左冯翊韩延寿有罪下狱，杨恽上书为延寿辩白，但却对能否保住延寿毫无信心，说是“胫胫者未必全也。我不能自保，真人所谓鼠不容穴衔窭数者也”。杨恽到西阁观看人像，明明有尧舜禹汤的画像，他偏偏要指着桀纣画像，对乐昌侯王武说：“天子过此，一二问其过，可以得师矣。”杨恽又妄引亡国之例，以古喻今，如听说匈奴单于被杀，就发挥说：“得不肖君，大臣为画善计不用，自令身无处所”，甚至借题发挥，说“古与今如一丘

① 《汉书》卷9《元帝纪》，页278。
② 《汉书》卷9《元帝纪》，页277。
③ 指杨恽《报孙会宗书》。见李中华（2003），页26。
④ 《汉书》卷66《杨恽传》，页2891。

之貉”。[①]这些话，如果杨恽有说过，确有讥刺在上位者之嫌。但说他诽谤皇帝，就有些捕风捉影或挑拨离间了。

另一类言论则语涉妖异，属“不祥之辞”。如高昌侯董忠车奔入北掖门，杨恽对富平侯张延寿说：“闻前曾有奔车抵殿门，门关折，马死，而昭帝崩。今复如此，天时，非人力也。”[②]上文引述过夏侯胜劝谏昌邑王“天久阴而不雨，臣下有谋上者”之语。据戴长乐之揭发，杨恽也曾当面对他说，“正月以来，天阴不雨，此《春秋》所记，夏侯君所言”，所以宣帝应该不会出宫去河东祭祀后土了。戴长乐说，这些言论都显示出杨恽“以主上为戏语，尤悖逆绝理”[③]。

案子到了廷尉于定国（?—公元前40）手中，认定杨恽获皇上信任，身列九卿诸吏、宿卫近臣，与闻政事，却不忠不义，妄生怨望，犯下“称引为訞恶言，大逆不道”之罪，应该逮捕审讯。[④]但杨、戴均为宣帝亲信之臣，而戴长乐告发的内容多出自私下议论，未必查有实证，难免欲加之罪之嫌。宣帝有意大事化小，诏免恽、长乐为庶人了事。

杨恽既失官爵，在家治产业，起室宅，以财自娱，日子似乎过得颇惬意，谁知一年多后，竟又引起小人觊觎。时值日食异象，有养马的小吏上书举报杨恽，“骄奢不悔过，日食之咎，此人所致”。该举报交由廷尉审查，揭示出案情颇严重。如杨恽与侄子安平侯典属国杨谭聊天，杨谭说：西河太守杜延年以前因罪被贬，现已被征召为御史大夫，您罪很轻，又是有功之人，应该会再次受到重用。杨恽竟然说：“有功何益？县官不足为尽力。”杨谭也居然回答：“县官实然，盖司隶、韩冯翊皆尽力吏也，俱坐事诛。”[⑤]

又揭发出杨恽给朋友孙会宗的一封书信。孙会宗，西河人，时任

① 《汉书》卷66《杨恽传》，页2891。

② 据史传，昭帝元凤年间颇多灾异，如大石自立、枯树重生之类，然于此则无闻，未知杨恽何据。

③ 《汉书》卷66《杨恽传》，页2891—2892。

④ 《汉书》卷66《杨恽传》，页2893。依《汉书》中华本的标点，此段仍包含在戴长乐的上书中。本文采纳《资治通鉴》的标点，解读“称引为訞恶言，大逆不道”为廷尉所定罪名。（卷24，页872）

⑤ 《汉书》卷66《杨恽传》，页2897—2898。盖司隶，即盖宽饶。韩冯翊，即韩延寿。

安定太守，曾给杨恽写信，提醒他大臣废退，应当阖门惶惧，做可怜态，而不是治产业，通宾客，去赢得外间的称誉。杨恽的回信，就是中国文学史上的名篇《报孙会宗书》，摘引如下：

> 臣之得罪，已三年矣。田家作苦，岁时伏腊，亨羊炰羔，斗酒自劳。家本秦也，能为秦声。妇，赵女也，雅善鼓瑟。奴婢歌者数人，酒后耳热，仰天拊缶而呼乌乌。其诗曰："田彼南山，芜秽不治，种一顷豆，落而为萁。人生行乐耳，须富贵何时！"是日也，拂衣而喜，奋褎低卬，顿足起舞，诚淫荒无度，不知其不可也。恽幸有余禄，方籴贱贩贵，逐什一之利，此贾竖之事，污辱之处，恽亲行之。下流之人，众毁所归，不寒而栗。虽雅知恽者，犹随风而靡，尚何称誉之有！董生不云乎？"明明求仁义，常恐不能化民者，卿大夫意也；明明求财利，常恐困乏者，庶人之事也。"故"道不同，不相为谋"。今子尚安得以卿大夫之制而责仆哉！①

班固对杨恽写作此信的评论是："恽宰相子，少显朝廷，一朝以晻昧语言见废，内怀不服。"张晏注的解读是："山高在阳，人君之象也。芜秽不治，朝廷荒乱也。一顷百亩，以喻百官也。言豆者真直之物，零落在野，喻已见放弃也。其曲而不直，言朝臣皆谄谀也。"②这种影射解读，有些无限上纲的意味，宣帝未必认同。但字里行间的牢骚怨气、刺讥辞语，还是不难体会。新仇旧账，令宣帝这一次不肯轻轻放过。廷尉审决，杨恽罪当大逆不道。杨恽"作为妖言"案，成为西汉言论入罪的典型案例。

六、甘忠可"汉当更受命"案

西汉成帝时，有齐人甘忠可，作《天官历》、《包元太平经》十二

① 《汉书》卷66《杨恽传》，页2895—2896。"县官"指皇帝。
② 《汉书》卷66《杨恽传》，页2894、2896。

卷，宣称："汉家逢天地之大终，当更受命于天，天帝使真人赤精子，下教我此道。"①

说起"汉当更受命于天"的话题，自然就会联想起昭帝时眭弘鼓吹"汉家尧后，有传国之运"的妖言，不同的是甘忠可强调"更受命"，而非易姓改朝。甘忠可一案，在《汉书》叙述中虽未被加上"妖言"标签，他的言论，可说是十足的妖言，他的两部书，按汉代的标准，也可以算是货真价实的妖书，对东汉不少"妖贼"有深远的影响，所以本章亦将其列为妖言的一个案例。

不同于眭弘，甘忠可无官在身。所以他的著述并未上呈朝廷，而是通过授徒等方式，在民间传播。他的弟子，知名的有夏贺良、丁广世、郭昌等。甘忠可的论述，在当时的朝野应该发生了一定的影响，所以时任中垒校尉的刘向检举甘忠可的罪名，为"假鬼神罔上惑众"②。甘忠可在狱中病死，其弟子夏贺良等皆受牵连，当以不敬论罪。然而此案最后似乎不了了之，夏贺良等人继续在民间教授甘忠可的学说。

哀帝初立，疾病缠身，灾变数降，外戚骄恣，司隶校尉解光、骑都尉李寻皆以明通《洪范》灾异学说得幸。经过他们的再三推荐，夏贺良等得以向哀帝宣讲甘忠可的论述，即：

> 汉历中衰，当更受命。成帝不应天命，故绝嗣。今陛下久疾，变异屡数，天所以谴告人也。宜急改元易号，乃得延年益寿，皇子生，灾异息矣得道不得行，咎殃且亡，不有洪水将出，灾火且起，涤荡民人。③

这套"更受命"论述，不要求改朝换代或实行政治变革，只需改元易号，在仪式和符号上做些手脚。哀帝病急乱投医，"几其有益，遂从贺良等议"，改建平二年为太初元将元年（公元前5），自称陈圣刘太平皇帝。结果当然是"上疾自若"，"卒无嘉应，久旱为灾"。哀帝最后

---

① 《汉书》卷75《李寻传》，页3192。

② 《汉书》卷75《李寻传》，页3192。

③ 《汉书》卷75《李寻传》，页3192。

罢黜并放逐解光、李寻，夏贺良等被判“执左道，乱朝政，倾覆国家，诬罔主上，不道”罪，皆伏诛。[①]

七、楚王英造作图谶妖恶大故案

东汉明帝永平十三年（70），男子燕广告楚王刘英（?—71）与王平、颜忠等造作图谶，有逆谋。事下有司案验。

刘英，光武帝刘秀子。母许美人，无宠，所以封国最贫小。明帝为太子时，与刘英特别亲近。及即位，屡有赏赐。

刘英少好游侠，交通宾客。身为诸侯藩王，这种喜好是很招忌讳的。所以他后来沉迷黄老，学佛教的斋戒祭祀，施舍赎罪，又“大交通方士，作金龟玉鹤，刻文字以为符瑞”[②]。在刘英而言，这或许只是一些信仰仪式，目的是求长生、吉祥。但东汉皇室在信仰和意识形态上最崇谶纬，在合法性论证上最重谶纬，亦最忌诸侯臣下操弄谶纬以及神鬼巫道，刘英所为，恰犯大忌。有司迎合上意，奏英“招聚奸猾，造作图谶，擅相官秩，置诸侯王公将军二千石，大逆不道，请诛之”[③]。明帝虽以亲亲，仅废刘英为庶人，徙丹阳，但刘英心中明白自己的真实处境，到了流放地，就自杀了。

此是谋反大案，涉及的是造作图谶，与妖言又有什么关系呢？前面说过，在东汉的历史语境中，妖言与谶言之间的关系，十分微妙。妖言常以准预言的面目出现。所以刘英的罪状是造作图谶，《后汉书·天文志中》却叙述为“楚王英与颜忠等造作妖书谋反”[④]。此所以该案受牵连被囚及禁锢者，罪名都是“妖恶大故”[⑤]。

八、以妖言惑众的“妖巫”“妖贼”

东汉建武十二年（36），光武帝刘秀基本平定新莽末年崛起的大

---

① 《汉书》卷75《李寻传》，页3193。

② 《后汉书》卷42《楚王英传》，页1428—1429。

③ 《后汉书》卷42《楚王英传》，页1428—1429。

④ 《后汉书》志11，页3230。

⑤ 《后汉书》卷41《寒朗传》，页1417。“大故”，中华书局校勘记指出，汲本“故”作“过”，文意更佳。

型武装割据势力，统一全国。散布各地的豪强大姓、散兵游勇、“群盗”，仍或“处处并起，攻劫在所，害杀长吏。郡县追讨，到则解散，去复屯结。青、徐、幽、冀四州尤甚”①。这样的小规模武装骚乱，对当局而言算是癣疥之疾，以政策鼓励有守土之责的地方官吏积极剿除，较快就平息下来。

然而到了建武十七年，有“妖巫李广等群起据皖城”；十九年，有“妖巫单臣、傅镇等反，据原武”②，看来声势颇大，朝廷需要调动开国名将马援、臧宫率领的部队，才能镇压下去。所谓“妖巫”，是指这两宗起事具有宗教（或邪教）、巫术的背景，其领袖人物李广、单臣等，也有涉及妖异的言或行。他们曾否编造、散布妖言以聚众倡乱？

《后汉书 · 臧宫传》说得很清楚：“十九年，妖巫维汜弟子单臣、傅镇等，复妖言相聚，入原武城，劫吏人，自称将军。”③《后汉书 · 马援传》所载与此呼应，指出李广、单臣等的师父是卷人维汜，早些时曾“訞言称神，有弟子数百人，坐伏诛”。后其弟子李广等“宣言汜神化不死，以诳惑百姓。十七年，遂共聚会徒党，攻没皖城，杀皖侯刘闵，自称‘南岳大师’”④。

东汉中后期，帝室、外戚、宦官、官僚、党人各集团间斗争激烈，灾异频传，⑤“群盗”丛生。自安帝、顺帝（刘保，125—144 年在位）至桓帝、灵帝，“剧贼”、“海贼”、“盗贼”、“贼”、诸羌、南蛮、鲜卑等，各地区各族群的民间武装反抗、反叛事件，渐如燎原之野火，此伏彼起，构成当时社会、政治生活中一幅幅鲜明而残酷的景观。而具有种种宗教或巫术背景、以妖言妖术煽惑信众为特点的“妖贼”起事，在其中占了相当大的比重。

如顺帝阳嘉元年（132），有“扬州六郡妖贼章河等寇四十九县，

① 《后汉书》卷 1 下《光武帝纪》下，页 67。
② 《后汉书》卷 1 下《光武帝纪》下，页 68、70。
③ 《后汉书》卷 18，页 694。
④ 《后汉书》卷 24，页 838。
⑤ 白寿彝（1995），上册：“仅安帝一朝十九年中，水灾即达十一次，旱灾七次，蝗灾七次，受灾范围遍及中华大地。”（页 430）

杀伤长吏”①。顺帝崩后之建康元年（144）十一月至明年三月，九江阴陵人徐凤、马勉等，“复寇郡县，杀略吏人。凤衣绛衣，带黑绶，称‘无上将军’，勉皮冠黄衣，带玉印，称‘黄帝’，筑营于当涂山中”②。历阳“贼”华孟也“自称‘黑帝’，攻九江，杀郡守”③。

桓帝建和元年（147）十一月及和平元年（150）二月，先后有“陈留盗贼李坚”和“扶风妖贼裴优”自称“皇帝”。所谓“皇帝”，即道教常说的“黄帝”。建和二年十月，有“长平陈景自号‘黄帝子’，署置官属，又南顿管伯亦称‘真人’，并图举兵”④。

同是建和元年十一月，有“甘陵人刘文与南郡妖贼刘鲔交通，讹言清河王当统天子，欲共立蒜”⑤。此处的讹言，亦通妖言。《后汉书·李固传》叙此事，即作：“甘陵刘文、魏郡刘鲔各谋立蒜为天子，梁冀因此诬固与文、鲔共为妖言，下狱。”⑥永兴二年（154）九月有“蜀郡李伯诈称宗室，当立为太初皇帝”⑦。延熹四年（161）十月有“南阳黄武与襄城惠得、昆阳乐季訞言相署”⑧，延熹八年十月有“勃海妖贼盖登等称‘太上皇帝’”⑨，延熹九年正月有“沛国戴异得黄金印，无文字，遂与广陵人龙尚等共祭井，作符书，称‘太上皇’”⑩。

灵帝世尤为多事之秋，鱼豢《典略》概括为：“熹平中，妖贼大起，三辅有骆曜。光和中，东方有张角，汉中有张修。骆曜教民缅匿法，角为太平道，修为五斗米道。”⑪

---

① 《后汉书》卷6《顺帝纪》，页260。

② 《后汉书》卷6《冲帝纪》，页276；卷38《滕抚传》，页1279。所谓“无上将军”、“黄帝”，黄衣玉印，及稍后之“黑帝”，皆透露出其与原始道教及谶纬五德终始观念的密切联系。尚黄者以五德相生为说，汉为火德，故将以土（黄）代之。尚黑者以五德相胜为说，汉为火德，故以水克火。

③ 《后汉书》卷38《滕抚传》，页1279—1280。

④ 《后汉书》卷7《桓帝纪》，页291、296。

⑤ 《后汉书》卷55《清河孝王庆传》，页1805。

⑥ 《后汉书》卷63，页2087。

⑦ 《后汉书》卷7《桓帝纪》，页300。

⑧ 《后汉书》卷7《桓帝纪》，页309。

⑨ 《后汉书》卷7《桓帝纪》，页316。

⑩ 《后汉书》卷7《桓帝纪》，页316。

⑪ 《三国志》卷8《魏书·张鲁传》裴松之注引，页264。《后汉书》卷75《刘焉传》李贤注亦引之（页2436）。

熹平元年（172）十一月，先有“会稽妖贼许昭起兵句章，自称‘大将军’，立其父生为越王，攻破城邑，以万数”①。熹平四年，五官郎中冯光、沛相上计掾陈晃上疏，说近来妖民叛寇益州，盗贼相续为害，是因为历元不正，与图纬不合，“历当用甲寅为元而用庚申，图纬无以庚申为元者”②，只要据图纬改正之，就可以天下太平。三公拟劾冯光、陈晃不敬之罪，诏勿治。

东汉的“妖贼”，最有代表性、影响最大的当然就是《典略》提到的张角和太平道。关于太平道以及后来的黄巾起义的种种来龙去脉，史学界已有颇多研究讨论。本文试从妖言的角度，作一探讨。

西汉成帝时，甘忠可作《天官历》、《包元太平经》。至东汉顺帝时，又有“琅邪宫崇诣阙，上其师干吉于曲阳泉水上所得神书百七十卷，皆缥白素朱介青首朱目，号《太平清领书》”。《太平清领书》以阴阳五行为理论框架，而多巫觋图谶杂语。“有司奏崇所上妖妄不经，乃收臧之”③，当时的朝廷，亦以妖书视之。

至张角创太平道，以《太平清领书》为其纲领，兼采民间巫术如以符水咒语疗病等，“十余年间，众徒数十万，连结郡国，自青、徐、幽、冀、荆、杨、兖、豫八州之人，莫不毕应。遂置三十六方。方犹将军号也。大方万余人，小方六七千，各立渠帅”④。张角擅以符号式的“非常言语”作舆论造势，先声夺人，煽惑众心。“苍天已死，黄天当立，岁在甲子，天下大吉”，就是极成功的“妖言”式口号。“其信徒以白土书京城寺门及州郡官府，皆作‘甲子’字”，令其口号以具震撼力的态势广泛传播。⑤

与此同时，民间又有其他妖言流传，与太平道的黄天论述遥相呼应。如本书第一章提到过，熹平二年“洛阳民讹言虎贲寺东壁中有黄人”，“观者数万，省内悉出，道路断绝”。到中平元年（184）张角兄

① 《后汉书》卷58《臧洪传》，页1884。

② 《后汉书》志2《律历志中》，页3037。

③ 《后汉书》卷30下《襄楷传》，页1084。

④ 《后汉书》卷71《皇甫嵩传》，页2299。

⑤ 《后汉书》卷71《皇甫嵩传》，页2299。史书所加的标签为“讹言”，而讹言与妖言在汉代文献中常常互通。

弟起兵，自号黄天，着黄巾，令群众对之前流传的“黄人”讹言中暗藏的种种信息有恍然大悟之感。

光和元年（178）五月壬午，有一白衣男子闯德阳门，自称“我梁伯夏，教我上殿为天子”。中黄门及门卫正欲收缚之，须臾不见，求索不得。蔡邕认为此妖异事件与成帝时男子绛衣入宫，曰“天帝令我居此”之事类似，其后应在王莽篡位。“以往况今，将有狂狡之人，欲为王氏之谋，其事不成。”至张角称黄天作乱，遂被认为即此异之应。①

于是，张角和他的太平道，成为东汉末年“妖贼”的代表。其言、其事、其人、其众，在当时及稍后的历史叙述中，都被贴上“妖”的标签。如：

应劭《汉官》：“张角怀挟妖伪，遐迩摇荡，八州并发，烟炎绛天，牧守枭裂，流血成川。”②

《后汉书·李燮传》：“先是安平王续为张角贼所略，国家赎王得还，朝廷议复其国。燮上奏曰：‘续在国无政，为妖贼所虏，守藩不称，损辱圣朝，不宜复国。’”③

《后汉书·刘陶传》：“时巨鹿张角伪托大道，妖惑小民。”④

《后汉书·皇甫嵩朱儁列传》赞：“黄妖冲发，嵩乃奋钺。”⑤

第四节　汉朝当局对“妖言”的因应之道

一、西汉的严刑峻法

张仁玺在《秦汉家族成员连坐考略》一文中指出，秦汉时期涉及

---

① 《后汉书》志17《五行志》，页3347。虽然此事情节颇为妖异，应劭、袁宏、韦昭等史家对之都采宁可信其有的态度，并对其预警、符码功能相当重视。但他们都认为，“张角一时狡乱，不足致此大妖”。那么此妖因何而起呢？应劭以为，这是针对后来董卓专制夺娇、中黄门诛灭的天启；袁宏、韦昭则以为这是曹氏灭汉之征兆。

② 《后汉书》志28《百官志五》李贤注引，页3622。

③ 《后汉书》卷63，页2091。

④ 《后汉书》卷57，页1849。

⑤ 《后汉书》卷71，页2315。

连坐的重罪罪名有十五种：盗窃、罪犯逃亡、挟书、谋反、巫蛊、祝诅、首匿、诬罔、首恶、见知不举、诽谤、妄言、非所宜言、妖言、降敌。不计祝诅，也有四种罪名属言论入罪，即诽谤、妄言、非所宜言、妖言。①秦汉以降，乃至于清，历代律法中，多包含有特别针对“妖言”之类的言论以及“妖言”惑众行为而设的法例，定义此类言论和行为为大逆不道、问斩甚至灭族的罪行。

妖言兴罪，据史籍所见，始于秦代。秦始皇统一天下之后，相当警惕舆论和意识形态领域中的离心离德倾向。所以丞相李斯的建议：“今诸生不师今而学古，以非当世，惑乱黔首”，应令“史官非秦记皆烧之。非博士官所职，天下敢有藏诗、书、百家语者，悉诣守、尉杂烧之。有敢偶语诗书者弃市。以古非今者族”②，让秦始皇感到深获我心，随即有焚书之令。所谓“偶语”，是对聚而语③，至少要两人，再多就是众。在先秦秦汉语境中，“众”是指三人及以上。④秦律有“誉敌以恐众心者，戮。戮者何如？生戮，戮之已乃斩之之谓也”⑤，就是针对言论惑众而发。秦始皇以诸生“或为訞言以乱黔首”，逮捕四百六十余人而坑之；三十六年追查陨石刻文“始皇帝死而后分”，无人认罪，尽取石旁居人诛之。可见其严苛程度。但相关法律条文的具体内容，迄今为止尚不得而详。

刘邦于公元前206年入咸阳，军霸上，与关中诸县父老豪桀约法三章：“父老苦秦苛法久矣，诽谤者族，偶语者弃市”⑥，答允废除苛法。可知言论入罪，当时也不得人心，但没有提到废妖言罪。⑦

《汉书 · 高后纪》载，吕后元年（公元前187年）春正月诏：“前

① 张仁玺（2003），页98—100。

② 《史记》卷6《秦始皇本纪》，页255。

③ 《史记集解》：“应劭曰：‘禁民聚语，畏其谤己。’”《正义》：“偶，对也。”（《史记》卷6《秦始皇本纪》，页255）

④ 《国语》卷1《周语上》一：“夫兽三为群，人三为众，女三为粲。”（页8）

⑤ 《睡虎地秦墓竹简 · 法律答问释文 · 注释》，页105。注释曰：戮，辱也。斩，斩首。

⑥ 《史记》卷8《高祖本纪》，页362。

⑦ 陈埴《木钟集》卷11：“高帝入关，约法三章，悉除秦苛法，至于收孥相坐之律、诽谤妖言之罪，待文帝而后除。何也？《刑法志》云，三章不足以御奸，于是萧何攈摭秦法，作律九章。想诸将继叛之后，此等法仍用，至文帝方尽除耳。”（页732）

日孝惠皇帝言欲除三族罪、妖言令，议未决而崩，今除之。”①可知当时仍有妖言令之存在。其刑罚大约与诽谤等相当，属族诛之罪，至少是大辟，还要先受断舌之刑。②所以颜师古注曰：“罪之重者戮及三族，过误之语以为妖言，今谓重酷，皆除之。”③

在吕后废除妖言令的九年之后，即文帝二年（公元前178），朝廷又一次下诏废除诽谤、妖言之法。文帝废令的理由是：

> 古之治天下，朝有进善之旌，诽谤之木，所以通治道而来谏者。今法有诽谤妖言之罪，是使众臣不敢尽情，而上无由闻过失也。将何以来远方之贤良？其除之。民或祝诅上以相约结而后相谩，吏以为大逆，其有他言，而吏又以为诽谤。此细民之愚无知抵死，朕甚不取。自今以来，有犯此者勿听治。④

这道诏令可分为两段。上段讲的是“诽谤妖言之罪”，在文帝看来，臣下批评君主的一些不中听的言论，一概禁绝，难免闭塞言路，不利下情上达，所以要废除诽谤、妖言之罪。至于下段，是说普通民众发牢骚或犯上祝诅之语，可能触犯或误触法网禁忌，而官吏动辄以“妖言”“诽谤”罪名，罗织入法网，令小民以“无知”而“抵死”，非治民之正道。

一个需要注意的问题是，颜师古《汉书》注已指出：“高后元年诏除妖言之令，今此又有訞言之罪，是则中间曾重复设此条也。”⑤此罪何时由何人复设？史无明文。文帝废除诽谤、妖言法，是他所推行的一系列刑法改革的一部分。文帝曾与丞相周勃、陈平及太尉、廷尉等大臣就刑法改革作过详细的讨论，其内容包括“肉刑不用，罪人

---

① 《汉书》卷3《高后纪》，页96。

② 《汉书》卷23《刑法志》，页1104。

③ 《汉书》卷5《景帝纪》：“改磔曰弃市，勿复磔。”注引应劭曰：“先此诸死刑皆磔于市，今改曰弃市，自非妖逆不复磔也。”师古曰：“磔谓张其尸也。弃市，杀之于市也。”可知“妖逆”之罪，刑罚特重。（页145—146）

④ 《史记》卷10《孝文本纪》，页423—424。

⑤ 《汉书》卷4《文帝纪》，页118。

亡帑，非（诽）谤不治，铸钱者除”[1]，受到当时及后世史家的高度赞扬。汤凌慧引述《文帝本纪》，认为自文帝废除诽谤、妖言之罪，广开言路，不少大臣敢于直言极谏，“其言多激切”，“然终不加罚”。[2]

然而至文帝后元元年（公元前163），方士新垣平欺诈事发，“复行三族之诛”[3]。是否同时复设妖言之罪，史文不详。但武帝时期淮南王刘安谋逆案，其主要罪状之一就是“妄作妖言”，可知妖言罪之复设当在文帝后元元年与武帝元狩元年之间。刘安案发后自到国除，王后、太子、涉案宾客“皆族”，受牵连的“列侯二千石豪杰数千人，皆以罪轻重受诛”[4]，可见刑罚甚严酷。

昭帝时的眭弘案、张寿王案，都处死刑。

昌邑王时夏侯胜为袄言，缚以属吏，因受到霍光保护，获免。

宣帝本始二年，温水侯刘安国坐上书为妖言，国除。会赦，免。

宣帝五凤三年，杨恽先以妖言诽谤，免为庶人；一年后，又被举报不思悔改，牢骚满腹，判决腰斩，国除。妻、子连坐，流放酒泉。杨谭免为庶人。诸在位与恽厚善者，包括未央尉韦玄成、京兆尹张敞及孙会宗等，皆免官。

成帝时，甘忠可作妖言、妖书遭检举，下狱，病死。

哀帝时，夏贺良等“执左道，乱朝政，倾覆国家，诬罔主上”，皆伏诛。

终西汉之世，诽谤入罪的案例，触目皆是；偶语弃市虽然不再，妖言惑众仍须大辟。

二、东汉层出不穷的“妖恶禁锢”案与当局的四次特赦令

东汉前期涉及“妖言”的最大案件是楚王英案。明帝永平十三年楚王刘英造作妖书逆谋大案，虽经有司案验定谳，其犯罪事实仍有不少疑点。例如刘英、王平、颜忠等究竟有没有造作图谶，谋逆不道？有多少“同谋”？而明帝的态度，却是旗帜鲜明：穷究到底，一个也

---

① 《汉书》卷49《晁错传》，页2296。

② 汤凌慧（2000），页112。

③ 《汉书》卷23《刑法志》，页1105。事亦见《史记·文帝本纪》。

④ 《史记》卷118《淮南衡山列传》，页3093。

不放过。“楚狱遂至累年，其辞语相连，自京师亲戚诸侯州郡豪桀及考案吏，阿附相陷，坐死徙者以千数。”①此案牵连极广，下狱者数千人。许多功臣之后继承的侯国被废除，官僚士大夫遭流放、弃市、妖恶禁锢者无数。

当时的社会舆论，显然对这样的做法有相当保留。一些官员及士人在此案中凭其据理力争、救助无辜的无畏气概，赢得广泛的声誉。永平十四年，袁安（?—92）临危受命，出任楚郡太守，审理楚狱。当时由于“显宗（明帝）怒甚，吏案之急，迫痛自诬，死者甚众”。袁安到任后，“不入府，先往案狱，理其无明验者，条上出之。府丞掾史皆叩头争，以为阿附反虏，法与同罪，不可。安曰：‘如有不合，太守自当坐之，不以相及也。’遂分别具奏”，“得出者四百余家”②。

守侍御史寒朗（26—109）与三公府掾属在京师共同审理楚狱的主犯颜忠、王平等，其供词牵连到隧乡侯耿建、朗陵侯臧信、护泽侯邓鲤、曲成侯刘建等，而耿建等坚称从未见过颜忠、王平。当时的办案官吏，窥伺上意，人人自危，秉持宁枉勿纵的态度。寒朗审明耿建等未涉案后，大胆向明帝陈情，指出：

> 臣见考囚在事者，咸共言妖恶大故，臣子所宜同疾，今出之不如入之，可无后责。是以考一连十，考十连百。又公卿朝会，陛下问以得失，皆长跪言，旧制大罪祸及九族，陛下大恩，裁止于身，天下幸甚。及其归舍，口虽不言，而仰屋窃叹，莫不知其多冤，无敢牾陛下者。③

两天后，明帝亲临洛阳狱录囚徒，释放无罪者千余人。

河东太守焦贶因楚狱牵连被捕，在路上病殁，“妻子闭系诏狱，掠考连年。诸生故人惧相连及，皆改变名姓，以逃其祸”，唯独其同郡学生郑弘“髡头负鈇锧，诣阙上章，为贶讼罪。显宗觉悟，即赦其

---

① 《后汉书》卷42《楚王英传》，页1430。
② 《后汉书》卷45《袁安传》，页1518。
③ 《后汉书》卷41《寒朗传》，页1417—1418。

家属，弘躬送睍丧及妻子还乡里，由是显名”。[①]

直至永平十五年，“时楚狱连年不断，囚相证引，坐系者甚众”。马皇后“虑其多滥，乘闲言及，恻然”。明帝“夜起仿偟，为思所纳，卒多有所降宥”，此案才算告一段落。[②]

也许是因为楚王英案对社会的伤害太大，造成统治集团内部的裂痕太深，章帝终于在元和元年（84）十二月颁布特赦令：

> 《书》云：“父不慈，子不祗，兄不友，弟不恭，不相及也。”往者妖言大狱，所及广远，一人犯罪，禁至三属，莫得垂缨仕宦王朝。如有贤才而没齿无用，朕甚怜之，非所谓与之更始也。诸以前妖恶禁锢者，一皆蠲除之，以明弃咎之路，但不得在宿卫而已。[③]

由诏书得知，东汉因妖言所兴的大狱，不但主谋刑罚极重，连累范围亦甚广，所谓“妖恶禁锢”，禁至三属。[④]元和诏令只特赦此前旧案案情较轻的被牵连者，并非主谋及其连坐的家属，也没有废除与妖言相关的法律。

安帝的生母左姬，因其伯父左圣“坐妖言伏诛，家属没官”，和其姊大娥“数岁入掖庭，及长，并有才色。小娥善史书，喜辞赋。和帝赐诸王宫人，因入清河第。庆初闻其美，赏傅母以求之。及后幸爱极盛，姬妾莫比”[⑤]。安帝出生，是在元和元年特赦令的十年之后，

---

① 《后汉书》卷33《郑弘传》，页1155。

② 《后汉书》卷10上《明德马皇后纪》，页410。

③ 《后汉书》卷3《章帝纪》，页147—148。

④ 《后汉书》卷33《朱浮传》李贤注引《汉官仪》：“博士，秦官也。武帝初置五经博士，后增至十四人。太常差选有聪明威重一人为祭酒，总领纲纪。其举状曰：‘生事爱敬，丧没如礼。通《易》、《尚书》、《孝经》、《论语》，兼综载籍，穷微阐奥。隐居乐道，不求闻达。身无金痍痼疾，卅六属不与妖恶交通、王侯赏赐。行应四科，经任博士。’下言某官某甲保举。”（页1145）换言之，如果“卅六属”中有牵连“妖恶”罪案者，不得任博士。由此可知妖恶禁锢连坐范围之广，对士人仕途的影响之大。

⑤ 《后汉书》卷55《清河孝王庆传》，页1803。司马彪（243—306）《续汉书》：“孝德左皇后，安帝母也。父仲躬，犍为武阳人。后兄圣伯，为妖言伏诛，父母同产皆没官。”周天游按：范书清河王庆传作“伯父圣坐妖言伏诛”。《袁纪》作“父坐事”，三载各异，恐当以范书为是。见《八家后汉书辑注》，页319。

左圣伏诛、小娥入宫，很可能在元和元年前，但她们姊妹及与该案有关的人，看来并未获得赦免。元和特赦令颁布之后，妖言案仍然不时发生，不时有案犯的家属连坐受罚，也不断有触犯“妖恶”禁网者。

西汉武帝元封五年（公元前106）始置刺史巡行所部郡国，东汉沿置。虽然刺史的职掌、权限、管辖范围因时而异，两汉刺史“以六条问事”，监察辖区，则是一以贯之。六条中第三条，是考察郡国长官在刑狱方面的处置是否得当，以及观察“山崩石裂，妖祥讹言”之类的灾异现象。[①]也就是说，地方上的“妖言”，是刺史必须留意收集和追查的重要信息。和帝（刘肇，88—105年在位）永元年间（89—105），兖州刺史王涣“绳正部郡，风威大行。后坐考妖言不实论。岁余，征拜侍御史”[②]。永元十二年，东平、清河“奏訞言卿仲辽等，所连及且千人”，尚书令黄香“科别据奏，全活甚众”[③]。可知章帝元和诏令颁布之后，留意和追查妖言仍是刺史和地方长官的重要职责之一，而由一、二郡国揭发的妖言案，有时可能牵连上千人。

元兴元年（105）和帝崩，邓太后垂帘听政，颁布了东汉第二次针对妖言案牵连者的特赦令：“常以鬼神难征，淫祀无福，乃诏有司罢诸祠官不合典礼者。又诏赦除建武以来诸犯妖恶，及马、窦家属所被禁锢者，皆复之为平人。”[④]特赦适用范围包括建武以来诸犯妖恶而受牵连、被禁锢者，可知元和特赦令的颁布，并未真正令之前犯妖恶而被禁锢者都得到解脱。

安帝永初四年（110）二月，“诏自建初以来，诸袄言它过坐徙边者，各归本郡；其没入官为奴婢者，免为庶人”[⑤]。这是东汉的第三次特赦令，特赦范围主要针对连坐者，多为主谋的家属。安帝当时十七岁，已于前一年行过冠礼，但邓太后仍然垂帘听政。所以永初特赦令，可视为元兴特赦令的补充和继续。前面说过，安帝的生母左小娥曾因受伯父妖言案牵连，没入宫中为婢。永初四年特赦令，对于与左

① 《后汉书》志28《百官志五》李贤注引蔡质《汉仪》，页3617—3618。

② 《后汉书》卷76《循吏·王涣传》，页2468。

③ 《后汉书》卷80上《文苑·黄香传》，页2615。

④ 《后汉书》卷10上《和熹邓皇后纪》，页422。

⑤ 《后汉书》卷5《安帝纪》，页215。

小娥同命相怜的那些女性，也许提供了一个解脱的机会吧。

桓帝即位初，即发生一起涉及“妖言”的大案。建和元年，甘陵人刘文与南郡刘鲔散布清河王刘蒜当为天子的妖言。虽不久事败，刘蒜也从未参与其事，却受到有司劾奏，贬爵为侯，旋自杀，国绝。太尉、士人领袖李固曾于冲帝、质帝去世时力主立年较长的刘蒜继位，此时梁冀乘机诬李固与刘文、刘鲔共为妖言，下狱。

建和三年五月乙亥，桓帝颁诏：

> 昔孝章帝愍前世禁徙，故建初之元，并蒙恩泽，流徙者使还故郡，没入者免为庶民。先皇德政，可不务乎！其自永建元年迄乎今岁，凡诸妖恶，支亲从坐，及吏民减死徙边者，悉归本郡；唯没入者不从此令。①

这是东汉针对妖言案牵连者的第四次特赦令。章帝颁布特赦令，是在元和元年。此诏所谓“昔孝章帝愍前世禁徙，故建初之元，并蒙恩泽，流徙者使还故郡，没入者免为庶民”，应当是指章帝建初元年正月的劝农诏令，鼓励“流人归本”，并未涉及妖恶连坐者。②建和三年令的重点，是特赦顺帝以来妖恶案连坐被流放者，家属没入官府宫廷的不在赦内。然而此令颁布之后，外戚、宦官、党人斗争激烈，加上连年灾荒，灾异数见，社会矛盾特别尖锐，妖言案也屡屡发生，所牵连之人众多。至永寿元年（155），太学生刘陶上疏桓帝痛陈时弊，有“高门获东观之辜，丰室罗妖叛之罪”③之语，可知以妖言获罪、因妖恶连坐，已成当时严重的社会问题，即使是豪门巨室，也难逃罗网。

至于史籍中常见被标签为“妖逆”、“妖巫”、“妖贼”者，如李广、单臣、章河、刘文、刘鲔、许昭、张角等，其“罪行”已不仅停留在言论层面，而是以妖言煽惑大众武装叛乱，当局自然会对这些武装叛乱集团坚决实施武力镇压，斩尽杀绝。即使一些“妖人”，并未谋逆起事，只是聚众学习道术，仍为当局所忌，而指为妖言惑众，加

① 《后汉书》卷7《桓帝纪》，页293。

② 《后汉书》卷3《章帝纪》，页132。

③ 《后汉书》卷57《刘陶传》，页1843。

以妖妄之罪。如维汜本来不过是"訞言称神，有弟子数百人"，却被当局视为大敌，"皆伏诛"。其漏网弟子李广、单臣后来举兵造反，未始不是为当局之前的残酷镇压所迫。又如颍川人刘根，隐居嵩山中。只因"诸好事者自远而至，就根学道"①，太守史祈就指为妖妄，收执诣郡。

通过以上妖言案例和当局的因应之道，我们可以了解到：

第一，秦汉统治当局对"妖言"的因应之道，主要是以严刑峻法打压。从秦、西汉至东汉的440余年中，除了两次短暂的"松绑"（吕后元年和文帝二年）②，造作和传播"妖言"一直被统治当局列为重大的言论罪行，必须受到"妖言令"所规定的惩处。东汉虽颁布过四次特赦诏令，特赦范围主要包括受牵连者，至多是连坐的家属，主谋从未包括在内。有趣的是，妖言令在西汉两次"松绑"，史书皆大书特书，视为当政者之德政，然而对其不久后复设的情形，却多半"失语"了。③

第二，秦汉"妖言令"的具体条文，如对"妖言"罪的详细定义，现存史籍和出土文献中未见。④在前文中我们归纳出在现存秦汉

---

① 《后汉书》卷82下《方术·刘根传》，页2746。

② 第一次"松绑"不超过8年。第二次"松绑"，短则15年，最长也不会超过56年。《汉书》卷11《哀帝纪》载，哀帝初即位（公元前7），曾颁诏"除任子令及诽谤诋欺法"（页336），然未言及妖言令。

③ 刘炎《迩言》卷9《今昔》："或问妖言令，汉世屡除而复存，何也？曰：是令不存于简书，而尝著于谗人之口也。始作俑者其无后乎？真秦人之谓也。"（页537）他对妖言令及谗谤小人深恶痛绝，可以理解，但说"令不存于简书"，则缺乏根据。

④ 三国两晋南北朝，妖言令及妖言罪依然存在。今存《唐律》及此后历朝的律法中也可以见到有比较明确的相关条文。如《唐律疏义》卷18《造袄书袄言》条："诸造袄书及袄言者，绞。（造，谓自造休咎及鬼神之言，妄说吉凶，涉于不顺者。【疏】议曰：'造袄书及袄言者'，谓构成怪力之书，诈为鬼神之语。'休'，谓妄说他人及己身有休征。'咎'，谓妄言国家有咎恶。观天画地，诡说灾祥，妄陈吉凶，并涉于不顺者，绞）传用以惑众者，亦如之；（传，谓传言。用，谓用书）其不满众者，流三千里。言理无害者，杖一百。即私有袄书，虽不行用，徒二年；言理无害者，杖六十。（【疏】议曰：'传用以惑众者'，谓非自造，传用袄言、袄书，以惑三人以上，亦得绞罪。注云：'传，谓传言。用，谓用书。''其不满众者'，谓被传惑者不满三人。若是同居，不入众人之限；此外一人以上，虽不满众，合流三千里。'其言理无害者'，谓袄书、袄言，虽说变异，无损于时，谓若豫言水旱之类，合杖一百。'即私有袄书'，谓前人旧作，衷私相传，非己所制，虽不行用，仍徒二年。其袄书言理无害于时者，杖六十）"（页345）可知依《唐律》，自造、有损当时、惑众三项为重罪条件。有趣的是，律和疏议都未提到，被惑者该当何罪？

史籍论述中被标签为“妖言”的言论之特点，主要是诵不详之辞，以迷惑群众。所谓“不详之辞”，既指语含妖异、鬼神、阴阳五行等超自然因素，也包括荒诞不经的邪说。①这些特点，与我们在上两节中讨论过的案例基本吻合。但我们也注意到，有些被标签为“妖言”并因而获罪的言论，其实不过是牢骚话、上位者觉得不中听的话，或是民间、私下流传的流言、讹言。

第三，由于“妖言令”的具体条文未能见到，对秦汉“妖言”罪的量刑准则及其细节目前还不能作准确描述。就所见史料来看，“妖言”罪的性质是“大逆不道”和“大不敬”，在秦和西汉初，相应刑罚是大辟、族诛，甚至要先“断舌”，可谓“重酷”。汉文帝改革刑法后，残酷的肉刑逐渐废除，但被判决犯下“妖言”罪者，诸侯王及列侯多被废为庶人并因而自杀，国除，甚至株连家属、宾客。其他案例中，主谋多“伏诛”或“腰斩”，族刑较少见，但亲属连坐没官、大量受牵连者遭流放，却是屡见不鲜的。东汉“妖言”“妖恶”案往往有大批受牵连、遭禁锢者，包括亲族、下属、朋友等。“妖言令”的打击对象，主要是在统治者看来有不良政治意图或不良政治影响者。至于治历专家从学理角度质疑现行历法（如张寿王案），臣下相互攻讦口不择言（如杨恽案），或妖言内容对己有利（如夏侯胜案），即使其言语可能妖异不经，统治当局有时也愿意表示宽容。而当一些“妖言”经事实检验成为灵验的“谶言”（通常是对正在当权者有利），原先被下狱、诛杀的案犯往往可以得到平反，甚至叙功（如眭弘、夏侯胜）。

第四，秦汉乃至后世统治者对妖言最深恶痛绝处，是它的惑众潜力和能力。尚未广泛传播，仅出现于“上书”、私下谈话等场合的妖异言论，有时可能获得宽容。一旦妖言走向民众，进入非官方、非主流传播渠道，以妖异不经之言欺诳、煽惑众人，就可能形成对统治者不利的舆论，对统治秩序破坏、威胁极大。所以秦汉当局要以严刑峻

① 这当然是从当局的立场来判断的，如“始皇帝死而地分”之刻石，淮南王刘安关于汉武帝“无男”的妄言，杨恽“县官不足为尽力”之类的怪话。

法，及时封杀妖言。[①]而这些走向群众，进入非官方、非主流传播渠道，在传播互动中建构成形，具有“惑众”能力的妖言，正是谣言研究中应予关注的。

第五节　两汉思想界解构“妖言”污名的论述策略

一、颠覆论述策略

秦汉时代被标签为“妖言”的言论，有一部分类似“妄言”，并非荒诞不经，也不带妖异色彩，只因是逆耳之言，难惬上意。以严刑峻法封杀一切妖言，虽可在一定范围内、一定程度上压制对统治者不利的舆论，维持一段时间的社会稳定，却也妨碍了朝廷与民间、统治集团内各层面各派系间的正当有效沟通，反而会对政治与社会的长治久安带来不良影响。唐人刘蜕在《投知己书》中批评说：“及秦世为之妖言，东汉为之党禁，公道畏忌，相顾而野死。”[②]宋人胡寅（1098—1156）也说：“妖言令之始设也，必谓其摇民惑众，有奸宄贼乱之意者。及其失也，则暴君权臣，假此名以警惧中外、塞言路也。”[③]

其实汉代有见识的政治思想家早已注意到，“妖言”标签常被暴君滥用作借口，拒纳忠谏、堵塞言路。文帝二年废除诽谤、妖言之罪，其理据就是：“今法有诽谤妖言之罪，是使众臣不敢尽情，而上无由闻过失也。将何以来远方之贤良？”汉初政论家贾谊（公元前

① 治军最讲求纪律严明、言论一律，所以历代兵家对妖言的煽惑能力最为警惕，军法对散布妖言的刑罚也最严厉。《六韬·龙韬·兵征》：周武王问姜太公，如何可以未战先知敌人之强弱，预见胜败之征，太公曰：“胜败之征，精神先见，明将察之，其效在人。谨候敌人出入进退，察其动静，言语妖祥，士卒所告。凡三军悦怿，士卒畏法，敬其将命；相喜以破敌，相陈以勇猛，相贤以威武，此强征也。三军数惊，士卒不齐；相恐以强敌，相语以不利；耳目相属，妖言不止，众口相惑；不畏法令，不重其将，此弱征也。”（页463）《虎钤经》卷2《军令》：“妖言诡辞，撰造鬼神，托凭梦寐，以流言邪说，恐惑吏士，此谓妖军，如是者斩之。”（页12）军法所打击的妖言流言，不一定关妖异事，但一定是不利己方军心的言论。军中必须言论一律，否则军心浮动。同时，兵家也最了解妖言在心理战中的价值，主张以妖言惑众为克敌手段。《武经总要·前集》卷4《察敌形》：“戎马惊奔，士卒恐惧，妖言相惑，以耳相属，此溃散之象也。”（页162）

② 《刘蜕集》卷6，页30。

③ 《致堂读史管见》卷1，页425。

200—公元前168）所上《治安策》，有一段关于“妖言”的精辟论述，常被后人引用：

> 及秦而不然。其俗固非贵辞让也，所上者告讦也；固非贵礼义也，所上者刑罚也。使赵高傅胡亥而教之狱，所习者非斩劓人，则夷人之三族也。故胡亥今日即位而明日射人，忠谏者谓之诽谤，深计者谓之妖言，其视杀人若艾草菅然。岂惟胡亥之性恶哉？彼其所以道之者非其理故也。①

贾谊借批评秦政，提醒西汉统治当局，诽谤、妖言罪之设，不仅塞言路，远贤良，更会颠倒黑白，混淆是非，封杀为国忠、谋国深的谏诤，从理论上颠覆了当局对妖言的污名化。

宣帝世名臣路温舒，长于《春秋》治狱，亦通历数天文，预警灾变。宣帝初即位，时任守廷尉史的路温舒上书，言宜尚德缓刑：

> 秦之时，羞文学，好武勇，贱仁义之士，贵治狱之吏；正言者谓之诽谤，遏过者谓之妖言。故盛服先生不用于世，忠良切言皆郁于胸，誉谀之声日满于耳；虚美熏心，实祸蔽塞。此乃秦之所以亡天下也。

> 臣闻乌鸢之卵不毁，而后凤凰集；诽谤之罪不诛，而后良言进。

> 唯陛下除诽谤以招切言，开天下之口，广箴谏之路，扫亡秦之失。②

路温舒要求废除诽谤（妖言）、勿将正当言论污名化，显然是沿用贾谊的有关论述，认为被当局指为“妖言”的言论，往往是逆耳忠言，严刑封杀，实乃亡国之征。

---

① 《汉书》卷48《贾谊传》，页2251。《新书·保傅》所载同。胡寅的议论，就是由贾谊的这段论述生发开来的。

② 《汉书》卷51《路温舒传》，页2369—2371。

二、历史叙事中的论述策略

贾谊、路温舒正面批评统治者以“妖言”标签，将有益于国家社会却逆己之耳的正言说论污名化。有些政论家和史家则在历史叙事中，建构出昏庸残暴的君主与忠言污名化的典型关联。

如《韩诗外传》卷2讲述道，夏桀拒纳忠谏，“为酒池糟堤，纵靡靡之乐”，伊尹就去见桀，对他说：“君王不听臣言，大命去矣！亡无日矣！”桀鼓掌而笑，说：“子又妖言矣！吾有天下，犹天之有日也，日有亡乎？日亡，吾亦亡也。”①这里《韩诗外传》的作者将一个昏君兼暴君的狂妄神态描摹得活灵活现。一“又”字下得极妙，凸显夏桀以“妖言”标签忠言谏诤已成常态。

《史记·陈杞世家》记陈灵公与大夫孔宁、仪行父一起和夏姬私通，公然在朝廷嬉戏。大夫泄冶看不下去，劝谏灵公：“君臣淫乱，民何效焉？”②在《谷梁传·宣公九年》的叙述中，泄冶的谏语有所不同：“使国人闻之则犹可，使仁人闻之则不可。”③这个故事到了刘向《说苑·君道》，泄冶的谏语内容丰富、详细许多：“陈其亡矣！吾骤谏君，君不吾听而愈失威仪。”“诗曰：‘慎尔出话，敬尔威仪，无不柔嘉’，此之谓也。今君不是之慎，而纵恣焉，不亡必弑。”而灵公的反应也非常典型：“以泄冶为妖言而杀之。”④

类似的叙事策略还见于刘向《列女传》卷7所叙述的经典性的夏、商亡国故事。第一个故事与《韩诗外传》类似，讲夏桀如何荒淫奢靡，沉迷于末喜的美色，只不过这次的谏诤者换成了关龙逢。第二个故事讲殷纣王嬖幸妲己，作酒池肉林，荒淫残暴。⑤

《韩诗外传》、《说苑》、《列女传》，以及我们在前文引述的《越绝书》，所叙述的都是历史故事、历史传奇，并非严格意义上的历史实录。但从贾谊、路温舒的政论文字到《韩诗外传》、《说苑》等小说笔

---

① 《韩诗外传集释》卷2第22章，页57—59。刘向《新序·刺奢》所叙略同。

② 《史记》卷36，页1579。

③ 《十三经注疏·春秋谷梁传疏》卷12，页2414。

④ 《说苑校证》卷1，页4。

⑤ 《列女传补注》，页729—730。

法，我们可以发现，汉代的史家和政论家在历史叙事中，有时有意无意地采用凸显暴君喜将逆耳忠言标签为“妖言”之叙述策略，从而在一定程度上解构了统治当局对“妖言”的污名化。

三、神秘主义论述策略

在阴阳五行、天人感应思潮盛行的两汉社会，正当政治色彩强烈的逆耳忠言、牢骚刺讥、意识形态上的异端邪说被当局污名化为“妖言”，严厉封杀之际，一些真正含有浓厚妖异气味的言论或表达方式，却不一定被视为全然负面，有时甚至被看成是暗藏玄机、代天示警的信息。在善言阴阳灾异的两汉政治家、思想家、经学家的论述中，这一类言论虽被标签为“妖”，却非污名。如西汉今文易学名家京房根据天象物候异常的“妖”象来预测政治、社会变动，论述自然、人事异象与政治、社会的关系的名著，其书名为《易訞占》(或名《易妖变传》)，其占辞称为妖辞[①]，绝无贬义，汉代大臣的奏疏中常有引用，无所禁忌。如一条妖辞“妖言动众，兹谓不信，路将亡人，司马死”，就被汉代史家引用来解释成帝建始三年十月京师的大水讹言，以及渭水虒上小女陈持弓误闯入宫的事件，认为是外戚王氏将篡天下之象。[②]

京房之外，西汉思想界学术界善论灾异吉凶以规范政治，能提出一套较完整的论述体系的，《易》学有孟喜、梁丘贺、盖宽饶、谷永等，《齐诗》学有夏侯始昌、翼奉、匡衡等，今文《尚书》学有伏生、欧阳、儿宽、大小夏侯、李寻等，《春秋》公羊学有董仲舒、胡母生、眭弘、严彭祖等，《春秋》谷梁学有刘向、翟方进（?—公元前7）等。

董仲舒以来的《春秋》公羊学，采用以灾异休咎比附历史事件和历史演变的论述方式，对汉代的政治和社会有很大影响。[③]谷梁学在这方面则有所欠缺。刘向虽以谷梁名家，但他幼习道家方术，后

---

① 《汉书》卷85《谷永传》：“訞辞曰：‘关动牡飞，辟为无道，臣为非，厥咎乱臣谋篡。’”颜师古注曰：“《易訞占》之辞也。訞即妖字耳。”（页3470）《汉书》卷27中之上《五行志中之上》亦引之，李奇注作：“《易妖变传》辞。”（页1401）其书至隋唐仍存。

② 《汉书》卷27下之上《五行志下之上》，页1474。

③ 《汉书》卷27上《五行志上》：“董仲舒治《公羊春秋》，始推阴阳，为儒者宗。”（页1317）

治《易》学，博学多才，不受师传家法之局限。作为宗室成员，刘向对外戚王氏的跋扈专权心怀疑虑，希望建构一套灾异史观，用以警惧皇帝，于是“集合上古以来历春秋六国至秦、汉符瑞灾异之记，推迹行事，连传祸福，著其占验，比类相从，各有条目，凡十一篇，号曰《洪范五行传论》奏之”①。所谓“比类相从”，是按他整理宫中秘籍时所见伏生一脉的《尚书·洪范》的论述框架，将各种灾异符号依其象征意义分门别类；“推迹行事”，即将可以比附的史事依编年顺序和灾异分类，纳入洪范五行的框架。

《洪范五行传论》熔铸今文《尚书》洪范学和谷梁《春秋》于一炉，在公羊灾异说外别树一帜。而刘向之子刘歆所学既广，复别出蹊径，治《左传》等古文经，言《五行传》又颇不同。班固所撰《汉书·五行志》，仿照刘向的做法，以伏生《洪范五行传》的灾异分类为基本框架，比附春秋至王莽历代之史事，兼采《易》学、今文《尚书》学、《春秋》公羊学、《春秋》谷梁学诸家，以及刘向、刘歆父子的论述诠释，可以说是汉代灾异史观集大成之作。

《五行志》解释自然界、社会上种种灾异现象及其在《洪范五行》灾异论述框架中的符号意义，其中属于貌、言、视、听、思五事第二事之“言之不从”，就是与言语内容、言语表达形式有关的一种灾异。“言之不从”，主要是指在上位者言论中表达出来的心态、价值观，以及用词、语气、态度不正确，不顺人心，不惬民意。例如出言不逊、夸张荒诞，取名不吉，厚颜贪婪，自专侈豪，因循乡愿，缺乏政治智慧、言不当言，言语失礼失节，等等。

言抒心声。俗语所谓“言以知物”，“言可贾祸”，“祸从口出”，中国民间智慧一向认为察其言，观其人，可观祸福。从这个意义上说，“言之不从”是一种从现象观本质、预卜吉凶的方法。但汉人的解释更具神秘色彩。《五行志》说，这些言语上的妖征之出现，“是谓不乂”②，反映出国家治理上的失常和失序。正如孔子所言：“君子居其

① 《汉书》卷36《刘向传》，页1950。
② 《汉书》卷27中之上《五行志中之上》，页1376。

室，出其言不善，则千里之外违之，况其迩者虖!”[①]在上位者发出的号令和言论不顺民心，虚张声势，昏聩混乱，当然就难以有效治理天下。这种错误的性质，在于“过差”，在于“僭”，表现为言语过分、失度，刑罚妄加，群阴不附，导致阳气太盛。上天的惩罚，则是常阳，也就是亢旱不雨。久旱伤百谷，国家财政收入和民众生活都受到严重影响，武力抗争等“寇难”就时有发生，于是“上下俱忧”，甚至“极忧”，社会处于极度焦虑之中。按照这一论述逻辑，具有非常言语特征的妖言，可以视作上天的预警信号。而妖言以韵文形式表达（如诗歌、童谣）时，就成为“诗妖”。[②]

① 《周易·系辞》上，《十三经注疏·周易正义》卷7，页79。
② 详见第四章“谶谣”部分的讨论。

第三章　谣　　言

“谣”在先秦秦汉文献中，本指民间流传的歌谣。①

“曲合乐曰歌，徒歌曰谣。”②先秦的歌、谣都可以唱，只不过歌有乐器伴奏③，谣却是“无乐而空歌，其声逍遥然也”④。到了汉代，宗庙、祭祀、宫廷、巡狩、宴饮游乐之歌，仍多合乐。⑤而民间日常生活中即兴而作的“歌”，与徒歌已难截然区分。如汉高祖宠姬戚夫人（?—公元前194）被吕后囚于永巷，“舂且歌”⑥，朱买臣（?—公元前115）负薪独行，一路走一路高歌⑦，难以想像会有琴瑟伴奏。而《史记》、《汉书》所录的“颍水清”、“一尺布”、“生男无喜”歌，《后汉书》所录的“董逃”歌等，从表达形式来看，其实就是民谣、童谣。歌、谣皆韵文，朗朗上口，便于口头传播。只是谣多在庶民、儿

---

① 《汉语大辞典》(1993)，11 册，页 382。

② 《十三经注疏 · 毛诗正义》卷 5《魏风 · 园有桃》毛传，页 357。

③ 常伴以弦乐，如琴、瑟，故亦称弦歌。或谓以丝竹伴奏。

④ 《十三经注疏 · 春秋左传正义》卷 12《僖公五年》，页 1796。

⑤ 如西汉武帝、宣帝笼络文士，制作大量歌功颂德的歌赋，冀收教化、宣传之效。这类歌赋也是一种值得注意的社会文化现象，本书对此暂不讨论。

⑥ 《汉书》卷 97 上《外戚 · 高祖吕皇后传》，页 3937。

⑦ 《汉书》卷 64 上《朱买臣传》：“朱买臣字翁子，吴人也。家贫，好读书，不治产业，常艾薪樵，卖以给食，担束薪，行且诵书。其妻亦负戴相随，数止买臣毋歌呕道中。买臣愈益疾歌，妻羞之，求去。买臣笑曰：‘我年五十当富贵，今已四十余矣。女苦日久，待我富贵报女功。’妻恚怒曰：‘如公等，终饿死沟中耳，何能富贵?’买臣不能留，即听去。其后，买臣独行歌道中，负薪墓间。故妻与夫家俱上冢，见买臣饥寒，呼饭饮之。”（页 2791）

童等文盲或教育程度较低的群体中流传，用语更为通俗易记。

民间流传的歌谣，其旋律曲调久已湮没，无从获知。但部分歌（谣）词经史家、文士的纪录编辑，得以保存，可以视为一种民间或非官方言论。[①]《后汉书》以来的历史文献，常称此类歌谣之言词为“谣言”。笔者认为，它们也应属于中国历史上谣言的一种表现形式。与流言、讹言、妖言等言论相比，“谣言”由于采取韵文形式，传播更易，影响更广泛。

20 世纪兴起的“新史学”，关注普通民众的日常生活、思维方式及其对政治、社会议题的影响，民间歌谣的史料价值越显珍贵。[②]对于现当代研究者而言，民间歌谣既是民间即兴、自由创作的大众文学[③]，也是珍贵的社会政治史料，具有强大的社会批判和政治预言能力。[④]也有不少舆论、传播学者，视民间歌谣为古代舆论（public opin-

① 中国传统史学编纂，向有歌谣入史之例，尤以正史《五行志》之辑录最集中。郭茂倩（1041—1099）《乐府诗集》、杨慎（1488—1559）《古今风谣》、杜文澜（1815—1881）《古谣谚》等，于正史之外，也从野史笔记类书中，拣出不少遗珠。

② 其实 19 世纪初英国史学家马考莱（Thomas Babington Macaulay，1800 –1859）在撰写其五卷本名著《詹姆斯二世登基以后的英国史》（*The History of England from the Accession of James II*）时，已采用大量的民间歌谣、流言、讽刺传单，揭示不同政治社会语境中的民心舆情。他认为，正是通过言语粗糙、尖锐的民间歌谣，民众的爱憎、喜悦和痛苦才得以表达；不读民谣，无从获知民众的历史。参见 Palmer（1988），p.6. 经过 20 世纪初梁启超和鲁宾逊（J.H.Robinson）的倡导，及后来法国年鉴学派的推动，研究普通民众的日常生活、想法和信仰，才逐渐成为国际史学界普遍认可的学术行为。参见赵世瑜（2002），页 166—167。

③ 主要从民间文学及民俗学角度研究歌谣的论著，包括周作人，《儿童文学小论》，石家庄：河北教育出版社，2002 年；钟敬文，《歌谣论集》，上海：上海文艺出版社，1989 年；朱自清，《中国歌谣》，台北：世界书局，1965 年；天鹰，《中国古代歌谣散论》，上海：中华书局上海编辑所，1959 年；朱介凡，《中国歌谣论》，台北：台湾中华书局，1974 年；《我歌且谣》，台北：天一出版社，1974 年；《中国谣俗论丛》，台北：联经出版事业公司，1984 年；张紫晨，《歌谣小史》，福州：福建人民出版社，1981 年；吕肖奂，《中国古代民谣研究》，成都：巴蜀书社，2006 年；等等。

④ 中国传统政治思想视童谣为代言天意的谶谣，所以旧史辑录的童谣多蕴含浓厚政治批判及预言意味。小柳司气太（1934）《童谣 · 图谶 · 教匪》，周英雄（1977）“The Wooden-tongued Bell：the Uses of Literature and Poetry-collecting in Han China”，串田久治（1999）《中国古代の“谣”と“予言”》，谢贵安（1998）《中国谶谣文化研究》等，都非常关注汉代歌谣的谶言特质，甚或名之为谶谣。也有不少尊崇“科学精神”的研究者认为，将歌谣解读为预言，难免“迷信”之讥。谶谣真的拥有政治预见能力吗？抑或只是事后诸葛亮？如果真有“预见能力”，这样的能力从何而来？请参见本书第四章的讨论。

ion）的表现形式。如林语堂于1936年在其英文著作《中国报业及舆论史》中指出，民谣是中国古代公众实施政治批评的一种形式；比起西方人，中国人是对君主更严厉的批评者，独裁君权也从未能制止他们以耳语及歌谣形式所传递的对政府的批评。①在现当代史学论著中，民谣常被定义为"民众心声的流露"②，"人民集体意志的表现"③。不少秦汉史学者更指出民谣是汉代民众参与和批评时政的一种特殊表达方式，担当了社会舆论监督的角色，对改善当时的吏治和政治发挥一定的正面作用。④

第一节　歌谣是汉代社会与政治生活的重要组成部分

"心之忧矣，我歌且谣。"⑤古人善歌，习以歌咏表达心声，即《书·舜典》所谓"诗言志，歌永言"⑥。故孔子曰："不学诗，无以言。"⑦"诸侯卿大夫交接邻国，以微言相感，当揖让之时，必称诗以谕其志。"⑧

先秦诸侯卿大夫在交际活动中诵咏的，多是流传有绪、耳熟能详的诗篇。对于具有类似的系统诗教背景的各国士大夫来说，这些诗篇的语词、意像，已构成一套默契而有效的沟通符号，令他们得以直接或婉转、含蓄，甚至意在言外地抒发其理念、感受。但因时因地、有感而发、带有强烈个人感情色彩的即兴歌诵，也很常见。如"箕子朝周，过故殷墟，感宫室毁坏"，"欲哭则不可"，"乃作麦秀之诗以歌咏

---

① Lin Yutang（1936），p.20.这一论述在新闻史、舆论史学界影响深远，如朱传誉（1974）论谣谚："其功能和影响，实不下于今天的报刊。"（页103）阎心恒（1984）亦持类似看法。

② 王子今（2006），页377。

③ 天鹰（1959），页87。

④ 参见仝晰纲（1999）《汉代风谣与举谣言》，马新（2001）《时政谣谚与两汉民众参与意识》，谢贵安（2002）《古代政治民谣及其社会舆论功能》，胡守为（2004）《"举谣言"与东汉吏政》等。

⑤ 《十三经注疏·毛诗正义》卷5《魏风·园有桃》毛传，页357。

⑥ 《十三经注疏·尚书正义》卷3《虞书·舜典》，页131。

⑦ 《十三经注疏·论语注疏》卷3《季氏》，页2522。

⑧ 《汉书》卷30《艺文志》，页1755—1756。

之”。[①]伯夷、叔齐耻食周粟，隐于首阳山，及饿且死，作歌言志。[②]孔子（公元前551—公元前479）因季桓子（?—公元前492）受齐国所赠女乐，知政事不可为而去鲁，途中咏叹：“彼妇之口，可以出走；彼妇之谒，可以死败。盖优哉游哉，维以卒岁！”[③]

一般民众也习以歌咏抒发心声。《诗经》所辑300余诗篇，不少改编自周代民众的即兴歌咏。在乡村，“男女有不得其所者，因相与歌咏，各言其伤”[④]。市井之中，如《史记》所描绘之荆轲（?—公元前227），“日与狗屠及高渐离饮于燕市，高渐离击筑，荆轲和而歌于市中”。荆轲出发刺秦前所歌“风萧萧兮易水寒，壮士一去兮不复还”[⑤]，千古传诵。

即兴歌咏的习俗，至秦汉，在各地、各阶层仍然风行。“而且歌是脱口而出，舞是随意而起。”[⑥]项羽被围困在垓下，曾悲歌“力拔山兮气盖世，时不利兮骓不逝”[⑦]。汉高祖刘邦，更常以歌咏抒发心声。他击败项羽，衣锦还乡时，“悉召故人父老子弟纵酒，发沛中儿得百二十人，教之歌”。至酒酣，高祖击筑，自为歌诗：“大风起兮云飞扬，威加海内兮归故乡，安得猛士兮守四方！”[⑧]《睡虎地秦简·日书》甲、乙种中，歌乐常与饮食、祠祀并列为当时日常生活的基本内容。

西汉惠帝（刘盈，公元前195—公元前188年在位）时，曹参（?—公元前190）任相国，其官邸后园近吏舍。吏舍中日饮歌呼，噪音难耐。曹参从吏虽然憎厌，却奈何不得，于是请曹参游园，希望相国听到那些吏人醉歌高呼，会下令处分。谁知道曹参“乃反取酒张坐饮，

① 《史记》卷38《宋微子世家》，页1621。
② 《史记》卷61《伯夷列传》，页2123。
③ 《史记》卷47《孔子世家》，页1918。
④ 《汉书》卷24《食货志上》，页1121。何休也说：“男女有所怨恨，相从而歌，饥者歌其食，劳者歌其事。”（《十三经注疏·春秋公羊传注疏》卷16《宣公十五年》，页2287）这里叙述的是汉代人记忆和理解中先秦乡村社会的生活场景。
⑤ 《史记》卷86《刺客列传》，页2534。
⑥ 林剑鸣等（1985），页367。
⑦ 《史记》卷7《项羽本纪》，页333。
⑧ 《史记》卷8《高祖本纪》，页389。

亦歌呼与相应和”[①]。哀帝建平四年初曾发生著名的“传行西王母筹”事件，“京师郡国民聚会里巷仟佰，设张博具，歌舞祠西王母”[②]，其盛况可以想见。

汉代民间即兴咏诵的歌谣，数量应该不小。《汉书·艺文志》著录结集的各地歌诗（谣），有吴楚汝南歌诗十五篇，燕代讴雁门云中陇西歌诗九篇，邯郸河间歌诗四篇，齐郑歌诗四篇，淮南歌诗四篇，左冯翊秦歌诗三篇，京兆尹秦歌诗五篇，河东蒲反歌诗一篇，洛阳歌诗四篇，河南周歌诗七篇，河南周歌声曲折七篇，周谣歌诗七十五篇，周谣歌诗声曲折七十五篇，周歌诗二篇，南郡歌诗五篇等。[③]以主题结集的，有汉兴以来兵所诛灭歌诗十四篇。而这些集为文本的歌谣，估计仍不过是当时流行歌谣的一小部分。[④]

正因为歌谣是当时社会生活的重要组成部分，内容非常丰富，涵盖社会和文化生活的许多方面，所以司马迁编撰《史记》时，“既上序轩黄，中述战国，或得之于名山坏壁，或取之以旧俗风谣”[⑤]。《史记》、《汉书》中叙述各地风物、人情的《货殖列传》、《地理志》等专志，也都将“谣俗”视为反映各地民风、性格、价值观念、社会风貌的重要信息。[⑥]《纪》、《传》、《世家》中的人物形象和心态，常因这些歌谣而活灵活现。不过，受传统史学编纂理念和论述架构所限，获史家青睐著录于史册，而得以为后世考见的歌谣，内容似乎多与政治生

---

① 《史记》卷54《曹相国世家》，页2030。

② 《汉书》卷27下之上《五行志下之上》，页1476。

③ 《汉书》卷30《艺文志》，页1753—1755。

④ 《史记》和《汉书》辑有多首咏诵汉高祖晚年后妃争宠，及其身后吕后迫害戚夫人、赵王如意及其他刘氏宗室的悲歌。同类主题的迫害与被迫害叙事与煽情“悲歌”在史籍中的反复出现，表达出《史记》、《汉书》编纂者对吕后的强烈批判，以及对刘氏铲除诸吕之合法性的明确认同。其他如西汉的《燕王歌》、《广陵王歌》以及东汉的《弘农王歌》等，揭示出两汉政治斗争的严酷，宫廷生态的诡谲；士大夫则借酒酣高歌，化心中之块垒，如《东方朔歌》、《李陵歌》等。这些个人即兴创作的悲歌也包含有丰富的历史文化信息，但与本书讨论的民间歌谣应有所区隔。

⑤ 《史记·史记索隐后序》，页9。

⑥ 《汉书》卷69《赵充国辛庆忌传赞》称天水、陇西、安定、北地诸郡邻近羌胡，民俗修习战备，崇尚勇力骑射，“其风声气俗自古而然，今之歌谣慷慨，风流犹存耳”（页2999）。《汉书》卷76《韩延寿传》颜师古注：“谣俗谓闾里歌谣，政教善恶也。”（页3211）

活、政治事件相关[1]，往往语含讥刺，针砭时弊。

如西汉武帝的妻舅、大将军卫青（?—公元前106）屡立战功，拜将封侯，本无可厚非，但其三子在襁褓中，竟亦封侯。民间歆羡之余，心怀不平，不免将卫氏的贵震天下归功于出身寒微而获封皇后的卫子夫（?—公元前91），歌曰："生男无喜，生女无怒，独不见卫子夫霸天下！"[2]

元、成之世，朝纲废弛，宦官、外戚、官僚之间政争激烈而频繁。《汉书》所辑录批评时政的歌谣，有多首涉及这一时期，包括批评石显（?—公元前33）、五鹿充宗结党擅权的"民歌"："牢邪石邪，五鹿客邪！印何累累，绶若若邪"[3]；讥刺该党失势的"长安谣"："伊徙鴈，鹿徙菟，去牢与陈实无贾"[4]；"百姓"怒斥外戚王氏骄奢僭盛、自作威福的歌谣："五侯初起，曲阳最怒，坏决高都，连竟外杜，土山渐台西白虎"[5]。这一组歌谣指名道姓，矛头直指特定政治人物和政治势力，可能反映了较广泛的民意，但也可能出自敌对政治集团的心声与口诛。

成帝永始、元延间，外戚骄恣，豪强不法，当局执法无力，长安城中，少年团伙受雇杀吏，打劫行人，死伤横道。尹赏以三辅高第选守长安令，获准"得一切便宜从事"，整顿治安。尹赏要求基层治安官吏、地方长老举报长安城中的"轻薄少年恶子，无市籍商贩作务，而鲜衣凶服被铠扞持刀兵者"，得数百人。"乃赏一朝会长安吏，车数百两，分行收捕，皆劾以为通行饮食群盗"，全部活埋，"百日后，乃令死者家各自发取其尸。亲属号哭，道路皆歔欷"。一时间"作奸犯科"者纷纷逃离京城，长安人歌之曰："安所求子死？桓东少年场。生时谅不谨，枯骨后何葬？"[6]歌词悲切委婉，似出自遇难少年家属之

---

① 天鹰（1959），页73。

② 《史记》卷49《外戚世家》褚少孙引，页1983。

③ 《汉书》卷93《佞幸·石显传》，页3727。

④ 《汉书》卷93《佞幸·石显传》，页3730。

⑤ 《汉书》卷98《元后传》，页4024。

⑥ 《汉书》卷90《酷吏·尹赏传》，页3673—3674。尹赏临终，戒其诸子曰："丈夫为吏，正坐残贼免，追思其功效，则复进用矣。一坐软弱不胜任免，终身废弃无有赦时，其羞辱甚于贪污坐臧。慎毋然！"反映出一种典型的酷吏价值观及其宁酷勿纵的实用主义心态。

口吻，既非庆幸社会秩序之平靖，也未诅咒执法之严酷。但一句“生时谅不谨”，隐晦抒发出从重从快的严打之下、或有枉死之徒的哀鸣。

更有一些歌谣，用词尖锐，语气激烈，对特定政治人物或社会政治现象发出强烈诅咒。如汝南旧有鸿隙大陂，郡以为饶。成帝时关东多雨水，陂溢为害。汝南人翟方进时为相，认为决陂放水，可以省堤防费而无水患，奏准废陂。至王莽居摄，常枯旱缺水，多致饥困。汝南人于是追怨方进，说方进是因为企图侵占陂下良田不得，而奏罢陂。郡中遂有童谣流传：“坏陂谁？翟子威。饭我豆食羹芋魁。反乎覆，陂当复。谁云者？两黄鹄。”[①]又传说罢陂之后，成帝于梦中上天，天帝怒曰：“何故败我濯龙渊？”[②]

翟方进决陂，是为了应付当年的涝灾，却导致亢旱之年缺水，也许少了一点远见，乡人追怨，可以理解。但指责翟方进为一己私怨而毁故乡生机，却是在方进少子翟义起兵讨莽事败族灭之后。此谣之作，很难说没有政治力的渗透。串田久治推测，童谣中的“黄鹄”应是暗示王莽，显示汝南乡民将修复鸿隙陂的希望寄托于王莽。而王莽在元始二年大旱时，也确曾实行一系列救济政策。[③]但鸿隙陂的修复，其实要到东汉建武中，才由太守邓晨（?—49）提上议事日程。主持修陂的都水掾许杨，向邓晨说：“昔大禹决江疏河以利天下，明府今兴立废业，富国安民，童谣之言，将有征于此。”[④]可知新莽时期汝南地区流行的歌谣，至东汉初仍然深深存留在当地官民的集体记忆中。

新莽地皇三年（22），王莽遣太师王匡（?—23）、更始将军廉丹（?—22）赴山东镇压赤眉军。官军“所过放纵”，激起民众的强烈不满，遂有诅咒王匡、廉丹的“东方之语”：“宁逢赤眉，不逢太师！太师尚可，更始杀我。”[⑤]更始政权的重臣李轶、朱鲔、王匡、张印等，在关

① 《汉书》卷84《翟义传》，页3440。《后汉书》卷82《方术上·许杨传》引述此谣，作“败我陂者翟子威，饴我大豆，亨我芋魁。反乎覆，陂当复”（页2710）。

② 《后汉书》卷82《方术上·许杨传》，页2710。

③ 串田久治（1999），页119。

④ 《后汉书》卷82《方术上·许杨传》，页2710。

⑤ 《汉书》卷99《王莽传下》，页4175。

东、三辅擅作威福，任用“群小贾竖”、“膳夫庖人”，长安人嘲讽更始新贵为“灶下养，中郎将。烂羊胃，骑都尉。烂羊头，关内侯”①。东汉末讥刺察举制度之滥，“举秀才，不知书，察孝廉，父别居。寒素清白浊如泥，高第良将怯如鸡”②。这些都是脍炙人口之佳作。又如“小民发如韭。剪复生。头如鸡。割复鸣。吏不必可畏。从来必可轻。奈何欲望平”③，揭示吏民之间的严重对立，语言淋漓尽致，意像生动煽情，极富感染力。

这些民间歌谣所表现出的对政治权力的强烈批判精神，对时政的高度关注和迅速反应，凝聚民心、表达民意、影响舆论走向的能力，令这一类非官方言论受到汉代思想界和统治当局的高度重视，在当时的政治论述中获得了独特的定位。

第二节　民间歌谣在汉代政治思想论述中的独特定位

同属谣言类民间或非官方言论，歌谣或“谣言”在汉代的官方政治论述和实际社会政治生活中的处境，与备受当局丑化和打击的流言、讹言、妖言有天壤之别。

在中国传统政治思想论述中，歌谣本就有非常重要的政治功用。这种功用首先体现在教化。《尚书》载大禹所授善政之道，要“戒之用休，董之用威，劝之以九歌”④。这是因为“情动于中而形于言，言之不足，故嗟叹之，嗟叹之不足，故永歌之”⑤，歌咏是真情的自然流露，所以在教化中具有极强的说服力和感染力。但在儒家的政治思想论述中，民间自发流传的即兴歌谣另有一个重要功用，就是它能

① 《后汉书》卷11《刘玄传》，页471。

② 《乐府诗集》卷87《杂歌谣辞五》补《后汉书》：“举秀才，不知书，察孝廉，父别居。”（页1224）《古谣谚》卷6据《抱朴子》补“寒素清白浊如泥，高第良将怯如鸡”两句，又指出《太平御览》卷496中“鸡”作“蝇”。（页95）《先秦汉魏晋南北朝诗·汉诗》卷8：“《晋书》引作‘举秀才。浊如泥。举良将，怯如鸡’。与此不相同。”（页242）

③ 《先秦汉魏晋南北朝诗·汉诗》卷8引崔寔《政论》，页241。

④ 《十三经注疏·尚书正义》卷4《虞书·大禹谟》孔安国传，页135。

⑤ 《十三经注疏·毛诗正义》卷1《周南·关雎》毛传，页270。

够揭示民心、表达民意，因而具有论证君主统治正当性、认受性的象征意义。

对民间歌谣或民间言论的这种论述，与西周以来流行的民本理念关系密切。[①]先秦思想家认为君主应以民为本，“民之所好好之，民之所恶恶之”[②]；“政之所行，在顺民心，政之所废，在逆民心”[③]。孟子（公元前372—公元前289）更以民心之向背为政权转移及政策取舍之最后标准，宣称得乎丘民者为天子，失民心者失天下。[④]而民间歌谣正是反映了民众的心声。

民间的即兴歌谣对时政的反应可以相当敏感与直接。如子产（?—公元前522）执政，整顿郑国田制，令占田过制者的利益受到损害。从政一年，舆人诵曰“取我衣冠而褚之，取我田畴而伍之。孰杀子产？吾其与之”，咬牙切齿，颇有“时日曷丧？予及汝皆亡”的气概。[⑤]然而三年之后，舆人又诵曰：“我有子弟，子产诲之。我有田畴，子产殖之。子产而死，谁其嗣之？”[⑥]民意如流水，此之谓也。

孟子认为，国人的众意比国君左右臣僚的意见更值得重视：

> 左右皆曰贤，未可也；诸大夫皆曰贤，未可也；国人皆曰贤，然后察之。见贤焉，然后用之。左右皆曰不可，勿听；诸大夫皆曰不可，勿听；国人皆曰不可，然后察之。见不可焉，然后去之。左右皆曰可杀，勿听；诸大夫皆曰可杀，勿听；国人皆曰可杀，然后察之。见可杀焉，然后杀之，故曰国人杀之也。[⑦]

---

① 民本观念并非古代中国所独有。古代世界大多数以普世王权自居的统治者，都会以增进人民福利为自己的职责。参见史华兹（2004），页48。

② 《十三经注疏·礼记正义》卷42《大学》，页1675。

③ 《管子注译》上册《牧民第一》，页1。“行”，四部备要本作“兴”，注译者据郭沫若《管子集校》改。

④ 萧公权（1982），页95。类似论述，在《国语》、《左传》中还有不少。参见刘泽华（1992），郑昌淦（1995）。

⑤ 《十三经注疏·尚书正义》卷8《商书·汤誓》孔安国传，页160。

⑥ 《十三经注疏·春秋左传正义》卷40《襄公三十年》，页2014。

⑦ 《孟子正义》卷5《梁惠王下》，页144。

甚至赋予民谣这样的民间声音以论证政权正当性、认受性的象征意义：

> 舜相尧二十有八载，非人之所能为也，天也。尧崩，三年之丧毕，舜避尧之子于南河之南。天下诸侯朝觐者，不之尧之子而之舜；讼狱者，不之尧之子而之舜；讴歌者，不讴歌尧之子而讴歌舜，故曰天也。夫然后之中国，践天子位焉。而居尧之宫，逼尧之子，是篡也，非天与也。《太誓》曰："天视自我民视，天听自我民听"，此之谓也。①

在孟子看来，民间歌谣是论证君主统治认受性的重要符码。尧为什么不传位于丹朱而禅位于舜？因为民心所向。民心所向的标志是什么？诸侯朝觐者，不见尧之子而见舜；讼狱者，不找尧之子而找舜；讴歌者，不歌颂尧之子而歌颂舜。歌谣就这样被赋予了代言民众心声的象征意义。

《列子·仲尼》：

> 尧治天下五十年，不知天下治欤，不治欤？不知亿兆之愿戴己欤？不愿戴己欤？顾问左右，左右不知。问外朝，外朝不知。问在野，在野不知。尧乃微服游于康衢，闻儿童谣曰："立我蒸民，莫匪尔极。不识不知，顺帝之则。"尧喜问曰："谁教尔为此言？"童儿曰："我闻之大夫。"问大夫。大夫曰："古诗也。"尧还宫，召舜，因禅以天下。舜不辞而受之。②

这则故事借尧之口，再次认可古典儒家对童谣的认识：童谣不是一般儿童顺口说说的，而是民众心理的真实流露，反映民心向背，对于君主统治正当性的论证极其重要。

儒家对歌谣的这一定位，在汉代的经学和史学论述中获得普遍认同，颂扬性"民间"歌谣成为汉代以来论证君主统治正当性必不可少的

① 《孟子正义》卷19《万章上》，页644—646。《史记·五帝本纪》所叙略同。

② 《列子集释》卷4，页143—144。

吉兆瑞征。贾谊与《淮南子》述周代文王、武王之德，称"九州之民、四荒之国，歌谣文武之烈"；"天下歌谣而乐之"。[①]《史记》述古公亶父复修后稷、公刘之业，积德行义，"民皆歌乐之，颂其德"[②]。

在汉代的历史论述中，民间歌谣也成为评价政治人物的事功治绩以及地方政府管治有效性的一项重要指标。西汉初萧何（公元前257—公元前193）、曹参相继为相国，与民休息，施政简易，政策稳定。史籍于是录"百姓之歌"颂之："萧何为法，顜若画一；曹参代之，守而勿失。载其清净，民以宁一。"[③]

武帝太始二年（公元前95），赵国中大夫白公兴建白渠，引泾水注渭中，灌溉农田四千五百余顷。民得其饶，歌之曰："田于何所？池阳、谷口。郑国在前，白渠起后。举臿为云，决渠为雨。泾水一石，其泥数斗。且溉且粪，长我禾黍。衣食京师，亿万之口。"[④]

赵广汉历任郡守、京兆尹，清廉明察，打击豪强，"吏民称之不容口。长老传以为自汉兴治京兆者莫能及"。后因执法不当、摧辱大臣等罪伏诛。"吏民守阙号泣者数万人"，或言愿代其死，"百姓追思，歌之至今"[⑤]。

冯野王、冯立兄弟，相继出任上郡等郡太守，居职公廉，管治有方，郡民歌之曰："大冯君，小冯君，兄弟继踵相因循，聪明贤知惠吏民，政如鲁、卫德化钧，周公、康叔犹二君。"[⑥]

《汉书·叙传上》追叙班氏世系，称颂其祖班子孺"为任侠，州郡歌之"[⑦]。

正是在这样的社会政治语境和文化心理氛围中，策划居摄的王莽需要伪造大量符瑞包括数万首歌谣，营造出获得广泛认同的舆论假

---

① 《新书》卷10《礼容语下》，页379；《淮南鸿烈集解》卷12《道应训》，页412。

② 《史记》卷4《周本纪》，页114。

③ 《史记》卷54《曹相国世家》，页2031。《汉书》卷39《曹参传》，歌词作"萧何为法，讲若画一；曹参代之，守而勿失。载其清靖，民以宁壹"（页2021）。《汉书》卷89《循吏传赞》亦提及："汉兴之初，反秦之敝，与民休息，凡事简易，禁罔疏阔，而相国萧、曹以宽厚清静为天下帅，民作'画一'之歌。"（页3623）

④ 《汉书》卷29《沟洫志》，页1685。

⑤ 《汉书》卷76《赵广汉传》，页3206。

⑥ 《汉书》卷79《冯立传》，页3305。这首民歌的歌词过于文雅，润饰太过。

⑦ 《汉书》卷100《叙传上》，页4198。

象。而反新势力则以“吏民歌吟思汉久矣”[①]，证明人心思汉，新莽将败。曹魏臣僚向曹丕劝进，论证魏受天命、汉当禅魏的正当性时，除了引述图谶、符瑞，还必须以“百姓协歌谣之声”论证“汉氏衰废，行次已绝”，魏当受命。[②]

民间的颂扬歌谣，是君主“善政之验”。[③]按同样的论述逻辑，君主的恶政，必招致反映负面民意的讥刺及怨怒歌谣。《诗》毛传：“上以风化下，下以风刺上，主文而谲谏，言之者无罪，闻之者足以戒。”指出诗歌本有“刺上”的功能。[④]毛传又说《桑柔》是刺周厉王之诗。厉王行恶政而拒不承认，芮良夫说：“我知汝实为之，已作汝所为之歌，歌汝之过。汝当受而改之。”[⑤]

元帝初元元年，珠厓反，贾捐之反对发兵南征，援引历史教训，认为秦就是因为“兴兵远攻，贪外虚内，务欲广地”，以致“天下溃畔，祸卒在于二世之末”，以致“‘长城之歌’至今未绝”。[⑥]

正因为认定民间歌谣具有反映民意的功能，汉代政治思想家普遍认为君主施政，必须认真聆听歌谣，尤其要重视歌谣中的讥刺怨怒之声。例如王符论秦王朝速亡原因，“过在于不纳卿士之箴规，不受民氓之谣言”，“病自绝于民也”。[⑦]桓帝永寿年间，梁冀专政，连岁荒饥，灾异数见，太学生刘陶上书，希望桓帝“听民庶之谣吟，问路叟之所忧”[⑧]。延熹八年，太尉杨秉举宗室刘瑜贤良方正。刘瑜到京师后，就以“臣在下土，听闻歌谣”为由，上书桓帝，揭发种种“骄臣虐政之事，远近呼嗟之音”[⑨]。

① 《后汉书》卷21《邳彤传》，页758。

② 《三国志》卷2《魏书·文帝纪》裴松之注，北京：中华书局，1982年，页75。

③ 《十三经注疏·尚书正义》卷4《虞书·大禹谟》孔颖达正义，页135。

④ 《十三经注疏·毛诗正义》卷1《周南·关雎》毛传，页271。

⑤ 《十三经注疏·毛诗正义》卷18《大雅·桑柔》毛传，页561。

⑥ 《汉书》卷64下《贾捐之传》，页2831。“长城之歌”内容不详，当是秦时民众批评朝廷大兴土木工程耗尽民力之歌谣。

⑦ 《潜夫论笺》卷2《明闇第六》，页59。

⑧ 《后汉书》卷57《刘陶传》，页1846。

⑨ 《后汉书》卷57《刘瑜传》，页1855。朱传誉（1974）认为，东汉的“皇帝不一定听百官所说的话，但却相信谣谚。因此臣僚也常在奏疏或谏章中引用谣谚，以加强他的发言力量，表示他是反映民意，代表大多数人的意见”（页108）。

地方长吏也常常入境问谣俗，以掌握民风民情，改善管治。如韩延寿任颍川太守，召集郡中有威信的长老，“人人问以谣俗，民所疾苦”，根据郡人要求，修订礼仪规范。①羊续（142—189）拜南阳太守，先微服私访，“观历县邑，采问风谣，然后乃进。其令长贪絜，吏民良猾，悉逆知其状，郡内惊竦，莫不震慑”②。

因此，虽然民间歌谣是一种非官方言论，有时也被标签为“言妖”、“谣妖”，但在汉代的主流政治论述中却并没有像流言、讹言、妖言那样，遭到污名化甚至刑罪化，反被视为民心民意的自然流露。

第三节　民间歌谣作为舆论在政治实践中的影响与功用

马上可以得天下，“宁可以马上治之乎？”③仅凭武力和强权，不足以长期压抑怨恨不满的情绪，维系持久的政治权威。民心向背、民意好恶，关系到统治与管治的正当性与认受性，关系到社会和谐与政治稳定。而透露民心民意走向的，就是舆论。

D.B.杜鲁门说：

> 所有政治利益集团组织，首要关注的是社会中存在的公共舆论。集团领导者，不管他们如何疏忽，也不能无视针对自己组织立场和目标的广泛社会态度。领导者必须估计公共舆论的方向和影响，而且，或多或少应该引导和控制舆论。④

杜鲁门是在现代美国的社会政治语境中论述政治人物对舆论应有的认识，汉代中国的社会政治语境与此当然截然不同。但经过数百年来政治思想家与史学家持续而精致的论述，以及丰富的实践经验，汉代的政治领袖们似乎对民间歌谣的社会与政治的影响与功用也有所领悟。

---

① 《汉书》卷76《韩延寿传》，页3210。
② 《后汉书》卷31《羊续传》，页1110。
③ 《史记》卷97《郦生陆贾列传》，页2699。
④ 杜鲁门（2005），页231。

一、倾听歌谣，顺应民意

（一）“歌思东归”

秦亡，项羽自封西楚霸王后，因对刘邦的实力与政治野心怀有疑虑，负约封刘邦为汉王[①]，令他僻处汉中、巴、蜀一隅。刘邦率吏卒三万人，及楚与诸侯之慕从者数万人就国。但刘邦的士卒多山东之人，一路上“歌思东归”，途中有不少将士逃亡。韩信（?—公元前196）本在逃亡之列，为萧何追回，举荐给刘邦。韩信于是建议：“军吏士卒皆山东之人也，日夜跂而望归，及其锋而用之，可以有大功。”即利用士卒歌谣中流露出来的思乡情绪，顺势操作，化哀怨为士气，决策东向，逐鹿中原。[②]刘邦本就志在天下，一拍即合，顺应众意，还兵关中，揭开了楚汉相争的序幕。

（二）平城之歌

汉七年（公元前200），汉高祖刘邦亲率大军击破韩王信（?—公元前196），乘胜追击匈奴至平城，结果被三十二万匈奴精兵围困于白登山达七日，情势危急，军中传唱：“平城之下亦诚苦！七日不食，不能彀弩。”刘邦采纳陈平（?—公元前178）计策，侥幸得脱。[③]高祖后来定和亲之策，汉匈暂时停战，平城之歌所传达的厌战民意对此

---

① 项梁死后，项羽随宋义北上与秦军主力对抗，救援赵国；令刘邦向西略地入关，并约定“先入定关中者王之”。由于秦军主力受到项羽牵制，刘邦得以轻松入关，先下咸阳，按约当封关中王。

② 《史记》卷8《高祖本纪》，页367。陈直（1979）推测，刘邦士卒所歌，当即《汉铙歌十八曲》中的《巫山高》。（页30）《乐府诗集》卷16录有《巫山高》：“巫山高，高以大；淮水深，难以逝。我欲东归，害（梁）不为？我集无高曳，水何（梁）汤汤回回。临水远望，泣下沾衣。远道之人心思归，谓之何！”（页228）

③ 《汉书》卷94《匈奴传上》，页3755。当时采用的计策内容及操作过程，史文皆含糊其辞，语焉不详。据《史记》卷56《陈丞相世家》：“高帝用陈平奇计，使单于阏氏，围以得开。”（页2057）卷93《韩信卢绾列传》：“上乃使人厚遗阏氏。阏氏乃说冒顿曰：‘今得汉地，犹不能居；且两主不相厄。’”（页2633）卷110《匈奴列传》：“高帝乃使使間厚遗阏氏，阏氏乃谓冒顿曰：‘两主不相困。今得汉地，而单于终非能居之也。且汉王亦有神，单于察之。’冒顿与韩王信之将王黄、赵利期，而黄、利兵又不来，疑其与汉有谋，亦取阏氏之言，乃解围之一角。”（页2894）汉高祖似曾使人贿赂阏氏，游说冒顿而得脱。但吕思勉认为“此非情实”，真相可能相当丑恶。参见吕思勉（1983），页64。证诸《陈丞相世家》：“高帝既出，其计秘，世莫得闻。”（页2057）《汉书》卷94《匈奴传下》载哀帝建平四年扬雄上书：“时奇谲之士石画之臣甚众，卒其所以脱者，世莫得而言也。”（页3813）似确有隐情。

决策有多大影响，难以确认。但这首民歌所倾诉的汉匈战事之凄苦，显然在西汉人的集体记忆中留下了深刻印记。

惠帝三年，匈奴冒顿单于（?—公元前174）遣使送国书给吕太后，语含不逊。太后大怒，召大臣会议。樊哙（?—公元前189）主战，季布面斥樊哙，并对吕太后说，平城军士的歌吟之声至今未绝，“伤痍者甫起，而哙欲摇动天下”①。太后最后接受季布意见，延续和亲政策，多少应受到民意的影响。至武帝时廷议与匈奴和战之策，御史大夫韩安国（?—公元前127）重弹老调“平城之饥，七日不食，天下歌之”②，主张延续和亲政策。但时空环境和国力对比已经改变，在武帝积极备战之际，这样的老歌只能引发其不堪回首的记忆和强烈的雪耻之心。

（三）“一尺布歌”

文帝时，有“一尺布歌”之流传。根据《史记》和《汉书》记载，故事是这样开始的：

淮南王刘长，是高祖幼子。文帝即位后，自恃与文帝最亲，屡获姑息，骄蹇不法，擅杀辟阳侯审食其，又“谋为东帝”③。文帝六年（公元前174），谋反事败，按律当斩。但文帝念手足之情，也不愿担杀弟之名，只废其王位，放逐蜀地。刘长在放逐途中绝食而死，乃以列侯礼葬于雍。文帝八年，因怜淮南王，封其四子为侯。

到了文帝十二年，社会上流传一首民歌：“一尺布，尚可缝；一斗粟，尚可舂。兄弟二人不能相容。”文帝听说以后，认为是讥刺他对幼弟不能相容，叹曰：“尧舜放逐骨肉，周公杀管蔡，天下称圣。何者？不以私害公。天下岂以我为贪淮南王地邪？”④为了证明自己放

---

① 《汉书》卷94《匈奴传上》，页3755。

② 《汉书》卷52《韩安国传》，页2399—2400。

③ 语出贾谊《治安策》。见《汉书》卷48《贾谊传》，页2232。

④ 《史记》卷118《淮南衡山列传》，页3080。《汉书》卷44《淮南厉王传》，页2144所引略同，唯末句作“兄弟二人不相容”。高诱《淮南鸿烈解叙目》，则称：“时民歌之曰：一尺缯，好童童；一升粟，饱蓬蓬。兄弟二人不能相容。”（《淮南鸿烈集解》，页1）鲁迅在《门外文谈》，引荀悦《前汉纪》作“一尺布，暖童童；一斗粟，饱蓬蓬。兄弟二人不相容”。（《鲁迅全集》卷6《且介亭杂文》，页91）鲁迅认为，将《汉书》与《前汉纪》两个版本比较，“好像后者是本来面目”，但“中国的文学家，是颇有爱改别人文章的脾气的”，古代的言与文，一向不一致，这些版本，大约都只是将口语文本化后的提要。不过鲁迅所引，不见于今本《前汉纪》，未知何据。

逐刘长乃出于公心，遂改封城阳王喜为淮南王，领淮南故地，而追尊谥淮南王为厉王。

以上历史叙述，留下了一些疑团。第一，这首民歌所描述的其实是一种常见的社会现象，与其说是针砭时政的即兴歌谣，毋宁说更像一首体现民间智慧的谚语，为什么文帝要自己对号入座？第二，如果民歌确是因刘长之死而讥刺文帝，为什么事发当时（文帝六年）未闻流传，却在风已平浪已静的文帝十二年出现？第三，刘长死后，淮南国未除，只是王位空悬，为什么文帝会以为天下人怀疑他贪淮南王地？第四，刘长放逐途中，袁盎劝谏文帝说："上素骄淮南王，弗为置严傅相，以故至此。且淮南王为人刚，今暴摧折之。臣恐卒逢雾露病死。陛下为有杀弟之名，奈何！"文帝答曰："吾特苦之耳。"①所以有学者推测，《史记》的字里行间已暗示文帝对刘长之死负有责任，这首民歌其实是司马迁所留下的批判文帝的伏线。②

或许是因为注意到这些疑点，司马光《资治通鉴》将"一尺布歌"改系于文帝七年。按此叙述时序，重新审视相关史事，对该事件的历史脉络可能会有更清晰的认识：

文帝六年冬十月，刘长废王，放逐蜀地，自杀。同年，时为长沙王太傅的贾谊认为济北、淮南王先后谋反是严重信号，同姓诸侯王势力膨胀已构成对皇权国家的严重威胁，故上《治安策》，建议"莫若众建诸侯而少其力"③。文帝深以为然，即拜贾谊为其爱子梁怀王的太傅。

文帝七年，民间流传歌谣："一尺布，尚可缝；一斗粟，尚可舂；兄弟二人不相容！""帝闻而病之。"④民歌所描述的现象，在民间应该

---

① 《史记》卷118《淮南衡山列传》，页3079。

② 串田久治（1999），页47。所谓责任，如指放纵，则袁盎之言说得已很清楚。也有人怀疑汉文帝貌似纵容，实际是在怂恿，意在布设陷阱，置刘长于非死不可之地。这是一种阴谋论，缺乏扎实的证据。

③ 《资治通鉴》卷14，页471。然据《史记》卷84《屈原贾生列传》，贾谊为长沙王太傅，作《鵩鸟赋》于"单阏之岁"。（页2497）岁在卯曰单阏，应即文帝六年（丁卯）。后岁余，文帝征见，始有宣室之会、拜为梁怀王太傅，然后有上《治安策》之事，或当系文帝七年。

④ 《资治通鉴》卷14，页480。

相当普遍，很可能流传已久。但文帝于此时听闻而自动对号入座，恐怕是因为恰好说中心病，于是有八年夏封刘长四子为列侯之恩惠。

文帝十一年，梁怀王薨而无子。文帝从贾谊削藩之计[①]，徙第三子淮阳王刘武为梁王，北界泰山，西至高阳，得大县四十余城。十二年复置淮南国，徙城阳王刘喜为淮南王[②]，而追谥淮南王刘长为厉王，置园复如诸侯仪。十六年徙淮南王刘喜复为城阳王，而分齐为六国，立齐悼惠王子在者六人；分淮南为三国，立淮南厉王子在者三人。

这一系列政治步骤，都表明刘长死后，文帝确在一步一步地实行贾谊"众建诸侯而少其力"的削藩政策。而在实施过程中，文帝相当谨慎稳妥，非常重视舆论的反应，尽可能减低政局的动荡和诸侯王及其家属的敌意。所以，"一尺布歌"的流传，无论是否真的针对刘长事件而发，文帝都会视为来自民间的讥刺，相应调整削藩的步骤与速度，并在不影响终极政治目标的前提下，对刘长后人略施恩惠，以化解舆论的讥刺，减少削藩的阻力。

（四）"城中好高髻，四方高一尺"

两汉诸帝、后常下诏令，要削减宫廷开支，"然而侈费不息，至于衰乱者"，往往是"前下制度未几"，已成虚文，难以贯彻始终。究其原因，"虽或吏不奉法，良由慢起京师"[③]。东汉章帝时，明德马太后崇尚节俭，提倡简约，长安城中却传出歌谣："城中好高髻，四方高一尺；城中好广眉，四方且半额；城中好大袖，四方全匹帛。"[④]谣言看似戏谑，实有所指。马后年轻时即以长身美发为人称道。其美发"为四起大髻，但以发成，尚有余，绕髻三匝。眉不施黛，独左眉角小缺，补之如粟"[⑤]。马太后的服饰发式，很可能在当时引领着京师的奢华时尚，却标榜节俭，难免引发社会上的讥刺。其兄马廖"虑美业难终"，特引民谣以为劝喻，最终获得马太后的接纳。[⑥]

---

① 贾谊建议举淮南地以益淮阳，壮大淮阳、梁两国，牵制、钳制齐、赵、吴、楚，"则大诸侯之有异心者破胆而不敢谋"（《汉书》卷48《贾谊传》，页2261）。

② 刘喜，刘章之子。刘章诛诸吕有大功，文帝加封城阳王，对其父子颇为信任。

③ 《后汉书》卷24《马廖传》，页853。

④ 《后汉书》卷24《马廖传》，页853。

⑤ 《后汉书》卷10上《皇后纪上·明德马皇后纪》李贤注引《东观汉记》，页408。

⑥ 《后汉书》卷24《马廖传》，页853。

二、善用歌谣，操控民意

舆论学者指出，一种舆论的产生，往往来源于外界的信息刺激，如革命、社会变动、突发事件等。有些突发事件本身并不严重，却因涉及困扰公众的重大社会议题，或恰好与某些群体持有的信念相冲突，或与他们的心理期待相契合，就可能成为具有导火索性质的信息刺激。这样的信息一旦与该群体的价值观念、历史记忆、物质利益、心理因素发生碰撞，便会激起种种议论或产生多种情绪性表现，并在互动中逐渐趋同，形成民意与舆论。在这一过程中，群体的领袖对于舆论的形塑与走向起着相当重要的作用。①从汉代历史的实践来看，群体领袖不仅被动地顺应民谣揭示的民意走向，有时更利用信息刺激等方法，试图主导舆论的走向。

《史记·项羽本纪》和《高祖本纪》载，汉五年（公元前202），楚军被汉军及诸侯兵重重包围于垓下。入夜，只闻汉军四面皆唱起楚歌。楚军将士“以为汉尽得楚地”，军心动摇。项羽亦大惊曰：“汉皆已得楚乎？是何楚人之多也！”夜不能眠，饮酒帐中，含泪悲歌：“力拔山兮气盖世，时不利兮骓不逝。骓不逝兮可奈何，虞兮虞兮奈若何！”随侍的美人虞氏和之。②“左右皆泣，莫能仰视。”项羽率骑士八百余人，乘夜突围，终于乌江自刎。楚军因而溃败。

其实刘邦与项羽都来自楚地，汉军中本有不少楚人，汉军中有人能作楚歌，楚军不应感到意外。③细读《史记》、《汉书》的历史叙述，“四面楚歌”之所以令项羽及楚军将士惊骇震撼，可能是因为：

第一，“是何楚人之多也？”四面高吟，声势逼人，能操楚声者人数之众，远远超越项羽及楚军将士的心理预期，自然对他们造成强烈的精神冲击。

---

① 陈力丹（1999），页51—57。

② 司马迁对垓下之围的叙述，本诸陆贾《楚汉春秋》。该书至宋已佚。张守节《正义》引《楚汉春秋》载虞姬所和歌词：“汉兵已略地，四方楚歌声。大王意气尽，贱妾何聊生。”（《史记》卷7《项羽本纪》，页334）

③ 刘邦本人来自楚地，所作《大风歌》即楚歌。其宠姬戚夫人也是楚人。高祖曾令戚夫人作楚舞，自为楚歌。见《史记》卷55《留侯世家》，页2047。

第二，想深一层，汉军中楚人如此众多，是否意味着刘邦及其同盟者已控制幅员广阔的楚地，甚至包括项羽的根据地西楚？战国以来，楚疆域辽阔，族群、方言复杂，所谓楚歌，应包括许多不同区域的方言和旋律。①以常识判断，当晚的四面楚歌，未必是有统一指挥的大合唱，更可能是此起彼落的不同区域的歌谣小调。因此项羽和楚军将士才产生共同的心理焦虑："汉皆已得楚乎（汉尽得楚地）?"军心随之动摇，就连"力拔山兮气盖世"的常胜统帅，也居然选择放弃大军的指挥，仅率少量亲兵突围。

这是一例精彩的舆论心理战。心理战只能作为补充武器用于削弱敌人的抵抗意志，并不能替代武力。②楚汉相争五年，至垓下之围，汉军实力已转劣为优，楚军则"兵疲食尽"。汉军联合韩信、彭越、英布，以优势兵力重重围困楚军，是胜利的主因。但刘邦及其谋士们对歌谣、舆论的操控、诱导之技巧，则令敌军士气溃散，降低了胜利的成本，减少了己方的伤亡。③

舆论不一定是清晰的、清醒的、高度一致的意识，有时是一团相对模糊的社会意见或观点氛围，充满着矛盾和易于变化。④舆论不一定建基于真实的信息、事实。它来自意、心，感觉、情绪，往往混杂着理智和非理智的成分。⑤在某些特殊的时空环境中，人们的相邻密度与交往频率较高、空间的开放度较大、空间的感染力或诱惑程度较强，便可能在这一空间形成舆论场。无数个人的意见在"场"的作用下，经过多方面的交流、协调、组合、扬弃，会以比一般环境下快的速度形成舆论，并有加速蔓延的趋势。⑥垓下无眠之夜的楚军营地，

---

① 集解引应劭、颜师古说，称汉军所唱楚歌当为"鸡鸣歌"。（《史记》卷7《项羽本纪》，页333）但"鸡鸣歌"究属楚地哪一区域的民歌，论说纷纭。当时所歌是否仅"鸡鸣歌"一曲？文献无征。

② 杜鲁门（2005），页243。

③ "四面楚歌"是否是刘邦及其谋士刻意谋划的心理战？史无明文，有些学者未必认可。但读司马迁《项羽本纪》至此，无论古人还是今人，拍案浮白之余，有几人能不会心一笑，视此为心理、舆论战例之经典？如果一定要将之解读为无关人谋的偶然事件，只能说这是上天的神来之笔，项羽在乌江边"天亡我，非战之罪"之叹，诚不我欺了。

④ 王雄（2002），页8。

⑤ 陈力丹（1999），页11。

⑥ 陈力丹（1999），页48。

就出现了这样的舆论场。而此起彼落的家乡歌谣，就像图像、音乐、诗歌等其他象征性意像一样，神奇地唤起他们的记忆图像，深化他们的集体焦虑，最后形成大势已去、反抗无益的众意。①

选择性采集民谣、营造不利于政敌的舆论假象或片面舆论，也是汉代舆论战的一种方式。田蚡与窦婴、灌夫交恶。灌夫性喜任侠，所交皆豪桀大猾。家累数千万，食客日数十百人，陂池田园遍布各地，宗族宾客横行颍川。当地有儿歌流传："颍水清，灌氏宁；颍水浊，灌氏族。"②田蚡采集这首儿歌为证据，检举灌夫"通奸猾，侵细民，家累巨万，横恣颍川，凌轹宗室，侵犯骨肉"③。其实田蚡以外戚先后出任太尉、丞相，《史记》称其"治宅甲诸第。田园极膏腴，而市买郡县器物相属于道。前堂罗钟鼓，立曲旃；后房妇女以百数。诸侯奉金玉狗马玩好，不可胜数"④。其骄横豪奢，鱼肉乡里，较灌夫有过之而无不及，想必也有对他不利的舆论流传。但田蚡获武帝重用、王太后包庇，"权移主上"，囚禁灌夫，追捕灌氏族人，封锁言路，令有关田蚡劣迹的舆论无法上达。灌夫及其家属终被弃市。

民意可以被权势压制，也可能被有心者利用，但不可能被长期压抑，不可能被永久误导。公道毕竟存在于民心。从《史记·魏其武安侯列传》的叙述笔法来看，司马迁虽然批评灌夫"无术而不逊"，不受颍川民众欢迎，但对田蚡的批判更为严厉："负贵而好权，杯酒责望，陷彼两贤。呜呼哀哉！迁怒及人，命亦不延。"⑤《史记》中提及田蚡处，往往语带讥刺。司马迁虽然不曾批武帝、王太后逆鳞，后世读者每读至此，自然会心。

伪造民谣，诡称民意，"使自己信息的接收达到最大化以及减少听众对竞争性信息的接收"⑥，也是汉代某些政治人物操控舆论的伎俩。平帝元始四年春，王莽遣大司徒司直陈崇、太仆王恽、绣衣使者

① 参见李普曼（2006），页163。
② 《史记》卷107《魏其武安侯列传》，页2847。
③ 《史记》卷107《魏其武安侯列传》，页2851。
④ 《史记》卷107《魏其武安侯列传》，页2844。
⑤ 《史记》卷107《魏其武安侯列传》，页2856。
⑥ 杜鲁门（2005），页263。

谯玄、班穉等八人“分行天下，览观风俗”。八位特使“使行风俗”，身负宣传王莽的符命功德（“宣明德化”）、镇压不同声音（“专行诛赏”）、统一舆论（采集颂扬性歌谣）重任。①特使之一谯玄不愿附和王莽，“纵使者车，变易姓名，闲窜归家，因以隐遁”②。另一特使班穉则不肯“称符瑞及歌颂”③，辞官避祸。至明年，王莽居摄，对某些特使的不合作只字不提，公然宣称八位特使还朝，“言天下风俗齐同，诈为郡国造歌谣，颂功德，凡三万言”④。有趣的是，这些官方伪造的歌谣显然没有被大众接受与传布，一首也没能流传下来。

三、歌谣的政治影响力与局限性

舆论学者关于舆论有多种界定，较流行的定义为“社会上大多数成员对与其相关的公共事务或现象所持的大体相同的意见、情感和行为倾向的总称”⑤。至于民意，则定义为“人民意识、意志、意愿的统称，是全体人民的共同追求所凝聚成的力量，反映全社会的整体意志”⑥。汉代民间歌谣是专制政治体制下一种以特殊方式表达的舆论，不乏“褒贬时政的议世妙语”⑦，反映的也往往是非官方、非主流的心声。那我们能否说，民间歌谣就是多数民众意识、意志、意愿的集中体现，代表了大多数民众的心声呢?

传世歌谣经过古代史家的筛选、编辑、润饰，难免受限于史家的史观、史识乃至偏见。但能够入选的歌谣，在当时应该产生过一定的社会和政治影响。至于能否代表广泛民意，今天当然不可能通过民意

---

① 《汉书》卷12《平帝纪》，页357、359；《后汉书》卷81《独行 · 谯玄传》，页2667。

② 《后汉书》卷81《独行 · 谯玄传》，页2667。

③ 《汉书》卷100《叙传上》，页4204。

④ 《汉书》卷99上《王莽传上》，页4076。

⑤ 喻国明（2001），页9。

⑥ 王雄（2002），页4。

⑦ 林剑鸣等（1985），页368。该书作者认为，“天下歌之”、“儿乃歌之”、“民有作歌”、“长安中歌之”、“百姓歌之”、“巷路为之歌”、“闾里歌之”、“凉州为之歌”等，都代表的是民众的声音；现在的汉乐府诗里，保留着大量的“街陌讴谣”，也同样是民众作歌的明证。

测验、投票等量化方式来探知。[①]从文本入手，具体分析汉代民间歌谣及其相关历史语境，我们发现：

第一，少数歌谣如西汉高祖时期出现的“平城之歌”、文帝时期出现的“一尺布歌”，东汉桓帝时期的“小麦青青谣”等，或因触动社会敏感议题而可能引起广泛兴趣，或因评论讥刺重大政治事件及重要人物而赢得普遍关注乃至共鸣，史书往往称为“天下歌之”，传播范围可能较广，其观点可能获得较多人的认同。但大多数歌谣主要涉及地区性议题、地方性人物评价（包括地方长吏），利益相关者和传播范围往往限于特定地域，例如“长安中歌之”、“京都童谣”、“巷路为之歌”、“闾里歌之”、“凉州为之歌”、“南阳为之语”、“汝南、南阳二郡又为谣”等。

也有些歌谣，关注的议题比较狭窄。例如围绕个别人的议论、各种飞短流长，在小范围内可能形成舆论，但在更大的范围内不一定是舆论。[②]如东汉明帝永平中，时称海内大儒的周泽任职太常，自律极严，几近乖僻。曾因病留宿斋宫，其妻担心周泽老病，偷偷跑去探问老伴病情，周泽却大怒，以妻干犯斋禁，捕送诏狱谢罪。对这种不近人情的行为，时人歌曰：“生世不谐，作太常妻，一岁三百六十日，三百五十九日斋。”[③]这样的歌谣，恐怕只有在对周泽及其家人有所认识的人群中才能得到传播吧？

古代行路难，西北、西南地势险峻，行者莫不畏路如虎。“陇山东西百八十里。登山岭，东望秦川四五百里，极目泯然。山东人行役升此而顾瞻者，莫不悲思。故歌曰：‘陇头流水，分离四下。念我行役，飘然旷野。登高远望，涕零双堕。’”[④]这首歌谣虽然在语言上明显经过润饰，与天公比高的悲壮与无奈，仍能穿透近两千年的时光隧道传递给今天的读者。但在当时，若非身临其境者，有多少民众能兴

① 即使在现代的民主政制下，能否或如何确认社会上大多数成员对某一事务或现象持有大体相同的意见、情感和行为倾向，如何设计问卷，如何解读一次选举或民意测验的结果，不仅在技术上仍有很大困难，更有种种人为因素的干扰和局限。参见Glynn (1999), p.19.

② 陈力丹（1999），页28。

③ 《后汉书》卷79《儒林下·周泽传》，页2579。

④ 《后汉书》志23《郡国志五》，页3518，李贤注引郭仲产《秦州记》。

起由衷的共鸣？

“闾巷歌谣，所陈者不出一乡一里之间，而语本天真，事皆征信，寥寥短章，亦实为一方志乘之所自出。”①小范围中形成的真实可信的众意呼声，尽管议题比较狭窄，传播范围有限，有时仍可视作舆论。

东汉末，聚集京师的太学生达三万余人。其中有不少热血沸腾者因卷入党人之祸而遭禁锢，但白首穷经，羁留京师，希求一官半职而不得的，也大有人在。献帝初平元年（190），试儒生四十余人，上第赐位郎中，次太子舍人，下第者本应罢之。诏曰：“孔子叹‘学之不讲’，不讲则所识日忘。今耆儒年踰六十，去离本土，营求粮资，不得专业。结童入学，白首空归，长委农野，永绝荣望，朕甚愍焉。其依科罢者，听为太子舍人。”也就是说，年过六十的儒生，考得下第，仍授太子舍人官职。受惠者自然感激涕零，作谣言流传：“头白皓然，食不充粮。裹衣褰裳，当还故乡。圣主愍念，悉用补郎。舍是布衣，被服玄黄。”②获得政府录用的下第儒生虽然数量不多，但政府的照顾政策仍然大慰儒生之心，获得一定范围的舆论欢迎。

杜鲁门在研究美国的政治利益与公众舆论的关系时曾指出，说公众舆论是大多数人的观点，并不确切。因为一，少数人也是公众的一部分；二，在美国，“公众”几乎不可能包括所有成年人。不存在多数人的观点。③在政治决策和行政管治过程中，如果过分强调舆论是一种集体意志，只有大多数人的相似或共同的意见才是舆论，很可能会忽视部分民众的合理诉求，忽略了真实可信的民意民心。当然我们也不应将特定范围中围绕特定议题的民间呼声简单地放大为“大多数民众的心声”。

---

① 沈昌直语，转引自徐华龙（1990），页6。

② 《后汉书》卷9《献帝纪》，及李贤注引刘艾《献帝纪》，页374。

③ 杜鲁门（2005），页237—238。理论上，可以假设一个国家、一个社会有一个抽象的、持续的、稳定的根本利益，以及与之相对应的“民意”、“民心”。事实上，一涉及具体议题、利益、兴趣、政策，任何国家和社会都不存在一个抽象的、持续的、稳定的、利益和意见始终一致的大多数或公众。民意、舆论会随时空语境、政治社会条件等而改变。前文所引郑国舆人针对子产整理田制执政的歌诵就是例子。这些舆人应该是有田地有隶子弟的利益相关者，而他们的心声也并不能代表当时郑国的“大多数”。

第二，汉代民间歌谣虽然是一种“非官方”、“非主流”言论，所反映的却不一定都是平民、庶民的心声。两汉察举取士，提供了知识群体特别是儒家集团集体参政的机遇。而察举过程中注重考察士人名望的导向，也扩张了知识群体舆论的影响力。[①]两汉（尤其是东汉）的知识精英，有自创歌谣相互标榜、张扬舆论的风气。[②]这些歌谣主要传播于官僚、士人等社会中上层，与流行于庶民间的歌谣在语言风格和议题设定上有较大分别。

例如两汉统治者重儒术，知识群体对其精英人物的品评推崇也就常着眼于经学成就。西汉有“五鹿岳岳，朱云折其角”[③]；“无说《诗》，匡鼎来；匡语《诗》，解人颐（匡衡）”[④]；“欲为《论》，念张文（张禹）”[⑤]。东汉有“问事不休贾长头（贾逵）”[⑥]；“道德彬彬冯仲文（冯豹）”[⑦]；“关西孔子杨伯起（杨震）”[⑧]；“五经从横周宣光（周举）”[⑨]；“说经铿铿杨子行（杨政）”[⑩]；“解经不穷戴侍中（戴凭）”[⑪]；“五经无双许叔重（许慎）”[⑫]；“五经纷纶井大春（井丹）”[⑬]等。

两汉官吏年度考课，不但排列等第名次，也常附有评语。但功德优异及劣迹昭著者毕竟是少数，大多数官员的评语，渐渐以成语空泛应之，久之乃化简为四字、八字之评语。[⑭]东汉士人间互相称誉标榜，品评人物，好用四字评语，冠于其姓名之前，显然受到他们所熟悉的官场考语之影响。这种七字歌谣，议题狭窄，语言格式化、概念

① 阎步克（1997），页327。
② 白寿彝（1995），页423、425。
③ 《汉书》卷67《朱云传》，页2913。
④ 《汉书》卷81《匡衡传》，页3331。
⑤ 《汉书》卷81《张禹传》，页3352。
⑥ 《后汉书》卷36《贾逵传》，页1235。
⑦ 《后汉书》卷28《冯豹传》，页1004。
⑧ 《后汉书》卷54《杨震传》，页1759。
⑨ 《后汉书》卷61《周举传》，页2023。
⑩ 《后汉书》卷79上《儒林上·杨政传》，页2551—2552。
⑪ 《后汉书》卷79上《儒林上·戴凭传》，页2554。
⑫ 《后汉书》卷79下《儒林下·许慎传》，页2588。
⑬ 《后汉书》卷83《逸民·井丹传》，页2764。
⑭ 廖伯源（2003），页150—153。

化，难以引起一般民众的共鸣，但在统治阶层、知识群体中，却颇具舆论效应。

第三，“公共舆论的政治效果与公众的规模几乎很少有关联”[①]。舆论对政治的影响力，与其所代表的兴趣、利益相关者之人数多寡，不一定成正比。少数人如果目标明确、方向坚定、着力点准确、协调一致，能成功论证其议题的正当性并以有说服力的方式传播其言论，往往能在一定程度上引导舆论走向，赢得社会的关注和认受性。东汉桓、灵之世，官僚、士人与宦官及其支持者和追随者之间的政治斗争极为激烈。在长达近二十年的连串冲突中，官僚、士人这一方，无论在人数还是权势上都不占优势，两次遭受“党锢之祸”，受难者无数。但与此同时，他们主导了议题的设定，争取到广泛的同情，扩张了民间舆论的影响力。[②]他们引导舆论的成功策略，包括推动著名的“清议”，令“自公卿以下，莫不畏其贬议，屣履到门”[③]，并利用歌谣，传播其价值观念和政治理念。

如梁冀毒死质帝，拥戴其妹夫蠡吾侯刘志即位，李固、杜乔（?—147）等反对梁冀，拥立清河王刘蒜（?—147）。李固虽被诬陷致死，却被官僚、士人等知识群体奉为精神领袖。刘志（桓帝）即位后，立即提拔他的老师甘陵周福为尚书。与周福同郡（清河郡）的房植时任河南尹，与李固、杜乔等关系密切，颇有声望。清河郡于是传出讥刺周福的谣言：“天下规矩房伯武，因师获印周仲进。”[④]吕思勉认为：“此特食客之好事者为之耳，无与大局也。”[⑤]但如将这首歌谣放入当时的政治语境来考虑，歌谣表面讥刺的是周福，潜台词中指斥的应是周福的靠山桓帝及梁冀；歌谣直接推崇的是房植，其实也赞颂了与房植政治立场一致的李固、杜乔、陈蕃等人。这首歌谣涉及的事件本来微不足道，房植、周福及其食客们在党锢之祸中也不算是重要角色，

① 杜鲁门（2005），页238、240。

② 后世读者从史籍中获得这一印象，当然与官僚、士人等知识群体掌控历史叙事与诠释有关。但细细梳理史文，不可否认，在这一系列残酷的政治斗争中，官僚与士人在舆论方面确实争取到了优势。

③ 《后汉书》卷67《党锢列传》，页2186。

④ 《后汉书》卷67《党锢列传》，页2186。

⑤ 吕思勉（1983），页325。

但因高高标举党人的价值、道德观念，确立了议题的正当性，影响了后续舆论的走向。《后汉书 · 党锢列传》叙此谣于传首，又称“党人之议，自此始矣”[①]，绝非无因。

光禄举茂才的旧制，“权富子弟多以人事得举，而贫约守志者以穷退见遗”，阻塞贤路，备受士人诟病。桓帝诛梁冀后，任陈蕃为光禄勋。陈蕃与五官中郎将黄琬连手，以京师谣言“欲得不能，光禄茂才”为舆论依据，建议改革察举制度，乘机大量拔擢“志士”。[②]著名党人范滂、岑晊分别获得汝南太守宗资、南阳太守成瑨信用，辟为功曹，主持日常政务，二郡为谣曰：“汝南太守范孟博，南阳宗资主画诺。南阳太守岑公孝，弘农成瑨但坐啸”，凸显党人的才德和人缘，鼓舞同道者的士气。太学生高歌“天下模楷李元礼，不畏强御陈仲举，天下俊秀王叔茂”[③]，既清楚表明拥护反对宦官势力的大臣李膺、陈蕃、王畅为领袖，以巩固同盟，协调力量，也足以强调其阵营的道德优势和政治上的高素质。林语堂称东汉的太学生运动，产生非同寻常的英雄故事，特别是在极其有效的民意表达方面。[④]善用歌谣就是党人们制造英雄与引导民意的一个重要策略。

第四节　民间舆论与两汉的舆论监督

民间歌谣在汉代社会和政治生活中扮演着非官方舆论的角色，而且这一角色也获得当局某种程度的认可和尊重，被引入中央政府对地方行政的监督机制。

一、汉代中央对地方行政的监督机制

两汉是中国专制主义皇朝的发展与巩固时期，也是中央集权下地方行政制度的定型时期。两汉地方行政体制以郡县两级为主，尤重郡制。“郡守掌治一郡，诸凡民、刑、财、军诸权，无不综揽，实为一

---

① 《后汉书》卷67《党锢列传》，页2186。
② 《后汉书》卷61《孙琬传》，页2040。
③ 《后汉书》卷67《党锢列传》，页2186。
④ Lin Yutang (1936), p.28.

典型元首性地方长官，而于佐吏属县之控制，尤见权力之绝对性。”①权力具有无限扩张的特性，不受制约和监督的权力必遭滥用；而权力的滥用也必然导致政治腐败、政治合法性资源的流失和社会资源的浪费。②两汉中央政府因而对监督制约地方行政权力颇费心机。除了选官、任用等人事制度的规范，德化、德治等道德制约，法规、司法等法律监督，还设计有多渠道、多层次的行政考核、监督机制：

第一，汉代中央政府对郡国长吏的垂直考核，西汉由丞相（大司徒）府主持，东汉由三公分掌，太尉掌兵事，司徒掌民事，司空掌水土，而以司徒府为主。（实权逐渐归尚书台）依据郡国上计的计簿，每年一小考绩，三年一大考绩③，对郡国守相在行政、司法、财政、防务等方面的职务表现作出评估，定治绩等第。

第二，西汉丞相作为郡国守相的直系上司，对地方行政的监督并不局限于被动受计，有时也派遣东曹掾史以项目调查形式，干预地方行政，监察地方长吏④，或不定期地“分刺诸州”⑤。武帝元狩五年（公元前118），更于丞相府置司直，不仅专职监察中央高级官员，也“助督录诸州事”，“州郡所举上奏，司直察能否以惩虚实”⑥。武

---

① 严耕望（1990），页3。

② 叶常林、李瑞华（2006），页15。

③ 严耕望（1990），页259。

④ 严耕望（1990），页271。《通典》卷32：“文帝十三年，以御史不奉法，下失其职，乃遣丞相史出刺，并督监察御史。”（页382）《汉书》卷29，《沟洫志》：“是岁，勃海、清河、信都河水湓溢，灌县邑三十一，败官亭民舍四万余所。河堤都尉许商与丞相史孙禁共行视，图方略。”（页1690）《汉书》卷77《孙宝传》：“时帝舅红阳侯立使客因南郡太守李尚占垦草田数百顷，颇有民所假少府陂泽，略皆开发，上书愿以入县官。有诏郡平田予直，钱有贵一万万以上。［丞相司直孙］宝闻之，遣丞相史按验，发其奸，劾奏立、尚怀奸罔上，狡猾不道。”（页3258—3259）

⑤ 《后汉书》卷28《百官志五》，页3617。

⑥ 《后汉书》卷24《马严传》，及李贤注引《续汉书》，页860—861。《汉书》卷72《鲍宣传》：鲍宣迁豫州牧岁余，丞相司直郭钦奏“宣举错烦苛，代二千石署吏听讼，所察过诏条。行部乘传去法驾，驾一马，舍宿乡亭，为众所非”。宣因而坐免。（页3086）哀帝宠幸董贤，鲍宣上书谏诤，称“龚胜为司直，郡国皆慎选举，三辅委输官不敢为奸”。（页3090）《汉书》卷92《游侠·陈遵传》：陈遵为河南太守，弟陈级为荆州牧，“当之官，俱过长安富人故淮阳王外家左氏饮食作乐”。司直陈崇闻之，劾奏陈氏兄弟“不正身自慎”，“乱男女之别”，兄弟皆罢免。（页3711—3712）是丞相司直于监察京师三辅之外，亦负督察州郡之责。

帝时，因“御史丞相史杂出，权力不集中，督察无定域，故绩效未著”，于元封元年（公元前110）宣布废止监郡御史，五年另置十三部刺史，作为常设专任监察官员，定域定期巡视所部郡国。（两汉末均曾改州牧，成为地方最高级行政长官）因部刺史由“分刺诸州”的丞相史演变而来，故初设时仍由丞相府督导之。①

第三，西汉初承秦制，作为宫廷秘书机构的御史府与丞相府平行，而有监督丞相府之职能，又于诸郡置监郡御史。武帝元封间废止监郡御史，随后以丞相府督导的刺史分州监察。然“其后督察州刺史之职任似仍直接落到御史府，由中丞主其事”②。而又以丞相司直监督御史及州（牧）刺史。东汉的州刺史，于监察职能之外，往往干预地方军政，逐渐成为地方最高级行政长官。

第四，两汉诸帝均不定期派遣特使，以循行（巡行、分行、行）郡国（天下）等名义，监督地方行政。其职能包括安民（关怀民生、赈灾）、教化（宣传）、举才（举荐贤能）、察吏治得失、复核司法刑狱、观察风俗。循行特使，都由皇帝钦点。西汉担任特使的包括谒者、博士、谏大夫、太中大夫、光禄大夫，丞相掾、御史掾等，人数不等。谒者本职为侍从皇帝，关通内外，导引宾客，宿卫宫廷。博士为皇帝顾问，参与议政、制礼，典守档案文书，秩虽卑而职位尊显。谏大夫、太中大夫、光禄大夫等，皆侍奉皇帝左右，备咨询应对，谏诤议政，是皇帝的高级顾问，常参与制定重要制度法令。这些特使多获皇帝亲信，巡视中所收集的信息，会向皇帝直接报告，对地方官员的考绩有重大影响。③

两汉中央政府对地方行政权力的监督机制之设计虽然严密周详，却都属于权力对权力的强制性制约机制。以权力制约权力，即在高级

---

① 严耕望（1990），页271。

② 严耕望（1990），页272。此制不知始于何时。《汉书》卷66《陈咸传》：“元帝擢咸为御史中丞，总领州郡奏事，课第诸刺史，内执法殿中，公卿以下皆敬惮之。”（页2900）卷83《薛宣传》：“成帝初即位，宣为中丞，执法殿中，外总部刺史。”（页3386）是至迟元、成之世，以御史中丞总领州郡奏事、监督刺史已成定制。

③ 如宣帝元康四年，太中大夫盖宽饶“使行风俗，多所称举贬黜”。（《汉书》卷77《盖宽饶传》，页3244）元帝时博士郑宽中使行风俗，奏益州刺史王尊治状，迁为东平相。（《汉书》卷76《王尊传》，页3229）

权力和低级权力之间，在平行权力层级之间，设计一种监督与被监督或相互监督的关系。[①]这种制约属于统治体系的内部监督，所“蕴涵着的一个前提是，权力机构内部监督机制的各方是严格依法进行相互监督和制约的，即监督者没有徇私枉法。然而现实中的‘官官相护’和‘集体腐败’现象的屡屡发生却一再证明这个前提难以成立。监督部门者与被监督部门者之间可能存在着利益的相互需求，可能会达成一种妥协，来掩盖各自的权力滥用行为，或者达成一种合作来获取更大的非法利益”[②]。

即以汉代的情形为例，郡国守相“拥有六个基本而极重要之权力：第一，对于本府官吏有绝对控制权。第二，对于属县行政有绝对控制权。第三，对于郡境吏民有向中央察举之特权。第四，对于刑狱有近乎绝对之决断权。第五，对于地方财政有近乎绝对之支配权。第六，对于地方军队有相当之支配权”[③]。“行政主官与属吏建立起人身依附关系”，“每一级行政机构只有一个权力中心，并且只接受来自上级的督责，既无同级的权力制约，又缺乏来自下面的监督，更遑论百姓的监督了”[④]。所以西汉宣帝时，已发现有郡国守相“上计簿，具文而已，务为欺谩，以避其课”，而其主管和监察机构丞相府、御史府却“不以为意”。[⑤]贡禹（公元前127—公元前44）于元帝时上书，指出武帝以来，“郡国恐伏其诛，则择便巧史书习于计簿能欺上府者，以为右职”[⑥]。以汉皇朝国土之辽阔，交通条件、通讯效率之限制，如果地方长吏存心甚至“务为欺谩”，而其属吏亦事之如君，即使中央政府和有关机构有心认真监督考核地方行政，要想及时、全面、准确地发现和掌握地方长吏失职、违纪、违法、犯罪的情资，仍然具有很高难度，何况中央主管部门和专职监察机构也常乡愿疏忽甚至与受监察机构利益纠结。

---

① 侯健（2001），页100。
② 关雁春（2003），页37。
③ 严耕望（1990），页76。
④ 孟祥才（1996），页261。
⑤ 《汉书》卷8《宣帝纪》，页273。
⑥ 《汉书》卷72《贡禹传》，页3077。

地方行政流弊如此，两汉诸帝时有察觉，在权力制约之外，借助社会力量和民间舆论监督地方行政的措施，也逐渐付诸实践。

二、西汉丞相“问疾苦”，刺史采“讹言”，特使“观风俗”

在当代政治学理论中，舆论监督或公众舆论监督被归类为权利对权力的制约。所谓以权利制约权力，“是指将普遍的公民权利作为制约和平衡政治权力的一种社会力量，以防止政治权力的变异和滥用，维护公民自身的合法权益和社会整体利益”。而公众舆论就是公民多元权利表达的最基本方式，公民对国家权力的分享和制约是通过公众舆论监督的方式来实现的。①

这种公众舆论监督和权利对权力的制约，是现代民主社会所独有的一种权力制约机制。②两汉皇朝政治体制下的“舆论监督”，当然与当代政治学论述中的公众舆论监督，不具有同构性。其规模与效能，也不可等量齐观。但汉代在地方行政监督实践中对民间舆论的关注，也确实在统治体系内部的监督机制中引入了一定程度上反映被统治者意愿和利益的外部监督力量。而这种外部力量对地方行政体系及其长官的软性监督，具有广泛、灵活、实时、公开的特点，可以令皇帝、朝廷和有关监察机构以很低的成本获取所需的情况，有效提升监督制约地方行政机构的效率和能力。

本章第二节曾讨论过，西周以来儒家政治思想流行的民本理念，赋予民间歌谣一种独特的定位，视之为表达出来的民意，或民间舆论。西汉武帝以降，儒家论述在政治领域中日益流行，中央政府在评估地方行政过程中，从儒家的民本观念出发，以民间舆论为监督考核地方长官的参照指标之一，也就成为顺理成章的思考。

西汉郡国年度上计，多由高级佐官如郡丞、国长史担任计吏。③丞、长史由中央任命，并非郡国守相自辟的属吏，于是成为中央政府访查郡国行政得失、探询民意的重要管道。如宣帝地节三年（公元前67）曾颁诏嘉奖胶东相王成“治有异等之效”，赐爵关内侯、秩中二

① 叶常林、李瑞华（2006），页16；关雁春（2003），页37。

② 侯健（2001），页102。

③ 严耕望（1990），页262。

千石。后“诏使丞相御史，问郡国上计长史守丞以政令得失”，胶东国上计吏向丞相府、御史府揭发，“前胶东相成伪自增加，以蒙显赏”。①严耕望引《汉旧仪》：“郡国守丞长史上计事竟，君侯出坐廷上，亲问百姓所疾苦”②，讲的就是这种做法。但因汉代郡国守相“对于本府官吏有绝对控制权”，由中央任命的丞、长史，不获守相信任，对长官常怀畏惧之心，未必能畅所欲言。更有守相存心欺谩，“择便巧史书习于计簿能欺上府者，以为右职”，这一民意管道，时常阻塞。

收集民间舆论的第二条管道，是分部巡视郡国的刺史。本书第一章讨论讹言时，曾指出两汉刺史的法定监督范围称六条问事。其中第三条，是调查郡国长吏有否“不恤疑狱，风厉杀人，怒则任刑，喜则淫赏，烦扰刻暴，剥截黎元，为百姓所疾”之劣迹，而此类劣迹，以当地曾否出现“山崩石裂，祅祥讹言”为监察线索。③所谓“讹言”，在汉代语境中，其实也是民间舆论的一种表现形式。④在汉代文献中，讹言与谣言两词互通，可知采集在地民间歌谣即舆论也属于刺史的职掌范围，具体运作方式虽然不详，显然是以民间舆论为监督的参考。

收集民间舆论的第三条管道，是朝廷不定期派遣的风俗特使。风俗特使之派遣，史有明文的始见于武帝时期。但贾谊《治安策》痛陈汉初时弊“可为长太息者六”，其中有“矫伪者出几十万石粟，赋六百余万钱，乘传而行郡国”者。如淳注：“此言富者出钱谷，得高爵，或乃为使者，乘传车循行郡国，以为荣也。”颜师古注：“如说亦非也。此又言矫伪之人诈为诏令，妄作赋敛，其数甚多，又诈乘传而行郡国也。”⑤无论何说为是，奉诏循行郡国的特使在西汉初年似已常见。

① 《汉书》卷89《循吏·王成传》，页3627。

② 严耕望（1990）引《续志补注》，页265。《汉官六种·汉官旧仪》卷上作：“郡国守丞长史上计事竟，遣君侯出坐庭，上亲问百姓所疾苦。”（页38）文字及标点略有出入，文义遂异。依严氏标点，郡国守丞长史上计事毕，由君侯（丞相）接见，面询地方管治实情。依《汉官六种》标点，皇帝由丞相陪同，亲自接见上计吏，面询地方管治实情。

③ 《后汉书》卷28《百官志五》李贤注引蔡质《汉仪》，页3617—3618。

④ 参阅吕宗力（2003）。

⑤ 《汉书》卷48《贾谊传》，页2244、2246。

据《史记》、《汉书》，武帝、宣帝、元帝、成帝、哀帝、平帝、新莽时期，均曾不定期派遣多批特使，巡视各郡国。①而特使的使命之一，所谓“观察风俗”，很重要的内容就是收集歌谣等民间舆论。②

三、东汉的“举谣言”

刺史“以六条问事”，本是代表中央（初属丞相府，后属御史中丞）实地监督地方行政官员的专职监察官。但西汉后期已逐渐地方行政官化，时或改名州牧，实已成为地方最高级行政长官。东汉初复名刺史，但地方官化程度更加强化（末年亦改名州牧），如西汉刺史每年岁尽当“诣京都奏事，中兴但因计吏”③。其独立监察职能逐渐衰减。

东汉特使巡视郡国，次数较少，职能也较单纯。如安帝、灵帝时期，都是因应地方出现大规模疫症，派常侍、中谒者、光禄大夫等送医药至疫区。只有顺帝时期的特使，曾行使重要的监督职能。汉安元年（142），诏遣八使巡行风俗，入选八使，“皆耆儒知名，多历显位”。如侍中周举（?—149）及杜乔、守光禄大夫周栩、前青州刺史冯羡、尚书栾巴（?—168）、侍御史张纲（108—143）、兖州刺史郭遵、太尉长史刘班，并守光禄大夫，分行天下。他们获朝廷授权，“其刺史、二千石有臧罪显明者，驿马上之；墨绶以下，便辄收举。其有清忠惠利，为百姓所安，宜表异者，皆以状上”④。

于是杜乔表奏泰山太守李固政为天下第一；周举劾奏贪猾，表荐

---

① 史有明文的风俗特使，武帝时期曾派遣三批，宣帝时期三批，元帝时期两批，成帝时期四批，哀帝时期一批，平帝时期一批（即王莽命人伪造民间歌谣那一次），新莽时期三批。

② 又，两汉州郡选举士人，重视候选者乡里的口碑众议，至东汉更形成“月旦评”之习俗。《日知录集释》卷13《清议》：“古之哲王所以正百辟者，既已制官刑儆于有位矣，而又为之立闾师，设乡校，存清议于州里，以佐刑罚之穷。移之郊遂，载在《礼经》；殊厥井疆，称于《毕命》。两汉以来，犹循此制，乡举里选，必先考其生平，一玷清议，终身不齿。君子有怀刑之惧，小人存耻格之风，教成于下而上不严，论定于乡而民不犯。”“然则崇月旦以佐秋官，进乡评以扶国是，傥亦四聪之所先，而王治之不可阙也。”（页764—765）这也是一种舆论监督，但主要作用于选举过程。此不论。

③ 《后汉书》卷4《殇帝纪》李贤注，页198。

④ 《后汉书》卷61《周举传》，页2029；卷56《张纲传》，页1817。

公清。八使中官阶最低的张纲，年轻气盛，“埋其车轮于洛阳都亭”，说：“豺狼当路，安问狐狸！”不愿下郡国拍苍蝇，要留在京师打老虎，上书弹劾大将军梁冀、河南尹梁不疑贪赂纵恣，陷害忠良，揭发其“无君之心十五事”①。顺帝不能用。其他特使分行各地，所劾奏“多梁冀及宦者亲党”，而外戚宦官们“互为请救，事皆寝遏”②。此外有雷义，曾“为守灌谒者。使持节督郡国行风俗，太守令长坐者凡七十人”③。但特使巡行风俗并非常制，其监督效果往往因人因时而异，民间的舆情也难以及时和持续上达。

东汉收集民间舆论的另一管道，即诸郡的年度上计，名义上由三公府（尤其是司徒府）主持，实际上由尚书台综其事。有时皇帝也亲自接见，当面查询。④东汉的计吏，“绝不见有郡丞国长史奉上计簿于中央者；而遣地位较高之掾史，则时见纪传”，“载籍所见凡言举上计吏，皆本郡人”⑤。

本郡出身的高级属吏担任计吏，有机会直达天听，本可作为地方民意上达的一条有效管道。但东汉郡国守相对属吏仍有绝对控制权，对郡境吏民有向中央察举之权，而且掌握辖区内政治、经济等庞大资源。“郡国守相久任一地，易于通过辟举掾属等手段与地方有势力者相互结托，形成某种程度的利益共同体。”⑥担任上计吏的高级属吏多出身本郡国豪族著姓，与守相关系密切，难以真正反映民间舆论。

“初，光武长于民间，颇达情伪，见稼穑艰难，百姓病害，至天下已定，务用安静，解王莽之繁密，还汉世之轻法”，于是“广求民瘼，观纳风谣”⑦。东汉光武帝以其个人在基层成长的经验，建立起一个以民间歌谣为郡国长官考绩凭据的舆论监督制度，也称“举谣言”，是中国古代行政监督制度史上的一个创举。

---

① 《后汉书》卷56《张纲传》，页1817。

② 《资治通鉴》卷52，页1693。

③ 《后汉书》卷81《独行·雷义传》，页2688。

④ 《后汉书》卷31《张堪传》：“（光武）帝尝召见诸郡计吏问其风土及前后守令能否。”（页1100）

⑤ 严耕望（1990），页262、263。

⑥ 周长山（2006），页106。

⑦ 《后汉书》卷76《循吏列传序》，页2457。

所谓“谣言”，就是本章讨论的民间歌谣。在西汉的政治历史论述中，民间歌谣已是评价政治人物的事功治绩以及地方政府管治有效性的一项重要指标。东汉中央政府制度化地收集民间歌谣，不仅供决策者作舆情参考，而且直接用作监督评估州郡吏治和管治的情报资源。具体程序是：由主持考绩州郡长吏的三公府僚属每年收集各地歌谣，加以整理归纳，列举出各地民众对其长吏的评价以及民众的忧虑抱怨，然后由三公召集僚属集议，写成评估报告，经尚书台审核，上呈皇帝。①

在此制度激励下，东汉初（尤其在光武、明帝之世）涌现出一批亲民、清廉，以骄人治绩赢得民众歌谣赞颂的名臣。范晔因而赞曰：

> 能内外匪懈，百姓宽息。自临宰邦邑者，竞能其官。若杜诗守南阳，号为“杜母”，任延、锡光移变边俗，斯其绩用之最章章者也。又第五伦、宋均之徒，亦足有可称谈。②

又如张堪治蜀郡，秋毫无私，蜀人大悦。治渔阳，赏罚必信，开稻田八千余顷，劝民耕种，以致殷富。百姓歌曰：“桑无附枝，麦穗两岐。张君为政，乐不可支。”③

陈俊为琅邪太守，“抚贫弱，表有义，检制军吏，不得与郡县相干，百姓歌之”④。

赵熹（公元前4—公元80）任平原太守，改善郡中治安，“擢举义行，诛锄奸恶。后青州大蝗，侵入平原界辄死，岁屡有年，百姓歌之”⑤。

董宣征为洛阳令，执法不避权贵豪强，京师号为“卧虎”，歌之曰：“枹鼓不鸣董少平。”⑥

宋均（?—76）任辰阳长，立学校，禁淫祀，移风易俗，人皆安

---

① 《后汉书》卷60《蔡邕传下》李贤注引《汉官仪》：“三公听采长吏臧否，人所疾苦，还条奏之，是为举谣言者也。”（页1996）

② 《后汉书》卷76《循吏列传序》，页2457。

③ 《后汉书》卷31《张堪传》，页1100。

④ 《后汉书》卷18《陈俊传》，页691。

⑤ 《后汉书》卷26《赵熹传》，页914。

⑥ 《后汉书》卷77《酷吏·董宣传》，页2490。

之。迁上蔡令，拒绝执行上级颁布的不合理罚则。迁九江太守，不让郡民捕虎而虎亦不再为民患，蝗不入境。出任河内太守，“政化大行”。曾任东海相五年，坐法免官，“而东海吏民思均恩化，为之作歌，诣阙乞还者数千人”①。

廉范历武威、武都二郡太守，“随俗化导，各得治宜”。迁蜀郡太守，成都民物丰盛，而屋宇逼仄，易生火灾。前任太守禁止居民夜间工作，可以少用火烛，居民却仍偷偷夜作，火警不绝。廉范撤销禁令，但严格要求居民多储水，有备无患。百姓歌之曰：“廉叔度，来何暮？不禁火，民安作。平生无襦今五绔。”②

以舆论监督和社会力量作为法律监督和行政监督的补充，实现对地方政治权力的制约，有其特殊优势，包括广泛性、灵活性、实时性、公开性及成本低廉。光武帝建立的“举谣言”制度，颇受现代舆论学界、历史学界尤其是监督制度史研究者的肯定。但这一制度在实施过程中，也出现了不少弊端。范晔就曾指出：

> 建武、永平之间，吏事刻深，亟以谣言单辞，转易守长。故朱浮数上谏书，箴切峻政，钟离意等亦规讽殷勤，以长者为言，而不能得也。所以中兴之美，盖未尽焉。③

以致章、和以后，虽然有治绩的良吏，“往往不绝”，而气魄恢宏，能够移风易俗、深获民心嘉许的名臣，却“有所未充”。④

据《后汉书·朱浮传》所载朱浮的两封谏书及相关叙述，东汉初年的“举谣言”制度，在实行过程中有如下问题：

第一，“帝以二千石长吏多不胜任，纤微之过者，必见斥罢”⑤。

光武帝对州郡长吏缺乏基本信任，所以抓住小错，立即贬黜，过错与处罚不相当，以致破坏法制基础。这一问题可以在《后汉书·申

① 《后汉书》卷41《宋均传》，页1413。
② 《后汉书》卷31《廉范传》，页1103。
③ 《后汉书》卷76《循吏列传序》，页2457。
④ 《后汉书》卷76《循吏列传序》，页2458。
⑤ 《后汉书》卷33《朱浮传》，页1141。

屠刚传》中找到旁证："时内外群官，多帝自选举，加以法理严察，职事过苦，尚书近臣，至乃捶扑牵曳于前，群臣莫敢正言。"①

第二，"交易纷扰，百姓不宁"②。

对州郡长吏要求严格，本意应该是保障百姓安居乐业。然而长吏动辄撤换更替，适足以扰民而非便民。

第三，"盖以为天地之功不可仓卒，艰难之业当累日也。而间者守宰数见换易，迎新相代，疲劳道路。寻其视事日浅，未足昭见其职，既加严切，人不自保，各相顾望，无自安之心"，"夫物暴长者必夭折，功卒成者必亟坏，如摧长久之业，而造速成之功，非陛下之福也。天下非一时之用也，海内非一旦之功也"③。

朱浮认为，评估州郡长吏的管治能力，需要长期考察，看其一贯表现和长期绩效。如今亲民长吏任职短暂，兼且朝不保夕，缺乏安全感和稳定感，当然不可能有称职的表现，结果只能是"摧长久之业，而造速成之功"。

第四，"即位以来，不用旧典，信刺举之官，黜鼎辅之任，至于有所劾奏，便加免退，覆案不关三府，罪谴不蒙澄察。陛下以使者为腹心，而使者以从事为耳目，是为尚书之平，决于百石之吏，故群下苛刻，各自为能"④。

《朱浮传》指出，"旧制，州牧奏二千石长吏不任位者，事皆先下三公，三公遣掾史案验，然后黜退"⑤。廖伯源的考证也证明，东汉朝廷受计考课，制度上应该由三公主其事，考核结果上呈皇帝。尚书作为宫廷秘书，只应先审核三公所呈之考课报告，然后转呈皇帝。⑥光武帝蔑视正常程序，以刺举之吏为耳目心腹，要求刺史和特使越过三公府，将搜集到的舆论信息通过尚书台，直接报告皇帝，放纵尚书百石小吏侵夺三公考课之权。而皇帝接获举报后，也不经过相关的复

① 《后汉书》卷 24，页 1017。
② 《后汉书》卷 33《朱浮传》，页 1141。
③ 《后汉书》卷 33《朱浮传》，页 1142。
④ 《后汉书》卷 33《朱浮传》，页 1143。
⑤ 《后汉书》卷 33《朱浮传》，页 1143。
⑥ 廖伯源（2003），页 145。

查案验，就直接做出升迁贬黜的人事决定。如此的考核过程，草率简易仓促，缺乏程序正义和制度制衡。

第五，朱浮提醒光武帝“愿陛下留心千里之任，省察偏言之奏”①，因为当时监督地方长吏时取证不严谨，往往仅凭“谣言单辞”，就撤换长吏。民间歌谣是一种特殊形式的舆论，可能反映广泛的民意，也可能反映小众的众意。不同利益群体会有不同要求，就会有不同的众意和舆论。所谓“民意如流水”，每一种众意和舆论也都有其片面性、局限性和时空语境。片面的舆论所反映的只能是局部的真实，偏听偏信，会扭曲、曲解民意。更可怕的是“有司或因睚眦以骋私怨，苟求长短，求媚上意”②，于是或乘机假公济私、陷害私敌，或为一时绩效草率从事、宁枉毋纵，残害忠良。

第六，在这样的情势下，“皆竞张空虚，以要时利，故有罪者心不厌服，无咎者坐被空文”③，“二千石及长吏迫于举劾，惧于刺讥，故争饰诈伪，以希虚誉”④。以真正的治绩赢得民众歌谣称颂的优秀长吏固然不少；弄虚浮夸，以短期绩效收买人心、博取声誉，甚至伪造歌谣的也大有人在。

如荆州“百姓”赞颂刺史郭贺：“厥德仁明郭乔卿，忠正朝廷上下平。”⑤魏郡“舆人”歌颂太守岑熙：“我有枳棘，岑君伐之。我有蟊贼，岑君遏之。狗吠不惊，足下生牦。含哺鼓腹，焉知凶灾？我喜我生，独丁斯时。美矣岑君，于戏休兹！”⑥顺阳县“吏民”歌诵县令刘陶：“邑然不乐，思我刘君。何时复来，安此下民。”⑦冀州“百姓”歌诵皇甫嵩：“天下大乱兮市为墟，母不保子兮妻失夫，赖得皇甫兮复安居。”⑧这样的“民谣”，或者内容空洞贫乏，或者用词过于典雅，有些甚至达到诘屈聱牙的地步，难以想像会在庶民、儿童等文盲或教育

① 《后汉书》卷33《朱浮传》，页1144。
② 《后汉书》卷33《朱浮传》，页1142。
③ 《后汉书》卷33《朱浮传》，页1143。
④ 《后汉书》卷33《朱浮传》，页1142。
⑤ 《后汉书》卷26《郭贺传》，页908。
⑥ 《后汉书》卷17《岑熙传》，页663。
⑦ 《后汉书》卷57《刘陶传》，页1848。
⑧ 《后汉书》卷71《皇甫嵩传》，页2302。

程度较低的群体中流传。[①]东汉州郡县吏治、管治未必胜过西汉，但博得民众歌谣颂扬的长吏人数却远远超出西汉。此中奥秘，不言自明。

朱浮谏言的第三、四、五点，直接触及制度层面的问题。

汉代郡国守相的任期，据周长山的考察，西汉前期有久任的倾向，不少任期在十年以上者。[②]原因可能是汉初最高统治者对郡国守相颇为优容；而政权初创，任期制、监察制等也未建立或尚待完善。至武帝强化中央集权、加强对地方长吏的监察和控制，“公卿以下传相促急，又数改更政事，司隶、部刺史察过悉劾，发扬阴私，吏或居官数月而退，送故迎新，交错道路”[③]。久任者极少。宣帝时逐渐形成较稳定的三年任期。[④]

东汉建武三十二年间，任职年限明确的二十四名太守，任期超过六年的有十五人，余者任期亦在三年以上。[⑤]这应该是朱浮的谏言得到多数朝臣的支持和光武帝的认同，州郡长吏频繁更换的情形亦因此有所改善。[⑥]明、章时期十五位任职时间清晰的守相，十一人属久任。但和、安、顺、桓、灵帝近百年间，守相久任者只有八人，或因“国势凋零，皇权旁落，外戚、宦官交替掌权，争相伸张一己之私”，“献帝时期，守相久任的势头强劲反弹。十一人中，十人久任，且均在九年以上。但背后是地方势力坐大，军阀割据”[⑦]。郡国长吏

① 当然也不排除是官方记录者和史籍编纂者润饰太过所致。

② 《汉书》卷86《王嘉传》，哀帝时上书：“孝文时，吏居官者或长子孙，以官为氏，仓氏、库氏则仓库吏之后也。其二千石长吏亦安官乐职。”（页3490）《汉书》卷23《刑法志》：（及孝文即位）“吏安其官，民乐其业。”（页1097）《后汉书》卷33《朱浮传》：“大汉之兴，亦累功效，吏皆积久，养老于官，至名子孙，因为氏姓。”（页1142）

③ 《汉书》卷86《王嘉传》，页3490。

④ 《后汉书》卷61《左雄传》：“降及宣帝，兴于仄陋，综核名实，知时所病，刺史守相，辄亲引见，考察言行，信赏必罚。帝乃叹曰：‘民所以安而无怨者，政平吏良也。与我共此者，其唯良二千石乎！’以为吏数变易，则下不安业；久于其事，则民服教化。其有政理者，辄以玺书勉励，增秩赐金，或爵至关内侯，公卿缺则以次用之。是以吏称其职，人安其业。汉世良吏，于兹为盛，故能降来仪之瑞，建中兴之功。”（页2016）

⑤ 周长山（2006），页96—106。

⑥ 周长山（2006），页96—106。《后汉书》卷33《朱浮传》：“帝下其议，臣多同于浮，自是牧守易代颇简。”（页1142）

⑦ 周长山（2006），页107、108。《后汉书》卷61《左雄传》：“典城百里，转动无常，各怀一切，莫虑长久。”（页2016）“而宦竖擅权，终不能用。自是选代交互，令长月易，迎新送旧，劳扰无已，或官寺空旷，无人案事，每选部剧，乃至逃亡。”（页2019）《后汉书》卷64《卢植传》：“今郡守刺史一月数迁，宜依黜陟，以章能否，纵不九载，可满三岁。”（页2117）皆可为证。

久任，有利有弊。如果长吏称职恤民，久任可以安定民心、体察民情、防堵属吏奸盗，节省送故迎新之费，有益管治。①“但久生情愫，各种关系网和私人势力的结成也就不可避免。”②地方豪强和封疆大吏的利益共同体，因而孳生。如果长吏贪渎酷暴无能，久任适足以害民及败坏吏治。无论如何，长吏相对稳定的任期是必要的，因个别、一时的舆论批评而轻易更换长吏，不利于地方良好有效的管治。

朱浮批评光武帝破坏正常程序，令刺史和特使越过三公府，将搜集到的舆论信息直接报告皇帝，放纵尚书百石小吏侵夺三公考课之权，接获之举报不经过有关部门的复查案验，直接做出升迁贬黜的人事决定。那么东汉按正常程序执行的舆论监督，成效又如何呢？

据应劭描述，在三公按照正常程序主持的“举谣言”过程中，三公府的掾属令史归纳所收集的“谣言”③，整理出各州郡长吏的年度评估报告，然后集体评议，“听百姓风谣善恶而黜陟之也”。然而在政治实践中，每当报告中讲好话时，大家齐声赞叹；听到坏话，一个个惜言如金，不置可否。当然，如逢被评议的长吏无名无势，却不幸与在场的某评议人有私人恩怨或牵涉个人爱憎，就可能被拿来当出头鸟、替罪羊。长吏们升迁贬黜的真正原因，有时还真暧昧难言。主持评议的三公，如果碰上个畏首畏尾之徒（如桓帝时的司徒祝恬），则“忘謇谔之节，惮首尾之讥，县囊捉撮，无能清澄”，毫无原则立场，比起西汉名臣“申屠须责邓通，王嘉封还诏书”的担当，相差十万八千里了。④

桓帝延熹二年（159），诏三府掾属举谣言。⑤名士范滂时为太尉掾，一举弹劾刺史、二千石“权豪之党”二十余人。但“尚书责滂所劾猥多，疑有私故”。范滂“知意不行，因投劾去”⑥。

据灵帝熹平六年（177）蔡邕所上封事，各州刺史，大多数未尽

① 《汉书》卷89《黄霸传》：“数易长吏，送故迎新之费及奸吏缘绝簿书盗财物，公私费耗甚多，皆当出于民，所易新吏又未必贤，或不如其故，徒相益为乱。”（页3631）

② 周长山（2006），页102。

③ 收集的方法和渠道已无可考。

④ 《后汉书》卷24《百官志一》李贤注引《汉官仪》，页3560。

⑤ 三公府主持年度的“举谣言”。皇帝颁诏“举谣言”，应该是不受年度限制的特举。

⑥ 《后汉书》卷67《党锢·范滂传》，页2204。

督察之责，有的甚至还与被监督者同流合污。而负责根据谣言民意考绩州郡长吏的三公府、尚书台，也都因循不作为。熹平五年曾有诏书，拟议派遣风俗八使循行，又令三公谣言奏事。“是时奉公者欣然得志，邪枉者忧悸失色。”①当时有些朝臣，对加强舆论监督、澄清吏治，尚抱有期望。但该议就如打出的水漂，转瞬间波平水静。

光和五年（182），诏公卿以谣言举刺史、二千石为民蠹害者，整顿地方吏治。②太尉许馘、司空张济主持其事，却“承望内官，受其货赂”，凡宦者子弟宾客担任州郡长吏者，“虽贪污秽浊，皆不敢问”，边远小郡二十六位“清修有惠化”的长吏，却平白遭诬。于是边郡吏人诣阙陈诉，司徒陈耽与议郎曹操（155—220）上言痛斥：“公卿所举，率党其私，所谓放鸱枭而囚鸾凤。”事情闹大之后，灵帝把许馘、张济找来斥责一通，“诸坐谣言征者悉拜议郎”③。

陈耽因此得罪宦党，遭诬陷下狱死。“是后政教日乱，豪猾益炽。”“三公倾邪，皆希世见诏用，货赂并行，强者为怨，不见举奏，弱者守道，多被陷毁。”曹操“知不可匡正，遂不复献言”④。以民间歌谣为主要凭据的舆论监督制度至此名存实亡。

有意思的是，“举谣言”式的舆论监督，至两晋演变为“风闻奏事”，监察官员可以据传闻奏事，不究其实，也无须透露检举人的姓名身份。⑤所谓传闻，可能是民间歌谣，也可能是其他形式的谣言。可见在中国古代，谣言与舆论乃至舆论监督，有着密不可分的关系。

① 《后汉书》卷60《蔡邕传下》，页1996。

② 《后汉书》卷57《刘陶传》，页1851。《三国志》卷1《魏书·武帝纪》裴松之注引《魏书》：“诏书敕三府：举奏州县政理无效，民为作谣言者免罢之。”（页3）

③ 《后汉书》卷57《刘陶传》，页1851。东汉“举谣言”以考核地方长吏，有时是玩真的。益州刺史郗俭曾因“在政烦扰，谣言远闻”被免职，朝廷改以刘焉领益州牧，“州任之重，自此而始”。（《后汉书》卷75《刘焉传》，页2431）又《三国志》卷8《魏书·公孙度传》：公孙度出身小吏，“后举有道，除尚书郎，稍迁冀州刺史，以谣言免”。（页252）

④ 《三国志》卷1《魏书·武帝纪》裴松之注引《魏书》，页3。

⑤ 参见邱永明（1992），页125。

第四章　谶言和谶谣

第一节　谶　　言

一、什么是谶言?

什么是谶?汉代训诂学者一般释谶为“验”①,“韱”②,“秘密书”③,即文字看似琐细,其言微,而其义深,玄奥、神秘,预言未来而有效验,即所谓“立言于前,有征于后”④。所谓“谶言”,就是指以口语或文字表述的异常言论或征兆,其中暗藏玄机,以隐喻、隐晦的方式启示天命所归,预言个人或政权的命运。

说到“异常言论”,读者很自然会联想到本书第一章和第二章讨论过的讹言和妖言。汉代的讹言、妖言、谶言,都笼罩在一种神秘主义的气氛之下。不仅讹言、妖言在文献中有时可以互通,有些讹言和

---

① 《说文解字 · 言部》:“谶,验也。从言,韱声。”(《续古逸丛书》本卷 3 上,页 3a;平津馆丛书覆宋本卷 3 上,页 69)段玉裁《说文解字注》卷 3 上作:“谶,验也。有征验之书,河洛所出书曰谶。从言,韱声。”(页 90 下)段氏称“有征验之书河洛所出书曰谶”十二字乃据《文选》、《鹏鸟》、《魏都》二赋李善注补。徐承庆《说文解字注匡谬》指出:“此十二字乃李善申言之,非《说文》,故其词繁简不同。”(转引自《说文解字诂林》,页 2911)证诸《史记》卷 84《屈原贾生列传》司马贞《索隐》引述《说文》云“谶,验言也”(页 2497),徐承庆说可以成立,段注所补十二字非《说文》原文。

② 《释名》卷 6《释典义》第二十:“其义纤微而有效验也。”

③ 《仓颉篇》卷上:“秘密书也。出河洛。”(页 7)

④ 《后汉书》卷 59《张衡传》,页 1912。

妖言，也几乎等同谶言，被赋予代天示警的预言功能，即如李寻所说的“讹言之效，未尝不至”。其实，我们也可以这样说，讹言、妖言可能是尚未应验的谶言，谶言则是已应验的讹言、妖言。“始皇帝死而地分”的诅咒，眭弘、夏侯胜等的妖言，汉新、汉魏之际的土德讹言，“苍天已死，黄天当立，岁在甲子，天下大吉”的口号，事后都被证实是应验了的谶言。

也有一些广泛流传、接受度高的流言、讹言、妖言，它们所凝聚之群体期望、诉求、共识，以及时人对其神秘能力之信仰，可以令它们成为自我暗示型、自我应验型的谶言，有时甚至可以影响事件的发展方向，形塑历史的未来。

预言信仰在中国先秦时期的社会和政治生活中十分普遍，在传世文献及日书等出土文献中都有大量记载。关于国家政局发展、君主命运、高层人事变动的神秘预言，《左传》、《国语》、《史记》中就有不少。早期预言者常有卜人的身份，如太史、内史、卜偃等，其预言也往往与占卜术关系密切，常见的有筮占、星占、梦占、相术等，前有所兆，后必有验，而且应验如神。至于一些“诡为隐语，预决吉凶”①，以言辞或文字为载体而充分发挥其符号力量的预言，虽尚无“谶”之名，却可视作谶言的滥觞，晁福林称此类预言为“谶语”，非常恰当。②

“谶语之兴，盖在西周时期，至春秋战国而愈益增多，延及秦汉遂蔚为大观。”③“谶”字始见于汉代文献，即《史记·赵世家》中的秦谶。与之相关的还有未标签为“谶”的赵谶。这两则谶语《史记》中凡三见，《赵世家》、《扁鹊仓公列传》叙述最详，内容大致一致，《封禅书》所记非常简单。

《赵世家》载，赵简子（赵鞅，？—公元前476）病重，昏睡五日。名医扁鹊（秦越人）诊察后，对简子的心腹家臣董安于说：你主君的病颇奇特。

在昔秦缪公（公元前659—公元前621年在位）尝如

① 《四库全书总目》卷6《经部·易类》六附录《易坤灵图》馆臣案语，页47。

② 晁福林（1993）。

③ 晁福林（1993），页21。

> 此，七日而寤。寤之日，告公孙支与子舆曰："我之帝所甚乐。吾所以久者，适有学也。帝告我：'晋国将大乱，五世不安；其后将霸，未老而死；霸者之子且令而国男女无别。'"公孙支书而藏之，秦谶于是出矣。献公之乱，文公之霸，而襄公败秦师于殽而归纵淫，此子之所闻。今主君之疾与之同，不出三日疾必閒，閒必有言也。①

所谓秦谶，是指天帝在秦穆公长睡梦中向他透露的谶言，其内容却是预示晋国的国运。

故事还没有结束。如扁鹊所料，赵简子果然于两天半之后苏醒了。他对大夫们说，昏睡期间，他其实是去了天帝的住所。天帝向他揭示了晋、秦、赵的未来国运："晋国且世衰，七世而亡，嬴姓将大败周人于范魁之西，而亦不能有也。今余思虞舜之勋，适余将以其胄女孟姚配而七世之孙。"赵简子还见到他的儿子侍从天帝之侧，天帝送给他一只翟犬，说："及而子之壮也，以赐之。"不久，赵简子出行，路遇神人。他请教神人，天帝为什么要他将翟犬转赠他的儿子，神人解释说："儿，主君之子也。翟犬者，代之先也。主君之子且必有代。及主君之后嗣，且有革政而胡服，并二国于翟。"②这就是所谓赵谶。

秦谶和赵谶都是秦穆公和赵简子在睡梦中领受的神谕，带有梦占的遗留色彩，如赵谶中的翟犬意象须经神人（相当于占梦的巫者卜人）的破译才能理解，但其语言意象的表述方式，与后世的谶言已非常接近。

《史记》引贾谊《鹏鸟赋》："发书占之兮，筴言其度"③，而《汉书》引作"发书占之，谶言其度"④。"筴"，通"策"，卜筮所用。《史

① 《史记》卷43《赵世家》，页1786—1787。卷105《扁鹊仓公列传》，"谶"作"策"。（页2787）

② 《史记》卷43《赵世家》，页1788。

③ 《史记》卷84《屈原贾生列传》，页2497。

④ 《汉书》卷48《贾谊传》，页2226。

记》索隐："今此'筴'盖杂筴辞云然。"[①]盖早期谶语与卜筮之辞渊源深厚，西汉初人或视谶语为筴辞之一流，故贾谊所用占书，亦称谶书。另一种可能，是东汉视占书与谶书为同类，故班固（32—92）以谶代筴。[②]

二、谶言的载体

（一）口语

秦汉时期的不少谶言与讹言、流言、妖言、谣言一样，都以口语为载体，在人际传播中建构成形。

秦二世元年（公元前209）七月，陈胜、吴广等九百名戍卒被征发到渔阳戍边，遇雨误期。按法令，误期者当斩。陈胜和吴广商量："今亡亦死，举大计亦死，等死，死国可乎？"决意起事。为了"威众"，乃丹书帛曰"陈胜王"，置人所罾鱼腹中。有戍卒买鱼烹食，得鱼腹中书，甚感惊异。吴广又躲藏在宿营地附近的神祠，假扮狐鸣，呼曰："大楚兴，陈胜王。""卒皆夜惊恐。旦日，卒中往往语，皆指目陈胜。"[③]

"狐"语"大楚兴，陈胜王"，以流言传播的方式，在九百戍卒中口耳相传，之后随着陈胜起义军势力的扩张，在更大范围内广泛流传，为当时反秦抗秦潮流推波助澜，成为陈胜建立张楚王国的舆论先声。

---

① 《史记》卷84《屈原贾生列传》，页2497。

② 《史记》卷123《大宛列传》："天子（汉武帝）发书《易》，曰'神马当从西北来'。得乌孙马好，名曰'天马'。及得大宛汗血马，益壮，更名乌孙马曰'西极马'，宛马曰'天马'云。"（页3170）《汉书》卷61《张骞传》叙述略同。（页2693—2694）"发书《易》"，即以《易》类筮书占之。荀悦（148—209）《前汉纪》卷14《孝武皇帝纪五》作："太初四年（公元前101）初，上（武帝）发谶书曰：'神马当从西北来。'后得乌孙好马，名曰天马。及得宛马，马汗血，言其先天马子也。名曰天马，更名乌孙马曰西北极马。"此亦东汉视占筮书为谶书之一证。西汉中后期以后开始流行的谶纬书，多不采取占筮书的形式。有趣的是，南宋以后出现的新型谶言结集，如《推背图》、《马前课》，及各种庙宇宫观的签诗，又回复到占筮书的形式。

③ 《史记》卷48《陈涉世家》，页1950。

战国秦汉时期流行一种占候术，叫望气，观察云气以预测吉凶。[①]秦始皇时，有望气术士预言，“东南有天子气”。秦始皇统一全国之后，先后五次巡游，除第一次西巡陇西外，第二次至第五次都是巡游东南地区。（齐、燕、楚等六国旧地，今山东、江苏、湖南、湖北、安徽、浙江）秦始皇多次巡游，当然有其政治、军事、经济等多重目的。但《史记·高祖本纪》说，“秦始皇帝常曰‘东南有天子气’，于是因东游以厌之”[②]，是始皇东巡，也可能有镇厌皇朝潜在威胁的意图。然而，人算不如天算，推翻秦朝的主要领袖陈胜、吴广、项羽，和开创西汉皇朝的刘邦，都来自东南地区。

西汉高祖十二年（公元前195），汉高祖封其兄子刘濞（公元前216—公元前154）为吴王。“已拜受印，高帝召濞相之，谓曰：‘若状有反相。’心独悔，业已拜，因拊其背，告曰：‘汉后五十年东南有乱者，岂若邪？然天下同姓为一家也，慎无反！’”[③]至景帝时，朝廷采取御史大夫晁错（公元前200—公元前154）建议，削夺王国封地。刘濞以诛晁错、清君侧为名，于景帝前元三年（公元前154），领导吴、楚等七国叛乱。后为周亚夫所败，刘濞兵败被杀。

裴骃《史记集解》引徐广说：“汉元年至景帝三年（刘濞）反，五十有三年”[④]，以高祖“汉后五十年东南有乱”为谶言。又引应劭说：“克期五十，占者所知。若秦始皇东巡以厌气，后刘项起东南，疑当如此耳。”司马贞《史记索隐》进一步解释：“应氏之意，以后五十年东南有乱，本是占气者所说，高祖素闻此说，自以前难未弭，恐

---

① 《墨子·迎敌祠》：“凡望气，有大将气，有小将气，有往气，有来气，有败气，能得明此者，可知成败吉凶。”（《墨子閒诂》卷15，页574）西汉马王堆帛书中有《天文气象杂占》。汉代设有专掌观察云气、星象的望气、望气佐等职官，著名者有文帝时的新垣平、武帝时的王朔等。《史记》、《汉书》中有不少汉初以望气占候的史例。如《汉书》卷8《宣帝纪》：“至后元二年，武帝疾，往来长杨、五柞宫，望气者言长安狱中有天子气，上遣使者分条中都官狱系者，轻重皆杀之。”（页236）《汉书》卷97上《外戚传》：“孝武钩弋赵婕妤，昭帝母也，家在河间。武帝巡狩过河间，望气者言此有奇女，天子亟使使召之。既至，女两手皆拳，上自披之，手实时伸。由是得幸，号曰拳夫人。”（页3956）

② 《史记》卷8《高祖本纪》，页348。

③ 《史记》卷106《吴王濞列传》，页2821。

④ 《史记》卷106《吴王濞列传》，页2822。

后灾更生，故说此言，更以戒濞。”①

司马贞认为汉高祖所说“汉后五十年东南有乱者”，是从秦代“东南有天子气”预言推衍出来，而向刘濞发出的预警信息。汉武帝时，淮南王刘安召谋士伍被（?—公元前122）商量谋反的部署，伍被认为，吴、楚之乱，证明“逆天违众”，“不见于时”，此时谋反，“臣见其祸，未见其福也”。刘安质疑：“陈胜、吴广无立锥之地，百人之聚，起于大泽，奋臂大呼，天下向应，西至于戏而兵百二十万。今吾国虽小，胜兵可得二十万，公何以言有祸无福？”伍被解释道：

> （秦末）父不宁子，兄不安弟，政苛刑惨，民皆引领而望，倾耳而听，悲号仰天，叩心怨上，欲为乱者，十室而八。客谓高皇帝曰：“时可矣。”高帝曰：“待之，圣人当起东南。”间不一岁，陈、吴大呼，刘、项并和，天下向应，所谓蹈瑕衅，因秦之亡时而动，百姓愿之，若枯旱之望雨，故起于行陈之中，以成帝王之功。今大王见高祖得天下之易也，独不观近世之吴楚乎！②

从“东南有天子气”到“汉后五十年东南有乱”再到“圣人当起东南”，可知这则谶言在秦末汉初数十年间曾以口语方式，广泛流传，屡经修改，反复出现。

此外还有不少以歌谣形式表达的口语谶言，我们称之为谶谣，将在下一节讨论。

（二）谶书、谶记

中国文化中视文字为神圣符号的信仰，源远流长。精英阶层长期垄断文字的历史现实，更推波助澜，令人们对文字拥有神秘力量深信不疑。而汉字的特殊构字方法（如所谓象形、指事、会意、形声、假借、转注等），则提供了以拆解、重组等方式，多元破译的可能。谶言以汉字为载体，更能展现其“诡为隐语，预决吉凶”的神秘暗喻色

① 《史记》卷106《吴王濞列传》，页2822。

② 《汉书》卷45《伍被传》，页2171—2172。

彩，更符合“天启预言”的公众想像，拥有更顽强久远的生存能力，也获得更宽阔的传播空间。[①]

陈胜、吴广起事前制作的鱼腹丹书“陈胜王”，正是以文字为载体，再借买鱼烹食的戍卒之口，将信息传播开来。谶言文字的结集，就是谶书和谶记。秦始皇三十二年（公元前215），燕方士卢生奉命出海访求神仙，带回一本《录图书》奏呈秦始皇，书中说“亡秦者胡也”[②]。“亡秦者胡也”是一则典型的隐语式谶言，录有这则谶言的《录图书》，很可能就是谶言的早期结集，而且文图并茂。[③]

早期的谶书可能是一些方士编辑的卜筮之辞结集，如贾谊《鹏鸟赋》所说的“发书占之，谶言其度”。西汉中期以后，方士们自撰的谶书陆续浮现。这些谶书所收录的谶言有强烈的时代感，明确的政治针对性和大胆的诉求。如成帝齐地方士甘忠可所撰的《天官历》、《包元太平经》，宣称“汉家逢天地之大终，当更受命于天，天帝使真人赤精子，下教我此道”[④]。他收了许多弟子，传授他的书，而弟子们也都广收再传弟子。《天官历》、《包元太平经》被西汉朝廷定为妖书，其中收录了大量谶纬论述，包括在西汉后期非常流行的“赤精子谶”，所以也应该是谶书。

新莽末年，“军旅骚动，四夷并侵，百姓怨恨，盗贼并起”，人心思汉，民间流传的自撰谶书应该不少。史有明文的如卜者王况为魏成大尹李焉撰写达十余万言的谶书，其中预言：

> 文帝发忿，居地下趣军，北告匈奴，南告越人。江中刘信，执敌报怨，复续古先，四年当发军。江湖有盗，自称樊王，姓为刘氏，万人成行，不受赦令，欲动秦、洛阳。十一年当相攻，太白扬光，岁星入东井，其号当行。

---

① 其实，我们今天之所以能接触到一些汉代口语谶言、歌谣，也是因为它们为史家所选择、著录、编辑，转化为文字，载入史册。

② 《史记》卷6《秦始皇本纪》，页252—253。

③ 张衡《思玄赋》：“嬴擿谶而戒胡兮，备诸外而发内。”（《后汉书》卷59《张衡传》，页1924）可知东汉人视《录图书》为谶书。

④ 《汉书》卷75《李寻传》，页3192。

又言莽大臣吉凶，各有日期。[①]

并明确预告荆楚当兴，李氏为辅。李焉令属吏抄写其书，以供传播。

西汉后期至新莽时期，出现大量融合卜筮之辞、谶言、阴阳五行学说、神话、今文经说的谶纬文本。《河图》、《洛书》[②]、《紫阁图》、《河图赤伏符》等都在公开流传。新莽政权崩溃后割据蜀地的原导江（蜀郡）卒正（太守）公孙述（?—36），“好为符命鬼神瑞应之事，妄引谶记”。他曾引用的谶记，就包括《尚书考灵曜》、《河图录运法》、《河图括地象》、《春秋援神契》等纬书。[③]

东汉时谶纬被视为儒家经典的补充，光武帝命御用学者收集民间流传的各种谶纬文本，编辑整理为钦定版本，公之于世。

（三）图像符号

谶言有别于讹言、流言、妖言、谣言的一个独特之处，在于它不仅以言辞、文字为载体，也常采用图像符号的形式。例如传说中的《河图》、《洛书》，被视为谶纬的前身，最早据说就是以文、图并重的形式出现的。秦汉的谶书，很可能是文图并茂的。所以在汉代，谶纬常被称为图书、图谶、图纬。图像化的谶言，有时浑然天成，令人们真的相信是上天垂示所致。例如，人的异常体征，如掌纹、皮肤纹理，常被视为天启信息。这一类信息，在先秦文献中已出现。如：

鲁桓公（公元前711—公元前694年在位）母宋仲子，宋武公（公元前765—公元前748年在位）之女，嫁鲁惠公（公元前768—公元前723年在位）为夫人。《左传·隐公元年》说：“仲子生而有文在其手，曰‘为鲁夫人’，故仲子归于我。”[④]孔颖达《正义》的解释是：“以其手之文理自然成字，有若天之所命使为鲁夫人然，故嫁之于鲁

---

① 《汉书》卷99下《王莽传下》，页4166—4167。

② 《汉书》卷99中《王莽传中》：“是月戊辰，长平馆西岸崩，邕泾水不流，毁而北行。遣大司空王邑行视，还奏状，群臣上寿，以为《河图》所谓‘以土填水’，匈奴灭亡之祥也。”（页4144）《汉书》卷84《翟义传》：“太皇太后临政，有龟龙麟凤之应，五德嘉符，相因而备。河图洛书远自昆仑，出于重壄。古谶著言，肆今享实。”（页3432）

③ 《后汉书》卷13《公孙述传》，页538。

④ 《左传·隐公元年》。《春秋左传注》，页3—4。杨伯峻注曰：“文即字”，“疑《左传》本作‘曰鲁夫人’”。

也。”①

鲁桓公第四子，名友，谥成，史称公子友、成季友等，于僖公时执鲁政十六年，是鲁国最强大的卿族季孙氏的第一代宗主。其母文姜妊娠期间，桓公令卜人（鲁掌卜大夫楚丘之父，不知其名）占卜。卜人说：“男也。其名曰友，在公之右，间于两社，为公室辅。”“及生，有文在其手曰‘友’，遂以命之。”②

晋平公十七年（公元前541），平公有疾。子产代表郑国前往探视。在与晋大夫叔向谈论平公病情时，提到关于晋国始封君主唐叔虞的命名传说。唐叔虞是周武王之子，周成王同母弟，名虞，封于唐。据说其母邑姜怀孕时：“梦帝（天帝）谓已：‘余命而子曰虞，将与之唐，属诸参，而蕃育其子孙。’及生，有文在其手曰‘虞’，遂以命之。及成王灭唐，而封大叔焉。”③

这一类与生俱来的神异掌纹，在先秦文献中被视为隐含天意的文字符号，预示着当事者未来的归宿或政治作为。

汉代流行的谶纬文献，动辄称扬怪异体貌，有其特别的象征意义。例如黄帝龙颜、仓颉四目、伏羲牛首、女娲蛇躯、尧眉八彩、皋陶鸟啄、舜目重瞳、禹耳三漏、汤臂三肘、文王四乳、武王骈齿、周公偻背，孔子“海口尼首，方面，月角日准，河目龙颡，斗唇昌颜，均颐辅喉，骈齿龙形，龟脊虎掌，胼协修肱，参膺圩顶”④，都被视为圣人、帝王受命于天的神圣征兆。武梁祠、沂南等画像石中，有大量体貌怪异的天神、古帝画像。史载，东汉的许多帝王、后妃都喜欢以“贵相”、“异貌”自诩。这种风气在当时社会极为流行。《后汉书·周燮传》：“燮生而钦颐折頞，丑状骇人。其母欲弃之。其父不听，曰：‘吾闻圣贤多有异貌。兴我宗者，乃此儿也。’”⑤东汉皇帝甚至不

① 《十三经注疏·春秋左传正义》卷2，页1713。

② 《左传·闵公二年》。《春秋左传注》，页263—264。《昭公三十二年》传亦载其事：“昔成季友，桓之季也，文姜之爱子也。始震而卜，卜人谒之，曰：‘生有嘉问，其名曰友，为公室辅。’及生，如卜人之言，有文在其手曰‘友’，遂以名之。既而有大功于鲁，受费以为上卿。”（《春秋左传注》，页1520）

③ 《左传·昭公元年》。《春秋左传注》，页1217—1218。

④ 《春秋·演孔图》。《纬书集成》卷中，页574、576。

⑤ 《后汉书》卷53，页1742。

得不下诏书“令功臣家各自记功状，不得自增加以变时事。或自道形貌表相，无益事实，复口齿长一寸，龙颜虎口，奇毛异骨，形容极变，亦非诏书之所知也”[①]。

但异常体征、体貌的诠释，因人因时势因社会政治语境而宜。甄寻（?—10），甄丰[②]之子，素轻佻，喜渔色，据说手臂上有纹理，自然构成“天子”二字，本应是吉兆。甄寻伪造符命（谶言），为其父甄丰讨封。事成之后，又作符命，说汉平帝的寡妇黄皇室主（王莽之女）当改嫁甄寻为妻。王莽大怒，说：“黄皇室主天下母，此何谓也！”[③]甄丰因而自杀，甄寻被捕处死。由于“天子”手纹的传说，王莽亲自审视甄寻的手臂，并为其拆字：“此一大子也，或曰一六子也。六者，戮也。明寻父子当戮死也。”[④]

新莽末年的公孙述，好引祥瑞谶记，作为自己割据蜀地的合法性依据。他自称掌纹似文字，曰“公孙帝”，视为祥瑞之一。但《后汉书·公孙述传》指出他自“刻其掌”，伪造异常掌纹。[⑤]

昭帝元凤三年有虫食树叶成文字，曰“公孙病已立”，也属于浑然天成的图像式谶言。

石头有纹理，有些石纹酷似文字、图画。这些出自大自然鬼斧神工的意象，古人往往视之为天启信息。新莽代汉过程中，各地官员上报许多这样的“天启”石文或金（铜）文，其实多属人为伪造之物。如元始五年十二月平帝病死，当月即有武功县长孟通宣称，在淘井时挖到一块上圆下方的白石，上有丹书：“告安汉公莽为皇帝。”该石文通过王莽的心腹大臣前辉光（长安南部郡守）谢嚣上呈[⑥]，成为公推王莽居摄践祚，称“假皇帝”的重要论据。

居摄三年（8），各地反莽起事基本平定，王莽的统治基本稳固，由假即真的舆论准备也紧锣密鼓地展开，各地符命奏报纷至沓来。巴

① 《东观汉记》卷22“散句”引《太平御览》卷363，页922。

② 甄丰（?—10），西汉末大臣，与刘歆、王舜同为王莽心腹，在平帝朝参与倡导王莽居摄。王莽代汉后，因甄丰个性强势，彼此间渐生嫌隙。

③ 《汉书》卷99中《王莽传中》，页4123。

④ 《汉书》卷99中《王莽传中》，页4123。

⑤ 《后汉书》卷13《公孙述传》，页535。

⑥ 《汉书》卷99上《王莽传上》，页4078—4079。

郡献石牛，扶风献雍石文，于十一月壬子和戊午呈送至京师，其文字已佚。据说王莽到未央宫前殿迎受时，“天风起，尘冥，风止，得铜符帛图于右前，文曰：‘天告帝符，献者封侯。承天命，用神令。’”①

正在长安求学的哀章，见伪造符命者大都获得极大的政治回报，于是自己制作了个铜匮，外贴两张题签，写着“天帝行玺金匮图”、“赤帝行玺某传予黄帝金策书”（“某”即汉高祖之名）。金策书“言王莽为真天子，皇太后如天命”。金匮图和金策书都提到王莽的八位大臣，加上哀章自己和杜撰的人名王兴、王盛，共十一人，“皆署官爵，为辅佐”②。王莽闻讯，如获至宝，亲至高祖庙“拜受金匮神嬗”，宣称已获天赐符命及汉高祖的授意，于十一月即真皇帝位，改国号为新。

为了宣示除旧布新，王莽想废除其姑母太皇太后王政君的“汉家旧号”。于是有张永献符命铜璧，称铜璧有明文，“太皇太后当为新室文母太皇太后”。此说正合莽意。王莽立即下诏，以铜文符命为依据，改封王政君为“新室文母太皇太后”，并宣称哀帝时传行西王母诏筹讹言，正是王政君当为新朝之母的符瑞征兆。他还此地无银地告诉群臣，大臣们都已检视过符命铜璧，大家都说：“其文字非刻非画，厥性自然。”③

始建国五年（13），长安民闻王莽欲迁都洛阳，不肯缮治室宅。王莽又引石文为证：“玄龙石文曰‘定帝德，国洛阳’。符命著明，敢不钦奉！”④

三、谶言的来源

暗藏玄机，以隐喻、隐晦的方式启示天命所归，预言个人或政权命运而又应验的谶言，当然应该有着神秘的来源。此所以甘忠可

① 《汉书》卷99上《王莽传上》，页4093—4094。

② 《汉书》卷99上《王莽传上》，页4095。

③ 《汉书》卷98《元后传》，页4033。

④ 《汉书》卷99中《王莽传中》，页4132。玄龙石文的出处不详。《王莽传中》：始建国元年秋，“遣五威将王奇等十二人班《符命》四十二篇于天下。德祥五事，符命二十五，福应十二，凡四十二篇”，以为禅汉制造舆论。其“福应十二”之九，即玄龙石。（页4112—4113）

作“赤精子谶”，要假托获“天帝使真人赤精子”传授。东汉官定的谶纬文本，宣称由孔子所作，“为汉制法”。这当然也属伪托。

剥开这层神秘外衣，细读史籍提供的情节和情境。我们可以发现，汉代的谶言大致有几种来源。

（一）诅咒

伍子胥遗言“高置吾头，必见越人入吴也”，秦东郡黔首刻石“始皇帝死而地分”，都是当时的诅咒之言。

秦末六国故地纷纷响应陈胜义军，起义反秦。陈胜失败后，范增（公元前277—公元前204）游说楚地义军首领项梁（?—公元前208）立楚怀王孙熊心为王：“陈胜败固当。夫秦灭六国，楚最无罪。自怀王入秦不反，楚人怜之至今，故楚南公曰‘楚虽三户，亡秦必楚’也。”①

南公，楚人，《汉书·艺文志》阴阳家著录有“《南公》三十一篇，六国时”②。裴骃《史记集解》引徐广，称南公“楚人也，善言阴阳”③。张守节《史记正义》引虞喜《志林》：“南公者，道士，识废兴之数，知亡秦者必于楚。”④南公所著，今已不存，但以其“善言阴阳”“识废兴之数”的知识背景，范增所述谶言，很可能就引自他的著作。何谓“三户”？裴骃《史记集解》引臣瓒曰：“楚人怨秦，虽三户犹足以亡秦也。”韦昭（司马贞《史记索隐》引）“以为三户，楚三大姓昭、屈、景也”⑤。所以这也应该是一则宣泄楚人怨愤情绪的诅咒型谶言。⑥

诅咒言论本意在发泄，并非有意作谶。但所言一旦成真，就成为谶言。

---

① 《史记》卷7《项羽本纪》，页300。

② 《汉书》卷30《艺文志》，页1733。

③ 《史记》卷7《项羽本纪》，页300。

④ 《史记》卷7《项羽本纪》，页300。

⑤ 《史记》卷7《项羽本纪》，页301。

⑥ 司马贞《史记索隐》、张守节《史记正义》认为，“三户”是地名（三户亭、三户津），“南公辨阴阳，识废兴之数，知秦亡必于三户，故出此言。后项羽果度三户津破章邯军，降章邯，秦遂亡。是南公之善谶”。依此说，这是一则隐语型谶言。然过于穿凿，笔者宁取臣瓒之说。

（二）“神谕”

谶言代天言事，来自神谕，合情合理。例如本书第二章提到：秦始皇三十六年秋，有人在路上拦住一位秦廷使者，请他将一块玉璧转交给“滈池君”，并告诉他一句预言：“今年祖龙（秦始皇）死。”这在当时，是一则妖言。但第二年秦始皇在巡游途中得病，行至沙丘（今河北广宗西北）驾崩。妖言应验，成为谶言。司马贞《史记索隐》解释说：“江神以璧遗滈池之神，告始皇之将终也。且秦水德王，故其君将亡，水神先自相告也。”①依司马贞的诠释，这是一则神谕型谶言，来自水神。

刘邦醉斩白蛇后，有老妇夜哭。路人问其故，老妇说：“吾子，白帝子也，化为蛇，当道，今为赤帝子斩之，故哭。”路人以为老妇“为妖言，因欲笞之”。至刘邦成功建立西汉皇朝，妖言再一次成为谶言，老妇为神人（五天帝中白帝之子）之母，也就得到了“证实”。所以，这也是一则神谕。

王莽居摄三年（8），大臣们纷纷奏符命以劝进。其中有宗室广饶侯刘京上书，声称：“七月中，齐郡临淄县昌兴亭长辛当一暮数梦，曰：‘吾，天公使也。天公使我告亭长曰：“摄皇帝当为真。即不信我，此亭中当有新井。”’亭长晨起视亭中，诚有新井，入地且百尺。”②“天公使”，即天帝的使者。

王莽即真以后，向全国宣传种种符命祥瑞之征兆。其中有一则，说侍郎王盱曾见一人，衣白布单衣，赤缋方领，冠小冠，站在未央宫王路殿前，对他说：“今日天同色，以天下人民属皇帝。”过一会儿，那白衣人忽然无影无踪。③这白衣人当然是神人之流，所言也应该是神谕。

不过，检视这几则神谕，不难发现其来源相当可疑，有明显的人为操作嫌疑。

此外，东汉人相信孔子为谶纬作者，称孔子素王，黑帝之子，“为汉制作”，也属谶言神谕说。④

---

① 《史记》卷6《秦始皇本纪》，页260。

② 《汉书》卷99上《王莽传上》，页4093。

③ 《汉书》卷99中《王莽传中》，页4113。

④ 《论衡校释》卷26《实知篇》：“儒者论圣人，以为前知千岁，后知万世”，“孔子将死，遗谶书”（页1069），形容的就是这种信仰。

（三）伪造

伪造的谶言，除了“神谕”及上文讨论过的甄寻符命、白石丹书、哀章金策之类，史籍中还能找到一些明确的记载，包括前面引述过的“大楚兴，陈胜王”，王况自撰谶书等。

新莽末至更始年间，群雄逐鹿中原，争霸天下。《后汉书·耿纯传》称，建武初，真定王刘扬，造作谶记云：“赤九之后，瘿扬为主”，意图不轨。[①]因刘扬有大脖子病，“瘿扬”就是为他量身订制的。[②]

东汉初，常依谶言任免官员。光武帝企图规范谶纬文本，因尹敏博通经记，令其编校图谶，借此删除王莽时期著录的有利新莽的种种谶言。尹敏向光武帝斥谶纬之妄，说：“谶书非圣人所作，其中多近鄙别字，颇类世俗之辞，恐疑误后生。”光武帝不接纳他的意见。于是尹在编校谶纬文本时，私自增加文字：“君无口，为汉辅。”意思是姓尹者可为大臣。光武帝审阅编校过的文本，发现这个问题，召尹敏问其故。尹敏说：“臣见前人增损图书，敢不自量，窃幸万一。”光武帝非常不高兴，虽然没有加罪，尹敏亦以此仕途沉滞。[③]其实当时私改谶文，自造谶言的大有人在。

即使光武帝宣布图谶于天下，严禁伪造谶言符瑞之后，伪造图谶，在东汉仍是史不绝书。如明帝永平年间的诸侯王（楚王刘英、阜陵王刘延）伪造图谶案，扶风人苏朗因“伪言图谶事，下狱死”等。[④]

值得注意的是，同属伪造的谶言，有的应验，有的没应验。其中的道理，下文再讨论。

（四）隐语

中国历史上的谶言，不少是伪造的。至于一些应验的谶言，如果拒绝接受神秘主义的解释，一个普遍的质疑是：“或后人诈记，以明

---

① 刘扬，新莽末河北三王之一，实力最强，拥兵十余万。刘秀与王郎争夺河北时，与其联姻，迎娶其外甥女郭圣通，后为光武帝皇后。

② 《后汉书》卷21《耿纯传》，页763。该谶是否刘扬所造，还是有心人观察当时政治的微妙局势，挑动对抗，不得而知。

③ 《后汉书》卷79上《儒林上·尹敏传》，页2558。

④ 《后汉书》卷40上《班固传》，页1334。

效验”。[①]孙家洲《汉代“应验”谶言例释》一文曾对汉代的一些应验谶言作了很精彩的论述。[②]

孙文讨论的案例包括：“公孙病已立”与“废昌帝，立公孙”；“刘秀当为天子”，《赤伏符》与“刘氏复兴，李氏为辅”；“代汉者当涂高也”。这三则谶言，都已应验，而且都不属“后人诈记”。

虫文“公孙病已立”出现于西汉昭帝元凤三年（公元前78），四年后神奇地应验在汉宣帝身上。至东汉建武元年（25），割据西蜀的公孙述称帝，号大成，建元龙兴。[③]他“移檄中国，称引图纬以惑众”，企图与光武帝在合法性论证上一决高下：

> 妄引谶记。以为孔子作春秋，为赤制而断十二公，明汉至平帝十二代，历数尽也，一姓不得再受命。又引《录运法》曰：“废昌帝，立公孙。”《括地象》曰：“帝轩辕受命，公孙氏握。”《援神契》曰：“西太守，乙卯金。”谓西方太守而乙绝卯金也。五德之运，黄承赤而白继黄，金据西方为白德，而代王氏，得其正序。[④]

意思是说，按五德运次和谶纬论述，西汉十二帝火德运终，新莽才得以以土德承继。王莽既败，应当由金德继之。金色白，主西方，公孙述割据西蜀，恰逢其运。谶言“废昌帝，立公孙”，就是说昌帝之后，轮到公孙氏继承大位。他才是正统的真命天子，根本所以没刘秀什么事儿。这里提到的“废昌帝，立公孙”，就源自昭帝时的虫文谶言“公孙病已立”。光武帝不得不回信辩驳说：“图谶言‘公孙’”，已经应验在宣帝身上，与你公孙述丝毫无关。[⑤]

我们知道，虫文“公孙病已立”本是浑然天成的图像式谶言，西汉后期被辑入谶纬文本，但因应时势的发展，文字有所增衍。如《河

① 《论衡校释》卷26《实知篇》，页1070。
② 孙家洲（1997）。
③ 《华阳国志校补图注》卷5《公孙述刘二牧志》，页330—331。
④ 《后汉书》卷13《公孙述传》，页537。
⑤ 《后汉书》卷13《公孙述传》，页538。

图录运法》"废昌帝，立公孙"，其实是追述昭帝崩后昌邑王嗣位、被废，落难皇孙继立的历史，却以预言的面目呈现。有趣的是，新莽崩溃后割据蜀地的公孙述，自我对号入座，以其姓氏应谶。

"刘秀当为天子"[①]，《赤伏符》和"刘氏复兴，李氏为辅"[②]，是西汉后期至东汉初广泛流行的一组谶言。《赤伏符》属于河图系统的谶书，其中最著名的谶言即："刘秀发兵捕不道，四夷云集龙斗野，四七之际火为主。"[③]或说"刘秀当为天子"谶言，与《赤伏符》同源。昭帝时眭弘预言汉运中衰、当禅让贤人，成帝时甘忠可倡"汉当更受命于天"，至哀帝时，人心厌汉情绪在社会上已蔓延开来。哀帝曾打算禅位于董贤，虽说属胡闹之举，但其潜意识中，未始不是已对天命无常深怀恐惧，对汉家前途焦虑难安，而寻求解脱之路。其后王莽假摄、即真禅汉，固然有处心积虑的操作，但也算人心厌汉情势下顺势而为之举。

"刘秀当为天子"之谶，可能始见于哀帝建平元年（公元前6）。刘歆于是年改名秀，据说就是为了应谶。孙家洲指出，谶言之"刘秀"，未必指姓刘名秀之人。当时甘忠可倡"汉当更受命于天"之说再次流行，有识者或者希望汉家有俊秀之士可以取代哀帝，重振汉风。此说相当合理。[④]从《汉书》、《后汉书》有关记载来看，"刘秀当为天子"之谶言在西汉末、新莽和东汉广为人知。至新莽统治陷入困局，社会激烈动荡时，人心转而"思汉"，《赤伏符》和"刘氏复兴，李氏为辅"谶言顺势传播，为刘秀称帝提供了强大的舆论和理论支持。而多处史籍记载也证明，这两则谶言早在刘秀称帝以前，就已广泛流传。

"代汉者当涂高"最早见于光武帝刘秀与公孙述辩论天命攸归时所引述："代汉者当涂高，君岂高之身邪?"李贤注引《东观汉记》，

---

① 《后汉书》卷1下《光武帝纪下》，页86；卷15《邓晨传》，页582；卷23《窦融传》，页798。

② 《后汉书》卷15《李通传》，页573；卷15《王常传》，页579。

③ 《后汉书》卷1上《光武帝纪上》，页21、22；卷23《窦融传》，页798；《汉书》卷《刘歆传》注引应劭曰，页1972。第二句"四夷云集龙斗野"或作"卯金修德为天子"。

④ 孙家洲（1997），页84。

作："承赤者，黄也；姓当涂，其名高也。"[①]《华阳国志》引光武帝书，作："'汉家九百二十岁，以蒙孙亡，受以丞相，其名当涂高。'高岂君身耶？"[②]

这则谶言源出何处，当涂高是何人，已难以深究。公孙述之后，少有人关注，但到东汉末，却再一次激起群雄竞逐之心。如出身"四世三公"汝南袁氏世家的袁术（?—199），自以为其名"术"及字"公路"，皆与"涂"同义，"自云名字应之。又以袁氏出陈为舜后，以黄代赤，德运之次，遂有僭逆之谋"[③]。

巴西阆中人周舒，早年师从广汉谶纬学宗师杨厚（72—153），与董扶、任安（124—202）同门。终身不仕，精研天文图谶。他对"当涂高"的诠释是："当涂高者，魏也。"[④]曹魏禅汉前夕，太史丞许芝等魏臣再度引述这一破译，作为劝进曹丕的论据之一。[⑤]

这几则应验谶言有一个共同点：它们都属于隐语式谶言，或称谜语式谶言。这种谶言利用汉字一字多义、一词多义的特点，最能体现"诡为隐语，预决吉凶"的特质，为谶言的破译者提供广阔的诠释空间。

类似的隐语式谶言，如秦始皇三十二年卢生出海求仙，带回来的那本谶书《录图书》，书中说"亡秦者胡也"。秦始皇以为"胡"指北方大患匈奴，于是"使将军蒙恬发兵三十万人北击胡，略取河南地"。传统史学评论认为，秦朝没有亡于匈奴的入侵，却亡在二世胡亥的昏暴统治，如裴骃《集解》引郑玄的评论："胡，胡亥，秦二世名也。秦（始皇）见图书，不知此为人名，反备北胡。"[⑥]

建武元年，刘秀在河北称帝。公孙述在梦中听到有人告诉自己："八厶子系，十二为期。""八厶子系"，合成公孙（孫）两字，是一个字谜。公孙述认为是谶言，预言自己有十二年的天子命，醒后告诉妻

---

① 《后汉书》卷13《公孙述传》，页538。

② 《华阳国志校补图注》卷5《公孙述刘二牧志》，页331。

③ 《后汉书》卷75《袁术传》，页2439。

④ 《三国志》卷42《蜀书·周群传》，页1020。

⑤ 孙家洲（1997），页87—88。

⑥ 《史记》卷6《秦始皇本纪》，页252—253。名之为《录图书》，很可能是谶言之结集，并配有图画。

子。妻子说："朝闻道，夕死尚可，何况十二乎？"公孙述于是称帝，国号大成。①建武十二年，东汉将领吴汉、刘尚、臧宫等率军攻破成都，尽诛公孙氏，大成存世凡十二年。

隐语式谶言来自何方，由谁创作，在何种语境下创作，预言的原始含义是什么，并不重要。因为隐语式谶言的用字用语是暧昧的，双关或多义的。在不同语境、不同时空中，对不同的破译者和受众而言，它可以传递不同的语义、不同的信息。人们通过字面获得的第一层次理解，往往会被误导，因为天机是不会轻易泄露的。它永远允许多重破译，但"真正"的天启信息，往往要到事后才会显露，意在言外，却又在意中。而它很可能有第二次、第三次乃至更多次生命，在不同时空中发散出不同的预言信息，就如"公孙病已立"，"刘氏复兴，李氏为辅"，"代汉者当涂高"等谶言。所以这一类谶言的应验几率最高。

四、皇朝更替，天命转移与谶言论述

以五行相胜为次序论证皇朝定期更迭的必要性与合法性的五德终始论，于战国邹衍时粗具雏形，秦始皇时首次付诸政治实践，西汉政治理论家们在实践中反复探索和调整，终由刘向、刘歆改造为按五行相生次序循环不休、更具系统的五德历运论述。王莽、刘秀，都曾据以论证改朝换代的正当性。

五德历运说认为，应运天子受命于天，必有符应（符命）为凭证。西汉称引符应，多以祥瑞（意蕴吉祥的自然现象）为据。王莽宣称"帝王受命，必有德祥之符瑞，协成五命"，颁布《符命》四十二篇于天下，其中的德祥五事、福应十二事，属祥瑞；符命二十五事，"言井石、金匮之属"，属谶言。②刘秀称尊号，以谶记《赤伏符》为主要的符命。符命就是为天帝给天子的委任状，图书（图谶）、符瑞，就是委任状的具体形式。

（一）"皇天降瑞，出丹石之符"——王莽受命与谶纬论述

元始五年（5）十二月，平帝暴崩。之后的短短三年中，王莽完

① 《华阳国志校补图注》卷5《公孙述刘二牧志》，页330—331。

② 《汉书》卷99中《王莽传中》，页4112。

成了从居摄称“假皇帝”到即真天子位，改国号为“新”的全部程序。在这三年中，各地祥瑞符命的上奏如雪片般飞至长安，为催生新朝展开铺天盖地的符命攻势。可以说，王莽对符命的利用，是中国历史上改朝换代过程中最富有戏剧性的。

王莽首先论证自己最大的政治靠山，他的姑母，元帝皇后、成帝生母，时封太皇太后，临朝听政的王政君，

> 肇有元城沙鹿之右，阴精女主圣明之祥，配元生成，以兴我天下之符，遂获西王母之应，神灵之征，以佑我帝室，以安我大宗，以绍我后嗣，以继我汉功。

> 太皇太后临政，有龟龙麟凤之应，五德嘉符，相因而备。河图洛书远自昆仑，出于重壄。古谶著言，肆今享实。此乃皇天上帝所以安我帝室，俾我成就洪烈也。①

据《汉书·元后传》，西汉文、景时，王氏先祖王贺徙居魏郡元城委粟里。元城城东有五鹿之墟，即春秋时沙麓山故地。当地有长老预言：

> 昔春秋沙麓崩，晋史卜之，曰：“阴为阳雄，土火相乘，故有沙麓崩。后六百四十五年，宜有圣女兴。”其齐田乎！今王翁孺徙，正直其地，日月当之。元城郭东有五鹿之虚，即沙鹿地也。后八十年，当有贵女兴天下。②

这位圣女或贵女，当然就是王政君。至于“阴精女主圣明之祥”，是指王政君母亲李氏怀孕时，“梦月入其怀”③。就连哀帝时期由讹言引发的传行西王母筹，也被论述为王政君将成为国母的符瑞。更重要的是，《河图》、《洛书》等“古谶”已预言太皇太后安定帝室之功，至今

① 《汉书》卷84《翟义传》，页3432。
② 《汉书》卷98，页4014。
③ 《汉书》卷98，页4015。

果然应验。至此出生神话、符瑞、符命等天命符号，一应俱全。而王氏显贵、王莽居摄，都出自这样一位深受上天宠信的太皇太后之诏命。这自然是王莽禅汉合法性的第一重论据。

“帝王受命，必有德祥之符瑞。”①“皇天降瑞，出丹石之符。”②王莽受命的第二重论述，就是大量对他自己有利的祥瑞和“符命”。符命或来自“神谕”，或“浑然天成”地显示为石纹，或不知由何人刻在铜板铜璧上，内容都是王莽应该当皇帝。为了杜绝外间对这些“符命”真伪的质疑，他宣称所有符命均经过他自己和群臣的验证。例如巴郡石牛、雍石文，由他和太保安阳侯王舜等一起检视。刻有“太皇太后当为新室文母太皇太后”符命的铜璧，群臣检视后异口同声地说，“其文字非刻非画，厥性自然”，当然不是人为伪造的。

在谶纬流行的汉代，社会各阶层对汉字的神秘性质相当敏感，对其预言能力有很深的信仰。建平二年六月，甘忠可弟子夏贺良等引述《赤精子谶》，建议哀帝改元易号，可借此再受命。哀帝因此下诏，改年号为太初元将元年，八月又废除此年号。王莽很有创意地破译说，“元将元年者，大将居摄改元之文也”③。也就是说，本为汉家再受命而命名的年号，结果一语成谶，预言了“大将”（王莽曾任职大司马）居摄改元，于今验矣。以年号为谶，在魏晋南北朝常见。这是一种偶然性、随机性强的谶言，有时因巧合而启示天意，言或有中，较“神谕”、“石文”更为可信。王莽将哀帝年号解读为有利于己的谶言，很有前瞻意识。这可以看做王莽受命的第三重论述。

王莽对汉字的符号意义非常敏感，破译符号的联想能力也颇为可观。（他曾将甄寻手臂上的“天子”纹理解释为“一大子”或“一六子”，而“六者，戮也”）他即真后宣布：

> 今百姓咸言皇天革汉而立新，废刘而兴王。夫“刘（劉）”之为字“卯、金、刀”也，正月刚卯，金刀之利，皆不得行。博谋卿士，佥曰天人同应，昭然著明。其去刚卯莫以为

---

① 《汉书》卷99中《王莽传中》，页4112。
② 《汉书》卷99上《王莽传上》，页4091。
③ 《汉书》卷99上《王莽传上》，页4094。

佩，除刀钱勿以为利，承顺天心，快百姓意。①

因为担心民众使用刀币，或正月佩戴刚卯（辟邪饰物，汉代流行），可能会联想到刘氏，于是废除刀币，禁止佩戴刚卯。这也可看做一种文字上的镇厌巫术。

王莽受命的第四重论述，是王氏乃虞舜的苗裔②，而“汉家尧后，有传国之运”（眭弘语）。古史传说中的尧舜禅让，儒家传为美谈，汉禅于新，于史有据。

第五重论述，是尧、汉属火德，舜、新属土德，按谶纬五德运次，火生土，土承火。“武功丹石出于汉氏平帝末年，火德销尽，土德当代，皇天眷然，去汉与新。”③所以王莽在汉高祖庙进行禅让受命仪式，特意选在丁卯日，因为“丁，火，汉氏之德也。卯，刘姓所以为字也。明汉刘火德尽，而传于新室也”④。

至于反莽势力，也往往引述谶纬，挑战或质疑王莽的受命论述。

郅恽，汝南西平人，通《韩诗》、《严氏春秋》，明天文历数。新莽末年，社会动荡，“盗贼群发”。郅恽仰观星象，认为“方今镇、岁、荧惑并在汉分翼、轸之域，去而复来，汉必再受命，福归有德。如有顺天发策者，必成大功”。于是他推却地方长官的任用，西至长安，上书王莽，警告说：谶纬早已预言，“汉历久长，孔为赤制”，“刘氏享天永命”，汉家还有机会再受命。臣下虽是您的子民，上天却是您的严父，您应该听从严父之教，顺应天意。“神器有命，不可虚获”，您应该“取之以天，还之以天”，早点将神器归还汉家，尚不失为“知命”，否则“不免于窃位”之污名。⑤

王莽当然大怒，即命捕入诏狱，控以大逆不道罪。但郅恽的论述皆本谶纬，谶纬则是王莽受命论述的理论依据，难以据此定罪。王莽

① 《汉书》卷99中《王莽传中》，页4110。

② 《汉书》卷98《元后传》：“莽自谓黄帝之后，其自本曰：黄帝姓姚氏，八世生虞舜。”（页4014）《汉书》卷99上《王莽传上》：“予以不德，托于皇初祖考黄帝之后，皇始祖考虞帝之苗裔。”（页4095）

③ 《汉书》卷99中《王莽传中》，页4113。

④ 《汉书》卷99中《王莽传中》，页4113。

⑤ 《后汉书》卷29《郅恽传》，页1025。

于是示意黄门近臣威胁郅恽，让他承认自己“狂病恍忽，不觉所言”。郅恽“乃瞋目詈曰：‘所陈皆天文圣意，非狂人所能造。’”①王莽对之无可奈何，郅恽会赦得出，南遁苍梧。

新莽末年，天水大族隗嚣（?—33）聚众反莽。他听从军师方望的建议，立庙奉祀汉高祖、汉文帝、汉武帝，表示效忠汉室，并移檄郡国，讨伐王莽：

> 故新都侯王莽，慢侮天地，悖道逆理。鸩杀孝平皇帝，篡夺其位。矫托天命，伪作符书，欺惑众庶，震怒上帝。反戾饰文，以为祥瑞。戏弄神祇，歌颂祸殃。楚、越之竹，不足以书其恶。天下昭然，所共闻见。②

隗嚣檄书中的“伪作符书”，“戏弄神祇”，都是指斥王莽伪造符命神谕，欺骗民众，与郅恽一样，公然挑战其“受命”论述的合法性。而朝野间私下引述谶纬，质疑王莽受命的更是大有人在。如卫将军王涉的门客道士西门君惠，“好天文谶记”。他曾告诉王涉，“星孛扫宫室，刘氏当复兴，国师公姓名是也”③。王涉受其鼓动，联络大司马董忠、国师公刘秀（即刘歆），意图绑架王莽，投降义军，可以保全王氏宗族，事败自杀。

（二）“刘秀发兵捕不道”——光武帝刘秀受命与谶纬论述

新莽末年，群雄并起，逐鹿中原。当时人心思汉是大潮流，多股军事势力奉刘氏宗室或冒认的宗室为主。也有不少地方割据集团以“辅汉”为旗号。但经过西汉中后期“汉有传国之运”、“汉运中衰”思潮的洗礼，王莽“火德销尽，土德当代”论述的冲击，刘汉皇权的合法性已然受到严峻的挑战。

例如刘秀称帝后，割据陇西的隗嚣不甘臣服，虽采用建武年号，却派辩士张玄游说镇守河西五郡的窦融（公元前16—公元62），“今

---

① 《后汉书》卷29《郅恽传》，页1025。
② 《后汉书》卷13《隗嚣传》，页514—515。
③ 《汉书》卷99下《王莽传下》，页4184。

豪杰竞逐，雌雄未决，当各据其土宇，与陇、蜀合从，高可为六国，下不失尉佗”，建议各自维持割据局面。张玄的说辞，起首便强调“更始事业已成，寻复亡灭，此一姓不再兴之效”[①]。这一论述衍生自“汉运中衰”、“火德销尽”，试图从根本上颠覆汉家再受命的信仰。

而称帝西蜀的公孙述，也以谶纬的“五德之运，黄承赤而白继黄，金据西方为白德，而代王氏，得其正序”[②]论述，挑战刘秀的合法性地位。

刘秀于哀帝建平元年十二月甲子生于济阳。虽然“刘秀当为天子”谶言当时已开始流传，但据《后汉书·光武帝纪论》，秀之得名源自当年济阳县界有嘉禾生，一茎九穗，而非为了应谶。[③]新莽末年，刘氏兄弟未起兵前，刘秀曾与兄长刘缜、姊夫邓晨，在宛城与穰人蔡少公等宴饮闲谈。少公颇学图谶，提及“刘秀当为天子”。席中有人问：“是国师公刘秀乎？”刘秀半开玩笑地说：“何用知非仆邪？”坐者皆大笑。[④]从这则叙事来看，刘秀本人和在场宾客（除了邓晨），都没有认真地看待刘秀名应图谶。就连颇学图谶的蔡少公，也没有注意到这两者间的联系。

但至刘缜被杀、更始失众人心，萧王刘秀经营河北，“跨州据土，带甲百万”，《赤伏符》“刘秀发兵捕不道”谶言再次吸引世人的关注。更始被赤眉杀死后，刘秀部将纷纷劝进。当刘秀行军至鄗城，他年轻时在长安求学的同舍生强华自关中来献《赤伏符》，曰“刘秀发兵捕不道，四夷云集龙鬬野，四七之际火为主”[⑤]。刘秀终于决定接受部将的劝进，是年六月，即皇帝位。其祭祀群神的祝文说：

> 皇天上帝，后土神祇，眷顾降命，属秀黎元，为人父母，秀不敢当。羣下百辟，不谋同辞，咸曰：“王莽篡位，秀发愤兴兵，破王寻、王邑于昆阳，诛王郎、铜马于河北，平定

---

① 《后汉书》卷23《窦融传》，页798。

② 《后汉书》卷13《公孙述传》，页538。

③ 《后汉书》卷1下《光武帝纪下》，页86。

④ 《后汉书》卷15《邓晨传》，页582。

⑤ 《后汉书》卷1上《光武帝纪上》，页21。

天下，海内蒙恩。上当天地之心，下为元元所归。"谶记曰："刘秀发兵捕不道，卯金修德为天子。"秀犹固辞，至于再，至于三。羣下佥曰："皇天大命，不可稽留。"敢不敬承。①

很显然，《赤伏符》谶言在刘秀受命论述中占有重要地位。窦融及河西豪杰、郡守集议，最后决定拒绝隗嚣"与陇、蜀合从"的提议，"决策东向"，归顺光武帝，最重要的三个考虑，一是"汉承尧运，历数延长。今皇帝姓号（刘秀）见于图书"，即据《赤伏符》，刘秀有受命之征；二是"自前世博物道术之士谷子云、夏贺良等，建明汉有再受命之符，言之久矣"，而非张玄说的"一姓不再兴"；三是"以人事论之：今称帝者数人，而洛阳土地最广，甲兵最强，号令最明。观符命而察人事，他姓殆未能当也"②。从君权神授合法性，到政治力量对比之现实，论述得非常精当。

（三）"王者兴祚，非诈力所致"

秦末汉初的社会政治语境中，流行"布衣而有天下"，"王侯将相宁有种乎"论述。汉高祖"以匹夫起事，角群臣而定一尊。……其徒亦自多亡命无赖之徒"③。但随着宗室、外戚、豪族、官僚世家蚕食、分割政治经济文化资源，布衣君臣的政治格局逐渐褪色，以家世、门阀对接天命符应，成为两汉时期皇室权贵维持特权正当性的必备论述，即东汉史学家班彪（3—54）所说：第一，"帝王之祚，必有明圣显懿之德，丰功厚利积累之业，……未见运世无本，功德不纪，而得屈起在此位者也"④；第二，"汉德承尧，有灵命之符，王者兴祚，非诈力所致"⑤。因此，王莽必须费尽心血，建构其受命论述。东汉则确立了"刘承尧统，旷世继德，有蛇龙之征，致云彩之应，五纬上聚，天人俱协"的符应受命观。⑥

① 《后汉书》卷1上《光武帝纪上》，页22。
② 《后汉书》卷23《窦融传》，页798。
③ 《廿二史札记校证》卷2《汉初布衣将相之局》，页36。
④ 《汉书》卷100上《叙传上》，页4208。
⑤ 《后汉书》卷40上《班彪传上》，页1324。
⑥ 《魏书》卷2《太祖纪二》，页37。

范晔《后汉书·袁术传》论曰：

> 天命符验，可得而见，未可得而言也。然大致受大福者，归于信顺乎！夫事不以顺，虽强力广谋，不能得也。谋不可得之事，日失忠信，变诈妄生矣。况复苟肆行之，其以欺天乎！虽假符僭称，归将安所容哉！①

时论认为：未获天命认可、却非要逐鹿中原的狂狡之徒，绝不可能侥幸成功，只是累人累己，身死名颓，殃及九族。

然而群雄逐鹿、尘埃未定之际，天命之归属，如何辨认呢？谶纬五德历运论述，为皇朝更迭的合法性论证设定了定式化的程序，有无谶言的支持，遂成为验证帝王受命合法性的证据之一。

五、谶言信仰与汉代社会心态

（一）功利性的策略考虑

人们相信谶言，本应该是因为它具有神秘难测的预言能力，因而成为传达天启信息的超自然符号。但既然它与政治沾上边，在权力斗争中拥有难以估量的影响力，也就不可避免地会牵涉种种利益。许多政治势力和个人，在面对谶言时，难免产生实用主义式的策略考虑。

王莽步上最高权力的符命之路的第一块垫脚石，来自武功白石：

> 前辉光谢嚣奏武功长孟通浚井得白石，上圆下方，有丹书著石，文曰："告安汉公莽为皇帝。"符命之起，自此始矣。莽命群公以白太后，太后曰："此诬罔天下，不可施行！"太保舜谓太后："事已如此，无可奈何，沮之力不能止。又莽非敢有它，但欲称摄以重其权，填服天下耳。"太后听许。②

① 《后汉书》卷75，页2444。
② 《汉书》卷99上《王莽传上》，页4079。

王太皇太后虽然重用王莽，但作为汉元帝的皇后、汉成帝的母亲，她对刘汉皇室保持忠诚，并无转移汉祚的居心。废除汉室，也不符合她的个人利益。白石丹书出世，她立即明白，这种作伪手法，岂能骗过天下人？但王莽在朝野经营数年，羽翼已丰，“事已如此，沮之力不能止”，王莽当时又“非敢有它”，“称摄”而已。王太皇太后在无可奈何之下，同意王莽称摄。此步一退，王莽步步紧逼，汉运之衰，一发不可收拾。

从史书的叙述可以很清楚地看到，当时朝野上下都心知肚明，王莽推动的一系列“符应”多属伪冒假劣。但太皇太后装聋作哑，“群公”纷纷为之背书，地方官及民间人士抢不迭地争献符命，博取利禄。①“谈说之士用符命称功德获封爵者甚众。”②“是时争为符命封侯，其不为者相戏曰：‘独无天帝除书乎？’”③王莽亲信大臣司命陈崇也看不下去了，对王莽说：“此开奸臣作福之路而乱天命，宜绝其原。”④

前面提到，新莽末年，割据陇西的隗嚣立庙奉祀汉高祖、汉文帝、汉武帝，以示效忠汉室。隗嚣的这一举措，受教于他的军师方望：

> 足下欲承天顺民，辅汉而起，今立者乃在南阳，王莽尚据长安，虽欲以汉为名，其实无所受命，将何以见信于众乎？宜急立高庙，称臣奉祠，所谓“神道设教”，求助人神者也。⑤

隗嚣欲以尊崇汉室的方式，笼络人心，展示其“辅汉”反莽的立场。这则“神道设教”的权宜设计，与王莽以伪造符命建构受命论述的心

---

① 哀章以献金匮符命，位列新朝官位最高的四辅之一，位上公；故城门令史王兴、卖饼儿王盛，以名在符命，也位列四将。宗室刘龚、刘嘉等以献符命封侯。

② 《汉书》卷87下《扬雄传下》，页3583。

③ 《汉书》卷99中《王莽传中》，页4122。

④ 《汉书》卷99中《王莽传中》，页4122。

⑤ 《后汉书》卷13《隗嚣传》，页514—515。

态，大同小异。

东汉光武帝凭借谶言赢取舆论支持，即位后，曾因谶文有“孙咸征狄”，“用平狄将军孙咸行大司马”，令“众咸不悦”；①又因《赤伏符》曰“王梁主卫作玄武”，越级提拔野王令王梁为大司空。②东汉当局对谶纬的推崇和提倡，不仅令热衷仕途者心存侥幸，连智识界人士也趋之若鹜。“士之赴趣时宜者，皆骋驰穿凿，争谈之也。”③“故后世争为图纬之学，以矫世取资。”④学者尹敏直斥谶纬之妄，光武帝不为所动，结果他也乘编校谶纬文本之便，私自增加文字“君无口，为汉辅”，意图博取升迁。

（二）谶言信仰心态试析

观察汉代社会中谶言的出现、流传和应用，处处可见策略性的盘算，现实政治的考虑，人为操弄的痕迹，以及荒诞无稽的迷信。当时的智识界也不乏对谶言的理性批判和质疑。⑤但仅从政治功利或荒诞迷信分析汉代的谶言信仰心态，未免简单化了。就算多则谶言是伪冒产品，但作伪之必要以及谶言在当时政治斗争中所发挥的实际作用，已经显示出谶言在争取当时人心理认同的特殊价值，也就是说，社会上确实存在着广泛的谶言信仰。

即使作伪者和心存侥幸者，仍然可能对谶言存有信仰或敬畏之心。如王莽的受命论述，是由无数人为操作的“符命”建构而成。王太皇太后指其“诬罔天下”，他自己心里其实也很明白。但他废除刀

---

① 《后汉书》卷22《景丹传》，页773。

② 《后汉书》卷1上《光武帝纪上》，页23；卷22《王梁传》，页774。

③ 《后汉书》卷82上《方术列传上》，页2705。

④ 华峤《汉后书》卷2《郎顗传》。（《八家后汉书》，页535）

⑤ 如尹敏对光武帝说：“谶书非圣人所作，其中多近鄙别字，颇类世俗之辞，恐疑误后生”；（《后汉书》卷79上《儒林上·尹敏传》，页2558）桓谭（公元前23—公元50）告诉光武帝：“臣不读谶”，“帝问其故，谭复极言谶之非经”；（《后汉书》卷28上《桓谭传》，页961）郑兴告诉光武帝：“臣不为谶”；（《后汉书》卷36《郑兴传》，页1223）张衡（78—139）上疏顺帝，指图谶是伪书，“宜收藏图谶，一禁绝之”。（《后汉书》卷59《张衡传》，页1912）当董卓（？—192）以《石苞室谶》为依据，计划迁都长安时，司徒杨彪（142—225）争辩说：“石苞室谶，妖邪之书，岂可信用？”（《三国志》卷6《魏书·董卓传》裴松之注引华峤《汉书》，页177）这些批判，学界广泛征引，读者多已耳熟能详，本书不再赘述。

币，禁佩刚卯；“以钱文有金刀，故改为货泉”[①]；“以王况谶言荆楚当兴，李氏为辅，欲厌之，乃拜侍中掌牧大夫李棽为大将军、扬州牧，赐名圣，使将兵奋击”[②]。在在显示他对汉字乃至谶言的神秘象征能力，确实心怀恐惧。地皇四年（23）六月，新朝大军败于昆阳，“莽军师外破，大臣内畔，左右亡所信”。[③]王莽“自知败，乃率羣臣至南郊，陈其符命本末，仰天曰：‘皇天既命授臣莽，何不殄灭众贼？即令臣莽非是，愿下雷霆诛臣莽！’因搏心大哭，气尽，伏而叩头”[④]。十月，赤眉军攻入长安，王莽在群臣扶持下，避入未央宫渐台，临死之前，“犹抱持符命、威斗”[⑤]。王莽自己伪造的“符命”，最后真的成为他虔诚信仰全心依赖的天命象征。

谶言在光武帝刘秀受命论述中占有重要地位。光武帝不仅凭借谶言赢取舆论支持，强化己方的信心，说服群众，也依赖谶言决定一些纷争和犹豫不决的事情[⑥]，包括据谶言任用高级官员。

“闻道术之士西门君惠、李守等多称谶云：‘刘秀为天子。’自光武为布衣时，数言此，及后终为天子，故甚信其书。”[⑦]据史籍的叙述，光武帝真心信仰谶言，而且学习谶言文本的态度极其认真。建武十七年二月乙未晦，日食。“上以日食避正殿，读图谶多，御坐庑下浅露，中风发疾，苦眩甚。左右有白大司马史，病苦如此，不能动摇。”[⑧]光武帝不但自己苦读谶书，还与亲信臣属共同研读。[⑨]

光武帝中元元年“宣布图谶于天下”，一般被认为东汉帝王提倡谶纬的证据。但图谶从西汉后期至东汉初在社会上已流传极广，专攻的学者也很多，何须“宣布”然后才能推广于天下？实际上光武帝即位后，就令薛汉、尹敏等人“校定图谶”，删除新莽时期骑都尉崔发

① 《后汉书》卷1下《光武帝纪下》，页86。
② 《汉书》卷99下《王莽传下》，页4168。颜师古注：“改其旧名，以圣代谶。”
③ 《汉书》卷99下《王莽传下》，页4186。
④ 《汉书》卷99下《王莽传下》，页4187—4188。
⑤ 《汉书》卷99下《王莽传下》，页4191。
⑥ 《后汉书》卷28上《桓谭传》：“是时帝方信谶，多以决定嫌疑。”（页959）
⑦ 华峤《汉后书》卷2《郎顗传》。（《八家后汉书》，页535）
⑧ 《后汉书》卷1下《光武帝纪下》李贤注引《东观汉记》，页68。
⑨ 《后汉书》卷33《朱浮传》：“臣浮幸得与讲图谶，故敢越职。”（页1145）

等为王莽编辑著录的符命谶言[①]，对不利于东汉皇室的内容加以删削、修订，三十年后才把整理好的内容"宣布于天下"，目的是将谶纬定型化，从而杜绝伪造谶文图谋不轨的流弊。这也从反面证明光武帝面对谶言如临深渊、如履薄冰的信服与恐惧心态。

《后汉书·张衡传》说："初，光武善谶，及显宗、肃宗因祖述焉。"[②]从史籍看，明、章两帝之善谶，又不止"祖述"而已。

《东观汉记·明帝纪》：

> 孝明皇帝尤垂意于经学，即位，删定拟议，稽合图谶，封师太常桓荣为关内侯，亲自制作五行章句。每飨射礼毕，正坐自讲，诸儒并听，四方欣欣。是时学者尤盛，冠带搢绅游辟雍而观化者以亿万计。[③]

《后汉书》所载明帝、章帝的诏书，也经常引述谶纬，作为其政治、礼制论述的依据。

明章之后，如和帝（88—105年在位）去世后被尊为皇太后的邓绥（81—121），临朝听政，摄政达十六年。她"自入宫，遂博览五经传记，图谶内事，风雨占候，老子、孟子、礼记月令、法言，不观浮华申韩之书"[④]。安帝永初三年（109），太白入斗，洛阳大水。邓太后派中常侍咨询谶纬名家杨厚。杨厚建议："诸王子多在京师，容有非常，宜亟发遣各还本国。"邓太后听从他的建议，太白星寻灭不见，大水也如期消退，皆如杨厚之预言。[⑤]永初六年（112），邓太后又通过安帝下诏，以"建武元功二十八将，佐命虎臣，谶记有征"，"而或至乏祀"，令"二十八将绝国者，皆绍封焉"[⑥]。

新莽末曾与刘秀争夺天下的公孙述，和东汉末与群雄逐鹿中原的

① 《后汉书》卷79上《儒林上·尹敏传》，页2558。
② 《后汉书》卷59，页1911。
③ 《东观汉记校注》卷2，页58。
④ 司马彪《续汉书·后妃·和熹邓皇后传》。(《八家后汉书》，页318)
⑤ 《后汉书》卷30上《杨厚传》，页1048。
⑥ 《后汉书》卷17《冯异传》，页652。

袁术，都是谶言的虔信者。破译隐语式谶言如“废昌帝，立公孙”和“代汉者当涂高”时，他们都有自我对号入座的心理倾向。东汉初新城有“山贼”张满，“祭祀天地，自云当王”。建武三年春，征虏将军祭遵（?—33）破其城，擒张满。张满大叹：“谶文误我！”①谶文内容不得而知。张满既然事败，则谶言无验，只能算作妖言，或者是张满误解了谶言。但张满信仰谶文的诚意，毋庸置疑。

谶言信仰不仅在高层权力争夺中流行，在社会生活中也很普遍。新莽末年，有北海人逢萌，家贫，曾任亭长，后去长安，习《春秋》。逢萌素明阴阳，知莽将败，于是头戴瓦盆，哭于市曰：“新乎新乎！”②与此传说异曲同工者，东汉末董卓应大将军何进（?—189）之邀，入洛阳兵谏。他进京后，废立皇帝，独揽军政。司徒王允与董卓部将吕布及仆射士孙瑞密谋诛卓。有人书“吕”字于布上，负而行于市，歌曰：“布乎！”有告卓者，卓不悟。③类似的传言，在社会动乱时常会浮现，尤其是作为重大事件过后的一种“解释”。值得注意的是，汉魏史家将它们视为隐语式谶言，著录于史册。

东汉建武初，匈奴不断南侵，光武帝令“造战车，可驾数牛，上作楼橹，置于塞上，以拒匈奴”。人们见到后，相互交谈说：“谶言汉九世当却北狄地千里，岂谓此邪?”至建武二十四年，匈奴分裂为南北两部，南匈奴单于向汉廷示好，“愿永为蕃蔽，扞御北虏”。二十五年，南匈奴大败北匈奴，“北单于震怖，却地千里”④。人们认为，“汉九世当却北狄地千里”的谶言至此应验。

山阳人单飏，明天官、筭术。曾任太史令、侍中、汉中太守。后拜尚书，卒于官。灵帝熹平（172—178）末，有黄龙见于谯。⑤

光禄大夫桥玄（109—183）问飏：“此何祥也?”飏曰：

---

① 《后汉书》卷20《祭遵传》，页739。

② 《后汉书》卷83《逸民·逢萌传》，页2760。

③ 《后汉书》卷72《董卓传》，页2331。李贤注引《英雄记》，作：“有道士书布为‘吕’字，将以示卓，卓不知其为吕布也。”

④ 《后汉书》卷89《南匈奴传》，页2943。

⑤ 谯，沛国谯郡，今安徽亳州。曹操即谯人。本书第一章讨论过，汉新、汉魏之际，涉及赤（火）、黄（土）更迭的祥瑞灾异征兆及传说数不胜数，“黄龙见”是常见的一种。

> “其国当有王者兴。不及五十年，龙当复见，此其应也。”魏郡人殷登密记之。至建安二十五年春，黄龙复见谯，其冬，魏受禅。①

建安二十五年（220），曹操卒，汉献帝禅位于曹丕。熹平末至建安二十五年，时隔约四十余年。

董扶，汉末蜀地谶纬学大师，曾师从同郡杨厚，还家讲授，弟子自远而至。灵帝时，曾征拜侍中，甚见器重。董扶私下对宗室、太常刘焉（?—194）说：“京师将乱，益州分野有天子气。”②刘焉相信他的预言，遂求出为益州牧。一年后，灵帝崩，天下大乱。只是“天子气”并未应验在刘焉，而是应在刘备。

这些谶言在民间或私人之间流传多年，各有其信众。

记录东汉灾异妖变的《后汉书·五行志》，常以谶言结合政事，解释灾异发生的原因，也视灾异为谶言的验证。如：

> 安帝永初元年冬十月辛酉，河南新城山水虣出，突坏民田，坏处泉水出，深三丈。是时司空周章等以邓太后不立皇太子胜而立清河王子，故谋欲废置。十一月，事觉，章等被诛。是年郡国四十一水出，漂没民人。谶曰：“水者，纯阴之精也。阴气盛洋溢者，小人专制擅权，妒疾贤者，依公结私，侵乘君子，小人席胜，失怀得志，故涌水为灾。”③

> 和帝永元四年六月丙辰，郡国十三地震。《春秋汉含孳》曰：“女主盛，臣制命，则地动坼，畔震起，山崩沦。”是时窦太后摄政，兄窦宪专权，将以是受祸也。后五日，诏收宪印绶，兄弟就国，逼迫皆自杀。④

---

① 《后汉书》卷82下《方术下·单飏传》，页2733。

② 《后汉书》卷82下《方术下·董扶传》，页2734。

③ 《后汉书》志15《五行志三》，页3309。

④ 《后汉书》志16《五行志四》，页3328。

范晔《后汉书》诸志并未完成。今存《后汉书》诸志乃梁刘昭取自于西晋司马彪（243—306）《续汉书》内容，而其《五行志》乃将应劭、董巴、谯周“并撰建武以来灾异”、“合而论之”的产物。①所以上引论述，反映出东汉后期史学界、谶纬学界有关谶言与社会政治关系的认识，及他们对谶言预警和象征能力的认可。

另一位东汉末的大学者，经学、纬学大师郑玄，于献帝建安五年（200）春，梦见孔子对他说：“起，起，今年岁在辰，来年岁在巳。”“既寤，以谶合之，知命当终，有顷寝疾。”②可知于社会生活、政治生活之外，谶言信仰也已渗透日常生活之中。

新莽末占据河西的窦融，主动放弃割据，于建武五年归附光武帝，深得光武帝的欣赏。窦氏一门贵宠，号称“一公、两侯、三公主、四二千石”。窦融揣摩透了光武帝信谶、重谶而又不愿贵臣世家通谶的复杂心理，向光武帝表白自己不许儿子“观天文、见谶记，诚欲令恭肃畏事，恂恂循道，不愿其有才能”③，以此邀宠避祸。而光武也并没有像对尹敏、郑兴那样斥责窦融，此中的奥妙是可以理解的。④

上文提到过最早破译“代汉者当涂高”谶言的蜀地谶纬学家周群，自少从父亲周舒（杨厚弟子）学习谶纬和占星，“专心候业。于庭中作小楼，家富多奴，常令奴更直于楼上视天灾，才见一气，即白群，群自上楼观之，不避晨夜。故凡有气候，无不见之者，是以所言多中”⑤。

同样是杨厚的再传弟子，成都人杜琼，纬学大师任安的高足，“精究安术”。但他“虽学业入深，初不视天文”。而且“不教诸子，内学无传业者”。他曾对后进的纬学大家谯周言及此中的苦衷：“欲明此术甚难，……晨夜苦剧，然后知之，复忧漏泄，不如不知。”⑥

可知在东汉的日常生活中，人们对谶言既信仰，也畏惧。学习和破

---

① 参见陈业新（2002），页44。
② 《后汉书》卷35《郑玄传》，页1211。
③ 《后汉书》卷23《窦融传》，页807。
④ 参见吕宗力（1984），页82。
⑤ 《三国志》卷42《蜀书·周群传》，页1020。
⑥ 《三国志》卷42《蜀书·杜琼传》，页1021。参见吕宗力（1984），页85。

译谶言中的预言信息，是一种非常严肃、艰巨而又有政治风险的事业。

西周形成的天命观，涉及国家及个人两方面的命运。其涉及国家政治前途的观念，经过两汉儒家的丰富，再经谶纬家的敷衍，发展出一整套极具系统性的政治符号。这一符号系统为中国古代最高权力形式上的合法交接提供一个标准化的仪式，有助于凝聚和整合社会力量，减少皇朝更迭必然带来的社会震荡。但符号的意义和神圣性是人们赋予它的。一旦人们撤回赋予它的意义，整个仪式就会成为可笑的形式。谶言、符瑞等，都有作伪的可能，许多时候也确有作伪的形迹。有些学者因而强调谶纬在当时作为政争武器的欺骗功用。如果人人作伪，毫无信仰，只重实用，谶言必成为笑柄，绝无神圣性可言。它的符号象征意义又何在？它怎么能在政争中发挥影响？

史书中所记谶言，不少是事后补作的。当时的人们明知如此，对谶言的兴趣和信仰不减，有其原因：时局愈不安稳，信心愈不足，愈想预知未来的结局。谶言中的西贝货固然不少，毕竟仍有灵验的真预言；有趣的是，越是流行的谶言，信仰者越多，越有应验的可能。谶言不同于上古王室占卜神谕之处即在此：占卜是黑箱作业，结果只允许由极少数人诠释；谶言无论最初的作者是谁，必须在流传过程中受到考验，大家不愿信仰的谶言很快被淘汰，大家愿意信仰的谶言迅速流行，从而影响政治力量的对比。谶言在当时的社会、政治语境中有其不可替代、不可或缺的作用，也因此当时的朝野上下，大多数人诚心信仰谶言。

第二节　谶　谣

谶谣是谶言的一种表现形式，一般以童谣的面目出现。与第三章讨论的一般民间歌谣相比，谶谣看上去更像是娱乐性强的嬉戏儿歌，却往往被视为言语异常、暗藏天机、预言未来的隐语式谶言，所以被收入《五行志》，称为谣妖、诗妖。①

① 吴承学（1996）：“谣谶则是以歌谣的形式，预示着上天对于未来国家、政治乃至人事的安排。”（页104）谢贵安（1998）：“谶谣是把谶的神秘性、预言性与谣的通俗流行性结合起来的一种具有预言性的神秘谣歌，是以通俗形式表达神秘内容并预言未来人事荣辱祸福、政治吉凶成败的一种符号，或假借预言铺陈的政治手段。”（页5）

一、元成时期谶谣

童谣类预言，在《左传》、《国语》、《史记 · 周本纪》、《史记 · 晋世家》等史籍中已有记载，“明白无误地反映出先秦时代人们以谣为谶的观念”[①]。这些童谣类预言，在《汉书 · 五行志》中也被编入诗妖类。

《汉书 · 五行志》所记载的西汉时代的谶谣只有三则，都出现于元、成时期。

> 井水溢，灭灶烟，灌玉堂，流金门。[②]

这首童谣据说流行于元帝时。“井水溢，灭灶烟”是日常生活中可能发生也很常见的现象，童谣的描述，未必有特定的政治指向。[③]有学者认为元帝时宦官石显当权，政治异常黑暗，这首童谣显示，人民的愤怒可以颠覆封建统治者的“社稷”，是难以遏止得住的。

依汉代流行的阴阳五行论述，井水属阴，灶烟属阳，所以“井水溢，灭灶烟”意象乃阴盛阳衰之征。在当时的政治文化语境中，阴盛阳衰象征女主、外戚、宦官擅权，或以下犯上，主弱臣强。

例如宣帝作为落难王孙在民间生活时，已知道“霍氏尊盛日久，内不能善”[④]。宣帝即位后，表面上尊重信任霍光，内心十分忌惮，与之同车时，“若有芒刺在背”[⑤]。霍光去世后，霍家与宣帝的关系日趋紧张，霍光诸子遭朝廷削权，霍光继室显梦府中多灾异，“井水溢流庭下，灶居树上”[⑥]。不久霍家因密谋废天子事泄，遭族灭。

成帝建始二年（公元前 31）三月戊子，北宫中井泉稍上，溢出南流，“井水溢”预言因而应验。《汉书 · 五行志》以为，“玉堂、金门，

① 吴承学（1996），页 104。
② 《汉书》卷 27 中之上《五行志中之上》，页 1395。
③ 刘开扬（1983），页 89。
④ 《汉书》卷 68《霍光传》，页 2951。
⑤ 《汉书》卷 68《霍光传》，页 2958。
⑥ 《汉书》卷 68《霍光传》，页 2955。

至尊之居”，井水溢而灌玉堂、流金门，显然象征阴盛而灭阳，当有“宫室之应”。[1]成帝时重用太后家族王氏，赵飞燕姊妹专宠后宫，纵情声色，好微行。阴盛灭阳之征，如果应在成帝之世，也完全说得通。[2]但《汉书 · 五行志》认为，这则谶谣其实应验在数十年后的王莽篡汉。

> 燕燕尾涎涎，张公子，时相见。木门仓琅根，燕飞来，啄皇孙，皇孙死，燕啄矢。[3]

成帝在位时，常由富平侯张放陪伴[4]，微行出游，冒称富平侯家人，斗鸡走马，纵情声色。一次在阳阿公主处作乐，“见舞者赵飞燕而幸之”，召入宫立为皇后。飞燕孪生妹妹赵合德不久也入宫，封为昭仪。飞燕姊妹未能生育，也不让其他妃嫔生育，毒杀有孕宫妃，残害皇子，令成帝无后。所以“燕燕尾涎涎”谣，很可能是一首叙事童谣，“一语双关地用燕子的一生来比喻赵飞燕由贫贱而富贵、又由盛到衰最后灭亡的故事”[5]，只是语带讥刺。《汉书 · 五行志》将该谣出现的时序定在成帝认识赵飞燕之前，于是它成了预言童谣。

> 邪径败良田，谗口乱善人。
> 桂树华不实，黄爵巢其颠。
> 故为人所羡，今为人所怜。[6]

---

① 《汉书》卷27中之上《五行志中之上》，页1395。

② 成帝绥和二年（公元前7）春，李寻上书言灾异，说：“民人讹谣，斥事感名。三者既效，可为寒心。”如淳注：“斥事，井水溢之事也。有言溢者，后果井溢。感名，‘燕燕尾涎涎’是也。”（《汉书》卷84《翟方进传》，页3421—3422）可知当时亦有视“井水溢”谣预言成帝时事者。

③ 《汉书》卷27中之上《五行志中之上》，页1395。

④ 张放，武帝时期酷吏张汤的玄孙，宣帝时期大司马张安世的曾孙，父张临，母敬武公主。张放本人历任侍中、中郎将、光禄大夫、监平乐屯兵。“与上卧起，宠爱殊绝，常从为微行出游，北至甘泉，南至长杨、五柞，斗鸡走马长安中，积数年。”（《汉书》卷59《张放传》，页2654—2655）

⑤ 雷群明等（1988），页29。

⑥ 《汉书》卷27中之上《五行志中之上》，页1396。

这首童谣，批评"邪径败良田，谗口乱善人"的不良行为，并以桂树开花不结果、黄雀筑巢其上为喻，提醒做坏事者可能一时得逞，却不会有好结果。《汉书·五行志》认为这是一则隐语："桂，赤色，汉家象。华不实，无继嗣也。王莽自谓黄象，黄爵巢其颠也。"[①]即预言土德将取代火德。有学者推测，这是"有识之士对某些权臣的政治野心有所察觉，为了唤起人们的注意，而作的隐晦的预言"[②]，意即这是一则人为操作的谶谣。笔者认为，该谣描述和批评的是社会生活中常见的现象，未必有特定的政治指向。《五行志》的破译，有其政治用心。

二、两汉之际谶谣

出吴门，望缇群。见一蹇人，言欲上天；令天可上，地上安得民![③]

这是新莽末年在天水地区流行的童谣，似乎在讥刺"不自量力的狂妄分子"。[④]吴门，冀县（今甘肃天水甘谷县）城门。缇群，山名，在甘肃。蹇人，跛脚之人。《后汉书·五行志》指出，当时隗嚣刚起兵于天水，后来雄心渐长，欲为天子，遂破灭。隗嚣年轻时跛脚。所以，这首童谣被视为讥刺隗嚣帝业不成的谶谣。

谐不谐，在赤眉。得不得，在河北。[⑤]

这首童谣于更始时在南阳流传。《后汉书·五行志》指出，"是时更始（刘玄）在长安，世祖（刘秀）为大司马平定河北。更始大臣并僭专权，故谣妖作也。后更始遂为赤眉所杀，是更始之不谐在赤眉也。

---

① 《汉书》卷27中之上《五行志中之上》，页1396。
② 谢贵安（1998），页167。
③ 《后汉书》志13《五行志一》，页3281。
④ 雷群明等（1988），页36。
⑤ 《后汉书》志13《五行志一》，页3280。

世祖自河北兴”[①]。这应该是一首时政评论型歌谣，对时势有较准确的预测，遂成为应验的谶谣。

> 黄牛白腹，五铢当复。[②]

这首童谣流行于公元30年前后的蜀地。当时公孙述在蜀地称帝，建立大成政权。该谣从字面看，很具娱乐性，朗朗上口，通俗明了，以“黄牛白腹”为兴，可能反映了当地人心思汉，恢复五铢钱的愿望。“五铢”指西汉通行的五铢钱，新莽时被废止，改用货泉；公孙述统治时，废铜钱，设铁官铸钱。当地的经济秩序因而受到扰乱。《后汉书·五行志》解释说：“时人窃言王莽称黄，述欲继之，故称白；五铢，汉家货，明当复也。述遂诛灭。”[③]黄牛暗喻王莽，因为王莽自承土德，色尚黄；白腹暗喻公孙述，因公孙述自承金德，色尚白。

三、桓灵时期谶谣

> 小麦青青大麦枯，谁当获者妇与姑。丈人何在西击胡，吏买马，君具车，请为诸君鼓咙胡。[④]

这是一首控诉战争带给人民沉重灾难的反战童谣。[⑤]桓帝后期，汉羌战事频繁，“男人大批出征，妇女担任收割”[⑥]。《后汉书·五行志》序此于桓帝初期，显然是想凸显其预言性。以其社会批判意识之浓烈，其实放在哪个战乱时代，都有“预见性”。

> 城上乌，尾毕逋。公为吏，子为徒。一徒死，百乘车。

---

① 《后汉书》志13《五行志一》，页3280—3281。
② 《后汉书》志13《五行志一》，页3281。
③ 《后汉书》志13《五行志一》，页3281。
④ 《后汉书》志13《五行志一》，页3281。
⑤ 雷群明等（1988），页52。
⑥ 刘开扬（1983），页90。

车班班，入河间。河间姹女工数钱，以钱为室金为堂。石上慊慊舂黄粱。

梁下有悬鼓，我欲击之丞卿怒。①

这也是一首社会批判意识浓烈的童谣。第一段说君主只知聚敛财富，遇有战事则大量征役，父子都要出征。前线士卒死亡，后方陆续开拔。第二段说河间母子（指后来的灵帝及其母亲董太后）的奢侈贪婪。最后一段说民众怨愤，要击鼓请愿，却惹来主事者的嫌恶。②《后汉书·五行志》序此于“桓帝之初”，也是想凸显其预言性质，因为童谣第二段的批判对象，主要是灵帝母子：

案此皆谓为政贪也。城上乌，尾毕逋者，处高利独食，不与下共，谓人主多聚敛也。公为吏，子为徒者，言蛮夷将畔逆，父既为军吏，其子又为卒徒往击之也。一徒死，百乘车者，言前一人往讨胡既死矣，后又遣百乘车往。车班班，入河间者，言上将崩，乘舆班班入河间迎灵帝也。河间姹女工数钱，以钱为室金为堂者，灵帝既立，其母永乐太后好聚金以为堂也。石上慊慊舂黄粱者，言永乐虽积金钱，慊慊常苦不足，使人舂黄粱而食之也。梁下有悬鼓，我欲击之丞卿怒者，言永乐主教灵帝，使卖官受钱，所禄非其人，天下忠笃之士怨望，欲击悬鼓以求见，丞卿主鼓者亦复谄顺，怒而止我也。③

以谶谣视之，则“一徒死”或指桓帝，因“帝贵任群阉，参委机政，左右前后莫非刑人，有同囚徒之长”，“百乘车”，指灵帝；④“车班班，入河间”，指桓帝驾崩，朝廷遣使“征灵帝者，轮班拥节入河间

① 《后汉书》志13《五行志一》，页3281—3282。《古谣谚》据《白帖》卷94、《太平御览》卷920，于“城上乌，尾毕逋”后补“一年生九雏”五字。（卷6，页99）

② 参考刘开扬（1983），页90。

③ 《后汉书》志13《五行志一》，页3282。

④ 《后汉书》志13《五行志一》刘昭注，页3282。

也”[①]。这则谶谣可能由有识之士在灵帝之世利用现成童谣改编。

游平卖印自有平，不辟豪贤及大姓。[②]

桓帝延熹（158—167）末，拜窦皇后之父窦武（?—168，字游平）为城门校尉。至灵帝世，窦太后称制，窦武拜大将军，与太傅陈蕃合作，重用李膺、杜密、刘猛等党人，谋除宦官，得到士大夫、官僚集团的拥护。史称“唯德是建，印绶所加，咸得其人，豪贤大姓，皆绝望矣”[③]。此谣应是对窦武及党人的赞赏，也有可能出自党人之手。《后汉书·五行志》序此谣于“桓帝之初”，“游平卖印”遂成预言。

茅田一顷中有井，四方纤纤不可整。嚼复嚼，今年尚可后年铙。[④]

这应该是一首描述农家生活的童谣，文义浅显。但经《后汉书·五行志》的破译，就成为一则语义晦涩的隐语式谶谣：茅喻贤者，井指法度。“茅田一顷中有井”，意为群贤众多，不失法度。“四方纤纤不可整”，喻奸恶之人当道，气焰大炽，大局已难以收拾。“嚼复嚼者，京都饮酒相强之辞也。言食肉者鄙，不恤王政，徒耽宴饮歌呼而已也。”“今年尚可”者，今年虽然党人遭禁锢，还未到最坏的局面。“后年铙”者，陈蕃、窦武将被诛，“天下大坏”。[⑤]

陈、窦被诛，事在灵帝建宁元年（168）。此谣被序于“桓帝之末”，以符合其谶谣之性质。

白盖小车何延延。河间来合谐，河间来合谐![⑥]

① 《后汉书》志13《五行志一》刘昭注引应劭说，页3282。
② 《后汉书》志13《五行志一》，页3282。
③ 《后汉书》志13《五行志一》，页3283。
④ 《后汉书》志13《五行志一》，页3283。
⑤ 《后汉书》志13《五行志一》，页3283。
⑥ 《后汉书》志13《五行志一》，页3283。

桓帝于永康元年（168）十二月二十八日驾崩，无子。窦太后随即临朝听政，与其父城门校尉窦武定策禁中，迎立河间孝王刘开的曾孙、解犊亭（属饶阳河间县）侯刘宏，是为灵帝。据《后汉书·灵帝纪》，朝廷派守光禄大夫刘儵持节，率左右羽林，前往河间奉迎刘宏。窦武持节，在夏门亭，以诸侯王规格的青盖车迎其入殿中。①

白盖车，按东汉舆服制度，一是用于简易的送葬仪式，一是用作近小使车，"追捕考案，有所勑取者之所乘也"②。《后汉书·五行志》之"使者与解犊侯皆白盖车从河间来"，有学者解释说"时为桓帝奔丧，故车皆白盖"③；或说白盖小车是送葬的车，白盖象征死亡、期待灵帝的不幸，皆不合情理和礼制。④

一个比较合理的解释是，这则童谣所描述的只是当时社会生活的一个场景，与奉迎刘宏的车队并无关联。《后汉书·五行志》将此谣序于桓帝之末，又曲折地将之"破译"为隐语式谶谣，为刘宏登基的合法性提供一个解释。

四、灵献时期谶谣

侯非侯，王非王，千乘万骑上北芒（邙）。⑤

中平六年（189）三月，灵帝驾崩。八月，大将军何进、司隶校尉袁绍（?—202）等密谋诛杀宦官，事泄，何进为中常侍张让、段珪等所杀。与何进同谋的虎贲中郎将袁术火烧东、西宫，攻打宦官。张让、段珪等挟持少帝刘辩（176—190）、陈留王刘协（181—234）及公卿百官，逃往北邙山。董卓等率军追寻其后，诸宦官或被杀，或投水，公卿以下与董卓共迎少帝、陈留王于北邙山下。数月后，少帝被董卓废黜，刘协被立为帝，即献帝。"侯非侯"谣应该是对少帝、献帝这

① 《后汉书》卷8《灵帝纪》，页327—328。
② 《后汉书》志29《舆服志上》，页3651。
③ 高殿石（1990），页29。
④ 串田久治（1999），页180。
⑤ 《后汉书》志13《五行志一》，页3284。

段遭遇的追述。《后汉书·五行志》序其于“灵帝之末”，意为该谣在灵帝驾崩前已预言这一场宫廷政变以及刘协将登帝位。

> 承乐世董逃，游四郭董逃，蒙天恩董逃，带金紫董逃，行谢恩董逃，整车骑董逃，垂欲发董逃，与中辞董逃，出西门董逃，瞻宫殿董逃，望京城董逃，日夜绝董逃，心摧伤董逃。①

这是一首五言十三句的童谣，其形式相当罕见。崔豹《古今注》：“‘董逃歌’，后汉游童所作也。”②这首童谣很可能早于董卓进京已经在洛阳流行。“董逃”缀于每句句尾，其作用可能相当于音节后缀助词或拟声助词③，与董卓姓氏本无关系。但“董卓以董逃之歌，主为已发，大禁绝之，死者千数”④。又令改“董逃”为“董安”。⑤《后汉书·五行志》破译“董逃”之“董”为董卓，“言虽跋扈，纵其残暴，终归逃窜，至于灭族也”⑥。无论“董逃”本来是否有预言董卓将逃窜的意思，董卓的敏感或过敏反应，其实已有助于推动该谣的传播以及激发大众对董卓即将败亡的热切期待。

> 千里草，何青青。十日卜，不得生。⑦

这是一首诅咒兼隐语（拆字式字谜）谶谣。“千里草”的谜底是“董”，“十日卜”的谜底是“卓”。《后汉书·五行志》序此于“献帝践祚之初”，正值董卓擅权跋扈之时。可能是有识之士造作，教儿童歌颂，

---

① 《后汉书》志13《五行志一》，页3284。
② 《乐府诗集》卷34《相和歌辞九》引，页504。
③ 这一问题，恐怕要留待语言学家来解答了。雷群明等（1988）：“这很可能是儿童游戏时的歌谣，‘承乐世’之类，大概是单人联唱的，而‘董逃’则可能是众口合唱，本来不一定有什么实指之意。”（页60）
④ 《后汉书》志13《五行志一》刘昭注引应劭《风俗通》，页3284。
⑤ 《后汉书》志13《五行志一》刘昭注引杨孚《董卓传》，页3284。
⑥ 《后汉书》志13《五行志一》，页3284。
⑦ 《后汉书》志13《五行志一》，页3285。

也可能由民间自发创作。有学者认为，指名指姓、兴亡年代一一如谣的童谣，绝不可能产生在事变之前。拆字、谐音式童谣，很多是后人编造的。[①]但以董卓统治时期之倒行逆施，他被刺杀后，“士卒皆称万岁，百姓歌舞于道。长安中士女卖其珠玉衣装市酒肉相庆者，填满街肆”[②]，像“千里草”谣这样大快民心的诅咒，完全可能在董卓被杀之前已在民间传播。

> 燕南垂，赵北际，中央不合大如砺，唯有此中可避世。[③]

这首童谣据说流行于献帝初年。当此“四方震骇，寇贼相扇，处处麋沸”[④]之际，天下虽大，避难的净土何处去寻？类似“燕南垂”谣这样梦想有一片和平安定乐土的民众心声，各地当不在少数。公孙瓒（?—199），献帝初年据有幽州，封易侯。与据有冀州的袁绍积怨甚深，交战多年。他听闻这首童谣后，认为易地（战国古邑，在今河北雄县西北。汉置易县）正是童谣预言可以避世的所在，于是修筑易京，“修城积谷，以待天下之变”[⑤]。建安三年（198），袁绍攻打公孙瓒，围困易京。四年，破易京，公孙瓒败亡。

《后汉书·五行志》刘昭注评论：“初，瓒破黄巾，杀刘虞，乘胜南下，侵据齐地。雄威大振，而不能开廓远图，欲以坚城观时，坐听围戮，斯亦自易地而去世也。”[⑥]灵帝末公孙瓒初出道时，在辽东属国长史任上镇压乌桓，获“白马长史”威名；之后破青州黄巾，一度控制今辽宁、河北、山东、河南、江苏等地区，自署三州刺史，成为北方最强大的军阀之一。后杀其上司幽州牧刘虞，占有幽州全境。但修筑易京以后，“不能开廓远图，欲以坚城观时，坐听围戮”，终致失败。他对“燕南垂”谣预言能力的信仰，对他后期政治军事策略的选

---

① 天鹰（1959），页75。

② 《后汉书》卷72《董卓传》，页2331—2332。

③ 《后汉书》志13《五行志一》刘昭注引，页3285。

④ 《后汉书》卷74下《刘表传》，页2421。

⑤ 《后汉书》志13《五行志一》刘昭注引，页3285；《三国志》卷8《魏书·公孙瓒传》裴松之注引《英雄记》，页245。

⑥ 《后汉书》志13《五行志一》刘昭注，页3285。

择，是否有所影响？

更妙的是裴松之《三国志》注对此事的评论：“臣松之以为童谣之言，无不皆验；至如此记，似若无征。谣言之作，盖令瓒终始保易，无事远略。而瓒因破黄巾之威，意志张远，遂置三州刺史，图灭袁氏，所以致败也。”[①]裴松之认为，谶谣之预言，一向灵验，独独“燕南垂”谣，似乎请君入瓮，为公孙瓒设了个陷阱，令他专心固守易京，无心进取，不图远略。这种解释，有点老天爷搞阴谋论的味道，似乎天欲其亡，先夺其智。在笔者看来，倒不如说是公孙瓒自我对号入座，解错了“燕南垂”谣的真意。

八九年间始欲衰，至十三年无孑遗。[②]

刘表（142—208），汉宗室，东汉党人名士“八顾”之一。献帝初平元年（190）拜荆州刺史，初平三年拜镇南将军、荆州牧，至建安元年，“开土遂广，南接五领，北据汗川，地方数千里，带甲十余万”[③]。统治荆州十八年，“万里肃清，大小咸悦而服之”；“爱民养士，从容自保”[④]；“沃野万里、士民殷富”[⑤]。刘表死后，他的两个儿子及部将内讧，荆州最后为曹操吞并。

这首童谣据说建安初在荆州流传。童谣预言：建安八九年间，荆州的好日子过去了；到建安十三年，就没有人能剩下了。《后汉书·五行志》解释：“当始衰者，谓刘表妻当死，诸将并零落也。十三年无孑遗者，言十三年表又当死，民当移诣冀州也。”[⑥]刘表前妻何时去世，何时续娶蔡氏，史籍未载，但刘表于建安十三年去世，却是事实。如果此谣确在建安初已流传，则其谶言非常灵验。但更大的可能，这只是荆州人在刘表死后的追述和哀叹。

① 《三国志》卷8《魏书·公孙瓒传》裴松之注，页245。
② 《后汉书》志13《五行志一》，页3285。
③ 《后汉书》卷74下《刘表传》，页2421。
④ 《后汉书》卷74下《刘表传》，页2421。
⑤ 《三国志》卷54《吴书·鲁肃传》，页1269。
⑥ 《后汉书》志13《五行志一》，页3285。

五、谶谣的来源

汉代的谶谣，以前、后《汉书》的记载为依据，多“发生”并“流传”于西汉后期、两汉之际和东汉末年。其实，谣言（包括以民谣、童谣形式出现的谣言）应该是无时不在、无处不在的。编入两汉《五行志》的童谣，应该是经过选择、编辑之后剩下来的很小一部分。史家之所以选择这些童谣，一是因为它们与重大历史事件或人物的关联性，二是它们“预言”的“灵验性”。未曾应验的童谣，只是讹言、妖言，不能算谶谣。西汉后期、两汉之际和东汉末年，是两汉历史中社会政治最动荡、人心最不稳定的时期，人们对谶言的需求最殷切，而谶言在这种时刻也最活跃，影响社会政治的力度最强。汉晋史家选择记载这些谶言，是合情合理的。

笔者梳理两汉《五行志》关于入选谶谣的叙述和破译，发现其来源可以分如下几类：

（一）诅咒批判型

这一类童谣常常语含诅咒、讥刺，带有强烈的社会批判意识，如“出吴门”、“小麦青青”、“城上乌”、“千里草”等。

诅咒是一种心理宣泄行为。众人的诅咒（如东郡黔首刻石），或者是符合众人心理的诅咒（如伍子胥遗言、南公之言），表达的是众人的愤怒。“里谚曰：‘千人所指，无病而死。’”[①]这种集体愤怒，就可能影响民心和舆论走向。

诅咒也与与语言禁忌观念有关。“语言禁忌是建立在语言神秘感、语言魔力信仰基础上的。是一种潜藏在民俗文化之中的古老的巫术思维。当作诗者有意识地制造诗谶时，言语便赋予一种神秘的超自然的诅咒力量，能够毁伤仇人，达到自己的目的。诗与古老的巫术相通，便成为一种厌胜之法，成为一种咒语。”[②]于是，“千夫所指，其倾覆可立而期”[③]。

---

① 《汉书》卷86《王嘉传》，页3498。

② 吴承学（1996），页108。

③ 章太炎《联省自治虚置政府议》。章太炎（2001），页229。

（二）时政评论型

这一类童谣以民众或某个群体的眼光评论时事、社会现象、风气，讲述民间版本的历史。如“燕燕尾涎涎”、“谐不谐”、“侯非侯”、“黄牛白腹”、“八九年间始欲衰”、“游平卖印自有平”等。它们直接反映民众或某个群体对时事的看法和历史观，也常常作出预测、表达愿望。

诅咒型和时政评论型谶谣，有些能够反映群众情绪、心声，“裹挟着一种不可抗拒的社会力量，反映一种历史潮流，因而具有实现的可能性和必然性。所以才每每应验”①。

（三）天启型

所谓天启型，是指即兴创作，本身不带特定政治目的的娱乐性的民谣童谣，如“井水溢”、“邪径败良田”、“茅田一顷中有井”、“白盖小车何延延”、“承乐世”、“燕南垂”等。②

人们相信它们无意中泄漏天机，暗示、预告后来发生的历史事件。此类谶谣的特点是表达非常自然，初看不似“谶言”或“妖言”，只是普通民谣、童谣，属于隐语式谶言。其隐含的天机往往要在事后才能为人们所“领悟”或“破译”。

（四）时效提前型

事前发出的预言和事后作出的追述及批判，各有其功能，性质却完全不同。谶谣应该是事前发出的预言，而事态的发展符合其预言。诅咒型、时政评论型童谣，一般都是事后出现的。但这种批评、评论符合人们对事件的心理预期或所需要的解释，于是其时效被人们（或后来的撰史者）有意无意地提前，成了谶谣。两汉《五行志》的编序和撰述正是这样处理的。

---

① 谢贵安（1998），页54—61。

② 宋人小说《迷楼记》：“［炀帝］大业九年，帝将再幸江都。有迷楼宫人抗声夜歌云：‘河南杨柳谢，河北李花荣。杨花飞去落何处？李花结果自然成。’帝闻其歌，披衣起听，召宫女问之云：‘孰使汝歌也？汝自为之耶？’宫女曰：‘臣有弟在民间，因得此歌。曰“道途儿童多唱此歌”。’帝默然久之，曰：‘天启之也！天启之也！’”这则故事形象地展示了中国传统文化观念中对天启型谶谣的认识。（《说郛》卷32，6册，页14）

六、谶谣信仰论述

童谣为什么能够预言天意？童谣的预言为什么会应验？对裴松之来说，这根本不是一个问题："臣松之以为童谣之言，无不皆验。"信仰可以不需要理由。但作为研究汉代谶谣的笔者，必须问一个问题：中国古代的人们为什么会产生这样一种信仰？这种信仰在汉代语境中如何被论述？

（一）天籁说

前辈学者有云："谣谚皆天籁自鸣，直抒己志，如风行水上，自然成文，言有尽而意无穷，可以达下情而宣上德。"[①]"谣谚者，犹在未有文字之前，习于委巷下里，传于妇人孺子，人心之声，鸣其天籁，随机感触，独到真趣，人人舞蹈之，时时咏叹之。"[②]童谣尤其如此。

《孟子·离娄上》："有孺子歌曰：'沧浪之水清兮，可以濯我缨；沧浪之水浊兮，可以濯我足。'孔子曰：'小子听之！清斯濯缨，浊斯濯足矣，自取之也。'"[③]孺子歌，就是儿歌。其歌天真直白，似无深意。但孔子借此教育弟子做人的道理，即清者为尊，浊者为贱。

《战国策·齐策六》：田单计划攻打北狄，先去咨询鲁仲连。鲁仲连告诉他："将军攻狄，不能下也。"田单很不服气："臣以五里之城，七里之郭，破亡余卒，破万乘之燕，复齐墟。攻狄而不下，何也？"拂袖而去。结果"三月而不克之也"[④]。齐国于是有童谣唱道："大冠若箕，修剑拄颐，攻狄不下，垒于梧丘。"[⑤]"田单乃惧"，再次请教鲁仲连，终于破狄。[⑥]智者的指点，曾受到忽视，童谣语含讥刺，却令"田单乃惧"。

徐华龙《中国歌谣心理学》引述西方学者关于民谣的论述："民间诗歌是自发的，天真的。人民只是在受激情的直接的和立时的打动

① 刘毓崧《古谣谚序》，《古谣谚》，页1。

② 田北湖（1904），页4—5。

③ 《十三经注疏·孟子注疏》卷7上，页2719。

④ 《战国策集注汇考》卷13，页690。

⑤ 《资治通鉴》卷4引"齐小儿谣"作："大冠若箕，修剑拄颐。攻狄不能下，垒枯骨成丘。"（页144）

⑥ 《战国策集注汇考》卷13，页690。

之下才歌唱。”“因此格林兄弟可以肯定说，在民歌中他们没有发现一句谎话；维克多·雨果可以宣称，在《伊利亚特》中没有一个虚伪的形象。由于这种真实性和确切性，民歌获得了任何个人作品所不可能具有的历史的价值。”①在中国古代，也有类似的论述。

如杜预（222—285）注《左传·僖公五年》的谶谣，解释说：

> 童龀之子，未有念虑之感，而会成嬉戏之言。似若有凭者。其言或中或否，博览之士、能惧思之人，兼而志之，以为鉴戒，以为将来之验，有益于世教。

孔颖达作了进一步发挥：

> 童龀之子，未有念虑之感，不解自为文辞，而群聚集会，成此嬉游遨戏之言。其言韵而有理，似若有神凭之者。其言或中或否，不可常用。博览之士及能惧思之人，兼而志之，以为鉴戒，以为将来之验，有益于世教。故书传时有采用之者。②

儿童尚未学习读书写字，但他们“对歌谣有一种特别的喜好，他们在摇篮里时，就受到母亲、祖母、外祖母所唱儿歌的熏陶”，“对客观世界充满奇异的想法，同时又极好模仿”③，当他们聚集在一起嬉要玩乐时，就可能唱起一些有趣、易懂、押韵的歌谣。他们思虑单纯，没有杂念，没有现实利害之牵连，所唱歌谣，如果细细琢磨，有时颇含深意。有的歌词成为谶言，后来居然应验了。博学卓识、深思熟虑之人，如果将这些谶谣及相关历史语境著录于典籍，可用作历史反思的借鉴，可用以验证世事发展的趋势，有益于世教。

（二）神凭—荧惑说

上引杜预、孔颖达的注疏，已经将童谣预言之“或中”，归功于“似

① 徐华龙（1990），页33。

② 《十三经注疏·左传正义》卷12，页1795—1796。

③ 徐华龙（1990），页101—102。

若有神凭之”。正如《论衡》所描述：“当童之谣也，不知所受，口自言之。口自言，文自成，或为之也。”[①]所以周作人说，“盖中国视童谣，不以为孺子之歌，而以为鬼神凭托，如乩卜之言”[②]。即童谣有意无意间泄露的天机，其实是上天或鬼神借儿童之口作出的启示。这种神秘主义式的论述，至迟在东汉已见诸文献。《论衡·订鬼篇》：“世谓童谣，荧惑使之，彼言有所见也。”[③]《纪妖篇》：“当星坠之时，荧惑为妖，故石旁家人刻书其石，若或为之，文曰‘始皇死’，或教之也。”[④]

荧惑即火星，在中国古星神体系中属执法星官，主刑罚灾异。[⑤]当天下动乱之际，上天谴告，令荧惑附童子身，或指使儿童，以童谣形式传播谶言，在汉代是一种有说服力的论述。魏晋南朝更演化出荧惑化身小童传播童谣的传说。

《晋书·天文志中》：

> 凡五星（岁，荧惑，填，太白，辰）盈缩失位，其精降于地为人。岁星降为贵臣；荧惑降为童儿，歌谣嬉戏；填星降为老人妇女，太白降为壮夫，处于林麓；辰星降为妇人。吉凶之应，随其象告。[⑥]

《晋书·五行志中》：

> 孙休永安二年，将守质子羣聚嬉戏，有异小儿忽来言曰：“三公锄，司马如。”又曰：“我非人，荧惑星也。”言毕

① 《论衡校释》卷22《纪妖篇》，页930。
② 周作人《儿歌之研究》，《绍兴县教育会月刊》第4号，1914年1月。转引自串田久治（1999），页5。
③ 《论衡校释》卷22，页941。
④ 《论衡校释》卷22，页923。
⑤ 《史记》卷27《天官书》张守节《正义》引《天官占》：“荧惑为执法之星，其行无常，以其舍命国：为残贼，为疾，为丧，为饥，为兵。环绕句己，芒角动摇，乍前乍后，其殃逾甚。荧惑主死丧，大鸿胪之象；主甲兵，大司马之义；伺骄奢乱孽，执法官也。其精为风伯，惑童儿歌谣嬉戏也。”（页1318）
⑥ 《晋书》卷12，页320。

上升，仰视若曳一匹练，有顷没。①

（三）诗妖说

“诗妖”一词，始见于《汉书·五行志》所引伏胜《洪范五行传》：“言之不从，是谓不艾，厥咎僭，厥罚恒阳，厥极忧。时则有诗妖，时则有介虫之孽，时则有犬祸，时则有口舌之痾，时则有白眚白祥。唯木沴金。”②

所谓“诗妖”，即以韵文形式出现的异常言论。③在《汉书·五行志》的论述架构中，属于“言之不从”的一种征兆。何谓“言之不从”？

> 言上号令不顺民心，虚哗愦乱，则不能治海内，失在过差，故其咎僭。僭，差也。刑罚妄加，羣阴不附，则阳气胜，故其罚常阳也。旱伤百谷，则有寇难，上下俱忧，故其极忧也。君炕阳而暴虐，臣畏刑而柑口，则怨谤之气发于童谣，故有诗妖。④

始自西汉今文《尚书》说和《汉书·五行志》，童谣、妖言、讹言，皆归类为诗妖。在上位者发号施令不顺众心，却不知自省，反滥加刑罚，打压在下位者。从洪范五行学说的角度看，这是阳气过盛，在自然界会引起旱灾伤农；而在下位者畏惧刑罚，不敢说出反对意见，民怨就会以童谣的形式抒发出来。⑤

阳气过盛为什么会引发诗妖童谣？按照《论衡》的解释，“世间童谣，非童所为，气导之也”⑥。这里所说的气，就是所谓阳气，《论

① 《晋书》卷28，页843。

② 《汉书》卷27中之上，页1376。

③ “妖”不等于妖邪。关于汉代语境中“妖”字的语义辨析，请参看本书第二章。

④ 《汉书》卷27中之上，页1376—1377。

⑤ 《南齐书》卷19《五行志》说得更透彻：“下既悲苦君上之行，又畏严刑而不敢正言，则必先发于歌谣。歌谣，口事也。口气逆则恶言，或有怪谣焉。”（页381）关于“诗妖”论述更完整的形成与发展过程，吴承学《论谣谶与诗谶》已讨论得比较详细。请参见吴承学（1996），页105—107。

⑥ 《论衡校释》卷22《纪妖篇》，页923。

衡》也称太阳之气。

> 天地之气为妖者，太阳之气也。妖与毒同，气中伤人者谓之毒，气变化者谓之妖。世谓童谣，荧惑使之，彼言有所见也。荧惑火星，火有毒荧。故当荧惑守宿，国有祸败。火气恍惚，故妖象存亡。……《洪范》五行二曰火，五事二曰言。言、火同气，故童谣、诗歌为妖言。言出文成，故世有文书之怪。世谓童子为阳，故妖言出于小童。[①]

这里所说的“太阳之气”，虽然包含有阳光、太阳辐射之热气等物质性的概念，却更是具有阴阳五行符号意义的“阳气”或“极阳之气”。

阳气和妖言有何关系？《洪范五行》“火五事，二曰言，言火同气”之论述，王充是认同的。他更采纳当时民间流传的荧惑星下降人间，教儿童作歌谣之传说[②]，认为“童子为阳”，荧惑火星属阳气，言又与火“同气”，所以“妖言出于小童”，“童谣、诗歌为妖言”。妖气（太阳之气）在施放其“毒”时，有时“见其形，不施其毒”；有时“出其声，不成其言”；有时“明其言，不知其音”。“诗妖、童谣、石言之属”，就属于其中的“明其言者”。[③]

所谓“石言”，就是秦始皇三十六年陨石坠落，民众在石上刻文“始皇死而地分”。《史记》所记，有“荧惑守心。有坠星下东郡，至地为石”语。《论衡》叙曰：

> 当星坠之时，荧惑为妖，故石旁家人刻书其石，若或为之，文曰“始皇死”，或教之也。犹世间童谣，非童所为，气导之也。[④]

---

① 《论衡校释》卷22《订鬼篇》，页941—944。

② 此传说不见于两汉《五行志》，但《三国志》裴松之注，《宋书》、《晋书》的《五行志》都有记载。

③ 《论衡校释》卷22《订鬼篇》，页945。

④ 《论衡校释》卷22《纪妖篇》，页923。

性自然，气自成，与夫童谣口自言，无以异也。当童之谣也，不知所受，口自言之。口自言，文自成，或为之也。①

照此论述，传诵歌谣的儿童和刻石的民众犹如梦游者或后世的扶乩者一样，所诵所写，全不由己，只是充当着荧惑和阳气的传声筒。

第三节　谶言、谶谣也是谣言

人类的生存永远伴随着无穷尽的灾难，如战争、饥荒、瘟疫、地震、干旱、洪水等。当人类的能力不足以应付灾难时，将之归诸命运或视为超自然力量的惩罚，这些灾难才变得可以承受。

既然灾难来自超自然力量，尝试与超自然力量沟通以预知未来、趋吉避凶，就成为人类的普遍愿望。在人类几大古代文明中，都出现了预言信仰。预言不同于预测。预测（prediction）必须根据事实、经验，凭理性和知识推测未来。而预言是指人类受到超自然力量的启示而发出的预示未来（或历史）事件发生、进程的言论信息。例如圣经中预言诗的内容，据说就与近东古代史上的亚述、巴比伦、波斯等帝国以及以色列、犹太的命运密不可分。②

预言的产生和表达有多种形态，在不同的文明、不同的时代中可能呈现为缤纷多彩的文化风貌。在古代地中海地区如古希腊、古罗马，占卜（divination，prognotisgation）和神谕（oracle）在日常生活和政治生活中扮演着重要的角色。③而龟卜、筮占、占星、占梦等占卜术在中国殷商、两周时期的政治生活和日常生活中曾非常流行。④龟卜、筮占等术，多针对预设的问题，由卜者主动启动卜问程

---

① 《论衡校释》卷22《纪妖篇》，页930。

② Aberbach（1993），p.1.

③ 在古希腊、古罗马的预言信仰体系中，“占卜是诠释来自神的象征信息的艺术或科学。这些象征常常难以预测甚至微不足道（细微而不引人注目）。神谕则是以人类语言表述的神的信息，通常是对疑问的回答”。见Aune（1983），p.23.

④ 李零（2006）曾将中国古代流行的占卜术归类为三大系统，即与天文历算有关的星占、式占等术，与动物之灵或植物之灵崇拜有关的龟卜、筮占等术，与人体生理、心理、疾病、鬼怪等有关的占梦等术。（页67）

序，占卜结果以征兆、数字等符号形式随机呈现，例如甲骨灼纹、筮占卦序等。式占如五行、择日等，须用专用工具进行规则繁复的推演运算。星占、占梦等则是被动式占卜，卜人依据传统占书及其所受系统训练，诠释已发生的特异自然、人文现象之预兆意义。通过占卜求得的答案，是兆象（如龟兆、卦象），高度符号化，只有经过拥有专门知识的卜人的转译和诠释（如卜辞、卦辞），才能成为民众可以理解的预言。神谕则指特定的神职人士通过特定技巧进入狂喜状态（神灵附体）等方式，向神发问，代天发言。①

对预言所传达信息的信仰源自对超自然力量的虔信。古代中国人一般相信自己的活动和命运受到超自然神灵的支配。在政治生活和日常生活中，人们广泛运用各种占卜方法，寻找超自然的启示，从中窥测神灵的旨意，或为自己的选择和决定提供心理的支持或正当性的证明。但秦汉以来，龟卜、筮占等逐渐从政治仪式和活动中淡出，更多地在社会日常生活中发挥其解惑决疑的作用。星占、式占等术则融入儒、道、阴阳诸家的神秘主义学说，构成天人感应宇宙观和天谴灾异论述。儒家知识精英精明地运用这一论述，将各种自然或超自然异象解释为天意的征兆，从而影响政治决策。到西汉后期，声称代言天命、预示皇朝存废及个人命运的大量政治预言开始在社会各阶层广泛传播。一些政治预言被称为谶言，与上述神秘主义儒家论述紧密整合，形成一系列的纬书（亦称谶纬）文本，构成随后几个世纪中国政治、社会、宗教生活中的主流话语体系。

汉代流行的谶言是一种以言辞或文字为载体的“不占”的政治预言，不需要经历特别的仪式和技巧的卜问，其含义一般也不需要由拥有专门知识和技能的术士来解码。神谕、卜辞是人们为了预知未来而采用种种方术、主动窥探天意所获的预言。谶言则往往是无心插柳、浑然天成。不少谶言，用字用词或玄奥晦涩，或看似直白却语含双关，破译时迷雾重重，往往要到事后才会恍然大悟。②谶言之所以能预言未来，古人认为唯有冥冥中的灵感、上天不经意的启示，才能解释。

① 如萨满的跳神、术士的扶乩等。

② 汉代及以后的谶言常以谜语、民谣形式出现。

这一类的预言，与希伯来及早期基督教传统中先知（prophet）所传播的预言（prophecy）无可比拟。[①]两者间的主要差异之一，是希伯来及早期基督教传统中先知所传播的预言，在内容上道德批判的色彩浓厚，凸显宗教和道德诉求；而汉代的谶言则更着眼于世俗层面的政治斗争、政治人事、权力转移，凸显政治诉求。[②]当然，在关注当前社会重大议题，凭借神秘、超自然权威，树立代天立言的形象，以言辞为工具，批判、挑战现行权威和统治秩序，预告政治、社会未来发展的方向等方面，谶言与希伯来及早期基督教预言有不少共通之处。另一个重要差异是希伯来及早期基督教传统中，先知（prophet）是上帝/神灵与民众之间不可或缺的沟通媒介，上帝/神灵必先令先知感知其意旨，然后向民众传播其预言（prophecy）。因此，希伯来、早期基督教传统中，一则预言的影响力、生命力，在相当程度上取决于相关先知即预言宣示者与上帝/神灵的个别关系，来自于该先知的声誉和资格。而汉代的谶言，其创作者或宣示者多半匿名，或伪托尧、老子、孔子、刘向等名人，但其实往往是集体创作。[③]匿名或假托不仅出于安全考虑，因中国谶言的影响力、生命力并非取决于创作者或传播者的声望或可信度，而是民众的接受度。

由于民间歌谣在古代中国的民本论述中享有特殊的地位，被视为上天能够听到并能够代天传达信息的声音，所以一些承载预言信息的童谣也被视为谶言的一种表达形式，即谶谣。

汉代的谶言和谶谣，和被当局污名化妖魔化的流言、讹言、妖言有不少相通之处。一些在民间、非主流渠道流传的言论信息，诅咒、讥刺、批判、评论时事时政，一般被标签为流言、讹言、妖言、谣

---

① Paul Boyer（1992）的研究指出，在西方历史上，基督徒大多数都坚信圣经已经预示历史的进程，以及将预告世界末日的事件发生的次序；即使到了当代，预言信仰在美国思想中的位置也远比思想史、文化史学者所承认的来得重要；第二次世界大战以来，特许千禧年主义（dispensational premillennialism）的普及者们一直在构建形塑公共心态、立场（从苏联、欧洲共同体、中东到电脑、环境危机等广泛议题）上，发挥着重要作用。（p.ix）

② 在这一点上，谶言与《圣经·旧约》中的先知预言差异较大，而与欧洲中世纪流行的 Nostradamus（1503—1566）及 Dr.John Dee（1527—1608）预言有更多相似之处。

③ 唐以后著名的谶言结集，如《推背图》托名李淳风、袁天纲，《乾坤万年歌》托名姜太公，《马前课》托名诸葛亮，《梅花诗》托名邵雍，《烧饼歌》托名刘基。

言。但如其见解和推断有时与事态的发展相符，就成为谶言、谶谣。事实上，谶谣在两汉《五行志》的论述框架中，正是被界定为“谣妖”、“诗妖”。讹、妖、谶，有时只是一线之隔。流言、讹言、妖言、谶言、谶谣，都包括不少“不见源头，也不知尽头，来去如风”的言论[①]，更少不了人为操作或伪造的信息。谶言、谶谣独特之处，在于其借助汉字的特殊性，以谐音、离合、双关等修辞方式，增加语言的模糊性和抽象性，令“破译”者和受众享有足够的想像空间，从而释读出他们所期待的天启信息。[②]

成功的谶言、谶谣，和受关注的流言、讹言、妖言一样，都着眼于众人关心的重要议题，在局势暧昧混乱、前景不明的语境中，以或尖锐或含糊的语言，在群体中广泛传播某些难以在官方渠道求证的信息，并表达群体的倾向性意见或愿望。也就是说，谶言、谶谣所传达的与其说是天启预言，还不如说是人们对未来的期望，正如流言、讹言、妖言的受众和传播者所传播的也非真相而是看法。在这个意义上说，谶言、谶谣虽然披有神秘的面纱，其实也是谣言的表现形式之一。

① 谢贵安（1998），页5。
② 参考吴承学（1996），页105；谢贵安（1998），页7—8。

第五章　政治神话与民间传说

第一节　政 治 神 话

政治神话是一种“文明神话”，是“阶级社会中怀着特定的政治倾向性的人们，为了某些政治目的，借助文化传统中的宗教思想和神话传说资料而造作的虚构性诸神故事”①。政治神话也是“建元开国、治国理政的战略实践和具有宗教精神的资源力量的适用”②，中国历代皇权合法性的基本政治符号之一。

一、开国之君神话

孙广德《我国正史中的政治神话》一文对中国历史上的开国之君神话有非常精辟的论述。他指出，中国的开国之君神话，自汉代始，算上曹丕、王莽、刘备、孙权，有二十三人，占总人数百分之九十二。这说明开国之君之有神话，绝非偶然，其中必有一番道理。③

史籍记载的政治神话，包括与政治人物有关的神秘故事、谶语、异象、异梦、望气、歌谣等，也包括他们祖先的神秘事迹。神话的内容应该有人为操作的元素，但却未必完全出于有意作伪。开国之君及

① 冷德熙（1996），页40。

② 黄震云（2010），页98。

③ 孙广德（1986），页65—66。

其支持者们有意地制造神话，有了神话，得天下保政权便可以容易一些。至于一般人，可能在无意中参与制造神话，一方面是为开国之君的成功寻求合理的解释，一方面也是为了使他们自己在心安理得之下臣服于君主。①

大多数开国之君的神话，都是发生在他们得天下之前，因为那时候最需要。德莱西（Francis Delaisi）说：任何一种集团的领袖，只要掌握到一些神秘的事物，他的权威会马上增加十倍。在逐鹿天下时，要击败群雄，取得政权，神话是很有用的。有了神话，就与其他英雄不同，似乎是天命所归。一方面可以威胁对手，减削他们的士气，一方面也可争取豪杰们的归服及一般人的拥戴。②

当然，说神话发生在得天下之前，或发生在出生的时候，那只是史书的记载，事实上未必真是发生在得天下之前，更未必真是发生在出生的时候，可能只是做了皇帝，甚至身死之后，人们才附会编造出来的。③不过，神话建构并公开流传的时间越早（最好真的早于得天下之前），它的可信度越高，对一般人的说服力越强。

西汉开国皇帝刘邦的神话相当丰富多彩，将在本节最后作个案讨论。新朝的建立者王莽在即真之前，人为制造了一系列神话，包括其祖先的神迹（虞舜苗裔），种种符命谶语、异象、异梦、歌谣。甚至他的姑母，令他得以登上最高权力宝座的汉太皇太后王政君的神话，如卜相者“圣女”、“贵女”、“贵不可言”预言，也被王莽即真说引用为新朝的神话。④只是王莽的操作过急，种种神迹神话，在居摄三年中及即真初期纷至沓来，令观众目不暇接，新朝又过于短命，遂令其神话的可信性完全破产。

东汉开国皇帝刘秀逐鹿中原期间，得益于《赤伏符》谶言之处不少。于谶言之外，他也有出生神话。《后汉书 · 光武帝纪论》：

> 皇考南顿君初为济阳令，以建平元年十二月甲子夜生光

---

① 孙广德（1986），页112—113。

② 孙广德（1986），页67。

③ 孙广德（1986），页69。

④ 有关神话的细节，第四章第一节已作详述。

> 武于县舍，有赤光照室中。（李贤注引《东观汉记》：“光照堂中，尽明如昼。”）钦异焉，使卜者王长占之。长辟左右曰：“此兆吉不可言。”是岁县界有嘉禾生，一茎九穗，因名光武曰秀。明年，方士有夏贺良者，上言哀帝，云汉家历运中衰，当再受命。于是改号为太初元年，称“陈圣刘太平皇帝”，以厌胜之。及王莽篡位，忌恶刘氏，以钱文有金刀，故改为货泉。或以货泉字文为“白水真人”。后望气者苏伯阿为王莽使至南阳，遥望见舂陵郭，唶曰：“气佳哉！郁郁葱葱然。”及始起兵还舂陵，远望舍南，火光赫然属天，有顷不见。初，道士西门君惠、李守等亦云刘秀当为天子。其王者受命，信有符乎？不然，何以能乘时龙而御天哉！①

出生时“赤光照室”、嘉禾九穗，所居周围“气佳”、火光冲天，这都是史籍中常见的大人物神话的基本符号。

二、继体之君神话

不但开国之君有神话，汉代的继体之君有时也有神话。例如：

西汉文帝（刘恒，公元前180—公元前157年在位）之母薄姬，原为秦末诸侯王魏豹宫人。当时的相术名家许负，预言薄姬当生天子。魏豹为汉军所虏，薄姬没入汉王后宫，岁余不得幸。刘邦因为可怜她，一日召幸之。薄姬喜出望外，对刘邦说：“昨暮梦龙据妾胸。”刘邦说：“是贵征也，吾为汝成之。”②这次之后，薄姬很少获得召幸。但薄姬已因而怀孕，生下皇子刘恒，八岁封为代王。汉高祖死后，生前宠爱的妃嫔多遭到吕太后的迫害。薄姬罕得召幸，得以幸免，随儿子代王在代国生活多年。至吕太后死，朝廷大臣平定诸吕之乱，为了避免再次出现强势皇太后和外戚，看中薄太后弱势，薄家人丁单薄，定策迎立代王为帝。薄姬生天子之预言，至此应验。

武帝母王娡，原嫁金王孙为妻。其母臧儿卜筮，预测“两女当

---

① 《后汉书》卷1下《光武帝纪下》，页86。

② 《汉书》卷97上《外戚传上》，页3941。

贵"，强令女儿离开金家，将其献给皇太子刘启。王氏为皇太子生了三女一男。"男（刘彻）方在身时，王夫人梦日入其怀，以告太子，太子曰：'此贵征也。'"①不久文帝去世，皇太子即位，即景帝。景帝皇后薄氏无子，但诸妃嫔共生了十四个儿子，不少都比刘彻年长。景帝四年（公元前154），立宠姬栗姬之子、庶长子刘荣为皇太子。刘彻获封胶东王。但栗姬与景帝的姐姐馆陶长公主刘嫖渐生嫌隙，在宫廷斗争中失败，刘荣被废。在馆陶长公主的支持下，王娡封皇后，七岁的刘彻立为皇太子。他就是未来的汉武帝。

昭帝母赵婕妤，河间人。"武帝巡狩过河间，望气者言此有奇女，天子亟使使召之。既至，女两手皆拳，上自披之，手实时伸。由是得幸，号曰拳夫人。"赵婕妤大有宠，"太始三年生昭帝，号钩弋子。任身十四月乃生，上曰：'闻昔尧十四月而生，今钩弋亦然。'乃命其所生门曰尧母门"②。孕期超常，在汉代也是一种出生神话。如《河图·稽命征》："附宝见大电绕北斗权星，照郊野，感而孕，二十五月而生黄帝轩辕于寿邱。"③

武帝本有六个儿子，两子早卒。征和二年（公元前91），皇太子（嫡长子）刘据（公元前128—公元前91）因巫蛊案被诬陷，被迫起兵，旋自杀，妻妾子女皆遇害，其母皇后卫子夫自杀。另两个年纪较长的儿子燕王刘旦、广陵王刘胥"多过失"，所以武帝未再立太子。武帝后元二年（公元前87）去世，遗命霍光、金日磾、上官桀辅佐最小的儿子刘弗陵（时年八岁）即位，是为昭帝。

宣帝刘询（病已）是西汉中兴之君，有着非同寻常的身世。祖父（刘据，即戾太子）母、父母均于巫蛊案遇害。出生数月的刘病已"虽在襁褓，犹坐收系郡邸狱"④。幸好廷尉监邴吉主持郡邸狱，怜其无辜，暗中保护照顾。一年后，虽然武帝省悟戾太子之冤屈，族灭曾伤害戾太子的官员，但巫蛊案牵连甚众，审理经年未决。"至后元二年，武帝疾，往来长杨、五柞宫，望气者言长安狱中有天子气，

① 《汉书》卷97上《外戚传上》，页3946。

② 《汉书》卷97上《外戚传上》，页3956。

③ 《纬书集成》卷下，页1179。

④ 《汉书》卷8《宣帝纪》，页235。

上遣使者分条中都官狱系者，轻、重皆杀之。内谒者令郭穰夜至郡邸狱，吉拒闭，使者不得入，曾孙赖吉得全。”①刘病已五岁出狱，由祖母娘家史氏养育。昭帝世有“公孙病已立”虫文谶言流传。昭帝去世，无后嗣，霍光等先迎立武帝之孙昌邑王刘贺，不久废黜，才议决迎立刘病已。

东汉安帝刘祜，父清河孝王刘庆，母左姬。章帝有八个儿子，都是庶子，窦皇后无所出。第四子刘肇，其生母梁贵人，受窦皇后的欺负，忧郁而死，于是以窦皇后为养母，得立为皇太子，十岁登基，即和帝。和帝去世，邓太后与其兄长邓骘定策立刚满三个月的少子刘隆为帝，即殇帝。殇帝在位八月去世，邓太后与其兄长邓骘又定策立殇帝的堂兄刘祜，是为安帝。史称安帝在清河王邸时，“数有神光照室，又有赤蛇盘于床第之间”②。

灵帝皇后何氏个性强悍，善妒。王美人怀孕后，因为害怕遭到皇后的迫害，“乃服药欲除之，而胎安不动，又数梦负日而行”③。结果生下皇子刘协。何皇后知道后，果然毒死王美人。之后由董太后亲自抚养刘协。灵帝去世后，嫡长子刘辩（何太后独子）继承皇位，但即位后不久即遭遇以何进为首的外戚、官僚集团和以十常侍为首的宦官集团的火并，被宦官挟持出宫。回宫后又受制于以“勤王”为名进京的董卓。少帝在位五个月被董卓废黜，由其同父异母弟陈留王刘协继位，是为献帝。

这几位有神话的继体之君，文帝、宣帝、安帝、献帝都不是钦定的皇太子或法定（传统习俗）的第一顺序继承人，而且在有资格继位的诸多皇子、皇孙中，他们也都属于弱势。④他们之被迎立，常常是特定政治语境中各种势力角力和妥协的结果，带有相当程度的侥幸性。武帝和昭帝，虽然是先皇钦定的继位者，但也都不是法定（传统习俗）的第一顺序继承人，他们之继位，也都带有很大的侥幸性。在群雄逐鹿中原、敢教日月换新天之际，各方以天时、地利、人和之总

① 《汉书》卷 8《宣帝纪》，页 235。

② 《后汉书》卷 5《安帝纪》，页 203。

③ 《后汉书》卷 10 下《皇后纪下》，页 449。

④ 从血缘、家境到生母在宫中的地位。

体实力互决高下，固然波澜壮阔、惊心动魄；继体君位的争夺，主要在皇室、宫廷和朝廷内部展开，许多情节不足为外人道，但也时常波诡云谲、血腥遍地。侥幸胜出的继位之君，真的很需要这样的神话，来巩固强化自己的帝位乃至自信心。文帝、武帝、安帝、献帝的神话，或发生于出生之前，或发生于出生之后，来源都是其生母或家人的“自说自话”。这当然有可能是他们登基以后，才附会编造出来，但也不应排除事前已有的可能性。他们的母亲们，在宫中地位大多低微，极缺乏安全感。为了争取皇帝的宠幸，提升自己的地位，保障母子的平安，她们绝对有充分动机，抓住一切可能机会，提醒皇帝她们腹中“龙种”的存在和不凡。

三、刘邦开国神话

西汉高祖刘邦的开国神话丰富多彩，可能与他出身布衣、没有祖荫之依托有一定关系。需求促进生产，在政治和社会领域，这可能也是说得通的道理。

《史记·高祖本纪》开篇就叙述了汉代开国之君刘邦的一系列神话[①]，即泷川资言所说，“《高祖本纪》自泽陂遇神，至芒砀云气，皆记高祖微时符瑞”[②]，包括：其母刘媪息大泽之陂，梦与神（龙）遇而感生；骨相风貌异于常人，例如“隆准而龙颜，美须髯，左股有七十二黑子”，因而屡获善相者赞誉；[③]醉卧时其上常有龙显现，而所光临之酒铺，生意也会特别旺；丰西泽中醉斩大蛇，时人传说为赤帝子斩白帝子；当时盛传“东南有天子气”，故秦始皇常东游以厌之，而刘邦“即自疑”，亡匿于芒、砀山泽岩石之间，吕氏却常常能找到他的藏身处，据说是因为“所居上常有云气”。

---

① 传统史注（如《史记索隐》）指出，《汉书·高帝纪》称高祖“名邦，字季”，《史记·高祖本纪》却“单云字，亦又可疑”，很可能在高祖未显之时，长兄名伯，次兄名仲，他则名季，即老大、老二、老三之谓也。至即位后，始易名邦。高祖父太公，史缺其名。母刘媪，史缺其氏，然汉代人持续神化之，遂有纬书所谓太公名执嘉、刘媪氏王名含始等神话流传。

② 《史记会注考证附校补》卷8，页232。

③ 高祖的岳父吕公好相人，因见高祖状貌瑰奇，妻以女，即吕后。高祖为亭长时，妻吕氏与子女居田中耨。某善相老父相吕氏及其子女皆贵，及见高祖，称“君相贵不可言”。

对这些政治意味浓厚的神话，后世的史学家不少持怀疑态度，认为或属刻意伪造，或属神而化之、伪为神奇。梁玉绳（1745—1819）指出："《朱子语录》以高祖赤帝子之事为虚。①《续古今考》言斩蛇事是伪为神奇，史公好奇载之。"②

为什么被誉为"（引）当代雅言，事无邪僻，故能取信一时，擅名千古"的史学名著《史记》，③会将"荒诞无稽"的伪造或"伪为神奇"的传说采入《高祖本纪》呢？一种解释是司马迁"好怪"，"不察"，"不能裁之以义"，以致采"荒诞不经"之说入史。④另一种解释是这些神话本非太史公原文，疑出后人增窜。⑤

《史记》成书于汉武帝征和二年（公元前91），宣帝本始初年（公元前73）才开始流布。因种种政治、意识形态的障碍，在汉代流传已难，传本极少，其后可能有抄错、遗失、补缀、删改，以致在东汉时已难见司马迁原稿面貌。问世两千余年来，在前一千年中辗转传抄，在后一千年中则屡经刊刻，鲁鱼虚虎之误，所在多有。也因此，通行本《史记》或其部分篇章文本的真伪、相关"作者"的身份，确实是《史记》和秦汉史研究必须严肃面对的问题。贾谊论述刘邦开国之丰功，"起于布衣而兼有天下，臣万方诸侯，为天下辟，兴利除害，寝天下之兵，天下之至德也"⑥，没有片言只语涉及神话符瑞。《史记·高祖本纪》叙诸侯、将相"共请尊汉王为皇帝"⑦，其理据是"大王起

---

① 邵泰衢《史记疑问·高祖纪》有类似质疑："白帝赤帝之讹，盖如白鱼赤乌之伪而已。"转引自杨燕起等（1986），页358。

② 《史记志疑》卷6，页215。

③ 《史通通释》卷5《采撰》，页115。钱钟书赞誉《史记》"不好奇轻信"（录李因笃语），不录荒诞事，"言择雅驯，笔削谨严"，白璧微瑕处是"《史记》于'怪事'、'轶闻'，固未能芟除净尽，如刘媪交龙、武安谢鬼，时复一遭"。（《管锥编》1册，页482、483）

④ 徐经《雅歌堂文集》卷4《书高帝本纪》，转引自杨燕起等（1986），页358。王先谦《汉书补注·高帝纪》引沈钦韩说，亦持此议。（卷1上，页27）

⑤ 崔适："各本中述赤帝子斩白帝子事，此从《郊祀志》窜入。"（《史记探源》卷3，页61）顾颉刚（1982）："但司马迁时不能有此故事（斩蛇，云气），必出伪窜。"（页493）吕思勉（1983）："赤帝子之说，则又因高祖为沛公旗帜皆赤而附会，未必与行序有关。《史记》本纪言旗帜皆赤，由所杀蛇白帝子，杀者赤帝子，疑出后人增窜，非谈、迁原文也。"（页817）

⑥ 《新书校注》卷10《立后义》，页409。

⑦ 据《汉书·高帝纪下》，请上尊号的诸侯包括楚王韩信、韩王信、淮南王英布、梁王彭越、故衡山王吴芮、赵王张敖、燕王臧荼等。

微细，诛暴逆，平定四海，有功者辄裂地而封为王侯。大王不尊号，皆疑不信”[①]。刘邦即位后，置酒洛阳南宫，与诸将讨论：“吾所以有天下者何？项氏之所以失天下者何？”高起、王陵（?—公元前181）对以：“陛下使人攻城略地，所降下者因以予之，与天下同利也。项羽妒贤嫉能，有功者害之，贤者疑之，战胜而不予人功，得地而不予人利，此所以失天下也。”刘邦自己总结的成功原因是：

> 夫运筹策帷帐之中，决胜于千里之外，吾不如子房。镇国家，抚百姓，给馈饟，不绝粮道，吾不如萧何。连百万之军，战必胜，攻必取，吾不如韩信。此三者，皆人杰也，吾能用之，此吾所以取天下也。项羽有一范增而不能用，此其所以为我擒也。[②]

刘邦称帝后，尊其父刘太公为太上皇，《汉书·高帝纪》叙其理据为“朕亲被坚执锐，自帅士卒，犯危难，平暴乱，立诸侯，偃兵息民，天下大安，此皆太公之教训也”[③]。细玩《汉书》文义及刘邦与其父亲的关系，“教训”云云，言不由衷。但无论如何，贾谊、诸侯、将相乃至刘邦本人关于成功开国原因的论述，均只论人谋，不讲天命。所以《高祖本纪》之太史公赞语，以“三王之道若循环，终而复始。周秦之间，可谓文敝矣。秦政不改，反酷刑法，岂不缪乎？故汉兴，承敝易变，使人不倦，得天统矣”[④]，解释刘邦开国之正当性。《太史公自序》以“子羽暴虐，汉行功德；愤发蜀汉，还定三秦；诛籍业帝，天下唯宁，改制易俗”[⑤]，总结刘邦的功业。

由此看来，刘邦的开国神话，就算不是出于事后的伪造或后人的增窜，至少在西汉初年，似乎尚未成为政治和历史编纂的主流论述。但仅以目前能够掌握的传世及出土文献，要确认《史记·高祖本纪》

---

① 《史记》卷8《高祖本纪》，页379。
② 《史记》卷8《高祖本纪》，页381。
③ 《汉书》卷1下，页62。
④ 《史记》卷8，页393—394。
⑤ 《史记》卷130，页3302。

中的开国之君神话属于后人伪造或增窜，也是不可能的。

《史记》的《秦始皇本纪》、《陈涉世家》及其他一些篇章其实也载有不少神秘预言和政治神话，却并未受到后世史家们“伪造、增窜”的质疑。[①]西汉初政论家陆贾的《新语》记叙：

> 樊将军哙问于陆贾曰：“自古人君皆云受命于天，云有瑞应，岂有是乎？”陆贾应之曰：“有。夫目瞤得酒食，灯火花得钱财，干鹊噪而行人至，蜘蛛集而百事喜。小既有征，大亦宜然。故目瞤则咒之，灯火花则拜之，干鹊噪则餧之，蜘蛛集则放之；况天下大宝，人君重位，非天命何以得之哉？瑞者，宝也，信也，天以宝为信，应人之德，故曰瑞应。无天命，无宝信，不可以力取也。”[②]

余嘉锡认为：“此所记陆贾之语，以意度之，必出于陆贾二十三篇之中，盖就《论衡》所引观之，知贾喜论性命鬼神之事，此条之论瑞应，与其书之宗旨体裁，正复相合也。”[③]

陆贾《楚汉春秋》也记有范增（公元前277—公元前204）因刘邦之“气”似龙蛇云虎、必非人臣，建议项羽尽早诛杀的故事。[④]而认同刘邦的领袖地位出于“天授”，非关人力的论述，在《史记》中也屡屡出现。[⑤]项羽于垓下战败后，屡以“此天之亡我，非战之罪也”，“天之亡我，我何渡为”自我开解。[⑥]刘邦击英布时，为流矢所中，伤病甚重，借口“吾以布衣提三尺剑取天下，此非天命乎？命乃

① 清代以来的疑古学者对《史记》神话出于伪造、增窜的质疑，主要集中于《高祖本纪》，是因为围绕刘邦的开国神话，似乎带有西汉末才兴起的五德终始论之气息。然近年来学者们已指出：赤帝、白帝之说，未必关五德说事，更可能与先秦流行的五方帝信仰有关。秦末汉初出现此类神话，完全可能。

② 此段为《新语》佚文，王利器辑自《西京杂记》。《太平广记》卷135引作《殷芸小说》。（《新语校注》，页180—181）

③ 余嘉锡（1980），页526。

④ 亦佚文，王利器辑自《水经·渭水注》、《太平御览》卷15、87、872。见《新语校注》，页184。《史记·项羽本纪》有类似叙述。

⑤ 参见《史记》卷10《孝文本纪》、卷55《留侯世家》、卷92《淮阴侯列传》。

⑥ 《史记》卷7《项羽本纪》，页334、336。

在天”[①]，拒绝医治。以此观之，楚汉之际至西汉初年，符瑞天命观念及开国之君神话在当时的社会政治语境和历史论述中有着良好的孕育、生存和传播机会，则《史记》所载刘邦神话，又未必是空穴来风。

徐经指出：“自古帝王受命而兴，必征引符瑞以表其灵异。”[②]俞樾（1821—1907）也说：

> 《五帝纪》云，择其尤雅者，故《唐》《虞》二纪，悉本《尚书》，高辛以上，无稽则略。《禹本纪》《山海经》所有怪物，不以入史。至《高帝纪》，乃有刘媪梦神、白帝化蛇之事。盖当时方以为受命之符，不可得而削也。世以史公为好奇，过矣。[③]

也就是说，《高祖本纪》采入开国之君神话，在当时的社会政治文化语境中，实属自然不过也不得不然的史学编纂笔法，反映的是那一特定时空中的“历史真实”，不能因此责怪司马迁“好奇”和“不察”。

刘邦的一连串开国神话中，最富戏剧性的当数刘媪梦神、丰西斩蛇、芒砀云气三则。刘媪梦神脱胎自先秦、西汉初文献中常见的氏族始祖、文化英雄感生神话，笔者曾有讨论，此不赘。[④]丰西斩蛇神话，以前的论者多纠缠于赤帝子杀白帝子的情节，争论其与汉朝五德运序的关系。梁玉绳却注意到斩蛇神话与另一个与蛇有关的流行神话之间的巧合：“晋文公之兴也，蛇当道，梦天杀蛇，曰：‘何故当圣君道？’而蛇死。而汉高之兴也，亦蛇当径，斩蛇，而妪夜哭。”[⑤]事见贾谊《新书·春秋》：

---

① 《史记》卷8《高祖本纪》，页391。

② 徐经，《雅歌堂文集》卷四《书高帝本纪》，转引自杨燕起等（1986），页358。王先谦《汉书补注·高帝纪上》引沈钦韩说，亦持此议。（卷1上，页27）

③ 《史记会注考证附校补》卷8，页232引。

④ 参见吕宗力（2001），页415—434。

⑤ 《史记志疑》卷6，页215。

晋文公出畋，前驱还白："前有大蛇，高若堤，横道而处。"文公曰："还车而归。"其御曰："臣闻祥则迎之，妖则凌之。今前有妖，请以从吾者攻之。"文公曰："不可。吾闻之曰：天子梦恶则修道，诸侯梦恶则修政，大夫梦恶则修官，庶人梦恶则修身。若是，则祸不至。今我有失行，而天招以妖我，我若攻之，是逆天命。"……乃退而修政。居三月，而梦天诛大蛇，曰："尔何敢当明君之路！"文公觉，使人视之，蛇已鱼烂矣。文公大说，信其道而行之不解（懈），遂至于伯。故曰：见妖而迎以德，妖反为福也。[①]

刘向《新序·杂事二》所述略同，唯结尾作"未半旬，守蛇吏梦天帝杀蛇，曰：'何故当圣君道为？而罪当死。'发梦视蛇，臭腐矣"[②]。但此故事未见《左传》、《史记·晋世家》记载，当是秦汉时才开始流传。《高祖本纪》中刘邦遇白帝子所化之蛇，与晋文公出猎路遇之巨蛇，皆属挡道之妖征[③]，而两人的因应之道却大相径庭。刘邦奋起斩妖，晋文公却退而修政，妖孽亦遭天诛。贾谊和刘向的叙述，是否隐含讽喻意味？值得深思。

梁玉绳又发现："《宋书》'武帝之兴也，大蛇见洲里，射之而青衣捣药'。何前后事之同也？"[④]查今本《宋书》无之，事见《南史·宋本纪上》：

帝素贫，时人莫能知，唯琅邪王谧独深敬焉。帝尝负刁逵社钱三万，经时无以还，被逵执，谧密以己钱代偿，由是得释。后伐荻新洲，见大蛇长数丈，射之，伤。明日复至洲，里闻有杵臼声，往觇之。见童子数人皆青衣，于榛中捣药。问其故，答曰："我王为刘寄奴所射，合散傅之。"帝

① 《新书校注》卷6，页248—249。

② 《新序》卷2，页10。

③ 虽然在先秦典籍中有梦蛇兆生女之祥，但《左传·庄公十四年》、《史记·郑世家》叙内蛇与外蛇斗而死，《左传·文公十六年》叙蛇自泉宫出，皆视蛇为妖征。

④ 《史记志疑》卷8，页215。

曰："王神何不杀之?"答曰："刘寄奴王者不死，不可杀。"帝叱之，皆散，仍收药而反。①

看来，诛杀大蛇已成为秦汉之际、晋宋之际反复出现的真命天子排除险阻建功立业的神话母题。

如果用俗世的、现实的眼光去审视这些神话，很容易得出与明人敖英相似的观察："适然遘蛇而斩之，无足怪者。若神母夜哭，神其事以鼓西行之气耳。田单守墨而天神下降，陈胜首祸而鱼腹献书，类可概见。"②或如杨循吉所言："斩蛇事，沛公自讬以神灵其身，而骇天下之愚夫妇耳。大虹大霓、苍龙赤龙、流火之乌、跃舟之鱼，皆所以兆帝王之兴起者。此斩蛇之计，所由设也。"③

也就是说，路遇大蛇而斩之，是现实中可能发生的合理情境，至于神母夜哭、以神灵自居，则是英雄欺人之谈，神道设教的伎俩。事实上，《史记》的叙述行文，已为读者提供微妙的解构暗示：刘邦从过路人（而非自己人，以示客观性）那儿得知神母夜哭的情节，"乃心独喜，自负"。这里描述的心理活动，所形容的与其说是真龙天子感应到天命所归时的真情流露，倒不如说更像善于利用群众心理、准确把握时势机遇的政治野心家的暧昧心态。"诸从者日益畏之"，则揭示出神话在实际生活中的政治影响力。

芒砀云气神话的叙述是这样展开的：

秦始皇帝常曰"东南有天子气"，于是因东游以厌之。高祖即自疑，亡匿，隐于芒、砀山泽岩石之间。吕后与人俱求，常得之。高祖怪问之。吕后曰："季所居上常有云气，故从往常得季。"高祖心喜。沛中子弟或闻之，多欲附者矣。④

---

① 《南史》卷1，页1—2。

② 凌稚隆《汉书评林》引，转引自《史记志疑》卷8，页215。

③ 《史记会注考证附校补》卷8，页234引。

④ 《史记》卷8《高祖本纪》，页348。

秦始皇所担心的预言"东南有天子气"，源出望气术士。本书第四章已讨论过，"东南有天子气"预言在秦末汉初广泛流传，并非史家的凭空杜撰或专为刘邦量身订制的事后诸葛亮型谶言。有趣的是，《史记》告诉读者，刘邦听说此预言后，"即自疑，亡匿，隐于芒、砀山泽岩石之间"[①]。"自疑"，即自我对号入座，自认"天子气"应于己身，显露出一种强烈的"预言自我实现"的心理倾向。

刘邦藏匿于芒、砀山泽岩石之间，没有固定住所，吕雉却常能轻易找到他，据说是因为她"发现"刘邦所居上空常有云气飘荡。鸿门宴上范增劝项羽及早除去刘邦，理由也是："吾令人望其气，皆为龙虎，成五采，此天子气也。急击勿失。"[②]如果《史记》和《楚汉春秋》所叙可靠，这个神话当时应该传播甚广，信者颇众。《史记正义》引京房《易飞候》："何以知贤人隐？师[③]曰：'四方常有大云，五色具而不雨，其下有贤人隐矣。'"以望气占候术在秦汉之流行，对汉代人来说，吕后望云气而得知高祖所居是合情合理的。

《史记》行文，从斩蛇后的"心独喜，自负"，到获知"所居上常有云气"的"心喜"，从"诸从者日益畏之"，到"沛中子弟或闻之，多欲附者"，前后呼应。叙述虽然极简略，丰西斩蛇、芒砀云气神话的建构、流传，及其对刘邦本人与丰沛子弟群体的心理影响，生动形象，跃然纸上。而字里行间所揭示的刘邦沾沾自喜的神态以及神话的政治能量，也令后世的《史记》读者对神话的建构过程产生怀疑。明人徐孚远就依据人情常理质问："高祖隐处，岂不阴语吕后耶？隐而求，求而怪，皆所以动众也。"[④]徐经也认为刘邦和吕雉有串谋之嫌，伪造神迹，"托言以惊动沛中子弟"[⑤]。与丰西斩蛇故事类似，吕雉与

---

① 《史记会注考证附校补》卷8引赵翼曰："即自疑三字，高祖匹夫而以天子自疑，正见其志气不凡。汉书删之。"（页234）

② 《史记》卷7《项羽本纪》，页311；陆贾《楚汉春秋》佚文略同："吾使人望沛公，其气冲天，五色相摎，或似龙，或似蛇，或似虎，或似云，或似人，此非人臣之气也，不若杀之。"（《新语校注》，页184）

③ 从中华书局标点本之校勘。原文"师"作"颜师古"，《史记会注考证》从之，不妥。京房说《易》，岂能引述颜师古说？

④ 《史记会注考证附校补》卷8，页234引。

⑤ 《雅歌堂文集》卷四《书高帝本纪》，转引自杨燕起等（1986），页358。

隐匿于山泽之间、行踪不定的丈夫有其秘密约定的联络方法，可以不时前往探访，是现实中可能发生的合理情境，而宣称刘邦“所居上常有云气”，既是对自己和丈夫的保护手段，也是神道设教的伎俩。

汉文帝“不问苍天问鬼神”，宣室夜半前席，汉武帝“尤敬鬼神之祀”①，汲汲于“三代受命，其符安在”之问②，汉昭帝时有易姓改代、庶人为天子之警告。至元、成、哀、平，西汉政坛上已充斥灾谴论述和集体焦虑，哀帝甚至信服夏贺良所言赤精子之谶，承认“汉家历运中衰，当再受命”③，改元、易号。西汉中后期，政治上早非布衣君臣之格局，皇室也不再具备秦汉之际“王侯将相宁有种乎”那种豪迈气魄。先祖的开国神话，已不仅是对辉煌往昔的集体记忆，更提升到论证统治合法性、支撑自信心的信仰层面。④新莽末“人心思汉”，各路反新义军纷纷拥戴刘氏宗室成员为首领，《赤伏符》等谶书应运而出，刘邦开国神话进一步丰富化神奇化。西汉末成型、东汉初定型、隋唐以后大部散佚的纬书，其残存佚文中，仍保留有不少这样的增衍版开国神话：

第一，刘媪梦神感生神话之增衍，拙文《感生神话与汉代皇权正当性的论证》已有讨论，不赘。

第二，刘邦骨相风貌异常（“隆准而龙颜，美须髯，左股有七十二黑子”）神话之增衍：

《诗纬·含神雾》：“代汉者，龙颜珠额。”⑤

《春秋·演孔图》：“其人日角龙颜，姓卯金刀，含仁义，戴玉英，光中再，仁雄出，日月角。”⑥

《河图·稽命征》：“帝刘季，日角，戴北斗，胸龟背龙，身长七尺

---

① 《汉书》卷25上《郊祀志上》，页1215。

② 《汉书》卷56《董仲舒传》，页2496。

③ 《汉书》卷11《哀帝纪》，页340。

④ 司马相如《封禅文》称颂大汉之德，招致种种符瑞，“宛宛黄龙，兴德而生……云受命所乘”（《文选》卷48，页678）；扬雄《剧秦美新》：“会汉祖龙腾丰沛”（《文选》卷48，页680）；都反映出西汉中期以后流行追述高祖开国神迹的政治文化氛围。

⑤ 《纬书集成》卷上，页463。

⑥ 《纬书集成》卷中，页580。

八寸，明圣而宽仁，好任主。”①

《河图·提刘篇》：“帝季，日角，载胜，斗胸，龟背，龙股，长七尺八寸，明圣而宽仁，好任主轸。”②

《河图》：“帝刘季，日角，戴胜，斗胸，龟背，龙眼，长七尺八寸，明圣而宽仁。”③

第三，丰西斩蛇神话之增衍：

《春秋·合诚图》：“水神哭，子褒衰败。”宋均注：“高祖斩白蛇而神哭，则此母水精也。”④

《春秋·汉含孳》：“枉矢东流，水神哭祖龙。”⑤

第四，“东南有天子气”和“芒砀王气”神话之增衍：

《尚书·帝命验》：“有人雄起，戴玉英，履赤茅，祈旦失钥，亡其金虎。东南纷纷，注精起，昌光出轸，已图之。”郑玄曰：“谓刘氏也，谓火精当起翼轸之野。”⑥

另外又发展出一批新的政治预言和神话，例如：

第一，“刘季当王”：

《河图·玉英》：“刘季为天子。”⑦

《河图》：“期之兴，天授图，地出道，于张兵矜刘季起。”“黄石公谓张良：读此为刘帝师也。”“汉高祖观汶水，见一黄釜，惊却反。化为一翁，言曰：刘季何不受河图？”⑧

第二，“卯金刀”：⑨

《春秋·演孔图》：“有人卯金，兴于丰，击玉鼓，驾六龙。”“有人卯金丰，击玉鼓，驾六龙。”“有人卯金刀，握天镜。”⑩

---

① 《纬书集成》卷下，页1179。
② 《纬书集成》卷下，页1185。
③ 《纬书集成》卷下，页1223。
④ 《纬书集成》卷中，页765。
⑤ 《纬书集成》卷中，页812。
⑥ 《纬书集成》卷上，页372。
⑦ 《纬书集成》卷下，页1193。
⑧ 《纬书集成》卷下，页1223。
⑨ 这个神话母题在新莽末极为流行，成为光武复汉正当性的重要神话依据。东汉以后的社会政治动荡中，也屡次浮现，例如东晋末刘裕的开国神话。
⑩ 《纬书集成》卷中，页580。

《春秋·汉含孳》:“刘季握卯金刀,在轸北,字季,天下服。卯在东方,阳所立,仁且明。金在西方,阴所立,义成功。刀居右,字成章。刀系秦,枉矢东流,水神哭祖龙。”①

《春秋·演孔图》:“卯金刀,名为刘,中国东南出荆州,赤帝后次代周。”②

第三,刘邦开国之后汉皇室的命运:

《河图·会昌符》:“汉大兴之道在九世之王。”③

《河图·稽命征》:“帝刘即位,百七十年,太阴在庚辰,江充诡其变,天鸣所坼。”④

班彪《王命论》曰:

> 是故刘氏承尧之祚,氏族之世,著乎《春秋》。唐据火德,而汉绍之,始起沛泽,则神母夜号,以章赤帝之符……世俗见高祖兴于布衣,不达其故,以为适遭暴乱,得奋其剑,游说之士至比天下于逐鹿,幸捷而得之,不知神器有命,不可以智力求也……盖在高祖,其兴也有五:一曰帝尧之苗裔,二曰体貌多奇异,三曰神武有征应,四曰宽明而仁恕,五曰知人善任使……初刘媪任高祖而梦与神遇,震电晦冥,有龙蛇之怪。及其长而多灵,有异于众,是以王、武感物而折券,吕公睹形而进女;秦皇东游以厌其气,吕后望云而知所处;始受命则白蛇分,西入关则五星聚。故淮阴、留侯谓之天授,非人力也。⑤

班固撰《汉书·高帝纪》,荀悦《汉纪》述西汉开国,几乎全盘照搬《史记·高祖本纪》的神话。如《汉书·高帝纪》赞曰:“汉承尧运,德祚已盛,断蛇著符,旗帜上赤,协于火德,自然之应,得天统

① 《纬书集成》卷中,页812。
② 《纬书集成》卷中,页812。
③ 《纬书集成》卷下,页1178。
④ 《纬书集成》卷下,页1179。
⑤ 《汉书》卷100《叙传》,页4208—4212。

矣。”[①]《汉纪》赞曰：“汉祖初定天下。则从火德。斩蛇著符。旗帜尚赤。自然之应。得天统矣。”[②]

杜笃不赞成光武帝建都洛阳，上《论都赋》颂扬长安之壮观奇伟，开篇即云：“大汉开基，高祖有勋，斩白蛇，屯黑云，聚五星于东井。”[③]王充《论衡》中多处讨论刘媪梦神、丰西斩蛇、芒砀云气、龙颜黑子等神话，称颂刘邦禀贵命于天、汉家祥瑞盛于西周，批评龙交感生、雷雨晦冥为虚妄之言，争辩丰西所斩之蛇当为妖而非白帝子。[④]孔融与曹操书论酒之德，称“高祖非醉斩白蛇，无以畅其灵”。[⑤]

很明显，《史记·高祖本纪》记叙的开国神话，在新莽、东汉是众所周知的历史常识和集体记忆，汉皇朝统治正当性的必备论述。甚至连刘邦“斩白蛇”的“长剑”[⑥]，也被尊为国之重器，与极具传奇色彩的秦传国玺，并列为“乘舆所宝”[⑦]。“法驾出，则多识者一人负传国玺，操斩白蛇剑，参乘；余皆骑，在乘舆车后。”[⑧]直至“晋惠帝元康五年（295）闰月庚寅，武库火。张华疑有乱，先固守，然后救灾。是以累代异宝，王莽头，孔子履，汉高断白蛇剑及二百万人器械，一时荡尽”[⑨]。丰西斩蛇神话乃至与刘邦有关的一连串开国神话，至此丧失其物质的和仪式的象征及寄托。

称《史记·高祖本纪》中的刘媪梦神、骨相异常、丰西斩蛇、芒砀云气等叙述为“神话”，当然是因为我们认为，这些故事是超现实、超自然的，是不可能在俗世、现实生活中发生的，这些神话，是

---

① 《汉书》卷1下《高帝纪》，页82。

② 《两汉纪》卷1《高祖皇帝纪》，页1—2。

③ 《后汉书》卷80上《文苑上·杜笃传》，页2598。

④ 参见王充《论衡》中的《吉验》、《骨相》、《初禀》、《奇怪》、《语增》、《感类》、《宣汉》、《纪妖》诸篇。

⑤ 《后汉书·孔融传》注，引自《孔融集》。《后汉书》卷70，页2273。

⑥ 《史记·高祖本纪》索隐：“《汉旧仪》云‘斩蛇剑长七尺’。又高祖云‘吾以布衣提三尺剑取天下’。二文不同者，崔豹《古今注》：‘当高祖为亭长，理应提三尺剑耳；及贵，当别得七尺宝剑’，故《旧仪》因言之。”正义按：“其蛇大，理须别求是剑斩之。三尺剑者，常佩之剑。”可见汉晋唐人对传奇“宝剑”真实形态的讨论，还颇为认真。（《史记》卷8《高祖本纪》，页348）

⑦ 《宋书》卷18《礼志五》，页506。

⑧ 《宋书》卷29《百官志上》，页1239。

⑨ 《宋书》卷32《五行志三》，页933。

在特定的社会政治文化语境中，按照当时的习俗、信仰，建构出来的。但这并不是说，所有的故事都是事后伪造的。故事中的某些元素，可能基于当时的客观事实。例如刘邦的骨相，也许有与众不同之处；途中遇蛇而斩之，在现实生活中并非不可能发生；刘邦藏匿芒砀山中，也许与吕雉有秘密的联络方法，但为了安全，不得不假托神灵，等等。

“开国之君能开创一个朝代，而使整个天下归他统治，当然是不平凡的人物，必然有些与常人不同之处。”①其突出的个人魅力和能力，可能令周围的人感受到特殊的吸引力，从而期盼会有什么不同寻常的事情发生在他的身上。而秦末社会政治的风云变幻，自古流传的无数感生神话，战国以来盛行的骨相、望气方术，群众寻觅真命天子的心理需求，形成了建构政治神话的丰富语境。与此同时，《史记 · 高祖本纪》所描绘的刘邦，有强烈的“预言自我实现”倾向，对自己“应运而生”衷诚信仰。在适当的时空情境中，他能以极强的自信心、敏锐的政治嗅觉、丰富的人生阅历和圆熟的人际沟通能力，对其徒众乃至更大范围的群众发出较强的心理暗示，影响他们的行为及对自己的评价。

“神话的内容大概都有些虚构，但有神话则是千真万确的事实；而这些事实的发生，必然有其原因，也必然有其功能。”②在刘邦及其追随者逐鹿中原的过程中，在有意无意的心理激荡中，一连串神话被建构出来和传播开来，超现实、超自然的故事，获得了现实的、世俗的生存空间，在社会和政治活动中发挥了实际的作用，参与了历史的创造。在这个意义上，《史记 · 高祖本纪》所记载的开国之君神话，从某一个侧面展现了历史的真相。

第二节　民间传说

第一章讨论讹言时提到，《后汉书 · 五行志》记载，东汉桓帝永

① 孙广德（1986），页65—66。
② 孙广德（1986），页52。

康元年八月，巴郡上奏祥瑞，有黄龙出现。其实是怎么回事呢？原来当地有民众因为天热，去池塘洗澡，见池水浑浊，“因戏相恐‘此中有黄龙’，语遂行人间”①。

戏语也是一种讹言。有些戏语经过口耳相传，形成众所周知的传说，是民间俗信的典型生成方式之一。试以东汉学者应劭所撰《风俗通义》的记载为例，观察汉代一些民间俗信的形成过程。

一、神君传奇

战国以来流行于民间，带有浓厚的原始宗教气息的各种方术信仰，诸如神仙、巫蛊、下神、择日、禁忌、望气、卜相、鸡卜、杂祀、星占、符应、淫祀（不在祀典的鬼神）等，在汉代社会的各个阶层广泛流行。传世文献以及近年的出土文献中，对此有详尽的记载。如昭宣之世，“富者祈名岳，望山川，椎牛击鼓，戏倡儛像。中者南居当路，水上云台，屠羊杀狗，鼓瑟吹笙。贫者鸡豕五芳，卫保散腊，倾盖社场”，“宽于行而求于鬼，怠于礼而笃于祭”，“街巷有巫，闾里有祝”。②至平帝末年，王莽鼓励纵容鬼神淫祀，“自天地六宗以下至诸小鬼神，凡千七百所，用三牲鸟兽三千余种”③。这个数目，虽然已包容部分“淫祀”，但民间应该仍有不少自行崇祀、未入官府祭祀名册的小神。东汉的情形，大体相似。《风俗通义·怪神》篇，就描述了一些东汉民间崇祀的小神信仰，是怎样“炼成”的。

（一）鲍君神

> 汝南鲖阳有于田得麏者，其主未往取也，商车十余乘经泽中行，望见此麏著绳，因持去，念其不事，持一鲍鱼置其处。有顷，其主往，不见所得麏，反见鲍君，泽中非人道路，怪其如是，大以为神，转相告语，治病求福，多有效验，因为起祀舍，众巫数十，帷帐钟鼓，方数百里皆来祷

① 《后汉书》志17《五行志五》，页3344。
② 《盐铁论校注》卷6《散不足》，页351—352。
③ 《汉书》卷25下《郊祀志下》，页1270。

> 祀，号鲍君神。其后数年，鲍鱼主来历祠下，寻问其故，曰："此我鱼也，当有何神。"上堂取之，遂从此坏。传曰："物之所聚斯有神。"言人共奖成之耳。①

鲍，即干鱼。称"君"者，战国时已称神异为"君"②。汝南鲖阳（今河南新蔡）有人在野外湿地设套，套住一只獐子。物主还没来得及去检视猎物，就有商人车旅路过，见到獐子被绳索困住，不告而取。但又有点不好意思，就留下一条干鱼。当物主前往检视时，没见到有猎物，只有干鱼。因该地平时没有人车经过，物主大为惊诧，以为是神物。当地口耳相传，纷纷前来拜祭，治病求福，相当灵验。于是建起庙宇供奉如神，巫者云集，吸引方圆数百里的人们前来祈福，号称"鲍君神"。过了几年，当年留下干鱼的商人再次路过这里，发现此怪，对村民说："此我鱼也，当有何神？"从祭坛上取走干鱼。"鲍君神"庙就此荒废。

（二）李君神

> 汝南南顿张助，于田中种禾，见李核，意欲持去，顾见空桑中有土，因殖种，以余浆溉灌，后人见桑中反复生李，转相告语，有病目痛者，息阴下，言李君令我目愈，谢以一豚。目痛小疾，亦行自愈。众犬吠声，因盲者得视，远近翕赫，其下车骑常数千百，酒肉滂沱。闲一岁余，张助远出来

---

① 《风俗通义校注》卷9，页403。王利器注，《抱朴子·内篇·道意》："昔汝南有人于田中设绳罥以捕獐，而得者，其主未觉，有行人见之，因窃取獐而去，犹念取之不事，其上有鲍鱼者，乃以一头置罥中而去。本主来，于罥中得鲍鱼，怪之以为神，不敢持归。于是村里闻之，因共为起屋立庙，号为鲍君；后转多奉之者，丹楹藻棁，钟鼓不绝，病或有偶愈者，则谓有神，行道经过，莫不致祀焉。积七八年，鲍鱼主后行过庙下，问其故，人具为之说，其鲍鱼主乃曰：'此是我鱼耳，何神之有。'于是乃息。"即本应氏此文。刘敬叔记鳣父庙事，与此为同一类型之故事，其《异苑》五曰："会稽石亭埭有大枫树，其中空朽，每雨水，辄满溢。有估客载生鳣至此，聊放一头于朽树中，以为狡狯；村民见之，以为鱼鳣非树中之物，咸谓是神，乃依树起屋，宰牲祭祀，未尝虚日，因遂名鳣父庙；人有祈祷及秽慢，则祸福立至。后估客返，见其如此，即取作臛，于是遂绝。"中国古代不少民间崇祀的小神，其起源类之。

② 参见王利器注文。

> 还，见之，惊云："此有何神，乃我所种耳。"因就斮也。[①]

汝南南顿，即今河南项城。"其下车骑常数千百，酒肉滂沱"，说明李君神之崇信者，不止附近的村民，也包括达官贵人。经"始作俑者"一语道破，而信仰破产。

（三）石贤士神

> 汝南汝阳彭氏墓路头立一石人，在石兽后。田家老母，到市买数片饵，暑热行疲，顿息石人下小瞑，遗一片饵去[②]，忽不自觉。行道人有见者，时客适会，问何因有是饵？客聊调之："石人能治病，愈者来谢之。"转语："头痛者摩石人头，腹痛者摩其腹，亦还自摩，他处放此。"凡人病自愈者，因言得其福力，号曰贤士；辎辇毂击，帷帐绛天，丝竹之音，闻数十里，尉部常往护视，数年亦自歇，沫复其故矣。[③]

汝南汝阳，即今河南商水。农家老妇，在集市上买了几块饼（大约是馍馍之类的面食）。大热天走得累了，在路边墓地树荫下乘凉小憩，随手在旁边的石人头上放了一块饼，走时却忘了拿。路人们经过，觉得奇怪，有人戏语道："石人能治病，愈者来谢之。"于是人们又"转相告语"[④]，摸石人头能治头痛，摸石人腹能治腹痛。病人自愈，也以为是获得石人的福佑，称之为石贤士或石贤君。石人前车水马龙，帷帐蔽天，奏乐声闻数十里。郡中的部都尉，也常来维持秩序。几年

① 《风俗通义校注》卷9，页405。

② 王利器注："《封氏闻见记》引作'暑热行疲，息石人下，遗一片饵'，《御览》七四一引作'田家老母市饼，置道边石人头上，既而忘之'，又八六〇引作'田家老母到市买数片饵以归，过荫墓树下，以饵著石人头，忽去而忘之'。《抱朴子》作'田家老母到市买数片饼以归，天热，过荫彭氏墓口树下，以所买之饼，暂著石人头上，忽然便去，而忘取之'。"

③ 《风俗通义校注》卷9，页406—407。

④ 王利器注："《闻见记》作'石人能愈病，人来谢者，转相告语'，《御览》两引俱作'转以相语'，《抱朴子》亦作'转以相语'，此文省二字，义反晦，当据补。"

后，当年忘饼的老妇听说此事，遂向乡亲澄清真相，石贤君崇拜就此止息。①

这三则神君信仰的形成经过，大同小异，缘起于误会、误传、戏语，经过“转相告语”，无中生有而神乎其神，不但获得一般民众的信仰，地方官员、精英阶层也可能趋之若鹜。应劭的理性主义叙述展示了东汉成功“辟谣”的经典案例：神秘的迷雾一旦为真相吹散，迷信再无立足之地，干鱼、李核、石人等伪神君立即被撤下神坛。但从汉代直至近代，更多因误会、误传、戏语而成功建构的诸神信仰，一直活生生地存在于民间。②鲍、李、石下坛了，杜、狐、毛可能又上坛了。其实，信仰或“迷信”并不需要经过科学验证的理据，也不在乎所信神祇的来历真相，信众真正在意的是该神祇的“灵验性”（以他自己以及身边信众群体的经验、体验为凭据），亦即对信众群体心灵的抚慰能力。

二、“俗说”与“俗言”

《风俗通义·正失》篇“正”当时流行的“俗说”、“俗言”之“失”，批评一些以讹传讹的俗信观念。③例如：

（一）叶令祠

> 俗说孝明帝时，尚书郎河东王乔，迁为叶令，乔有神术，每月朔常诣台朝，帝怪其来数而无车骑，密令太史候望，言其临至时，常有双凫从东南飞来；因伏伺，见凫举

① 王利器注：“《御览》七四一引作‘后饼母为说乃止’，又八六〇引作‘数年前饵母闻之，为人说之，乃无复往者’。此文省饵母申说事，当据补。《抱朴子·道意》篇：‘汝阳彭氏墓近大道，墓口有一石人。田家老母到市买数片饼以归，天热，过荫彭氏墓口树下，以所买之饼，暂著石人头上，忽然便去，而忘取之。行路人见石人头上有饼，怪而问之，或人云：“此石上有神，能治病，愈者以饼来谢之。”如此转以相语，云：“头痛者摩石人头，腹痛者摩石人腹，亦还以自摩，无不愈者。”遂千里来就石人治病，初但鸡肋，后用牛羊，为立帷帐，管弦不绝，如此数年。忽日前忘饵母闻之，乃为人说，始无复往者。’即袭用此文。”（《风俗通义校注》卷9，页408—409）

② 读者可以参阅笔者与栾保群合著的《中国民间诸神》（2000）。

③ 类似的“俗说”“俗言”在汉代文献中还能找到不少，如王充《论衡》。本节仅选取《风俗通义》中的部分案例。

> 罗，但得一双舄耳。使尚方识视，四年中所赐尚书官属履也。每当朝时，叶门鼓不击自鸣，闻于京师。后天下一玉棺于厅事前，令臣吏试入，终不动摇。乔：“天帝独欲召我。”沐浴服饰寝其中，盖便立覆，宿夜葬于城东，土自成坟，县中牛皆流汗吐舌，而人无知者，百姓为立祠，号叶君祠。牧守班禄，皆先谒拜，吏民祈祷，无不如意，若有违犯，立得祸。明帝迎取其鼓，置都亭下，略无音声。但云叶太史候望，在上西门上，遂以占星辰，省察气祥，言此令即僊人王乔者也。①

王乔，《后汉书·方术传》有传②，所叙事迹与《风俗通义》略同，或说即采自《风俗通义》。叶县，汉属南阳郡，即今河南叶县。当地立有叶君祠，奉祀王乔。官民都会虔诚拜祭。应劭质疑说，叶君祠春秋时期已立，奉祀的应该是楚国大夫叶公。③叶公，楚庄王后裔，氏沈，名诸梁，字子高，封于叶，有政绩。著名的“叶公好龙”寓言，说的就是他。但东汉距春秋已远，民间不明叶君祠之缘起，“俗说”以讹传讹，以曾任叶县令而又有仙迹的王乔当之，祀之于叶君祠。这类张冠李戴的情形，在中国的民间信仰中其实很常见。④

（二）孝文帝

> 孝成皇帝好诗、书，通览古今，闲习朝廷仪礼，尤善汉家法度故事，常见中垒校尉刘向，以世俗多传道：孝文皇帝，小生于军，及长大有识，不知父所在，日祭于代东门

① 《风俗通义校注》卷2，页81—82。

② 《后汉书》卷82上，页2712。王乔或王子乔，在道家、道教文献中是常见的神仙名，关于他的身份来历有许多种不同的说法，很可能指不同时代的不同人物。甚至早至马王堆三号汉墓出土帛书《养生方》中已有王子巧（乔）父问彭祖养生的记载，《淮南子·泰族训》亦以“王乔、赤松”并举。《后汉书·方术传》中的王乔，只是其中之一，但在民间常与其他仙人“王乔”、“王子乔”混为一谈。

③ 王利器注引《水经·汝水注》：“醴水又东，径叶公庙北。庙前有叶公子高诸梁碑，旧秦汉之世，庙道有双阙几筵，黄巾之乱，残毁颓阙。”

④ 读者可以参阅笔者与栾保群合著的《中国民间诸神》（2000）。

> 外；高帝数梦见一儿祭己，使使至代求之，果得文帝，立为代王。及后征到，后期，不得立，日为再中。及即位为天子，躬自节俭，集上书囊以为前殿帷，常居明光宫听政，为皇太薄后持三年服，庐居枕块如礼，至以发大病，知后子不能行三年之丧，更制三十六日服。治天下，致升平，断狱三百人，粟升一钱。"有此事不？"向对曰："皆不然。"①

汉文帝刘恒，高祖庶子。母薄姬，地位寒微。母子多年住在代国，长期身居权力边缘。吕太后死后，文帝得以继承大位，实属侥幸，本章第一节之"继体之君神话"，已有讨论。文帝个性谨慎，施政仁厚，清静无为，厉行节约，轻徭薄赋，改革刑罚，开创文景之治格局。民间对这样一位皇帝的成长经历、继位经过及秉性为人颇感好奇，有许多私下议论和传言，完全在情理之中。但这些传言，居然传到宫中，始有汉成帝之问，以及刘向之澄清。

应劭指出，刘恒生于宫中，常年生活在皇宫或王宫，何来"弃捐军中，祭代东门"，"不知父所在"之说？

传言说朝廷迎立代王，因为到达时间太晚，过了预定时辰，日轮居然再度当午，才得以顺利完成即位仪式。史实是刘恒即位，是在黄昏，怎么可能日再当午？

文帝虽然出名节俭，但"未央前殿至奢，雕文五采，画华榱壁珰，轩槛皆饰以黄金"，不可能如民间传言所说，未央宫前殿的帷帐，是拆开臣下上书所附包装简册的黑布袋，缝制而成。

文帝比薄太后早死，何来"为皇太薄后持三年服，庐居枕块如礼，至以发大病"？"凡此十余事，皆俗人所妄传，言过其实，及傅会。"②

（三）东方朔

> 俗言：东方朔太白星精，黄帝时为风后，尧时为务成

① 《风俗通义校注》卷2，页93—94。
② 《风俗通义校注》卷2，页99。

> 子，周时为老聃，在越为范蠡，在齐为鸱夷子皮。言其神圣能兴王霸之业，变化无常。①

东方朔，汉武帝时征拜为郎，后任太中大夫等职。博学多才，滑稽多智，诙谐雄辩，“时观察颜色，直言切谏，上常用之”，但被汉武帝视为倡优，不获重用。东方朔“喜为庸人诵说，故令后世多传闻者”。“其事浮浅，行于众庶，僮儿牧竖，莫不眩耀，而后之好事者，因取奇言怪语附著之朔。”②西汉以来极受民间喜爱，成为神话人物，围绕他造出许多传奇故事。上引“俗言”，当然都是民间传奇之语，无法以常理检验。

（四）淮南王刘安

> 俗说：淮南王安，招致宾客方术之士数千人，作《鸿宝》、《苑秘》、《枕中》之书，铸成黄白，白日升天。③

淮南王刘安，于武帝时以“废法行邪，怀诈伪心，以乱天下，荧惑百姓，倍畔宗庙，妄作妖言”罪，自刭国除，王后、太子、涉案宾客皆族，受牵连者数千人，详见第二章的讨论。但民间有传言称，刘安及其宾客精擅方术，已“白日升天”。应劭对此严加驳斥：“安在其能神仙乎？安所养士，或颇漏亡，耻其如此，因饰诈说，后人吠声，遂传行耳。”④此说如果属实，其情境与清朝“雍正夺嫡”谣言之成形与传播，有异曲同工之妙。

第三节　神话、传说与谣言

应劭批判的汉代“俗言”、“俗说”，是典型的谣言现象。至如政治神话、神君传奇，与谣言的关系也非常密切。

---

① 《风俗通义校注》卷2，页108。

② 《汉书》卷65《东方朔传》，页2860、2873、2874。

③ 《风俗通义校注》卷2，页115。

④ 《风俗通义校注》卷2，页116。

大部分谣言有很强的时效性，很快就会销声匿迹。因为谣言是对特定时空某一暧昧情境、某一模糊事件的“解释”，当时空条件发生变化，或情境明朗化，谣言自然就会丧失其继续存在的理由。但某些谣言会经受住时间的考验，世代相传，成为民间传奇或历史神话。如担负族群凝聚和文化传统传承使命的原始神话（包括始祖神话和文化英雄神话），维护皇权正当性和维系社会稳定的某些政治神话，陆续被历史化、文本化，成为官方、正统历史叙事的一部分。有些谣言对重大事件所提供的解释，符合民众的某些心理预期，能提供足够想像空间，经过长期积淀，成为历久不衰的民间传奇和阴谋假说（conspiracy theory），如汉代的刘安白日升仙、北宋初年的烛影斧声、清初的雍正夺嫡等。

近年谣言研究的一个分支是“都市传奇”（urban legend）。“都市传奇”并不限于发生并流行于都市地区，它其实是指现当代民间传奇。由于现当代社会形态日趋都市化，无论在都市还是乡村，其生活形态和心态与传统农业社会有较大区别，所以学界以“都市传奇”命名之。传统政治神话、民间传奇和现当代都市传奇具有谣言的一般特征，例如都是即兴而起，难以溯源；均非第一手资讯而是听自“朋友”或“可靠消息来源”；所传递的信息貌似或声称真实，但都无法证实或未经证实；其信息常具有警告的意味；除了官方认可的原始神话和政治神话，民间传奇一般经由民间或非官方渠道在人际以口语、书面形式传播；政治神话和民间传奇的表述形式和内容在传播过程中必然经历种种增益、删减、润饰和再创作。政治神话和民间传奇有别于一般谣言之处，在于：第一，它们一般以故事的形式出现，有比较完整的情节结构；第二，它们往往具长时效性，类似主题或情节可以“历久弥新”、“死灰复燃”，重复出现。

第六章　观察与思考

汉代的流言、讹言、妖言、谣言、谶言、谶谣、政治神话、民间传说等，都属于谣言或类谣言言论（以下统称为谣言类言论）。汉代的谣言类言论一般源自传闻、传说、俗说等难以追溯的信息源头，主要通过非官方、非主流的人际网络，以口语为主、文字为辅的方式传播。其内容常常涉及诅咒、评论、猜测、怪诞、妖异，所传递信息未经权威渠道批准或证实，但未必虚妄谬误。其语言表达暧昧、双关、多义，诠释空间广阔，在当时的政治、社会生活中扮演了重要的角色。

第一节　谣言的史料和历史价值

近年来史学界关注历史上普通人的日常生活、信仰、精神状态和思维方式，希望能提供多元、多维的历史视角。但或许是对其文本可靠性乃至此类史料的历史真实性仍怀疑虑，流言、讹言、妖言、谶言、谶谣、神话、传说等谣言类言论在历史研究中尚未得到足够重视和充分利用。当代史学史家甚至认为传统史学著述收录这一类言论，是在“宣扬神秘思想”①，“宣扬因果报应，天命神权观，收入了大量

① 白寿彝（1994），页952—953。

鬼神怪异传说”[①]。

例如史书体例的设计，反映出史家在建构历史叙述时对当时人、文化、社会、自然及其互动关系（即司马迁所说的“古今之变，天人之际”）的整体观照、审察视角和轻重权衡。自司马迁、班固以来，纪传体史书的完整体例，除叙人、叙事件、表列时序的纪、传、表、世家，必包括有书、志，以事为类，纪录各种典章制度（礼仪、政制）、典籍、学术（天文、五行、律历、地理）的发展轨迹，不仅具备专史的资质，更是史家“通古今之变，究天人之际”的重要依据。《汉书》十志之体例，尤其受到后世史家的推崇，成为正史编纂体例的范本。其中的《五行志》，记录有大量符命、图谶、讹言、妖言、谶谣等谣言类言论。本书引述的史料，不少即来自《五行志》。但《五行志》的学术、思想和历史价值，长期以来受到史学评论界和史学史界的批判和质疑。

传统史评家如刘知几（661—721），其《史通》辟有专章，批驳《汉书·五行志》的“芜累”、“乖理”[②]。杜佑（735—812）作《通典》，“将五行说的内容删去，以为‘事非经国礼法程制，亦所不录，弃无益也’（李翰，《通典序》）”[③]。郑樵（1104—1162）作《通志·灾祥略》，“专以纪实迹，削去五行相应之说，所以绝其妖”[④]。

当代史学史家批评沈约《宋书》的《天文》、《符瑞》、《五行》三志，以十二卷的篇幅，“集相法、星占、望气、阴阳、灾异、符命、图谶、僧谶等神秘记录的大成，总的目的不过在企图证明皇权神授、天命有数”[⑤]。

传统史学著述收录谣言类言论而受到后世史评诟病之处，还在于其“虚妄不实”，“好采诡缪碎事以广异闻”，“以历史记载跟异闻轶事混淆起来”的“非理性”叙述笔法。[⑥]刘知几在《史通》中对此有严

① 宋衍申（1992），页113。
② 《史通通释》卷19，页533。
③ 邹贤俊（1989），页309。
④ 《通志二十略·灾祥略序》，页1905。
⑤ 白寿彝（1994），页952。
⑥ 白寿彝（1994），页965—967。

厉批评，认为史家虽然需要“征求异说，采摭群言”，但必须慎择史料，而非采用各种神奇怪异之说入史。[①]如“禹生启石，伊产空桑，海客乘槎以登汉，姮娥窃药以奔月”，“尧有八眉，夔唯一足；乌白马角，救燕丹而免祸；犬吠鸡鸣，逐刘安以高蹈”之类的“道听途说”，皆属“讹言难信，传闻多失”，“朱紫不别，秽莫大焉”。至如“嵇康《高士传》，好聚七国寓言，玄晏《帝王纪》，多采《六经》图谶”，范晔《后汉书》“王乔凫履，出于《风俗通》，左慈羊鸣，传于《抱朴子》”，则属“引书之误”。[②]

刘知几所批评的史学著述中的“非理性”叙事倾向，既表现为史料采择的“不严谨”，也表现为叙述中神秘化的历史诠释。如果史学著述严格遵从刘知几的史料“采撰”准则，谣言类言论将被完全摒诸历史叙事之外，本书的研究也就无从开展了。

加拿大学者诺思洛普·弗莱（Northrop Frye）在对圣经和神话语言、文学的研究中，指出西方传统观念坚信叙述性语言是传递历史信息、保存历史真实最适当、最基本、最客观的语言类型，而含糊、双关、隐喻、富想像力的表达方式则会有损信息的可靠性、真实性和清晰性。弗莱争辩说：

第一，隐喻、富想像力的语言表达形式其实是各类语言表达形式（包括叙述型、论辩型等）的始祖。“真实”的历史信息最早就是通过隐喻式、神话式语言来表达、传递的。

第二，对中古及之前的人们来说，文学与历史叙述之间的界限并不明确，神话、传说与历史之间的界限也不明确。

第三，“历史真实性”的实质意涵是什么？任何文本都有其特定的语境，任何文学或历史作者的写作，对“历史”的认识，都受到特定时空历史条件（包括社会、政治、意识形态，官方、民间）的影响。谈历史真实性，不能脱离历史语境。要理解历史语境，就必须了解该历史语境中官方、民间的流行心态、信仰、思维方式。神话、传说常常是了解此类流行心态的重要史料来源。在这个意义上，神话、

---

① 陈光崇（1984），页40。

② 《史通通释》卷5《采撰》，页115—118。

传说也是可靠的、真实的历史记录。

第四，神话、传说类史料常常包含一些错误或误导信息，例如所涉及的年代、人名、事件、其他历史细节等。但重点不在于这些细节，而是这些史料所透露的观念、信仰、价值、关注重点等。神话、传说并非要伪造历史，而是要提供符合当时语境中的“本质真实”的符号式诠释。①

如果我们将以上论述中的“神话、传说”置换为谣言类言论，再联系阴阳灾异观念盛行的汉代语境，就可以理解这一类言论信息所具备的特殊历史价值了。例如东汉末至南北朝时期史学编纂的一个重要门类是“古史”，在《隋书 · 经籍志》史部所列史书十三类中，序第二，仅次于正史。著名者包括谯周《古史考》、徐整《三五历纪》和皇甫谧（215—282）《帝王世纪》。②刘节说：“谯周撰古史考皆凭旧典，以纠司马迁之失。其实司马迁所不采的，都是一些‘荐绅先生难言之’的事。”③所谓“荐绅先生难言之”事，就是先秦以来流传的上古神话、传说，后为谶纬吸收改造，成为其古史论述的组成部分。

《三五历纪》从盘古开天辟地讲起，《帝王世纪》述帝王世系、年代及事迹，上起三皇，下迄汉魏，皆将古史年代向前大幅度推进。其天地起源、天地人三皇、人皇九头、古帝王名氏身世神迹等说，皆源出纬书的古史神话。其实三代以前的历史，除了无声无言的出土器物，几无记录可言。即使被“荐绅先生”认为叙事严谨的《左传》、《史记》，所述古史也难免有虚无缥渺、难以核实之处。更重要的是，经过数百年官方学术机构及著名民间经师的推崇、教授，神话化古史论述在当时的经、史学界早已成为理所当然的“常识”，被认为是“真实”的“历史”。而从今天的眼光来看，两书所叙“古史”虽然难作信史，但保留许多古代神话传说，而“神话传说往往包含着一些历史的真影，可从中反映出历史的轮廓和片断”，可为研究史前社会

① Frye（1990），pp.5—6，33，98，119.

② 宋衍申（1992），页88。三书至今仅存佚文，难窥全豹。唯《帝王世纪》辑本较完备，另外两种唯存残简断篇。此外，《宋书 · 符瑞志》依据谶纬五德终始论撰述的长篇“古史”，与《帝王世纪》辑本的内容相当类似。

③ 刘节（1982），页71—72。

提供印证材料，仍有其特殊的史料价值。[①]

三代以降，文字记载渐多，当然不能有闻必录，史料的采择、筛选、考辨，是史家必须要做的功夫。选择、考订的标准，见仁见智，也涉及史家的才、见、识以及一代的史风、史观。如果认为历史撰述必须是写实的、理性的、世俗的、具象的，即郑樵所谓“纪实迹”，则奇闻逸事、神鬼不经、符谶禨祥、讹言妖言，皆不应入史。但如果认为历史撰述要“彰显政治或伦理的意义”，“发挥盛德，幽赞明王”，即使痛诋“虚妄不实”史风如刘知几者，也“并非完全反对图谶征应之说著入史籍”[②]。符谶禨祥，隐隐然仍须担负汉儒借天谴灾异说论政的道德重任。再说了，今天看来是超越现实世界的异常现象的观察和记载，在传统史家的认知中，可能仍是具历史真实的、重要的，应该被著录于史书。[③]正因为此，常璩作《华阳国志》，常引纬书叙述巴蜀古今；[④]郦道元注《水经》，“引用古书400余种和各种碑志及古老传说”，“记述了一些民间的歌谣、谚语、方言和传说，是研究当时社会情况的极好材料。同时又保存了不少古代佚书和佚史”。[⑤]这些史学著述，在事、典实录之外，以“荒诞虚妄”的风格、神秘怪异的叙事，描述了特定历史语境下人的心态、信仰、思维、生活方式，社会、文化的心理氛围，为今天的文化史、社会史、思想史、宗教史研究者，揭示了一种另类的“历史真实”。

对谣言类言论历史价值的另一质疑，是它们多数在民间经口头辗转流传、不断演变，才由官方史家辑录、改编、文本化，很可能已面目全非。[⑥]例如民间歌谣本来是以口语形式流传，但我们今天只能通过传世文本去接触。本应内容丰富多彩、涵盖社会和文化生活的多个层面的民间歌谣，经过历代史家的采择、编辑、润饰，其内容似乎多与政治生活、政治事件相关，或者被诠释为与某个政治人物、事件或

---

① 宋衍申（1992），页88—89。
② 彭雅玲（1993），页186—188。
③ 逯耀东（1998），页56。
④ 《华阳国志校补图注》，页1、2、113。
⑤ 宋衍申（1992），页91—92。
⑥ 鲍尔德（1993）：“文本是曾经真正流行过的民谣的不尽忠实的纪录。”（页35）

社会政治现象有关。这些文本化的歌谣，还能反映民众的真正心声、反映历史的真相吗？天鹰认为："童谣就其本性说，讲求趣味和音韵，常常胜于意义。因此它的内容，后世人就很难明白了解，也因此，就很容易被人任意穿凿附会。"①意即史家的政治化、泛政治化诠释已歪曲歌谣的原意。周作人称古代童谣为《五行志》派，"本大人所作"，"以其有关史实，故得附传至于今日"②。串田久治则认为汉代的歌谣都是当时的知识分子假托庶民、儿童所作，表达的其实都是汉代知识精英的政治见解。③

传世文本所辑录的民间歌谣，其内容确实经过历代史家、文士的编辑，其语言也多经润饰。④史籍声称为民谣、童谣的作品，作者可能是平民、稚童，也可能出自士大夫。我们今天当然难以确认歌谣原作者的确切身份，完全重构歌谣发生当时的时空原状更是不可能的任务。但考虑到受众的接受习惯和理解力，一首歌谣曾流行于普通民众中间还是流行于知识精英圈子，代表的主要是普通民众的意见还是知识精英的非主流呼声，在语言风格和议题设定上仍然会有较大分别。主要流行于普通民众中间的歌谣靠庶民、儿童口耳相传，语言必须通俗平易、朗朗上口、生活气息浓。这种语言风格，即使经过史家润饰，在一定程度上仍可辨认。传世汉代歌谣，有一些语言淋漓尽致，意像生动煽情，极富感染力，无论创自何人，其主要受众及传布范围必为普通民众。至于一些文绉绉的歌谣，就算史家著录为民谣，它们当时也绝不可能真正获得普通民众的认同与传播。在研究流言、讹言、妖言、谣言、谶言、谶谣、神话、传说等历史现象时，我们应抱持严肃的态度，认真鉴别查证相关史料。

---

① 天鹰（1959），页73。但他同时又认同古代歌谣是"人民的心声"。（页81）

② 周作人（1914）《儿歌之研究》，转引自串田久治（1999），页5。

③ 勒庞（2004）在其著名的《乌合之众——大众心理研究》导言中说："创造和领导着文明的，历来就是少数知识贵族而不是群体。群体只有强大的破坏力。"（页5）串田之说，与勒庞所论暗合。

④ 刘知几："寻夫战国已前，其言皆可讽咏，非但笔削所致，良由体质素美。何以核诸？至如'鹑贲'、'鸜鹆'，童竖之谣也；'山木'、'辅车'，时俗之谚也；'皤腹弃甲'，城者之讴也；'原田是谋'，舆人之诵也。斯皆刍词鄙句，犹能温润若此。则知时人出言，史官入记，虽有讨论润色，终不失其梗概者也。"浦起龙释："此节虽专举《左》文，却是统证首辐，用以形起后史所载口语，皆由倩饰也。"（《史通通释》卷6《言语》，页150）

第二节　谣言的起源——浮浪不根，不断流动

除了一些有明确主名的妖言，可以确认言论的“始作俑者”，汉代的大多数谣言类言论，和现代的谣言一样，是无源之水、无本之木，难以追根溯源。其原创者通常匿名，在流传过程中又历经多重口耳相传，可能同原创的言辞面目全非。①

《礼记·儒行》称许儒者之特立独行，可做到“往者不悔，来者不豫；过言不再，流言不极”。郑玄注：“不极，不问所从出也。”孔颖达疏：“流言不极者，极谓穷极，若闻流传之言，不穷其根本所从出处也。”②不极，即不追究其所从出，因为流言如水之流波，难以溯源。为什么难以溯源？因为那是众人“流传之言”。朱熹《诗集传》于《大雅·荡》释“流言”为“浮浪不根之言也”，本此。秦始皇曾穷追“始皇帝死而地分”之原作者，王莽捕拿民众，追查黄龙堕死讹言所从起，但都“不能得”。由此可知先儒告诫“流言不极”之明智。

谣言类言论的另一个特点是其流动性、开放性。“流”的本义是水之流动、扩散。“讹/吪”亦有流动、变化之义。古人选择“流”和“讹/吪”来描述这一类“未经验证”、口头传播的谣言类言论，应非偶然。汉代的谣言类言论确实拥有动态的特性和流动、变化、传播的动力，③在口耳相传的“长途旅行”过程中，经过群体创作、润饰，在群体中辗转流传，才能最终成为“众人流传之言”。在这个意义上，无论是否系有主名，谣言的创作者都不可能是特定的个体或集团，其源头既无法追溯，亦无须追溯。

卡普费雷说：“谣言来源问题从根本上来说其实并不重要。”“就算存在着一个始作俑者，谣言的基础还是在于他人，在于听到谣言并

---

① 徐华龙（1990）引美国基特里奇（Kittredge）在查尔德《英苏民歌集绪论》中的说法：一段民歌很少有，或绝对没有可确定的年月日。民歌作品出于原作者之手之后，立即交给群众去用口头传播，不再受原作者的支配了。（页31—32）其他谣言类言论的创作过程与民歌类似。

② 《十三经注疏·礼记正义》卷59，页1669。

③ 据现代心理学、社会学的研究，谣言也拥有这些特性和动力。

且传播谣言的人身上。到处去寻找谣言的始作俑者，是将谣言这一现象简化成为一个纯粹个人、与群体无关而且是病态的问题。”[①]他的看法，符合我们对汉代谣言类言论的观察。

第三节 谣言因何而生，因何而盛？

谣言类言论的源头不必追溯也无法穷追。但这些言论因何而生、因何而盛，却是研究汉代社会政治历史时不能不问的问题。

可以预期，在汉代社会数百年历史中，谣言类言论曾大量出现，而我们所能见到的，只是其中极小一部分，有幸被当时的史家选中而记录下来，流传至今。就目前所见汉代史籍记载的流言、讹言、妖言、谣言、谶言等，多发生、流传于西汉成、哀、平，东汉桓、灵之世，以及两汉之际、汉魏之际。可能是由于在这些较混乱的历史时期，谣言类言论最易发生及传播；也可能是因为史家对这些时期的政治多持负面评价，所以记录大量谣言类言论，以为批判的论据。无论如何，从心理学、社会学的一般观察来看，这种历史情境确实是孳生谣言的肥沃土壤。

例如西汉每到权力结构严重失衡之时[②]，或东汉后期政争激化之时，朝野民间的批评流言就会汹涌而至。而自然灾异与社会危机也最易诱发讹言。西汉元成之际，宦官、外戚、朝臣相争，废立流言不绝，各地水旱连绵，民情扰攘，讹言纷传。当社会、政治秩序紊乱，以下犯上的妖言就容易浮现。批判性民谣多针对政策失误和吏治败坏，而西汉元成、两汉之际、东汉末年是民谣传播的高峰期。谶言、谶谣、政治神话每每出现于政局不稳、改朝换代之际。

现代谣言研究发现，当社会出现冲突、矛盾、动乱甚至危机，谣言就特别活跃。[③]因为每逢这样的时刻，人们普遍缺乏安全感，格外感到焦虑、恐惧、无助、怨愤，迫切需要宣泄、合理化自己的情绪，“发现”对当前处境的“合理”说明、解释，以及可以满足其“集体期

---

① 卡普费雷（1991），页25。

② 如西汉霍光、王凤、王莽揽权，董贤专宠，皇位继承人地位发生动摇。

③ Allport and Postman（1965），pp.36 -37，47；Knopf（1975），p.12.

望”、“合理想像”的预言。然而官方渠道提供的相关信息，常被人们视为不完整、不清晰、故意隐瞒真相，难以满足人们的心理需求。①于是，谣言类言论就会应运而生，广泛传播。在这一点上，古今中外同理。

第四节　谣言的表现形式、传播和建构

一、谣言的表现形式

汉代的谣言类言论包括流言、讹言、妖言、谣言（民间歌谣）、谶言、谶谣、政治神话、民间传说等。②

流言在汉代指难以追溯起源、未能证实却在公众中散布传播的言论，针对公众关心的时政时事作出批评和议论，或提供非官方、非主流的解说版本。至于其传播的信息是否真实，批评有无根据，应定位为诬蔑、诽谤还是物议或公众舆论，要视具体的历史语境和当事人的立场、利益而定。

汉代史籍中以“讹言”描述的言论现象往往与流言类似。只不过，流言兼指在朝廷或民间散播的言论，讹言则更多用来描述民间流传之言，有时也带有怪诞妖异的色彩。流言和讹言都适用于传播来自非官方渠道的“小道消息”，交流对不明朗时势的猜疑和不满，提供不同于官方版本的时事解说。

在汉代的法律论述中，妖言是可以入罪的邪说，因为它具有以下犯上、不利在上位者的性质。③在政治论述中，妖言的特征是不祥和惑众。所谓不祥，可能与超自然或神秘现象有关，但更多的是指“言语非常”，甚或“无稽之谈”，往往是官方深恶痛绝的一些论调。至于惑众，更非妖言的专利，也是所有谣言类言论的特性。

---

① Shibutani (1966), pp.36, 46, 49, 56.

② 如果依言论内容的“真伪”或散布言论的“动机”定义谣言，则诽谤、妄言等也属谣言类言论。但本书以传播范围和公众影响力作为谣言的定义。诽谤、妄言等言论可另作探讨。

③ 其实流言、讹言、谣言、谶言等，也往往具有这一特征。

谣言（民间歌谣）与其他谣言类言论不同之处在于它以韵文形式表达，朗朗上口，通俗易记，便于在庶民、儿童等识字较少的群体中流传。另一个不同之处是在汉代的政治思想主流论述中，谣言不但未被污名化，反被视为民心民意的自然流露，可以在庙堂论述中公开引用。谣言用语生动、形象、尖锐，于传播消息、评论时政之外，更擅长表达较浓烈的情绪：讥刺、诅咒、怨怒、宣泄等。

流言、讹言、妖言、谣言等言论信息的有效期一般较短。如果其存活期长一些，所表达的愿望最终得以实现（即所谓“一语成谶”）；[①]又或者其含糊、抽象的语言能够提供受众足够的想像空间，令他们能“破译”出他们所期待的天启信息，它们就成为谶言和谶谣。

存活期更长久、情节不断丰富的一些谣言类信息，最后可能发展成为官方认可的政治神话或民间认同的传说故事。

二、谣言的传播和建构

谣言类言论主要通过非官方渠道传播。例如汉代的流言、讹言、妖言，主要在人与人之间，私下口头传播，即所谓“群下讙哗，庶人私议，流言四布”。[②]许多传谣者宣称其信息源自“道路流言”，即“道听途说”。这也许是真的，也可能是想隐匿其消息来源。

如果有关言论涉及公众重大利益或重大兴趣，非官方渠道的信息传播有时也颇大张旗鼓，毫不遮掩。例如《汉书·五行志》关于哀帝时“传西王母行筹”时的非官方信息传播有生动的描写：人们在收到有关信息后，采取多点交叉辐射、接力传递的方式，“或披发徒践，或夜折关，或踰墙入，或乘车骑奔驰，以置驿传行”，奔走相告，以致“道中相过逢多至千数”。[③]大部分流言、讹言的传播方式当然不至于如此戏剧化，但以传统社会的通讯技术手段而言，其传播方式相当多元，速度亦可算惊人。《三国志·魏书·毌丘俭传》裴松之注引文

---

① 有些谶言的存活期可达数年、数十年甚至数百年，在不同的历史时空中反复出现。

② 《汉书》卷60《杜延年传》，页2663。

③ 《汉书》卷27下之上《五行志下之上》，页1476。

钦与郭淮书："军屯住项，小人以闰月十六日别进兵，但当长驱径至京师，而流言先至，毌丘不复详之，更谓小人为误，诸军便尔瓦解。"①流言传播的速度快过军队的急行军，其口传之速及破坏力之大，于此可见一斑。

非官方渠道谣言信息传播的高效率，可能与灾异或社会政治危机情境中人们的集体焦虑心态有关。在这种语境中，人们的不安全感、恐惧感会以倍数放大，对谣言类信息的需求大增，群体依赖意识增强。于是"京师民无故相惊，言大水至，百姓奔走相蹂躏，老弱号呼"②；"京师讹言贼从东方来，百姓奔走，转相惊动"③；"百姓讹言，当悉诛凉州人，遂转相恐动"④。"相惊"、"转相惊动"、"转相恐动"，形象地描述了谣言信息传播中人们相互知会、相互刺激、相互慰藉的互动过程。

流言、讹言、妖言虽然主要以口语形式传播，但西汉也已出现散发黑函的手法："流言飞文，哗于民间。"⑤东汉张角等黄老道徒"讹言'苍天已死，黄天当立，岁在甲子，天下大吉'。以白土书京城寺门及州郡官府，皆作'甲子'字"⑥。而当高层政治斗争公开化，通过"移檄郡国"这样的官方渠道散布流言、攻击政敌的手法，抑或有所闻。⑦

即兴歌咏，在秦汉是人们日常生活的一部分。上至项羽、刘邦，下至乡村市井，载歌载舞，随兴所至。在"传行西王母筹"事件中，从京城到郡国，"聚会里巷仟佰，设张博具，歌舞祠西王母"，万人空巷，景况壮观。⑧所以歌谣、谶谣的传播范围往往更广。高祖初年汉军被匈奴围困于平城引发的"平城之歌"，先是在军中传唱，之

① 《三国志》卷28，页766。
② 《汉书》卷82《王商传》，页3370。
③ 《后汉书》卷24《马严传》，页861。
④ 《后汉书》卷66《王允传》，页2176。
⑤ 《汉书》卷36《刘向传》，页1945。
⑥ 《后汉书》卷71《皇甫嵩传》，页2299。
⑦ 《汉书》卷84《翟义传》，页3426。西汉武帝驾崩，立幼子刘弗陵为帝，其兄燕王刘旦不服，"即与刘泽谋为奸书，言少帝非武帝子，大臣所共立，天下宜共伐之。使人传行郡国，以摇动百姓"（《汉书》卷63《燕刺王旦传》，页2753）。与翟义的传播手法类似。
⑧ 《汉书》卷27下之上《五行志下之上》，页1476。

后“天下歌之”，至武帝时在民间仍有回响。反映民众心声的歌谣，“儿乃歌之”，“百姓歌之”，“巷路为之歌”，“闾里歌之”，“长安中歌之”。

秦汉谶言的传播，早期与讹言、流言、妖言、谣言一样，也以口语为载体，在人际传播中建构成形。《史记·陈涉世家》叙述说，陈胜令人伪作狐鸣“大楚兴，陈胜王”，与他同行的戍卒们听到后，“皆夜惊恐。旦日，卒中往往语，皆指目陈胜”[①]。寥寥数语，这一谶言的传播建构的过程，跃然纸上。又如出自望气术士的谶言“东南有天子气”，于秦末汉初数十年间，曾以口语方式，在朝廷和民间辗转流传，其表述语言也在传播过程中屡经修改，以符合不同的历史语境。

西汉中期以后，以文字为载体的谶言结集在谶言传播上发挥了重要作用。甘忠可以广收弟子的方式，传授其《天官历》、《包元太平经》中的谶言。魏成大尹李焉令属吏抄写术士王况编撰的十万言谶书，以供传播。西汉末至东汉，大量谶纬文本流行于世。刘秀的老同学强华自关中来献《赤伏符》，劝其称帝，《赤伏符》就是以文字为载体的谶言集。

有些谶言以浑然天成的图像符号呈现，例如人的异常体征（如掌纹、皮肤纹理），虫食树叶纹，酷似文字、图画的石纹等。这些出自大自然鬼斧神工的神秘意象，和以文字为载体的隐语式谶言一样，无论在事前还是在应验之后，都需要“破译”。不同立场、不同视角、不同期望，会产生出不同的破译版本。这些版本也需要在广泛传播中彼此竞争，争取支持，经过多轮淘汰，产生出最后的赢家。

谶言传播还有一种形式，就是私人之间的秘密传授。如新莽道士西门君惠私下告诉卫将军王涉，国师公刘秀（歆）的姓名应谶，将为天子。东汉方士单飏向光禄大夫桥玄预言魏国当兴，“而魏郡人殷登密记之”[②]。谶纬家董扶私下告诉刘焉“京师将乱，益州分野有天子气”[③]。蜀地谶纬家杜琼不肯教自己的儿子们谶纬之学，因为“晨夜

---

① 《史记》卷48，页1950。

② 《后汉书》卷82下《方术下·单飏传》，页2733。

③ 《后汉书》卷82下《方术下·董扶传》，页2734。

苦剧，然后知之，复忧漏泄，不如不知"[①]。这是因为谶言内容往往与皇权合法性、改朝换代、重大人事变动密切相关，有高度的政治敏感性。如果公开散布，政治杀伤力和自伤力都会很大。

汉代流行的政治神话，如非事后编造，其前期形态也属于谣言、传言，多出自本人、家人或利益相关者，再经非官方渠道的传播建构，情节逐渐丰富、饱满。其结局则成王败寇。权力角逐胜利者的有关传言获得官方乃至公众认同，登上庙堂，载入史册，成为神话。失败者的类似传言，有时也见诸史籍、流传民间，不过是沦为妖言、笑柄。

东汉末巴郡的黄龙祥瑞，源自当地吏民夏天在池塘洗浴，因见池水浑浊，"戏相恐'此中有黄龙'，语遂行人间"[②]。老百姓的戏语又传到郡府，再上报朝廷，形成完整的讹言版本。汉代的多种俗神信仰，起源于误会、误传、戏语，但经历了"转相告语"（李君神）、"大以为神，转相告语"（鲍君神）等传播过程之后，往往由假成真，"治病求福，多有效验"，建构为民间俗信。不同于流言、讹言、妖言、谶言，民间的戏语、俗说、误会，未必与时事、政治相关，属于日常生活现象。但其传播、建构过程，与谣言类言论如出一辙。

第五节　谣言惑众——在传播中凝聚共识

有影响力的流言、讹言、妖言、谣言、谶言、谶谣等谣言类言论，都有一个共同特点：惑众。这是中国历代统治者在政治生活和社会生活中竭力封杀谣言类言论的一个重要原因。

从秦汉史籍所记载的案例来看，并非所有的谣言类言论都曾在众人中广泛传播。有些妖言，仅见于"上书"、私人书信、私下诽谤等影响较小的场合，有些谶言只在小范围内私相授受。但大多数谣言类言论，确实曾在众人中流传、接受"惑众"能力的考验。如秦始皇指

① 《三国志》卷42《蜀书·杜琼传》，页1022。

② 《后汉书》志17《五行志五》，页3344。

责群儒“或为訞言以乱黔首”[①]；淮南王刘安的谋逆罪状之一是“荧惑百姓，倍畔宗庙，妄作妖言”[②]；王莽子王宇“流言惑众，与管蔡同罪”[③]；西汉末翟义等“反虏流言东郡，逆贼惑众西土”[④]；新莽末年绿林群雄“妄流言惑众”[⑤]。至东汉中后期，社会多动乱，又有原始道教兴起，此类事件尤多，于是有“妖惑”之词，即以妖言妖术煽惑群众之意。[⑥]

所谓“惑众”，即影响众人的意向、意愿。有惑众能力的谣言，都是传播范围较广、较能为众人接受之言。谣言惑众的范围和影响力在汉代相当可观。西汉哀帝时疯传西王母诏筹至万人空巷，东汉末“苍天已死，黄天当立”迅速传遍大江南北，都是经典案例。又如新莽天凤二年民间“讹言黄龙堕死黄山宫中，百姓奔走往观者有万数”[⑦]；东汉熹平二年，洛阳民间“讹言虎贲寺东壁中有黄人，形容须眉良是，观者数万，省内悉出，道路断绝”[⑧]。这两则讹言纯粹是虚假信息，却能在短时间内吸引万数甚至数万民众前往观看，正是其惑众能力的生动写照。

根据谣言研究的经典论述，谣言类信息一旦被众人接受而进入传播、扩散的非官方渠道，它的始作俑者（如果有的话）就不再能控制它的成长和变化。传播过程是双向甚至多向的，是动态而非静态的，是开放的而非封闭的。每一个传播者都参与创作。共识形成于传播过程中的互动、增益、删减、润饰。最后成型的谣言所包含的政治、社会或宗教动机、诉求、期望、批判目标甚至表达方式都属于集体而非个人，例如霍光打击政敌引起的“群下讙哗，庶人私议，流言四布”，以及“西王母行筹”过程中所呈现的群体心态。谣言能够惑众，因为它往往是特定人群在特定时空的情绪、心态、期望的真实反

① 《史记》卷6《秦始皇本纪》，页258。
② 《史记》卷118《淮南衡山列传》，页3094。
③ 《汉书》卷99上《王莽传上》，页4065。
④ 《汉书》卷99上《王莽传上》，页4089。
⑤ 《汉书》卷99下《王莽传下》，页4181。
⑥ 如《后汉书》卷57《刘陶传》：“时巨鹿张角伪托大道，妖惑小民。”（页1849）
⑦ 《汉书》卷99中《王莽传中》，页4139。
⑧ 《后汉书》志17《五行志五》，页3346。

映和宣泄，或者说，在某种程度上，在一定范围内，反映了民意。

汉代一些言语异常而能惑众的讹言、妖言、谶言，更与其特定的历史文化语境有关。当时的人们相信，天地人间出现的任何反常、妖异的现象，很可能是超自然力量针对人间特别是统治者所作所为发出的奖善惩恶的征兆。《左传》宣公十五年有很好的概括："天反时为灾，地反物为妖，民反德为乱，乱则妖灾生。"①所以妖言的背后，有天意和超自然之力的支持。在阴阳五行天谴灾异说盛行的汉代社会，其内容和表达的妖异色彩反而成为其认受性的有效验证。

其实，汉代的灾异学说，既宣扬妖异谴告、代天示警，也强调"妖由人兴"，"人无衅"则"妖不作"。②《汉书 · 艺文志》说，《春秋》学者对"祅"的解说是："祅由人兴也。人失常则祅兴，人无衅焉，祅不自作。"所以，德可以胜不祥，义可以厌不惠。如果君主"不稽诸躬，而忌祅之见"，那是舍本而忧末，自然就"不能胜凶咎也"。③

《汉书 · 五行志》载刘向说，以《左传》文公十六年夏有蛇自泉宫出为蛇孽，预兆国将有女忧，文公之母将薨。至秋，文公母果薨。文公恶之，乃毁泉台。然而"夫妖孽应行而自见，非见而为害也"。文公不知"改行循正，共御厥罚，而作非礼"，结果是加重他的罪过，导致更多灾难发生。④

东汉安帝延光二年（123）十二月，京师及郡国发生多起地震。太尉杨震乘机上疏，弹劾宦官："臣闻师言：'地者阴精，当安静承阳。'而今动摇者，阴道盛也。""此中臣近官盛于持权用事之象也。""书曰：'僭恒阳若，臣无作威作福玉食。'唯陛下奋乾刚之德，弃骄奢之臣，以掩祅言之口。"⑤也是说，人不作孽，君主改过，妖言自然没有惑众的机会。

---

① 《春秋左传注》，页763。

② 《左传 · 庄公十四年》："妖由人兴也。人无衅焉，妖不自作。人弃常，则妖兴，故有妖。"《春秋左传注》，页197。

③ 《汉书》卷30，页1773。

④ 《汉书》卷27下之上《五行志下之上》，页1468。

⑤ 《后汉书》卷54《杨震传》，页1765。

中国的传统政治思想一向有“民之所欲，天必从之”①，“天视自我民视，天听自我民听”②；“政之所行，在顺民心。政之所废，在逆民心”③的理念。汉代学者只不过是在洪范五行论述框架中诠释妖言等谣言类言论反映民意的理论依据：当君主的号令背戾民心，君炕阳而暴虐，臣畏刑而钳口，则怨谤之气自发为歌谣，为诗妖。当政局、社会面临危机和灾难时，这样的谣言就会有极大的心理需求。这就是为什么两汉之交及东汉中后期大量讹言、妖言、谶言层出不穷，广泛流传，以妖言为号召的“妖贼”、“妖巫”领导的武装反抗此起彼伏，声势浩大。

传播学理论认为，“传播不能直接产生社会效益，它必须首先作用于受传者的心理，以受传者的心理为中介才转化，显示出它的社会功能”④。这种观点，也符合社会心理学的观察和研究。从这一视角来看，一则谣言，本身并不能煽惑群众，扰乱社会。只有当这则谣言的受众在心理上认同其表达的意见、情绪，或这一谣言的出现恰逢其时，有助于特定语境中某些人群的心态、期望的反映和宣泄，谣言惑众的局面才会出现。两汉历史上流行过的谣言何止千万，大部分已被遗忘，难以追踪。只有那些曾在特定的历史语境中代表了一定的民意和舆论，对社会、政治发生过一定影响的谣言，才有机会被史家选中，载录于纪、传，或辑入《五行志》，令我们今天得以通过这些略带扭曲的镜子，还原一些比较真实的历史画面，窥知在那个特定时空中的某些社会心态。

第六节 谣言与舆论

一、谣言是社会舆论的一种表现形式

所谓舆论，就是众人的言论。在政治学、社会学、传播学等理论

---

① 《十三经注疏·尚书正义》卷11《泰誓上》，页181。

② 《十三经注疏·尚书正义》卷11《泰誓中》，页181。

③ 《管子注译》上册《牧民第一》，页1。

④ 孙旭培（1997），页75。

界，一种比较主流的看法，认为只有在民主制度下和民主社会中，才有可能出现公民社会（Civil Society，或译为“市民社会”），也才可能形成“（公众）舆论”。对此，Hyunyi Cho 在其《修身与舆论——中国传统文化中的规范意识和社会控制的思想资源》一文中已指出，“舆论”并非民主制度、公民社会的专利物，公民社会也不是形成“舆论”的必要条件。任何形式的社会，各阶层、成员之间都存在着某种形式的互动沟通，并通过这些沟通形成“舆论”，尽管这种“舆论”的表现形式和表达方式会随不同的社会、政治和意识形态条件而有所差异。①

有舆论学者认为，中国古代政治思想论述中的民心、民意，相当于今天所说的舆论。②也有舆论学者指出，民意和舆论并非完全相同的概念。民意是存在于民众心中、尚未公开表达的想法，可以视为潜舆论③，舆论则必须是公开表达的社会意见④。舆论的基础是民意，但民意不一定表达为舆论。舆论诉诸的主要是平民的声音，许多处于非主流地位的思想观念，常以舆论的形式表现出来。⑤按照上述舆论学的界定，汉代的谣言类言论，作为自发地公开或私下表达出来的非官方、非主流意见，也应该被定位为专制政治体制下一种以特殊方式表达的社会舆论。尤其是民间歌谣，因其在传统儒家论述中占据的道德高度及代言天意和民意的象征地位，不但受到古代政治家、思想家的推崇，也获得中国当代学术界的高度评价，常将其定位为“人民集体意志的表现”⑥。

---

① Cho（2000），p.301.

② 喻国明（2001），页9。汉语文本中的“舆论”一词，最早见于《三国志》卷13《魏书·王朗传》（页412），即语出先秦“舆人”之论，借指众人的言论，与现代舆论学的定义虽有相通之处，仍有不少差异。

③ 没有公开表达的信念；知觉到而又不易确切捕捉到的公众情绪。

④ 可以是窃窃私语的街谈巷议，也可以是大声喧哗的、沸腾的、一呼百应的意见表达和交流。

⑤ 陈力丹（1999），页27。

⑥ 天鹰（1959），页87。他还说：“我国古代很早就有一种素朴的、但又是正确的观点，把民间歌谣看做是人民的心声。”（页81）朱传誉（1974）：“汉代有一种文字，最能代表民意的，是谣谚。”（页102）

二、从民间歌谣看谣言对公众的影响力及其局限性

舆论学界关于舆论较流行的定义，是“社会上大多数成员对与其相关的公共事务或现象所持的大体相同的意见、情感和行为倾向的总称”①。民意则是“人民意识、意志、意愿的统称，是全体人民的共同追求所凝聚成的力量，反映全社会的整体意志”②。汉代的谣言既然也是舆论的一种表现形式，我们能否说，谣言就等于多数民众意识、意志、意愿的集中体现，代表了大多数民众的心声呢？

民间歌谣是韵文，通俗易记，在文字教育不普及的传统社会，很容易不胫而走。它是中国传统社会舆论最常见的表达形式。我们就以歌谣为例，观察汉代谣言类言论在多大程度上代表了民意。

在专制政体下的传统中国，“家国同构的一元性政治结构决定了中国传播体制的一元化格局”，“皇帝既是政治权力的主宰，同时又是全社会信息的总源和总汇”③。民众甚至统治集团的部分成员，往往需要以一些特殊的方式表达其非主流、非官方的意见。而歌谣“不管是个人有意的编织，抑或大众哄传而成，流布以后就变成一般人的口歌，欲追查禁止，几为不可能”④，自然成为表达意见的一种重要形式。

但歌谣虽然在一定程度上能够反映历史上的民众呼声，如果简单地将其定位为“广大民众的真正心声”，多数民众意识、意志、意愿的集中体现，其实是一种迷思。

舆论学者刘建明将社会舆论划分为民意、众意、群体舆论三大类，认为民意能经由定量确认。只有经过量化统计，达社会70%以上的人民赞同的议论，才能被称作民意（或民心、公意、公共舆论、公论等）。而“在封建社会中没有公众，因为封闭的地域交往和大众呼应的缺乏，没有大规模表现民主精神活动的主体，很难形成社会共同意见”，社会舆论只能在极狭小的社会空间存在，所以在中国古代不

① 喻国明（2001），页9。
② 王雄（2002），页4。
③ 孙旭培（1997），页34。
④ 阎心恒（1984），页43。

可能形成现代意义上的民意或公众舆论。[①]同一位论者，却对民间谣谚另眼相看，认为“民谣的变化，实在是民心的变化”。民谣指示着民心向背，预示政治斗争的胜负。“民谚表达的意见往往带有误差，甚至有荒谬的结论，但它却是社会普遍情绪的真实反映。”[②]其实已将歌谣定义为民意民心的代表。这一类论述强调歌谣的中国特色及其在社会舆论中的特殊地位，虽与现代舆论学理论有所抵触，却与中国传统政治思想对民间歌谣的论述一脉相承，因而在有关民间歌谣的历史研究中相当流行。

美国的政治学者指出，即使在现代的美国，也几乎不可能存在包括所有成年人的“公众”。从连续的、一般的意义上来谈“公众”是不正确的。公众是对一种特定情况或特定问题而言。[③]古今中外，其实都不存在“连续的、一般意义上”的公众，也不存在“连续的、一般意义上”的公众舆论。凡舆论必有议题设定和特定诉求。不同阶层、不同职业、不同身份、不同家族、不同个体，在不同区域、不同时间、不同情势下，会按照不同的关注和利益考虑，凝聚形成自己的共识，组合成不同的舆论群体。如本书第三章所考察，汉代只有少数歌谣，因触动当时广泛关注的敏感议题，或因评论讥刺具有全国性影响的政治事件及权贵，可能赢得广泛关注乃至共鸣。[④]大多数歌谣，都是针对特定地域、阶层、群体所关注的特定政治、社会问题而发声，在议题设定和代言民意方面，自有其局限。笼统宣称民间歌谣就等于整体民意，显然是不准确的。当然，无论小众言论还是大众言论（或所谓群体舆论与众意），都可能具有政治、社会批评的正当性和合理性，值得统治当局重视。正是在这个意义上，歌谣之类的民间言论能够宣泄、疏导群众的情绪，发出预警信号，发挥瞭望塔和安全

---

① 刘建明（2001），页43、92、102。

② 刘建明（2001），页128、135。

③ 杜鲁门（2005），页237、238。

④ 我们当然无法就两千多年前歌谣发生时之历史情境作问卷调查或民意测验，但可以通过精读汉代政治家、思想家的相关论述，细致研究历史文本，分析歌谣在特定历史语境中的成因、传播方式、范围与沟通技巧，权力机构对之作何心态、反应及评估，对特定歌谣的社会、政治影响作出适当解读。参阅 Glynn（1999），p.31.

阀功能，成为社会内部自我调节的一种缓冲机制。①

三、从民间歌谣看舆论引导

民间歌谣虽然不能在一般意义上定义为“广大民众的真正心声”，但由于先秦以来政治思想家的着意推崇和精致论述，令它拥有论证君主统治正当性、认受性的象征意义，以及制衡专制权威的民意代表性。

汉代的当政者及有头脑的政治领袖凭其丰富的实践经验，既对民间歌谣的强烈批判精神及对时政的高度关注和迅速反应深具戒心，也对它凝聚民心、表达民意、影响舆论走向的能力心领神会。于是这一非官方非主流言论形式在当时难得地同时受到思想界和统治当局的高度重视，成为专制政治体制下得以自发、公开发声的舆论形式。

需要指出的是，史籍记载的汉代统治当局对民间歌谣所反映民意的重视，例如高祖、吕后时期的“平城之歌”和文帝时期的“一尺布歌”，只是一些个别案例。统治者面对“民意”所作的政策调整或决策取舍，基本上尚停留在自由心证的阶段。我们很难证明或确认个别歌谣与相关政策之制定或调整之间，曾有过明确的因果关系，也没有发现参照社会舆论制定或调整政策的制度化机制。②我们倒是发现政治领袖们并不愿意总是被动地倾听歌谣，顺应民意。他们更感兴趣的是如何利用歌谣，引导舆论，操控民意。而受到压制的非主流政治集团，可能通过自造“民谣”，试图主导社会舆论的议题设定。因应特定群体的利益诉求而在特定地域中流传的民谣，也有可能被误认为拥有普遍的民意基础。

按照舆论学的界定，舆论概念的一个前提条件，即自由和自愿的表达欲求。在不自由和非自愿的条件下表达的社会意见不能称作舆

---

① 参阅杨明品（2001），页36—39。

② 王梅芳（2005）：国家监督，例如人大的立法监督，政府的行政监督，司法机关的法律监督，具有法律与行政的强制力，是硬监督。“而舆论监督是公众自由表达的意见，是客观存在的无形而有力的舆论倾向，是一种软监督。它所具有的不是法律与行政的强制力，而是来自于公众舆论所形成的压力。”（页38）汉代民间借歌谣议政，应该也是一种软监督，诉诸社会心理压力，并无强制效力。听从与否，端视当政者一念之间。东汉建立的以民间歌谣为吏治主要评估凭据的舆论监督制度是个例外，将在下一段讨论。

论，而是被强奸的民意。[①]舆论诉诸的主要是平民的声音，许多处于非主流地位的思想观念，常以舆论的形式表现出来。[②]汉代民谣拥有强烈的批判精神及对时政的高度关注和迅速反应，和凝聚民心、表达民意、影响舆论走向的能力。在政治斗争中利用民间歌谣“引导”舆论、操控民意，对汉代的政治领袖（包括当权者与抗争者）有难以抗拒的吸引力。但史实告诉我们，顺应民意、因势利导，才是舆论引导的正途。王莽伪造数万言的“民谣”，营造出获得民意认同的舆论假象，白费了心机。东汉桓灵之世，官僚、士人与宦官及其支持者和追随者之间的政治斗争极为激烈。在长达近二十年的连串冲突中，官僚、士人这一方，无论在人数还是权势上都不占优势，两次遭受“党锢之祸”，受难者无数。但他们主导了议题的设定，成功论证其议题的正当性并以有说服力的方式传播其言论，争取到广泛的同情，赢得社会的关注和认同，扩张了民间舆论的影响力。

四、谣言与舆论监督

舆论监督近年来是舆论、政治、社会、历史学界的热门议题，被视为制衡独裁专制与权力腐化的利器。[③]汉代在地方行政监督中借助讹言、民谣等民间舆论，在统治体系内部的监督机制中引入了一定程度上反映被统治者意愿和利益的外部监督力量，令皇帝、朝廷和有关监察机构以很低的成本获取所需的情况，有效提升监督制约地方行政机构的效率和能力。东汉的“举谣言”制度，就是中国历史上舆论监督的重要尝试。邱永明说：“从其重视社会舆论的立意来看，有其高明之处。它打破了通过官方渠道了解官场情况的局限性，扩大了信息来源，获得了虽属片面却是真实的情况。”[④]

据笔者的考察，汉代中央政府收集民间舆论较具制度化的渠道，

---

① 王雄（2002），页4—7。

② 陈力丹（1999），页27。

③ 杨明品（2001）在讨论现代新闻舆论监督时指出，社会舆论监督是“对国家权力机构的制约，是社会政治功能中的一个重要的纠错机制”（页36、37）。刘建明（2001）：“舆论监督是社会的防腐剂。”（页276）Glynn（1999）也指出，即使在专制政体中存在种种局限，公众舆论仍不失为制衡独裁权力的少数有效手段之一。（p.6）

④ 邱永明（1992），页125。

主要包括对郡国上计吏的探询，刺史巡视郡国期间收集的“讹言”民谣，不定期派遣的特使所观察的“风俗”，以及东汉的“举谣言”。

因上计吏与长吏之间存在人身依附关系，东汉上计吏的家族也往往与长吏结成利益共生体，未必能对中央政府畅所欲言，也未必能较全面地反映基层民意。刺史代表中央政府，专职监察地方行政，与监察对象之间较少利益纠葛，位秩虽低，但威权极重，在朝廷的支持下，“意气激昂，举察勤刻，多所贬黜”①。“讹言”、民谣经过刺史的搜集、整理和上报，可能发挥更有效的舆论监督效果。但汉代刺史往往刺察烦苛，可能扭曲或滥用民意。刺史以维护中央集权为职志，防察郡国长吏、强宗豪右、诸侯王对帝国政治、经济利益的侵害，监察重点在长吏施政“能否”与断狱，民间舆论只是作为检验长吏管治成效的指标之一。风俗特使更非常制，难以成为持续有效的制度化渠道。

两汉地方行政监督机制中最具实效的舆论监督，当然是东汉光武帝建立的“举谣言”制度。从光武、明帝时期的州郡吏治和管治状况来看，这一制度确曾取得了一些正面效果，但教训也很深刻。“举谣言”和汉代其他搜集民间舆论的做法一样，其着眼点不是对公权力实施全面的舆论监督，而是为了实现皇帝对地方政治权力的完全控制。歌谣信息的采集、整理、过滤、上报，或经三公府僚属之手，或委诸皇帝爪牙耳目之臣，并非真正另设独立的沟通管道，缺乏公开性和透明度。歌谣提供的都是匿名信息，而对其可信度的鉴定、复核不但缺乏制度化的程序，有时甚至故意忽视，便于主事者上下其手。

任何自发和自由产生的群体意见都可能有一定的合理性和正当性，但也都可能包含非理性和不合理的成分，也一定有其片面性、局限性。片面的舆论所反映的只能是局部的真实。局部真实的舆论，当然也有可能揭示正确的事实和表达正确的意见。但如果缺乏法律监督和行政监督的有效配合，缺乏程序正义和制度制衡，片面的信息就可能成为皇帝偏听偏信、独断独行的借口，破坏了体制公义、行政秩序。到了东汉后期，主持舆论监督的官员乡愿颟顸，缺乏执行力，甚

---

① 严耕望（1990），页293。

或假公济私，加上种种政治利益的干预破坏，这个立意良善的制度最终异化成为颠倒黑白、打击异己、公报私仇的体制性毒瘤。

第七节　信谣、传谣心态试析

一、“天惑其意，不能自止”？

西汉哀帝建平四年，出现了由讹言激发的惊恐遍全国、持续大半年的“传行西王母诏筹”恐慌性群体事件。[①]这一群体事件的规模、参与者的狂热程度以及涉及的区域之广，震动朝野。一年后，丞相王嘉仍心有余悸，感到难以对如此非理性行为作出合理解释，只能说是天夺其智：“百姓讹言，持筹相惊，被发徒跣而走，乘马者驰，天惑其意，不能自止。”[②]信谣和传谣，真的是因为“天惑其意，不能自止”吗？

即使是在因流通渠道不够畅通而信息闭塞的传统社会，也不可能所有言论信息都能迅速吸引众人的注意，得到广泛传播扩散，成功成为广泛流传的谣言。每一则成功流传的谣言，自有其特定的时空情境、主客观条件，牵涉因素极其复杂，要针对具体案例，作具体分析。但有几项基本要素，不可不提：

（一）该言论信息主题对于接收群体之重要性

任何群体，当然有其人数规模、阶级、阶层、社团、地域、意识形态的定位，但最根本的，是他们的共同利益所在。阶级、阶层、社团、地域、意识形态等因素在界定共同利益时可能具有重大影响，但随着社会政治时空背景的不断变化，利益群体的组成也是动态的，不一定局限于原有的阶层、地域、意识形态等界限。一般来说，愈是牵涉该群体重大物质、政治利益，或涉及该群体关注的社会、政治、宗教议题的主题，愈容易引起其兴趣和注意。汉代流行的流言、讹言所涉及的社会、政治议题，虽然有时附有“荒诞”的包装，如“西王母

---

① 详见本书第一章。

② 《汉书》卷86《王嘉传》，页3496。

行筹”、“黄天当立”、“大水至京师”等，对信之、传之的民众而言，多半具有重要性，与他们的切身利益密切相关。

（二）该言论信息内容诉求及表达方式的可接受性

王充在《论衡·艺增篇》中对信息传播过程中众人对之增益、删减、润饰的心态有如下解释：

> 世俗所患，患言增其实，著文垂辞，辞出溢其真，称美过其善，进恶没其罪。何则？俗人好奇，不奇，言不用也。故誉人不增其美，则闻者不快其意；毁人不益其恶，则听者不惬于心。闻一增以为十，见百益以为千……蜚流之言，百传之语，出小人之口，驰闾巷之间，其犹是也。诸子之文，笔墨之疏，人贤［贤人］所著，妙思所集，宜如其实，犹或增之。傥经艺之言如其实乎？言审莫过圣人，经艺万世不易，犹或出溢，增过其实。[①]

依王充的观察，这种增益、删减、润饰不仅屡屡发生于世俗的“短书传言”、神话传奇，就连经籍之传语、历史之叙述，也难逃此厄。

有趣的是，大面积传播的谣言在经历多重增益、删减、润饰之后，其主要动机、诉求、期望、批判目标仍然鲜明、一贯，不会像普通晚会上的传话游戏那样，一则简单信息经过十来人之口耳相传就被歪曲到面目全非，不明所以。王充的“俗人好奇”说，不足以解释这样的现象。

大众传播心理学的研究表明，人们不会将读到的、听来的或其他方式得来的信息原封不动地储入或调出大脑。人们总是按照自己的信仰和身处的情境润饰信息，令之符合自己的期待、需求。[②]由于人们只相信他们愿意信仰的、期待发生的、可以相信的，于是就出现心理学所说的过滤性选择的认知过程。[③]谣言学者 Allport 也指出，某一谣言的传播范围有其限制，由于过滤性选择认知规则发生作用，它只

① 《论衡校释》卷 8，页 381。

② 参见 Harris（1989），p.33.

③ 这种过滤性选择不只是个人的，也是社会性的。特定的社会、文化、宗教背景，当时当地的社会政治情境，都会在选择中发生作用。参见 Overholt（1986），p.18.

会在有类似想法的人中传播，主要对“易受影响”的人起作用。[1]这一群人的结合，就构成了那一特定时空情境下的共同利益群体。

一则谣言所涉及议题的社会政治意义、利益越是重大，其影响力的公约数也越大，相关利益群体的规模也就扩大。正因为这群人对于需要什么、信仰什么、期望什么都很明确也很一致，所以经过流传、增益、删减、润饰之后的版本虽然可能不同于原始版本，却不但不会淡化、弱化或歪曲该群体的共同目标、诉求、表达，反而有助于提高该信息的可接受性。所以“妖言惑众”、“讹言惑众”之类的说法，在宣传层面上或许有效，却不能揭示它们影响民众的本质所在。王嘉说民众相信西王母行筹讹言是“天惑其意，不能自止”，与其说天惑，不如说自惑。一则流言、讹言之获得广泛接受和传播，往往出于谣言传播链上众人自愿的选择，而非少数别有用心者之操纵。

由此我们也可认识到，谣言类言论信息在公众中的可接受性，并非奠基于其事实部分的可信性，所以“谣言止于真相”的说法也就值得进一步斟酌。

二、“谣言止于真相”？

一般情况下，恐慌止于信息畅通，谣言止于权威机构发布的真相。前提当然是权威机构的公信力对公众而言毋庸置疑，所提供的真相说明公众也愿意接受。

汉代的谣言通常是在当局对某些议题的说明模糊、不确定甚至虚假时开始流传。如东汉末董卓被刺死，“时百姓讹言，当悉诛凉州人，遂转相恐动。其在关中者，皆拥兵自守”[2]。这则讹言并非无风生浪。王允等大臣在刺董后对如何处置董卓凉州旧部，迟疑不断，不杀、不赏、不赦、不信、亦不解散，讹言因是而起，凉州军团官兵处于极度焦虑之中：

> （李）傕等益怀忧惧，不知所为。武威人贾诩时在傕

① Allport and Postman (1965), pp.35, 180.

② 《后汉书》卷66《王允传》，页2176。

> 军，说之曰："闻长安中议欲尽诛凉州人，诸君若弃军单行，则一亭长能束君矣。不如相率而西，以攻长安，为董公报仇。事济，奉国家以正天下；若其不合，走未后也。"傕等然之，各相谓曰："京师不赦我，我当以死决之。若攻长安克，则得天下矣；不克，则钞三辅妇女财物，西归乡里，尚可延命。"众以为然，于是共结盟，率军数千，晨夜西行。①

到乱局酿成，官方即使辟谣澄清，也已无济于事。

成功的谣言，往往包含一部分真实信息。如西汉成帝时大水讹言之起，肇因于"郡国被水灾，流杀人民，多至千数"②。有些谣言的主要内容甚至也在事后被证实确是真实的，如王莽居摄时朝野流传的"管蔡流言"，应验的谶言、谶谣等。

史籍中也可见到一些系有主名、出处明确的谣言，通常由具有特定政治、意识形态诉求的个人或集团主导编造以及释放。这些言论意图为编造者的私利，传递一些虚假信息。即使是虚假的言论信息，也可能产生抚慰人心、宣泄怨气的社会效果。如"（王）莽鸩杀平帝"是一则无事实根据也无法证实的谣言。但王莽居摄以后，大批伪造符命，对汉皇室步步紧逼，这则谣言很自然会引起不少人的共鸣，成为对当时政治局势的一种"合理"解说。

《东观汉记·载记·公孙述》：

> 隗嚣败，（公孙）述惧，欲安其众。成都郭外有秦时旧仓，改名白帝仓，自王莽以来常空。述诈使人言白帝仓出谷如山陵，百姓空市里往观之。述乃大会群臣，问曰："白帝仓出谷乎？"皆对言"无。"述曰："讹言不可信，道隗王破者复如此矣！"③

---

① 《后汉书》卷72《董卓传》，页2333。

② 《汉书》卷10《成帝纪》，页306。

③ 《东观汉记校注》卷21，页912。《后汉书·公孙述传》所记略同。

公孙述以当地最高统治者的身份，派人散布空关已久的白帝仓突然“出谷如山陵”的虚假信息，居然令到“公卿以下”乃至普通民众，空城往观，失望而归。①公孙述以为，采用以毒攻毒的心理战术，可以使当地官民面对其他“讹言”产生麻木反应②，不致因隗嚣已败信息之传播而令民心、军心动摇。

然而公孙述于新汉之际割据蜀汉，胸无大志而醉心图谶符命，“性苛细，察于小事。敢诛杀而不见大体”，“伤战士心”③，“政治严刻”④。蜀中民心不附，早有“黄牛白腹，五铢当复”之童谣。官方诈言而能成为讹言，令官吏百姓迅速关注，一传十、十传百，“空市里往观之”，虽不排除官民有好奇及羊群心态，主要还应是蜀地人心浮动、群情不安之效。公孙述未能借此反省，体察治下民情关注所在，反以为自己从此可以任意操纵舆论，视个人利益所在，而发布“真实谎言”（“道隗王破者复如此矣”），愚弄民智。他的谎言，很快破产，而伪造的讹言，却成为压垮公孙述政权公信力的最后几根稻草之一。一方霸主之政治弱智如此，其速败宜矣！

东汉末年张角兄弟的“苍天已死，黄天当立，岁在甲子，天下大吉”⑤口号也是一则由极少人编造的谣言，但却是深思熟虑、老谋深算之宣传杰作。它高张东汉末因“人心厌汉”而人气旺盛的土德符号，从而概括承受随之而来的丰富政治、宗教资源，并辅以绵密的组织、深厚的耕耘、世俗化的宗教整合，令一则讹言在那危机丛生的时局中成为最具凝聚力的政治口号和最有吸引力的神话愿景。

卡普费雷说：

> 假如一个信息不能满足我们任何一个欲望，不能解答我们潜在的担忧，不能为任何心理冲突提供一种发泄方法，那么不管我们怎样竭尽全力去传播，也不管这个消息的来源具

---

① 《华阳国志校补图注》卷5《公孙述刘二牧志》，页331。

② 就像著名的《狼来了》的故事所反映出的心理效应。

③ 《东观汉记校注》卷21，页912。

④ 《华阳国志校补图注》卷5《公孙述刘二牧志》，页330。

⑤ 《后汉书》卷71《皇甫嵩传》，页2299。

有多么大的魅力，谣言也无法存在。相反，一些无足轻重的句子，一些无意透露的秘密被突然抓住，却会成为谣言，因为传播这些话引起人们的兴趣。

说到底，谣言并不能说服人也不能征服人：它只是诱惑人。

谣言大声表达和证实了我们心中暗自思忖或不敢希冀的事情。在所有的信息当中，只有谣言享有一种特殊的特性：谣言在揭示公众舆论的同时又为其提供了证明，它在使人满意的同时又使其合法化。①

可见一则民间流传的谣言包含的具体信息是否真实可信，能否得到证实，不是其获得特定群体认可接受的主要原因。因为谣言的主要功能并非在人心浮动、众说纷纭的时刻向众人提供准确无讹的情报、消息，而在于能否恰当反映和满足特定时空的群体心态、期待和想像。谣言反映特定历史语境下特定人群的内心情绪、想法和秘密。在上位者可以此为媒介，了解众人的心态。从这个意义上说，即使充满伪造、虚幻信息的流言、讹言，也可以折射出特定历史情境的一个真实侧面；得到广泛接受及传播的流言、讹言，就反映特定历史语境中的群体心态和社会、文化氛围而言，是真实的。

三、“谣言止于智者”？

《荀子·大略》：“语曰：‘流丸止于瓯、臾，流言止于知（智）者。’此家言邪学之所以恶儒者也。则度之以远事，验之以近物，参之以平心，流言止焉，恶言死焉。”②

所谓“语”，即俗语、谚语。看来“谣言止于智者”的观念，至迟战国时已流行。智者听到谣言，应该如何应对？“度之以远事，验之

① 卡普费雷（1991），页92。
② 《荀子集解》卷19，页516。

以近物，参之以平心”，亦即参照历史知识、个人经验，平心静气地审视，就可以令不可靠的谣言信息及身而止。孔颖达注《礼记·儒行》“流言不极”句，解释儒者不问流言所出的原因，说是因为他们“识虑深远，闻之则解”①。这种说法与“谣言止于智者”如出一辙。

传统智慧认为谣言止于智者，是假定这类言论充溢虚假、增饰、荒诞、不合理的信息，因此只要具备智慧，善用常识，深思熟虑、反复推理，即可轻易戳破其虚妄本质。《吕氏春秋·慎行论·察传》有关传闻的讨论，是中国传统政治思想中以智识、理性辟谣的经典论述：

> 夫得言不可以不察，数传而白为黑，黑为白。故狗似玃，玃似母猴，母猴似人，人之与狗则远矣。此愚者之所以大过也。闻而审则为福矣，闻而不审，不若无闻矣。

> 凡闻言必熟论，其于人必验之以理。鲁哀公问于孔子曰：“乐正夔一足，信乎？”孔子曰：“昔者舜欲以乐传教于天下，乃令重黎举夔于草莽之中而进之，舜以为乐正。夔于是正六律，和五声，以通八风，而天下大服。重黎又欲益求人，舜曰：‘夫乐，天地之精也，得失之节也，故唯圣人为能和。乐之本也。夔能和之以平天下，若夔者一而足矣。’故曰‘夔一足’，非‘一足’也。”

> 宋之丁氏，家无井而出溉汲，常一人居外。及其家穿井，告人曰：“吾穿井得一人。”有闻而传之者曰：“丁氏穿井得一人。”国人道之，闻之于宋君。宋君令人问之于丁氏，丁氏对曰：“得一人之使，非得一人于井中也。”求能之若此，不若无闻也。

① 《十三经注疏·礼记正义》卷59，页1669。

辞多类非而是，多类是而非。是非之经，不可不分。此圣人之所慎也。然则何以慎？缘物之情及人之情以为所闻，则得之矣。①

以上论述强调以常情、常识、常理，慎思推理，逐一分辨得自传闻的信息，从而揭穿以讹传讹的谣传，如著名的“夔一足”、“丁氏穿井得一人”案例。这些传统智慧，闪烁着合理主义的光彩，至今仍被视为对抗谣传的不二法门。许多无稽之谈、荒谬传闻，一遇常情、常识、常理、慎思推理，确如雪狮子向火——融了半边。

但统治当局有时凭借“谣言止于智者”论述，在与谣言的战争中抢占智识制高点，居高临下地蔑视、贬低谣言类信息，以及相信、传播这些信息的人，希望令信谣、传谣者不证自明地成为愚者。谁也不想当愚者，当皇帝穿上只有“智者”才能见到的“新衣”招摇上朝时，你就必须跟随其他“智者”，同声赞颂新衣之新奇可异，即使你所见到的只是裸裎袒裼。

问题在于，谣言并不总是等同虚假、增饰、荒诞、不合理，它们可能包含部分真实的元素，反映一些真实的意见、合理的愿望。现代社会心理学的研究也告诉我们，数传而白为黑，黑为白，狗似人之类以讹传讹传播模式，只适用于人们对非重要信息的被动传播，或见于闭门实验。在现实的社会生活中，广泛流传的谣言信息往往经过传播者的主动选择，传播过程中的种种增益、删减、润饰通常不会歪曲、改变其本质诉求和目标。再说，我们日常获得的信息，十之八九得自传闻，逐一分辨检验的可行性有多高？

以智者的常情、常识、常理作为推定、检验传闻的主要标准，其实也相当主观。王充对先秦经传、诸子、史籍的观察结论是：审慎似圣人，贤妙如诸子，万世不易若经艺，仍可能言过其实、错误百出。《论衡》所批评的大量虚妄、错谬叙述和论述，皆属汉代智者的常情、常识、常理。王充的论点虽然偏激，却也不是全然无理取闹。所以以常情、常识、常理止息谣言，未必成功。

① 《吕氏春秋新校释》卷22，页1536—1537。

“谣言止于智者”论述的最大问题，在于其是英雄欺人之谈。在信息占有极不对称的传统社会，不少谣言的始作俑者、推波助澜者，本身就是“智者”。运作谣言为政治斗争武器的，不少也是智者。占有信息最完整、辟谣最力的官府，则往往最热衷于隐瞒信息、收藏真相。在信息制造、传播链上居于劣势的弱势群体，如果完全拒绝传闻类信息，他们又该从何处获知他们的处境、了解他们的利益所在，用什么方式宣泄他们的情绪，宣示他们的诉求呢？

四、谣言凭什么成谶？

本书第四章已提到，汉代的讹言、妖言、童谣等谣言类言论，都笼罩在一种神秘主义的气氛之下。讹言、妖言、童谣可能是尚未应验的谶言、谶谣，谶言、谶谣则是已应验的讹言、妖言、童谣。

任何信仰，都必须获得信众的心理认同。任何流行信仰，都必须建立在获广泛认同的习俗和深层积淀的心理基础之上。各种信仰都发展出一套象征性的符号。这些符号的意义和神圣性是信仰它们的人们赋予的。一旦人们撤回赋予它们的意义，符号就会成为无厘头的意象。汉代超自然信仰盛行，谶言信仰深入人心，五行灾异、图谶符命等神秘主义的精密论述深度渗透社会的各个领域，形成独特的历史文化氛围，人们深信个人、社会、国家的命运取决于超自然力量的安排或左右。每当疑虑、愤懑、恐惧、无望情绪集体性蔓延，人们渴求上天启示的心理需求便应运而生，希望获得命运发展方向的预言和“明天会更好”的慰藉。于是，汉语、汉字被视为神秘符号，以展现其“诡为隐语，预决吉凶”的暗喻色彩，容纳“天启信息”的公众想像。“非常言语”如讹言、妖言、童谣等谣言类言论，被赋予天启征兆的象征含义。李寻说“讹言之效，未尝不至”，裴松之说“童谣之言，无不皆验”，都是这种历史文化氛围的必然产物。

谣言成谶的另一心理机制，是期望性思维（wishful thinking）。有社会学家将谣言依心态分为三种类型：期望实现（wish-fulfillment）型，表达的是传谣者们的期望和希望；焦虑（anxiety）型，表达的是传谣者们的恐惧情绪；冲突（divisive）型，出自传谣者们的攻击性、成见和仇恨情绪。在实际生活中，这三种心态有时交杂缠绕，难以截然区分。例如不少谶言和谶谣，源自诅咒。[①]诅咒型谣言，宣泄愤怒，咒人败亡，其实也是在表达一种带有攻击性的期望。诅咒型和时政评论型谣言，有些能够反映较多群众情绪、心声，"千人所指，无病而死"，"裹挟着一种不可抗拒的社会力量，反映一种历史潮流，因而具有实现的可能性和必然性"[②]。

更典型的隐语式谶言、谶谣，其"破译"无论在事前还是事后，表达的当然也是传播者们的期望和希望。广泛流传、接受度高的谣言对舆论之导向能力，它们所凝聚之群体期望、诉求、共识，以及时人对其神秘能力之信仰，可以令它们成为自我暗示型、自我应验型预言，有时甚至可以影响事件的发展方向，形塑历史的未来。

所谓"自我应验型预言"(self-fulfilling prophecy)，是社会心理学家对一种群体心理现象的论述：如果人们将情境看做是真实的，那么它们的结果也是真实的。情境在一开始可能是虚构的、没有真实根据的，但预言激发或暗合一个人/一群人的期望，唤起努力和行动，在适当的条件下，期望得到实现，预言应验。"自我应验型预言"一般指一个人对于他人的期望，往往成为被期望的人自我实现的预言，亦即一个人期望他人成功，他人就会成功；反之期望他人失败，他人就会失败。

从汉代的史例看，一个人对于自己的期望，也可能获得众人的认同，成为一则应验的预言。例如第五章讨论过汉高祖刘邦的开国神话。刘邦微时，就自许甚高。在咸阳服徭役时，见到秦始皇出行的排场，发愿："嗟乎，大丈夫当如此矣!"[③]后亡命芒、砀山泽岩石之间，斩白蛇后得知神母夜哭的情节，"乃心独喜，自负"；因盛传"东南有天子气"，"即自疑"；获知"所居上常有云气"，则"心喜"。凡有神异、妖言，必自我对号入座，自信心极强。这些自我期许的"预言"在其追随者中广泛流传，"诸从者日益畏之"，"沛中子弟或闻之，

① 如"始皇帝死而地分"、"楚虽三户，亡秦必楚"、"千里草"谣等。

② 谢贵安（1998），页54—61。

③ 《史记》卷8《高祖本纪》，页344。

多欲附者”，皆对刘邦寄予厚望，最后预言成真。①

东汉光武帝刘秀，也曾多次以自己姓名应谶，作为建国称帝的合法性依据。

自我对号入座而失败的案例，要数盲目迷信谶言的公孙述和袁术。他们虽然极度自信，却不能赢得公众的认可。缺少公众对他们的期望，虽然能操作种种符瑞、谶言，自我取暖，终究要以身败名裂告终。

第八节　如何消解谣言的负面影响——“见怪不怪，其怪自败”

人类历史是谣言充斥的历史。人类社会是谣言充斥的社会。当社会洋溢焦虑、恐惧、无助、危机感时，谣言可以协助人群宣泄情绪、解释处境、“合理”想像，满足其心理需求。当不同集团、阶层、群体之间发生利益冲突时，谣言有探测舆情、宣示诉求、引导舆论甚至形成集体解决方案的功能。它们有时确能反映民心、民意，形成舆论监督，及时挤出社会的脓疮。吊诡的是，谣言类言论的表达形式、解决问题的方式，有时颇具阴暗、暧昧、鬼祟、负面的色彩；它们的破坏性有时大于建设性。如何借助历史经验和教训，正确理解谣言的性质、特点、社会功用和局限，在发挥此类言论对社会、政治的正面影响的同时，淡化、化解乃至消弭其负面影响，便成为和谐社会建设的一个重要议题。谣言在汉代社会、政治中的处境、影响和功能，为探讨这一议题提供了许多有益的启示。

在汉代，谣言类言论往往带有民间言论的性质。在当时的社会、政治、文化语境中，汉代的政治思想家采取了独特的论述策略，包括从儒家民本观念和政治道德的高度，辅之以史学叙事和神秘主义论述策略，解构当局对民间言论或谣言类言论的污名化和妖魔化。而当局对流言、讹言、妖言等官方难以控制的谣言类言论信息，深具戒心。一方面坚持严刑峻罚，以雷霆手段对有碍统治秩序的谣言类言论施加

① 《史记》卷8《高祖本纪》，页347—348。

打击；另一方面也不敢小觑其对民众的心理影响，忽视其反映舆情的功能及所传达的天启预警信息，试图建立疏通言路、聆听民意的机制，以适时适当回应、改善吏治等方法，维系社会和谐和稳定。①

在严刑峻罚和疏通言路之外，中国传统政治智慧采用的消解谣言影响的心理策略，首先就是抢占伦理的战略制高点，例如妖魔化流言为“与管蔡同罪”，严加声讨。其次是抢占智识制高点的策略，即所谓“谣言止于智者”。关于这两种策略，前面已作讨论，在此不赘。

还有一种策略则是采取低调、回避式的态度，即后世所谓“见怪不怪，其怪自败”②，不追谣，不辟谣，等待谣言自动淡出历史舞台。

低调策略符合古典儒家对谣言类信息的取态。《尚书·大禹谟》：“无稽之言勿听，弗询之谋勿庸。”③既然无从或未经稽考之言“勿听”，流言自然“不极”，“不问所从出也”。不听、不极、不问，谣言终会自动消失，而自己耳不闻为静，正常思维、工作也不会受其干扰。所以孔子教诲：“道听而途说，德之弃也。”④

“见怪不怪，其怪自败”策略有一长处，即保持耐性，留待时间作证。除了少数例子，谣言类言论的短处之一，是时效较短。“谣言是某种背景的见证，如果这种背景消失，谣言也就失去了存在的理由，将立即停止流传。因为谣言失去了合理性。”⑤

在成帝初即位的大水讹言事件中，朝廷、百姓都乱了方寸，左将军王商独持异见，坚称那是讹言，认为一动不如一静。“有顷，长安中稍定，问之，果讹言。”⑥

然而这种策略也有其局限性，因为“某些谣言却似乎能够经受时

① 这些尝试有一定积极意义，在某些历史时期也产生一定的正面效果。但受限于当时的集权独裁体制，缺乏持续、一贯的体制支持和制衡，良善制度、政策往往因人、因时而异，或人亡政息。

② “见怪不怪”语出南宋洪迈（1123—1202）《夷坚三志己》卷2“姜七家猪”条：“畜生之言何足为信？我已数月来知之矣。见怪不怪，其怪自坏。”（页1314）但这种观念古已有之。

③ 《十三经注疏·尚书正义》卷4，页136。

④ 《十三经注疏·论语注疏》卷17《阳货》，页2525。

⑤ 卡普费雷（1991），页119。

⑥ 《汉书》卷82，页3370。

间的考验”①。有些适应性较强的谣言及其议题会在不同时空中反复出现，例如“公孙”、“当涂高”、“刘氏当王”谶言。有些具普遍意义的谣言，可以超越时间和空间的限制，最终演变成神话、传奇甚至集体历史记忆。②

“见怪不怪”，有时其怪也未必自败。应劭《风俗通义》载有多种汉代俗神信仰，皆因误会、误传、戏语而起，却愈传愈盛，越演越烈，非至始作俑者出面说明，戳穿虚幻，其俗信不能自灭。许多“谣言”，一旦传开，即始作俑者也无法操控，岂能自败？正如王充所担心的，圣贤之人“不治名，害至不免辟，形章墨短，掩匿白长，不理身冤，不弭流言，受垢取毁，不求洁完”，以致“恶见而善不彰，行缺而迹不显”；邪伪之徒却“治身以巧俗，修诈以偶众”，而“世不见短，故共称之；将不闻恶，故显用之”，“世俗之所谓贤洁者，未必非恶；所谓邪污者，未必非善也”。③怪不自败，谣言的负面影响又如何消弭呢？

即如前述王商因应“大水讹言”的策略，有其成功之处。民人一时相惊，或为讹传，官方则见怪不怪，以不变应万变，谣言自然破局。但如果政局持续不稳，生活和社会环境持续恶化，民众的焦虑、恐惧心理就无法以智者之不惑来消解，这类谣言的预警及象征意义就不会过时，类似事件也会接踵而来。最后妖言、流言、讹言、谣言成为谶言，悔之晚矣！

东汉安帝永初元年，“民讹言相惊，弃捐旧居，老弱相携，穷困道路”。安帝敕司隶校尉、冀并二州刺史，“其各敕所部长吏，躬亲晓喻。若欲归本郡，在所为封长檄；不欲，勿强”④。东汉当局当时采取的对策是：第一，地方长官直接面对民众，说明真相（“躬亲晓喻”）；第二，主动为受到讹言惊扰、流亡之外的民众提供回乡的通行证（“在所为封长檄”）；第三，暂时不敢回乡的，不必强行遣送（“不欲，勿强”）。这其实也是“见怪不怪，其怪自败”的一种策略，但并

① 卡普费雷（1991），页120。

② 详见本书第五章。

③ 《论衡校释》卷1《累害篇》，页17。

④ 《后汉书》卷5《安帝纪》，页209。

非不听、不问、“不作为”，而是正面应对，为民众主动提供必要的协助，效果会更好。

西汉成帝世，外戚大司马大将军领尚书事王凤弄权用事，朝廷侧目。京兆尹王章以天变日蚀为契机，求见皇帝，“言凤专权蔽主之过，宜废勿用，以应天变”。成帝指使尚书劾奏王章，王章死于诏狱。①

王章死后，“众庶冤之”，对王凤的恶感更深，流言纷传，讥刺朝廷。王凤所信任的幕僚、大将军武库令杜钦向王凤建言：

> 京兆尹章所坐事密，吏民见章素好言事，以为不坐官职，疑其以日蚀见对有所言也。假令章内有所犯，虽陷正法，事不暴扬，自京师不晓，况于远方。恐天下不知章实有罪，而以为坐言事也。如是，塞争引之原，损宽明之德。钦愚以为宜因章事举直言极谏，并见郎从官展尽其章，加于往前，以明示四方，使天下咸知主上圣明，不以言罪下也。若此，则流言消释，疑惑著明。②

这段话说得相当婉转，但也明白告诫王凤，以言论入人罪，必阻塞言路，有损道德形象；王章之狱，虽属触犯“正法”，罪有应得，吏民却难以了解“真相”，也缺乏对朝廷的信任，坚信王章是因言得罪；要想消弭流言的影响和吏民对朝廷的负面观感，只有进一步开放言路及增加议政的透明度，以示“主上圣明，不以言罪下”。

这种策略可称作“釜底抽薪”，治标亦治本，割除可能引发流言、讹言的病灶。如果当时的统治者真能视谣言类言论为社会疾病的征兆、民众不满情绪的折射，认真分析诊断，全面调理体质，预防重于治疗，虽不能令谣言绝迹，却可使其对国家、社会、民众的负面影响和破坏性降低到可以承受的程度，有利于达致社会的和谐。

① 《汉书》卷60《杜钦传》，页2676—2677。
② 《汉书》卷60《杜钦传》，页2678。

附录一　纬书与西汉今文经学[①]

现存纬书资料中，所谓释经释义的内容即占近半数。弄清它们的源流，对于进一步分析纬书思想的来源、理论体系、形成过程，确定纬书的作者和形成年代，都是很有必要的。

纬书中释经义的部分，与西汉今文经学的各个流别关系很深，前辈学者早已指出。但尚缺乏系统和细致的整理。但要全面展开，涉及面相当广泛，绝非本文篇幅所能包纳，也非本人目前功力所能及。因此，本文仅打算以表解的形式，初步将纬书思想与西汉前期今文学的代表著作尚书大传、公羊传、春秋繁露作一番对照，以便于学者们作进一步的研究、探讨。至于孟喜、焦赣、京房易学，大小夏侯尚书学，大小戴礼学，刘向尚书、谷梁学等，与纬书思想的关系也很密切，就留待以后作专文探讨了。

还要说明一点，本文所引纬书资料，除特别注明的以外，易纬、春秋纬均引自安居香山、中村璋八两位先生所编的《纬书集成》，其他诸纬谶则引自《重修纬书集成》。在本文的写作中，多蒙两位先生的关照，谨此致谢。

一、尚书大传与纬书思想

尚书大传为伏生后学欧阳生、张生等所撰，西汉今文尚书诸家皆祖此，易、春秋、礼学等亦受其影响。大部分内容已佚。本文主要引自陈寿祺尚书大传辑校、皮锡瑞尚书大传疏证。间采王闿运尚书大传补注。

---

① 原文发表时全文未采用书名号，今仍其旧。

尚书大传	纬书
主春者张，昏中，可以种谷（史记正义作稷）。主夏者火，昏中，可以种黍菽。主秋者虚，昏中，可以种麦。主冬者昴，昏中，可以收敛。皆云上告天子，下赋臣民。天子南面而视四方星之中，知民缓急，急则不赋籍，不举力役。故曰敬授民时。	主春者鸟星，昏中，可以种稷。主夏者心星，昏中，可以种黍。主秋者虚星，昏中，可以种麦。主冬者昴星，昏中，则入山，可以斩伐具器械。王者南面而坐，视四星之中者，而知民之缓急，急则不赋力役。（尚书考灵曜） 主春者张，昏中，可以种谷。主夏者火，昏中，可以种黍菽。主秋者虚，昏中，可以种麦。主冬者昴，昏中，可以收敛也。（尚书考灵曜，史记正义引）
天子以秋命三公将率，选士厉共（“共”当作“兵”，原稿误），以征不义，决狱讼，断刑罚，趣收敛，以顺天道，以佐秋杀。	季秋霜始降，……王者顺天行诛，以成肃杀之威。（春秋感精符）
舜生姚墟	帝舜生于姚墟（孝经援神契）
尧为天子，丹朱为太子，舜为左右。尧知丹朱之不肖，必将坏其宗庙，灭其社稷，……故尧推尊舜而尚之，属诸侯焉。	尧在位七十载矣，见丹朱之不肖，不足以嗣天下，……舜之潜德，尧实知之，于是……询四岳（尚书中候杂篇）
致天下于大麓之野 纳之大麓之野	赤龙负图出……藏之大麓（春秋元命包、运斗枢、合诚图）
在旋机玉衡，以齐七政。齐，中也。七政者，谓春秋冬夏天文地理人道所以为政也。道正而万事顺成。故天道，政之大也。旋机者何？传曰，旋者还也，机者几也，微也。其变几微而所动者大，谓之旋机。是故旋机谓之北极	天文地理各有所主，北斗有七星，天子有七政（春秋运斗枢、合诚图） 北斗七星，所谓璇玑玉衡，以齐七政（春秋运斗枢） 北斗七星有政（春秋考异邮） 斗者天之喉舌，玉衡属杓，魁为璇玑（春秋文耀钩） 日月五星共为七政之道，……五政谓四时及季夏之政（尚书考灵曜） 璇玑斗魁四星，玉衡拘横三星，……齐四时五威（尚书纬） 法北斗而为七政（礼斗威仪）
舜修五礼五玉三帛	天子三公诸侯皆以三帛以荐玉（礼含文嘉、稽命征）
有功者，天子一赐以车服弓矢，再赐以秬鬯，三赐以虎贲	九赐，一曰车马，二曰衣服，三曰乐则，四曰朱户，五曰纳陛，六曰虎贲，七曰弓矢，八曰鈇钺，九曰秬鬯（礼含文嘉）

续表

尚书大传	纬书
唐虞象刑而民不敢犯，……唐虞之象刑，上刑赭衣不纯，中刑杂屦，下刑墨幪，以居州里，而民耻之 唐虞象刑，犯墨者蒙皁中，犯劓者赭其衣，犯膑者以墨幪其膑处而画之，犯大辟者布衣无领	三皇无文，五帝画象，三王肉刑 注云，画象者，上罪墨象赭衣杂屦，中罪赭衣杂屦，下罪杂屦也（孝经钩命决） 三皇设言民不违，五帝画象世顺机（孝经纬）
告灾肆赦，怙终贼刑。传曰，不赦有过谓之贼	过误者出之，实罪者施刑，是以尚书云，告灾肆赦，怙终贼刑（孝经援神契） 当赦而不赦，日为之蚀（尚书刑德放）
尧时麒麟在郊薮	德至鸟兽则麒麟臻（孝经援神契） 刑罚藏，颂声作，凤皇至，麒麟应（孝经钩命决）
百姓不亲，五品不训（古文尚书作逊）	五者训于五品（孝经援神契）
定钟石论人声乃及鸟兽	乐听其声，和以音，考以俗，验以物类（乐叶图征）
天子将出则撞黄钟，右五钟皆应……入则撞蕤宾，左五钟皆应，以治容貌，容貌得则气得，气得则肌肤安，肌肤安则色齐矣……此言至乐相和物动相生同声相应之义也	黄钟之音调，诸炁和，人主之意慎，则蕤宾之律应，磬声和则公卿大夫列士诚信，林钟之律应（易通卦验） 撞钟以知法度，鼓琴者以知四海，击磬者以知民事。钟音调，则君道得，君道得，则黄钟蕤宾之律应（乐叶图征） 相生应即为和，不以相生应则为乱（乐动声仪）
虽禽兽犹悉关于律乐者，人性之所自有也。故圣王巡十有二州，观其风俗，习其性情，因论十有二俗	乐者移风易俗。所谓声俗者，若楚声高，齐声下。所谓事俗者，若齐俗奢，陈俗利巫也（乐动声仪） 齐地……律中太蔟，音中宫角。陈地……律中姑洗，音中宫征。曹地……音中征，其声清以急。秦地……音中商，其言舌举而仰，声清而扬。唐地……音中羽……其民俭而好畜（诗含神雾） 青州角征会，其气刚勇，人声塞……兖豫宫征会，其气平静，人声端……雍冀商羽会，其气駃烈，人声捷（河图括地象）

续表

尚书大传	纬书
定以六律五声八音七始也。五声，天音也，八音，天化也，七始，天统也	天有五音，所以司日，地有六律，所以司辰（乐动声仪） 五音和，则五星如度（同） 或调律历，或调五音，与天地神明合德者，则七始八终，各得其宜也（乐叶图征） 八音，金石丝竹土木匏革（乐纬）
六律者何？黄钟，蕤宾，无射，太簇，夷则，姑洗是也	六律，黄钟十一月，太簇正月，姑洗三月，夷则七月，无射九月（乐叶图征）
于时卿云聚，后乂集，百工相和而歌卿云，帝乃倡之曰，卿云烂兮，礼缦之兮，日月光华，旦复旦兮	白工相和而歌庆云，帝乃倡之曰，庆云烂兮，礼缦缦兮，日月光华，旦复旦兮
八伯咸进，稽首而和曰，明明上天，烂然星陈，日月光华，宏于一人 帝乃载歌曰，日月有常，星辰有行，四时从经，万姓允诚，于予论乐，配天之灵，迁于贤圣，莫不咸听，鼚乎鼓之，轩乎僛之，菁华已竭，褰裳去之。于时乃八风循通，卿云藂藂，蟠龙贲信于其藏，蛟鱼踊跃于其渊，龟鱼咸出于其穴，迁虞而事夏也	群臣咸进稽首曰，明明上天，烂然星陈，日月光华，弘予一人 帝乃载歌曰，日月有常，星辰有行，四时从经，万姓允诚，于予论乐，配天之灵，迁于圣贤，莫不咸听，鼚乎鼓之，轩乎舞之，精华已竭，褰裳去之。于是八风修，庆云丛聚，蟠龙奋迅于厥藏，蛟龙踊跃于厥渊，龟鳌咸出厥穴，迁虞而事夏（中候考河命）
维十有四祀，钟石笙莞变声，乐未罢，疾风发屋，天大雷雨。帝沈首而笑曰，明哉，非一人天下也，乃见于钟石维……十四祀，笙管变，天大雷雨、疾风，为逊禹之事也	在位十有四年，奏钟石笙莞，未罢而天大雷雨、疾风，发屋伐木，桴鼓播地，钟声乱行，舞人顿伏，乐正狂走，舜乃权持衡而笑曰，明哉，大天下非一人之天下也，亦乃见于钟石笙莞乎（同） 禹将受位，天意大变，迅风靡木，雷雨昼冥（乐稽耀嘉）
五岳谓岱山，霍山，华山，恒山，嵩山也	东方太山将军……南方霍山将军……西岳华阴将军……北岳恒山将军……中岳嵩高山将军（龙鱼河图）
五岳皆触石而出云，扶寸而合，不崇朝而雨天下	山者气之苞含，所以含精藏云，故触石布出（春秋元命包） 山亦有金石累积，亦有孔穴，出云布雨，以润天下（乐动声仪）
五岳视三公，四渎视诸侯	五岳视三公，四渎视诸侯（孝经援神契） 五岳视三公，岱宗为之长（诗含神雾）

续表

尚书大传	纬书
古者天子三公，每一公三卿佐之，每一卿三大夫佐之，每一大夫三元士佐之，故有三公九卿二十七大夫八十一元士	立三台以为三公，北斗九星为九卿，二十七大夫内宿卫，部之列八十一纪以为之士，凡百二十官焉，下应十二子（春秋元命包） 三能六星，两两而比，以为三公。三三而九，阳精起，故北斗九星以为九卿。三九二十七，故有摄提少微司空执法五诸侯，其星二十七，以为大夫。九九八十一，故内立倍卫阁道即位扶匡天子之类，八十一星，以为元士。……下应十二月数之经纬，皆五精流气以立宫廷。（春秋合诚图） 三公在天为三台，九卿为北斗，故三公象五岳，九卿法河海，二十七大夫法山陵，八十一元士法谷阜，合为帝佐，以匡纲纪（春秋汉含孳）
桀杀刑弥厚而民弥暴，故尔梁远，遂以是亡	夏桀无道，杀关龙逢，绝灭皇图……残贼天下（尚书帝命验）
八百诸侯俱至孟津……武王渡河，中流白鱼双跃入舟，武王俯取以祭	周武王渡于孟津，中流白鱼跃入王舟，王俯取鱼（尚书中候）
武王伐纣，观兵于孟津，有火流于王屋，化为赤乌，三足	太子发渡河，中流火流为乌，其色赤（尚书帝命验） 人君至治，有三足乌（春秋元命包）
周将兴之时，有大赤乌衔谷之种而集于王屋之上者	有火自天出于王屋，流为赤乌，五至，以谷俱来（尚书中候） 有火自天止于王屋，流为赤乌，乌衔谷焉。谷者纪后稷之德（洛书灵准听）
太子发升舟中流	文王之戒武王曰，我终之后，恒称太子发（中候我应） 太子发以纣存三仁附，即位不称王，渡于孟津中流（尚书中候）
唯丙午王逮师……师乃慆，前歌后舞	武王承天命，兴师诛商，万国咸喜，军渡孟津，前歌后舞（乐稽耀嘉）
追王太王亶父、王季历、文王昌	文王立后稷配天，追王大王亶父、王季历（中候合符后）
言之不从，是谓不艾（“艾”当作“乂”，原稿误），厥罚常阳	君行非是，则言不见从，言不见从，则下不治……常阳从之……大旱不雨（春秋考异邮）

续表

尚书大传	纬书
遂人为遂皇，伏羲为戏皇，神农为农皇	三皇，虑戏燧人神农（礼含文嘉） 以伏羲神农遂人为三皇（洛书甄曜度）
尧八眉	尧鸟庭荷胜八眉（孝经援神契）
舜四瞳子	舜重瞳子（春秋元命包）
文王四乳	文王四乳，是谓至仁（春秋演孔图）
帝命周公践阼	周公践祚，理政与天合志（中候摘洛戒）
朱草畅生	德至草木，则朱草生（孝经援神契）
周公辅幼主，不矜功，则蓂英生	周公……辅于幼主（礼纬） 周公作乐而治，蓂荚生（尚书中候） 周公旦……顺践阼，即摄七年，鸾凤见，蓂荚生（中候摘洛戒）
王者德及皇天则祥风起	德至八方，则祥风至（孝经援神契）
王者德下究地之原则朱草生	王者德洽于地则朱草生（春秋感精符）
王者往也	王者往也，神所向往，人所乐归（春秋文耀钩） 王者往也，神之所输向，人所乐归（春秋元命包） 王者往也，人所输向，人所乐归者也（春秋感精符） 王者天下所归（易乾凿度）
火，太阳也	火者阳也（尚书纬） 火者，阳之精也（春秋感精符、考异邮）
祀上帝于南郊，所以报天德也	祭天于南郊，就阳位。祭地于北郊，就阴位（孝经钩命决）
王者存二王之后，与己为三，所以通三统	二王之后称公（孝经援神契） 天子……不臣二王之后者，为观其法度，故尊其子孙也（孝经钩命决） 春秋设三科九旨……二日（“日”当作“曰”，原稿误）存三统（孝经援神契）
立三正，夏以孟春为正，殷以季冬为正，周以仲冬为正。夏以十三月为正，色尚黑，以平旦为朔。殷以十二月为正，色尚白，以鸡鸣为朔。周以十一月为正，色尚赤，以夜半为朔	夏以十三月为正，息卦受泰，法物已始，其色尚黑，以平旦为朔。殷以十二月为正，息卦受临，法物之牙，其色尚白，以鸡鸣为朔。周以十一月为正，息卦受复，法物之萌，其色尚赤，以夜半为朔（乐稽耀嘉，另可参照感精符、中候、礼稽命征、元命包、援神契等）
必以三微之月为正者，当尔之时，物皆尚微，王者受命，当扶微理弱，奉成之义也	三微者三正之始，万物皆微，物色不同，故王者取法焉（礼纬）

续表

尚书大传	纬书
正色三而复者也，三正之相承，若顺连环也，三王之治如循环之无端	正朔三而改（礼稽命征、春秋元命包） 以前三皇为正，……以天地人为法，周而复始（春秋感精符）
王者一质一文，据天地之道	一质一文，据天地之道，天质而地文（春秋元命包） 文质再而复（礼纬） 天道本下，亲亲而质省。地道敬上，尊尊而文烦。故王者始起，先本天道以治天下，质而亲亲。及其衰敝，其失也亲亲而不尊。故后王起，法地道，以文治天下，文而尊尊。及其衰敝，其失也，尊尊而不亲，故夏反之于质也（乐稽耀嘉）

二、公羊传与纬书思想

公羊传之"著于竹帛"，始于汉景帝时。（参见徐彦疏引戴宏序）所以公羊传实反映了西汉前期今文学家的思想。公羊传与纬书思想的关系，即在纬书中也有生动的反映：

> 公羊全孔经（春秋演孔图）
> 传我书者，公羊高也（春秋说题辞）

现试将公羊传与纬书作一比较：

公羊传	纬书
元年者何？君之始年也（隐元）	元年者何？元宜为一。谓之元何？曰君之始年也（春秋元命包）
春者何？岁之始也（同）	据春者，岁之始也，神明推移，精华结纽春者四时之始（春秋元命包）
王者孰谓？谓文王也（同）	王者孰谓？谓文王也。疑三代，谓疑文王（春秋元命包）
赗者何？丧事有赗。赗者盖以马，以乘马束帛。车马曰赗，货财曰赙，衣被曰襚（同）	知生则赙，知死则赗。赙之为言助也，赗之为言覆也。与马曰赗，货财曰赙，玩好曰赠，决其意也，衣被曰襚，养死具也。赠称也，襚遗也（春秋说题辞）

续表

公羊传	纬书
天子曰崩，诸侯曰死，大夫曰卒，士曰不禄（隐三）	天子曰崩，崩之为言陨也。诸侯称死，死之为言奄。然而亡大夫曰卒，精辉终卒，卒之为言绝，绝于邦也。士曰不禄，失其忠也，不禄之言削名章也（春秋说题辞）
（经：卫人杀州吁于濮）其称人何？讨贼之辞也（隐四）	春秋讨贼皆称人焉，君子谓卫有人焉（陈立公羊义疏引春秋说）
王者之后称公，其余大国称侯，小国称伯子男（隐五）	王者之后称公，大国称侯，皆千乘，象雷震百里（孝经援神契）
狩者何？田狩也。春曰苗，秋曰蒐，冬曰狩（桓四）	夏不田（春秋运斗枢）
其称纪姜何？自我言纪。父母之于子，虽为天王后，犹曰吾季姜（桓九）	天子所常不臣者……妻之父母……不臣妻之父母者，亲与其妻共事先祖，欲其欢心（孝经钩命决）
锡者何？赐也。命者何？加我服也（庄元）	王者锡命诸侯皆如其德，则阴阳和，风雨时九赐……二曰衣服（礼含文嘉）
（经：五月葬桓王）此未有言崩者，何以书葬？盖改葬也（庄三）	恒星不见，夜明，周人荣奢，改葬桓王，冢死尸复扰，终不觉之（春秋感精符）
（经：荆败蔡师）荆者何？州名也……曷为不言其获？不与夷狄之获中国（庄十）	抑楚言荆，不使夷狄主中国也（公羊注疏引运斗枢）
日食则曷为鼓、用牲于社？求乎阴之道也。以朱丝营社，或曰胁之。或曰为闇，恐人犯之，故营之（庄二十五）	日蚀大水，则鼓、用牲子（“子”当作“于”，原稿误）社，言者阴之主。朱丝萦社，鸣鼓胁之也（春秋感精符）
（经：春王正月不雨，夏四月不雨）何以书？记异也（僖三）	僖公三时不雨，帅群臣祷山川，以过自让（春秋考异邮）
沙鹿者何？河上之邑也。此邑也，其言崩何？袭邑也。沙鹿崩，何以书？……为天下记异也（传十四）	行正不误，逢世残贼，君上逆乱，辜咎下流，灾谴并发，……灭日动地，夭绝人命，沙鹿袭邑是也（春秋元命包）
秦伯将袭郑，百里子与蹇叔子谏……师出，百里子与蹇叔子送其子而戒之……从其子而哭之……晋人与姜戎要之殽而击之，匹马只轮无反者（僖三十三）	西秦东窥，谋袭郑伯。晋戎同心，遮之殽谷。反呼老人，百里子哭 语之，不知泣血何益（春秋感精符）
大事者何？大袷也。大袷者何？合祭也……合食于大祖，五年而再殷祭（文二）	殷之五年殷祭亦名禘也（礼纬） 三年一闰，天气小备，五年再闰，天气大备。故三年一袷，五年一禘（礼含文嘉、稽命征）
雨螽者何？死而坠也。何以书？为王者之后记异也（文三）	螽死坠于地（春秋考异邮） 螽之为虫，赤头甲身而翼飞行，阴中阳也。螽之为言众暴众也（春秋佐助期）

续表

公羊传	纬书
含者何？口实也（文五）	口实曰晗，缘生更食，孝子不忍虚其亲，天子以珠，诸侯以玉，大夫以璧，士以见晗之，为言含也（春秋说题辞） 天子饭以珠，含以玉。诸侯饭以珠，含以璧。卿大夫饭以珠，含以见（礼稽命征）
河曲疏矣，河千里而一曲（文十二）	河道昆仑山……一曲也。东流千里，至规其山……二曲也。北流千里，至积石山……三曲也。邠南千里，入陇首山……四曲也……西距卷重山千里……七曲也……千里至大陆……九曲也……河水九曲，是九千里，入于渤海（河图纬象）
孛者何？彗星也。其言入于北斗何？北斗有中也。何以书？记异也（文十四）	彗星出北斗七星中，九卿反如星所，主其政毁，其人乱（春秋元命包） 孛贼入北斗中者，大国结谋伐天子 星孛入北斗，兵大起，将有以外制权以兵为政者（春秋感精符）
（经：晋放其大夫胥甲父于卫）放之者何？犹曰无去是云尔。……古者大夫已去三年待放。君放之，非也。大夫待放，正也。（宣元）	三谏待放，复三年眷眷……所以言放者，臣为君讳，若言有罪放之也……凡待放者，冀君用耳。事以行，灾咎将至，无为留之。臣待放于郊，君不绝其禄者，亦不欲去，道不合，故去耳。以其宗庙，赐之环，即还之，玦则去（孝经援神契）
郊则曷为必祭稷？王者必以其祖配（宣三）	周公郊祀，后稷以配夫（当作“周公郊祀后稷以配天”，原稿误）（孝经援神契） 郊祀后稷，以配天地（孝经钩命决） 文王立后稷配天（中候合符后）
梁山崩，壅河三日不流……何以书？为天下记异也（成五）	山大崩，亡主之符也（洛书） 山者君之位也，崩毁者阳失，制度为臣所犯毁（春秋考异邮） 贤者不得为辅，朝中因女进者众……河海不流（礼斗威仪）
曷为遍刺天下之大夫？君若赘旒然（襄十六）	祸乱蜂起，君若赘旒（春秋感精符）
曷为谓之大原？地物从中国，邑人名从主人。原者何？上平曰原，（原稿此处遗漏下字）平曰隰（昭元）	高平曰大原。原端也，平而有度也……下而平者为隰。平者和，故粟，下者隰，故宜麦。 下湿曰隰，隰者湿也，下而泽也（春秋说题辞）

续表

公羊传	纬书
陈已灭矣，其言陈火何？存陈也（昭九）	不陈火之类，未当诛绝，天晓其君，死灰更复燃之意（春秋考异邮）
（经：有鸜鹆来巢）何以书？记异。何异尔？非中国之禽也，宜穴又巢也（昭二十五）	有鸜鹆来巢于榆（陈立公羊义疏引运斗枢） 鸲鹆者飞行，属于阳。夷狄之鸟，穴居而属于阴……时季氏遂（“遂”当作“逐”，原稿误）昭公，夷狄之类也（春秋考异邮） 孔子谓子夏曰，鸲鹆至，非中国之禽也（礼稽命征、乐稽耀嘉）
子家驹曰，诸侯僭于天子，大夫僭于诸侯久矣（昭二十五年）	天子僭天，大夫僭人主，诸侯僭上（春秋考异邮）
定哀多微辞（定元）	子夏六十四人，共撰仲尼微言（论语谈）
（经：冬十月陨霜杀菽）何以书？记异也。此灾菽也，曷为以异书？异大乎灾也（定元）	定公即位，陨霜杀菽者，稼最强，季氏之萌也（春秋考异邮）
曷为帅师堕郈，帅师堕费？孔子行乎季孙，三月不违，曰，家不藏甲，邑无百雉之城。于是堕郈，帅师堕费（定十二）	孔子曰，陪臣执国命，采长数叛者，坐邑有城池之固，家有甲兵之藏故也。季氏说其言而堕之（春秋纬） 公侯方百雉（公羊注疏引春秋说）
（经：春，西狩获麟）何以书？记异也。何异尔？非中国之兽也。然则孰狩之？薪采者也。薪采者则微者也……麟者仁兽也，有王者则至，无王者则不至。有以告者，曰，有麕而角者。孔子曰，孰为来哉！孰为来哉！反袂拭面，涕沾袍……曰，吾道穷矣！（哀十四）	夫子……见薪采者获麟……麟者木精，薪采者庶人燃火之意，此赤帝将代周（中候日角） 叔孙氏之车卒曰子鉏商，樵于野而获兽焉。众莫之识，以为不祥，弃之五父之衢。冉有告夫子曰，有麕而肉角，岂天下之妖乎？夫子曰，今何在？吾将观焉。遂往，谓其御高柴曰，若求之言，其以麟乎！到视之果信。……子曰，天子布德，将致太平，则麟凤龟龙先为之祥。今周宗将灭，天下无主，孰为来哉！遂泣曰，予之于人，犹麟之于兽也，麟出而死，吾道穷矣（论语摘衰圣） 王者德化旁流四表，则麒麟臻其囿（春秋感精符） 麟……角端带肉，合仁怀义……王其政太平则在郊（论语摘衰圣）

三、春秋繁露与纬书思想

汉兴，承秦灭学之后，景武之世，董仲舒治公羊春秋，始推阴阳，为儒者宗。（汉书五行志上）

董仲舒是西汉今文学家中最重要的代表人物。他对西汉中叶以后盛起的今文学诸流派有极大的影响。四库提要，易纬下：

> 如伏生尚书大传、董仲舒春秋阴阳，核其文体，即是纬书，特以显有主名，故不能托诸孔子。

实际上纬书中还是吸收了不少“显有主名”的思想资料。尚书大传、公羊传都是很好的例子，春秋繁露也不例外。铃木由次郎先生在汉易研究一书中，列了一个春秋繁露与纬书的对照表，举出了十八例。本文想在这十八例之外，再作若干补充。

春秋繁露	纬书
春秋分十二世以为三等：有见，有闻，有传闻。有见三世，有闻四世，有传闻五世。故哀定昭，君子之所见也。襄成文宣，君子之所闻也。僖闵庄桓隐，君子之所传闻也（楚庄王）	昭定哀为见之世，文宣成襄为所闻之世，僖闵庄桓隐为所传闻之世（春秋演孔图）
于所见微其辞，于所闻痛其祸，于传闻杀其恩……屈伸之志，详略之文皆应之（同）	子夏六十四人，共撰仲尼微言（论语谶） 春秋设七等之文，以贬绝录行，应斗屈伸（春秋运斗枢）
春秋之于世事也，善复古，讥易常……今所谓新王必改制者，非改其道，非变其理……若夫大纲、人伦、道理、政治、教化、习俗、文义尽如故，亦何改哉？故王者有改制之名，无易道之实（同）	变易也者，其气也。天地不变，不能通气，五行迭终，四时更废……纣行酷虐，天地反……不易也者。其位也。天在上，地在下，君南面，臣北面，父坐子伏，此其不易也（易乾凿度）
（新王）受命于天，易姓更王，非继前王而王也……故必徙居处，更称号，改正朔（同）	王者受命，昭然明于天地之理，故必移居处，更称号，改正朔，易服色，以明天命（春秋元命包）
王者不虚作乐。乐者盈于内而动发于外者也。应其治时，制礼作乐以成之。……是故作乐者，必反天下之所始乐于已为本。舜时，民乐其绍尧之业也，故韶。韶者，昭也。禹之时，民乐其三圣相继，故夏。夏者，大也。汤之时，民乐其救之于患害也，故頀。頀者，救也。文王之时，民乐其兴师征伐也，故武。武者，伐也。四者天下同乐之一也，其所同乐之端不可一也（同）	王者不空作乐。乐者和盈于内，动发于外。应其发时，制礼作乐以成之。是故作乐者，必反天下之始乐于已为本。舜时，民乐其绍尧业，故韶者绍也。禹之时，民大乐其骈三圣相继，故夏者大也。汤之时，民大乐其救于患苦，故濩者救也。文王之时，民乐其兴师征伐，故武者伐也。四者天下所同乐一也，其所同乐之端不可一也（春秋元命包） 尧乐曰大章，舜乐曰箫韶，禹曰大夏，武曰大武……殷曰大濩（乐动声仪）

续表

春秋繁露	纬书
春秋之法，以人随君，以君随天（玉杯）	帝者承天立府，以尊天重象（尚书帝验） 圣王法承天，以法授事焉（乐叶图征） 接上称天子，明以爵事天。接下称帝王，明以号令臣下（孝经钩命决）
春秋论十二世之事，人道浃而王道备（同）	孔子曰，邱作春秋，始于元，终于麟，王道成（春秋元命包）
春秋无通辞，从变而移（竹林）	春秋无达辞（诗汎历枢）
为仁者自然而美（同）	仁者有恻隐之心，本生于木 仁生于木，故恻隐出于自然也（乐稽耀嘉）
春秋之序辞也，置王于春正之间，非曰上奉天施而下正人，然后可以为王也云尔？（同）	王不上奉天文以立号，则道术无原。故先陈春，后言王……诸侯不上奉王之正，则不得即位，正不由王出，不得为正（春秋元命包）
五帝三皇之治天下……天为之下甘露，朱草生，醴泉出，风雨时，嘉禾兴，凤凰麒麟游于郊（王道）	王者上感皇天则鸾凤至……德下沦于地则嘉禾兴……醴泉出……朱草生……麒麟臻其囿（春秋感精符） 尧时嘉禾七茎（诗含神雾） 王者德至于天，则甘露降（孝经援神契）
王正则，……景星见，黄龙下（同）	王者……得天心，则景星见（礼稽命征） 王者德至深泉，则黄龙见（孝经援神契）
封于泰山，禅于粱父（同）	封于太山，考绩柴燎，禅于梁甫，刻石纪号（礼纬）
立明堂，宗祀先帝，以祖配天（同）	郊祀后稷以配天，配灵威仰也，宗祀文王于明堂，配上帝（孝经援神契）
天子微弱，诸侯力政……臣下僭上，不能禁止，日为之食（同）	及其食也，君弱臣强，故天垂象以见征（诗推度灾） 日蚀有三法，一曰妃党恣，邪臣任侧……二曰偏任权柄，大臣擅法……三曰宗党犯命，威权害国（春秋感精符）
风霜不杀草，李梅实（同）	僖公即位，殒霜不杀草，梅李实。不杀草者，臣威强。梅李大树，比草为贵，是君不能伐也（春秋考异邮） 诛罚不行，则冬霜不杀草（春秋感精符）
彗星见于东方，孛于大辰……以此见悖乱之征……王室乱，不能及外，分为东西周（同）	星孛东方，将军谋王。星孛贼起守大辰……三王争周以分（春秋运斗枢） 孛星贼起，光入大辰者……西（“西”当作“两”，原稿误）王并立，周分之异也（春秋感精符）

续表

春秋繁露	纬书
王者民之所往，君者不失其群者也。故能使万民往之，而得天下之群者，无敌于天下（灭国） 君者群也（深察名号）	天下归往，人人乐生（孝经援神契） 明王独见，四海归往（春秋元命包） 君者群也，理物为雄，优劣相次，以期兴（孝经钩命决）
强干弱枝以明大小之职（盟会要） 强干弱枝，大本小末，则君臣之分明矣（十指）	强干弱流，天之道 宋均曰，流犹枝也（春秋汉含孳）
剑之在左，青龙之象也。刀之在右，白虎之象也。钩之在前，赤乌之象也。冠之在首，玄武之象也（服制象）	古者剑在左，刀在右，钩在前（诗汎历枢）
是故春秋之道，以元之深正天之端，以天之端正王之政，以王之政正诸侯之位，王者俱正而化大化（二端）	春秋以元之深，正天之端，正王者之正……诸侯不上奉王之正，则不得即位（春秋元命包）
省天谴而畏天威（同） 孔子曰，君子有三畏，畏天命，畏大人，畏圣人之言……不畏敬天，其殃来自闇（郊语）	天之与人，昭昭著明，甚可畏也（春秋纬）
三正以黑统初……斗建寅……物见萌达，其色黑……正白统者……斗建丑……物始芽，其色白……正赤统者……斗建子……物始动，其色赤（三代改制质文）	三皇三正……禹建寅，宗伏羲，商建丑，宗神农，周建子，宗黄帝。周以至动，殷以萌，夏以牙（礼稽命征） 十一月建子……周正，服色尚赤，象物萌色赤也。十二月建丑……殷正，服色尚白，象物牙色白。正月建寅……夏正，服色尚黑，象物生色黑也。此三正律者，亦以五德相承（春秋元命包）
春秋应天作新王之事，时正黑统，王鲁……绌夏，亲周，故宋（同）	先鲁后殷，新周故宋（乐动声仪）
王者之法，必正号，绌王谓之帝，封其后以小国，使奉祀之。下存二王之后以大国，使服其服，行其礼乐，称客而朝（同）	天子……不臣二王之后者，为观其法度，故尊其子孙也（孝经钩命决）
德侔天地者称皇帝（同）	德象天地为帝（乐稽耀嘉）
天佑而子之，号称天子，故圣王生则称天子（同） 故德侔天地者，皇天右而子之，号称天子（顺命）	天子至尊也，神精与天地递，血气含五帝精，天爱之子之也（春秋保乾图）
周爵五等，春秋三等（三代改制质文）	周五等爵，法五精。质家爵三等者，法天之有三光也。文家爵五等者，法地之有五行也（春秋元命包） 殷爵三等，周爵五等，各有宜也（礼含文嘉）

续表

春秋繁露	纬书
封泰山之上，禅梁甫之下，易姓而王，德如尧舜者七十二人（尧舜不擅移汤武不专杀）	王者封太山，禅梁父，易姓奉度，继兴崇功者，七十二家（河图稽耀钩）
传曰，氏不若人，人不若名，名不若字，凡四等，命曰附庸……公侯百里，伯七十里，子男五十里，附庸字者方三十里，名者方二十里，人氏者方十五里（爵国）	王者封国，上应列宿之位。其余小国不中星辰者，以为附庸。庸者通也，官小德微，附于大国，以名通（春秋元命包）
方里而一井，一井而九百亩而立口，方里八家，[一家] 百亩（同）	九夫为井，八家共治公田。八十亩已外二十亩，以为八家井灶庐舍 方里而井，是九夫八家共之，各受私田百亩公田十亩，是为八百八十亩。余二十亩为庐（乐稽耀嘉）
所以治人与我者，仁与义也……仁之为言人也（仁义法）	人者仁也，以心合也。易曰，立人之道，曰仁与义（春秋说题辞） 为仁以人，其立字，二人为仁（春秋元命包）
仁者所以爱人类也……仁者恻怛爱人（必仁且智）	仁者情志，好生爱人（春秋元命包） 仁者有侧（“侧”当作“恻”，原稿误）隐之心（乐稽耀嘉）
天地之物有不常之变者谓之异，小者谓之灾。灾常先至而异乃随之（同）	灾之为言伤也，随事而诛。异之为言怪也，谓先发感动之也（春秋潜潭巴）
凡灾异之本，尽生于国家之失。国家之失乃始萌芽，而天出灾异以谴告之（同）	行有玷缺，气逆于天，情感变出以戒人也（孝经援神契）
圣人事明义以炤耀其所闇，故民不陷。诗云，示我显德行，此之谓也（身之养重于义）	圣人事明义以炤耀其所闇，故民不陷。诗云，示我显德行（诗汎历枢）
受命之君，天意之所予也。故号为天子者，宜事天如父，事天以孝道也（深察名号） 天子号天之子也。天子不可不祭天也，无异人之不可不食父。为人子而不事父者，天下莫能以为可，今为天之子而不事天，何以异是？（郊祭）	天子者……父天母地，以养万民，至尊之号也（易乾凿度） 人主日月同明，四时合信，故父天母地，兄日姊月（春秋感精符）
性者质也（深察名号）	性者人之质（孝经援神契） 性者生之质（孝经纬）
天地之所生，谓之性情……情亦性也……身之有性情也，若天之有阴阳也（同）	情生于阴，欲以时念也。性生于阳，以就理也。阳气者仁，阴气者贪，故情有利欲。性有仁也（孝经钩命决）
循三纲五纪（同）	大角为天栋，正纪纲（诗汎历枢） 君为臣纲，父为子纲，夫为妻纲（礼含文嘉）

续表

春秋繁露	纬书
米出于粟，而粟不可谓米（实性）	粟五变以阳化生为苗，秀为禾，三变而发，谓之粟，四变入臼，米出甲，五变而蒸饭可食（春秋说题辞）
以麻为布……麻之性未能为缕也（同）	麻可以为衣，阳成于三，物以化，故麻三变，缕布加也（同）
木生火，火生土，土生金，金生水。水为冬，金为秋，土为季夏，火为夏，木为春（五行对）	金生水……仲秋，木生火……仲春。 阳吐阴化，故水生木也（春秋元命包）
春主生，夏主长，季夏主养，秋主收，冬主藏（同）	土……含吐气精，以生万物。金之为言禁也，当秋之时，万物收，禁而止也。 水之为言毁也，毁尽则更生。 冬之为言终也，言万物终成也。水至是而坚冰（春秋元命包） 冬无使物不藏，毋害水道（尚书考灵曜）
若酸咸辛苦之不因甘肥不能成味也，甘者五味之本也（五行之义）	五味非甘不和（乐稽耀嘉）
人亦十月而生，合于天数也（阳尊阴卑）	人十月而生（春秋元命包）
阴阳之会，一岁再遇于南方者，以中夏，遇于北方者，以中冬（天辨人在）	阴阳之会，一岁再遇，遇于南方者，以中夏，遇于北方者，以中冬（诗汎历枢）
[不] 当阳者臣子也，当阳者君父是也。故人主南面，以阳为位也（同）	王者南面而坐（尚书考灵曜）
君臣父子夫妇之义，皆与诸阴阳之道。君为阳，臣为阴。父为阳，子为阴。夫为阳，妻为阴（基义）	水火交感阴阳，以设夫妇象也。 妻象太阴，臣法金位。 注曰，金阴中之刚（春秋汉含孳）
王道之三纲，可求于天（同）	三纲之义，日为君，月为臣也（春秋感精符）
体有空窍理脉，川谷之象也（人副天数）	窍为之候何？窍能泻水，亦能流濡（乐动声仪）
鼻口呼吸，象风气也（同）	鼻为之候何？鼻出入气……能出纳气也（同）
鸡至几明皆鸣而相薄（同类相动）	鸡为积阳，南方之象……故阳出鸡鸣，以类感也（春秋说题辞）
文王受天命而王天下，先郊乃敢行事，而兴师伐崇。其诗曰……济济辟王，左右趋之，济济辟王，左右奉璋……此郊辞也（郊祭）	王者受命，必先祭天，乃行王事。诗曰，济济辟王，左右奉璋。此文王之郊也（诗汎历枢）
阴阳二气之初蒸也，若有若无，若实若虚。团攒聚合，其体稍重，乘虚而坠。风多则合速，故雨大而疏。风少则合迟，故雨细而密（御览引繁露佚文，凌曙注引）	阴阳聚为云……和为雨（春秋元命包）

案：本表所引繁露，据凌曙春秋繁露注本。

附：

汉书董仲舒传及五行志等所引董仲舒说	纬书
臣闻命者天之令也，性者生之质也，情者人之欲也（本传）	命者天之令也，所受于帝（春秋元命包） 性者生之质（孝经纬） 情有利欲（孝经钩命决） 情者既有知，故有喜怒哀乐好恶（孝经纬）
册曰，三王之教所祖不同，而皆有失。……臣闻……道者万世亡弊，弊者道之失也。先王之道必有偏而不起之处，……举其偏者以补其弊而已矣。……夏上忠，殷上敬，周上文者，所继之捄，当用此也（师古曰，继谓所受先代之次，救谓救其弊也）（本传）	三王有失，故立三教以相变。夏人之立教以忠，其失野，故救野莫如敬。殷人之立教以敬，其失鬼，故救鬼莫如文。周人之立教以文，其失荡，故救荡莫如忠。如此循环，周而复始，穷则相承（春秋元命包）
乐者，所以变民风，化民俗也（本传）	乐者移风易俗（乐动声仪）
孔子作春秋……见素王之文焉（本传）	立春秋，制素王，授当兴也（春秋演孔图） 子夏共撰仲尼征言，以当素王（论语崇爵谶）
桓公十四年八月壬申，御廪灾。董仲舒以为先是四国共伐鲁，大破之于龙门。百姓伤者未瘳，怨咎未复，而君臣俱惰，……故天灾御廪以戒之（五行志上）	强桀并侵，战兵雷合，龙门溺骏（春秋感精符） 龙门之战，民死伤者满河。 龙门之下血如江（春秋考异邮）
桓公元年秋大水，董仲舒、刘向以为桓弑兄隐公，民臣痛隐而贱桓（同）	桓公杀贤，吏民含痛，流涕叩心（春秋考异邮）
釐公十年冬……公羊经曰大雨雹。董仲舒以为公胁于齐桓公，立妾为夫人，不敢进群妾，故专一之象见诸雹（五行志中之下）	时僖公专乐齐女……阴精凝为灾异。 阴气之专精凝合生成雹……以妾为妻，大尊重，九五女之妃，阙而不御……房衽之内，欢欣之乐，专政夫人，施之而不博，阴精凝而见戒也（春秋考异邮） 专一精并气凝为雹（春秋汉含孳）
董仲舒曰，雩求雨之术，呼嗟之歌（周礼女巫疏引）	雩者呼嗟求雨之祭。雩呼吁嗟哭泣（春秋考异邮）

在纬书释经释义的内容中，也有一些源自左传、毛诗等古文经学。这一问题想留待以后作专文讨论。但古文经学对纬书的影响，比起今文经学来，就不可同日而语了。仅本文所列三个表中，尚书大传为四十八例，公羊传为三十三例，春秋繁露等为六十三例。目前本人对于这三部书以及纬书的理解、研究还是很不充分的。今后如能再作

进一步的分析对比，如能发现大传、繁露及纬书的新佚文，相信还能增补不少内容的。

此外，孟、焦、京易学，齐诗学，二戴礼学，大小夏侯、刘向尚书学，谷梁春秋学等对纬书的影响，也给人以深刻的印象。如果对这些资料作一全面整理，纬书中的政治思想、伦理思想、礼乐制度的源流就比较清楚了，三统、三正、天人、三纲、天谴灾异、符命祥瑞等重要观念的来源也比较清楚了。

本文的目的，是对有关资料作一番整理。至于应用这一成果，探讨纬书形成年代、形成过程，以及今文学者在纬书形成中的具体作用，分析纬书政治、哲学、伦理思想的理论体系，也只能留待日后了。

1982 年 8 月 20 日

于北京中国社会科学院历史研究所馨斋

（原载安居香山编《讖纬神学の综合的研究》，东京：国书刊行会，1984，页 397—426）

附录二　东汉碑刻与谶纬神学

一、谶纬是以阴阳灾异和天人感应为主干，以预占为特征的神学大杂烩

西汉社会是一个神学社会。在帝王的倡导下，战国以来流行于民间，带有浓厚的原始宗教气息的各种方术迷信，诸如神仙、巫蛊、下神、择日、禁忌、望气、卜相、鸡卜、杂祀、星占、符应，神君信仰（不在祀典的鬼神）等，在西汉社会的各个阶层广泛流行。《史记》、《汉书》以及近年出土的汉简中，对此有详尽的记载。直到昭宣之世，仍然“富者祈名岳，望山川，椎牛击鼓，……中者南居当路，水上云台，屠羊杀狗，鼓瑟吹笙。贫者鸡豕五芳，卫保散腊，倾盖社场”，“宽于行而求于鬼，怠于礼而笃于祭”，“街巷有巫，闾里有祝”。①

这种社会气氛对西汉学术有极大的影响。《汉书·艺文志》中的六略，是对战国、西汉学术思想的总结，反映了西汉学术思想的风尚。其中数术略的天文、历谱、蓍龟、杂占等190家、2528篇，方技略的36家、868篇是不必说了。就从记载当时正宗学术的六艺略来看，《易》家中的淮南、孟、京、梁丘，《书》家中的伏生、夏侯、欧阳、刘向、许商，《诗》家中的齐诗诸说，《礼》家中的明堂、阴阳、封禅，《春秋》家中的公羊诸说，神学色彩都极浓厚。其他如诸子略中的董仲舒、尸子、淮南及阴阳21家，兵略中的形势、阴阳诸家，

---

① 《盐铁论·散不足》。

情形也大致相同。

正是在这样的社会背景和学术空气下，西汉中叶的儒家学说完成了它神学化的准备。由伏生肇其端而由董仲舒集大成的儒家今文学，继承了思孟及战国阴阳家的神学思想，以阴阳五行、天人感应为理论基础，创立了新型的阴阳灾异天人感应神学体系。

这一神学体系虽然也吸收了一些民间咒术迷信，采用灾异、祥瑞、符命等传统的神学范畴，但它更加理论化、神秘化，同时又带有儒家学说所特有的强烈的伦理色彩。它承认“天”有意志，有目的地安排宇宙间的万事万物，但更多地强调阴阳是万物的本源，五行运转是历史发展的支配力量。平心而论，它绝不比当时汉武帝信奉的那一套方术神学更加荒诞。阴阳灾异天人感应神学的核心是“天谴灾异”论。董仲舒认为，“天”高于一切，包括君主。君主顺“天”行事，臣下应该效忠。君主逆天行事，上天将施以惩罚。君主修德，“天”报之以祥瑞；君主失德，天谴告以灾异。如顽固不化，就有亡国的危险。这种“谴告”论其实是一种精巧的“神道设教”。它以儒家的道德原则作为判断君主行为的准绳，威力无比的“天”则是这一准则的实力后盾。联系到董仲舒在“天人三策”中提出的兴学养士、更化政治等一系列主张，可以看到这种神学有着鲜明的政治色彩。

方士在整个西汉时代是极为活跃的。如果说文帝时的新垣平，武帝时的栾大、李少君之流主要目的还只是牟取个人富贵，那么以后的方士、巫祝就已逐渐利用他们在民间的影响，在政治上兴风作浪了。占术是中国传统巫术的重要内容，源远流长，在西汉极其兴盛。图谶则是占术的一种。它不同于龟卜、蓍筮、鸡卜、卦气等，形式简便，传播极易，几句简短的预言，数日之内可流传海内。秦汉之际，这种谶言就曾起过极大的政治作用。这种“谶言”的结集，当不会晚于西汉中叶。贾谊《鹏鸟赋》：“发书占之，谶言其度。”[①]《淮南子·说山》：“六畜生多耳目者不祥，谶书著之。”这都说明当时已有成形的谶书。武帝时“齐房产草，九茎连叶，宫童效异，披图案牒”[②]，则

① 《汉书》卷48《贾谊传》。

② 《汉书》卷22《礼乐志》。

西汉中叶也已有专记“祥瑞”的图谱。

昭帝元凤三年，有大石自立、枯木复生之异，于是有“公孙病已立”的谶言，这大约就是方士们玩的把戏。成帝时齐人甘忠可造“赤精子谶”[①]，新莽时卜者王况鼓动李焉反新，作谶书达“十余万言”[②]。这些事实证明方士巫祝在西汉中叶以后纷纷造“谶”以迎合社会舆论，掀动政治风浪，从中牟取私利。

董仲舒创立的新神学，强调人以行为感“天”。上天降灾降瑞，都是“后发制人”的。他并不强调预占。但图谶信仰的兴盛和作用，引起今文学者们的重视，眭弘、夏侯胜首先在政治斗争中运用这一武器。以后的大儒如刘向、谷永、翼奉、京房等纷纷效法，并把儒学中阴阳五行说的预占因素加以发展，又利用了传统的天文占等方法，使他们的语言更富于理论性、神秘性。今文经学的各个分支，如公羊《春秋》学，京、孟、梁丘《易》学，欧阳、大小夏侯《尚书》学，翼奉《齐诗》学等，都发展成为有体系的神学分支。它们都以阴阳五行、天人感应为基础，以“天谴灾异说”为核心，并吸收民间信仰，逐步向预占化发展。到哀、平时期，预占化了的儒家今文“神学”，社会上的图谶、杂占、天文占信仰，受到王莽大力提倡的“符命”说等的影响，逐渐合流，产生了统治西汉末直至东汉末社会意识形态领域的谶纬神学。

谶纬神学中包含有许多今文经说和儒学的礼乐制度。所以樊倏“以谶记正五经异说”[③]，杨著“穷七道之奥，……定经东观，顺玄丘之指”（《杨著碑》）；张纯“案七经谶”定辟雍制度[④]，曹褒“杂以五经谶记之文”，撰定礼制[⑤]；曹充提议依照谶纬为乐官更名[⑥]。

谶纬中包含了大量天文历算方面的内容。安居香山、中村璋八所编《纬书集成》，收录七经纬、《河图》、《洛书》佚文 6699 条（不包

① 《汉书》卷 75《李寻传》。
② 《汉书》卷 99《王莽传》下。
③ 《后汉书集解》卷 32《樊倏传》。
④ 《后汉书集解》卷 35《张纯传》。
⑤ 《后汉书集解》《曹褒传》。
⑥ 《后汉书集解》《曹褒传》。

括《易纬》八种)，其中有关天文学、宇宙观、历法、天文占内容的就有4040条，占60.3%。《春秋元命包》中关于“浑天”理论的思想；以月自无光，借日照乃明来解释月之“盈亏”的思想；《尚书考灵曜》中有关“地恒动不止”的思想，都代表了当时天文学的杰出成就。出现这种情况并不是偶然的。天文历算历来就是我国古代文化的重要组成部分，汉代儒生和方士中不少人都能掌握。古代的天文学，照例伴随以占星术，古人并不认为有什么不对。《史记·天官书》中，就有许多星占内容。天文占在西汉早就流行，它的预占形式也符合谶纬神学的需要。谶纬在形成过程中，不仅吸取了现成的天文占资料，大约也得到当时精通天文学的儒生、方士的协助，所以表现出如此鲜明的天文学特色。东汉精通谶纬的学者，不少是兼通天文历算的，例如苏竟、马融、郑玄、崔瑗、郗萌、黄香、任文孙、樊英、杜琼等。大科学家张衡以反对图谶著称。但他的天文学名著《灵宪》中关于宇宙生成、天体运行的理论以及天人感应的星占理论，也受到谶纬的影响①。

谶纬神学中还包含了地理、医学、农学、数学、民间信仰等多方面的内容，是一个名副其实的“大杂烩”。但它的主干，无疑是儒家今文学的阴阳五行天人感应体系。《四库提要·古微书下》：“即吕不韦《十二月纪》称某令失则某灾至，伏生《洪范五行传》称某事失则某征见，皆谶纬之说也。《汉书·儒林传》称孟喜得易家候阴阳灾变书，尤其明证。”《四库提要·易纬下》：“如伏生《尚书大传》，董仲舒《春秋阴阳》，核其文体，即是纬书。特以显有主名，故不能托诸孔子。”这种说法失之偏颇。纬书的奇怪书名、体例，不类西汉前期文献，许多文书的文字鄙俚，也未必出自大儒之手。但谶纬与西汉今文学的渊源关系，确是毋庸置疑的。《谯敏碑》说：“其先故国师谯赣，深明典奥，谶录图纬，能精微天意，传道与京君。”则东汉人也把谯氏、京氏《易》学与谶纬看做一回事。

谶纬神学虽然对当时的多种学术、思想兼收并蓄，却又具有鲜明

① 见《续汉志集解》卷10《天文志》上注。参见安居香山、中村璋八著《纬书的基础研究》第一篇第五章第五节“灵宪的生成论与纬书思想的关系”。

的个性。它对各种思想资料进行适合自己需要的神学化处理，创造了对社会、自然、政治、历史及其互相关系的一系列神学观念，构成了一个芜杂然而独特、完备的神学体系，并向当时各个学术、思想领域渗透，给东汉思想打下了鲜明的印记，致使谶纬成为东汉思想的主要特征。不理解谶纬的神学思想体系，就难以把握东汉思想和东汉社会。

古文经学是一个后起的学术流派。它的学风较平实，不重"通经致用"而讲求文字训诂、史事考证、对古籍的整理、研究颇具贡献。但东汉古文学家贾逵①、陈元②、周磐③、郑玄、马融莫不通纬。任城武荣既通《左氏》、《国语》，又"广学甄微，靡不贯综"（《武荣碑》）。这就不能不影响东汉古文经学学风的纯正。郑玄注诸经，每每引谶纬之说。古文派的健将许慎的名著《说文解字》中，也掺入一些鄙俗不堪的谶纬思想。

在宗教方面，日本学者平秀道所著的《纬书思想和佛教经典》④和安居香山所著的《汉魏六朝时代的图谶与佛教》⑤，都论证了谶纬神学对中国早期佛教的影响。东汉后期，道教有较大的社会影响。桓帝崇尚黄老，民间则有所谓"太平道"、"五斗米道"。道教受谶纬影响极深，学界前辈多已指出。即以汉碑为例，《老子铭》称道教祖师老子"观天作谶，□降斗星，随日九变，与时消息，规矩三光，四灵在旁"。谶纬的影响是显而易见的。

谶纬神学在章帝建初四年的"白虎会议"上取得了最辉煌的胜利。丁鸿、成封、桓郁、楼望、贾逵、李育、鲁恭、班固等今古文大师都出席了这次会议。会议的目的是对东汉的政治思想、学术思想加以调整和统一。由班固执笔、代表会议成果的《白虎通义》，"百分之九十的内容出于谶纬"⑥。谶纬对于东汉学术、思想界的渗透达到何

---

① 《后汉书集解》卷36《贾逵传》："上言左氏与图谶合者。"
② 《后汉书集解》卷79下《李育传》："前世陈元、范升之徒更相非折，而多引图谶。"
③ 《后汉书集解》卷39《周磐传》："学古文《尚书》《洪范五行》《左氏传》。"
④ 龙谷大学论集347号，1954年。
⑤ 《纬书的基础研究》第一篇第九章。
⑥ 《中国思想通史》第2卷，页229。

等程度，由此可以想见。关于谶纬与东汉各种学术、思想互相渗透的具体例证，可以在汉碑中找到不少。

二、汉碑与谶纬神学的密切关系

据沈曾植先生统计，《隶释》所收汉代碑碣为258种，《汉隶字源》所收汉碑共309种[①]。朱杰勤先生的《秦汉美术史》，统计见于诸家著录的汉碑为308种（其中重出1，误载2）[②]。我依据杨殿珣先生《石刻题跋索引》、清代诸家著录、民国以来及新中国成立以后的期刊著录及谢国桢先生《乐学斋秦汉魏晋金石目》（稿本），加以粗略统计，两汉碑刻（包括碑、碣、摩崖、墓志等）达455种之多[③]。其中，属西汉、新莽时期的仅15种，而带有东汉年号的即有247种之多，如按东汉诸帝排列，则：

光武3种，明帝2种，章帝4种，和帝10种，安帝18种，顺帝18种，质帝1种，桓帝64种，灵帝116种，献帝11种。

由此可见，东汉碑刻从和帝以后增多，桓灵时期尤盛。至于另外193种无年号碑，除去已佚或残缺不可卒读的以外，大多亦属于东汉中叶至末叶的作品。因此可以认为，东汉碑刻中主要反映了东汉中叶至末叶尤其是桓灵时期统治阶级的流行思想，东汉碑刻是研究东汉中后期社会思想的珍贵材料。

附有年号的东汉碑刻加上大多可视为东汉作品的无年号碑，虽有440种之多，但其中已佚的就有77种。另有99种残泐已甚、难窥全貌，92种为字数极少或无具体内容的石阙、题名、神道碑，很难作为思想史的研究资料。这样，就只剩下了173种。这些碑刻或因原石保存较完整，或因前人著录较完备，字数较多，内容丰富，引起了历代学者的浓厚兴趣。其中有些学者，注意到东汉盛行的谶纬神学对碑刻内容的显著影响。

如北宋的著名史学家欧阳修跋《史晨碑》："又云'孔子乾坤所

---

① 见《海日楼札丛》卷8。

② 见朱剑心《金石学》。

③ 由于石刻的收集、编目、著录尚不完善，这一统计仍是很不完全的，而且也未能将重出、伪刻者尽数剔出，只能留待日后补充。

挺，西狩获麟，为汉制作，故《孝经援神契》曰“玄丘制命帝卯行”，又《尚书考灵曜》曰“丘生仓际，触期稽度为赤制”'，谶纬不经，不待论而可知。甚矣！汉儒之狭陋也。”[①]南宋著名金石学家洪适跋《史晨碑》时也说：“汉末专尚谶纬，乃以钩《河》摘《洛》而颂尼父，鄙哉！”[②]并指出《韩勑碑》“杂用谶纬，不可尽通”[③]。

明、清的金石学家们进一步把这类现象与东汉后期的社会背景联系起来，分析了汉碑受谶纬影响的社会原因。如都穆跋《韩勑碑》：“东汉自光武以《赤伏符》即位，笃好图谶，臣下则而效之，流弊浸广。至汉末而其说尤炽，见之金石者，不特此碑然也。”[④]陈奕禧跋《史晨碑》：“引用谶纬荒诞之语以赞述孔子，傅会其文，可见桓灵时其学犹传习不衰。”[⑤]吴玉搢在谈到《史晨碑》所载获麟、端门血书之类的“神话”时也说：“当时盖有此说，皆纬书所载，汉人一时传习，往往见诸文字。”[⑥]

谶纬神学对东汉碑刻的显著影响，不仅表现为大量的荒诞语汇、无稽神化被引用，而且表现在引用谶纬的汉碑数量很大。用见闻广博的清代著名金石学家王昶的话来说，“汉时碑刻多用谶纬成文”[⑦]。清末经学家皮锡瑞所撰《汉碑引纬考》，列举了19种汉碑[⑧]，对其中明显受到谶纬影响的文句，依据今存纬书一一加以考证。

1960年，日本学者中村璋八发表《汉碑中所见的纬书说》[⑨]，在皮氏研究的基础上，又补充了受谶纬影响及包含“通纬”内容的汉碑共22种。[⑩]

---

① 《隶释》卷20引《集古录》。

② 均见《隶释》卷1。

③ 均见《隶释》卷1。

④ 《金石粹编》卷9引《金薤琳琅》。

⑤ 《金石粹编》卷13引《金石遗文录》。

⑥ 《金石粹编》卷13《史晨碑》跋引《金石存》。

⑦ 《金石粹编》卷9《韩勑碑》跋。

⑧ 皮氏所举尚有《魏封孔羡碑》，因已不属东汉，故略去。

⑨ 此文已收入安居香山、中村璋八合著《纬书的基础研究》一书。据此文所述，内野熊一郎所著《汉碑汉简的资料性》中也曾论述这一问题，但迄今未能读到过。

⑩ 中村氏所举，也有《魏封孔羡碑》，以不属汉碑，未计入。又《山阳瑞象碑》及碑阴作两种计，现计为一种。

实际上这一统计仍不完整。从已知的173种内容保存较完整的汉碑来看，包含谶纬影响及“通纬”内容的汉碑，还可以举出45种[①]。加上皮氏、中村氏所引的41种，共可达86种。而且这一统计仍然是不完整的。东汉碑刻中内容涉及谶纬的数量竟如此之大，谶纬神学在东汉中后期社会中流行的盛况，于此可见一斑。

三、汉碑中对孔子的神化与谶纬神学的孔子观

（一）素王说

“素王”一词，始见于《庄子外篇·天道》，是对有道而无爵之人的泛指。把孔子与素王连在一起，是西汉今文学的发明。

董仲舒说：“孔子作《春秋》，先正王而系万事，见素王之文焉。”[②]他并没有直接称孔子为素王，而是把孔子所作的《春秋》，看做是素王的事业，因为它阐述了后世君主所应遵循的制度、治道。以后司马迁说：“孔子知言之不用，道之不行，……贬天子，退诸侯，讨大夫，以达王事而已”[③]，壶遂说“孔子……垂空文以断礼义，当一王之法”[④]，《盐铁论·相刺》说“孔子……七十说而不用，然后退而修王道，作《春秋》，垂之万载之后”，都是说的这个意思。

谶纬沿袭了这一说法。《春秋演孔图》：“麟出周亡，故立《春秋》，制素王，授当兴也。”[⑤]《论语崇爵谶》：“子夏共撰仲尼微言，以当素王。”[⑥]都以《春秋》及“仲尼微言”为素王之道。但《论语摘辅象》说：“仲尼为素王，颜渊为司徒，子路为司空，容光为司马，左丘明为素臣。”[⑦]孔子不仅成为“素王”，而且还有一群“素臣”共同组成朝廷。这是对西汉“素王”说的革新。据《论衡·超奇》：“孔子作《春秋》，以示王意。然则孔子之《春秋》，素王之业也；诸子之传

① 限于篇幅，不再列举这些碑刻的名称。

② 《汉书》卷56《董仲舒传》。

③ 《史记》卷130《太史公自序》。

④ 《史记》卷130《太史公自序》。

⑤ 《纬书集成》卷4上，页9。本文所引纬书，皆出自安居香山、中村璋八合编《纬书集成》（汉魏文化研究会）及《重修纬书集成》（明德出版社）。

⑥ 《重修纬书集成》卷5，页127。

⑦ 《重修纬书集成》卷5，页122。

书，素相之事也。”郑玄《六艺论》：“孔子既西狩获麟，自号素王，为后世受命之君，制明王之法。”这说明谶纬独特的“素王”“素臣”说在东汉是颇为流行的。但今存纬书中明确以孔子为素王的材料仅仅《摘铺象》这一条（《论语谶》中有《素王受命谶》一篇，亦当有这类内容，惜原文多佚），尚不足以证明谶纬已形成不同于西汉今文学的“孔子素王说”。

孔庙史晨，韩勑诸碑连篇累牍征引谶纬，尤其是对孔子的称颂，几乎全以谶纬成文，前人论之已详。《史晨碑》：“素王稽古，德亚皇代”，《韩勑后碑》：“孔圣素王，受象乾坤，……素王以下，至于兆生”，其说法显然也出于谶纬。它们都明确指孔子为素王。所以，我们可以肯定，“孔子素王说”确是谶纬孔子观的重要组成部分。

（二）孔子的神化

谶纬中的“素王”与西汉今文经学家说的“素王”在含义上有重要区别。它不仅仅是指空有王者之德而无机会施展政治抱负的现实生活中的孔子。在谶纬神学看来，孔子是生来就具有神性的，他具备成为受命帝王的主要神学条件。但由于他是黑帝之精裔，却生在周汉之际，“黑不代仓”，生不逢运，按五行相生的次序，不能成为帝王。这里所说的“素王”，不是一个伦理概念，而是一个神学概念。

对孔子的神化，西汉已经开始了。《史记·仲尼弟子列传》中，就有孔子能预知天象及预言商瞿有五子之命的记载。至于孔子“删述”的五经，也早已被今文经学家解释得神乎其神了。但比起谶纬对孔子的神化，西汉今文学家只能望洋兴叹了。

一曰“感生”。关于孔子的出生，纬书中有许多神话，《春秋演孔图》的这一段记载，是有代表性的：“孔子母颜氏徵在，游大泽之陂，睡梦黑帝使请。已往梦交，语曰：‘汝乳必于空桑之□。觉则若感，生丘于空桑。’”①这就使孔子具有可与任何“苍帝精”“赤帝子”抗衡的天生神力。

二曰“受命”。《春秋演孔图》：“孔子论经，有乌化为书。孔子奉以告天，赤爵集书上，化为黄玉，刻曰：‘孔提命，作应法，为赤

① 《纬书集成》卷4上，页5。

制。'”“得麟之后，天下血书鲁端门，曰：‘趋作法，孔圣没，周姬亡，慧东出，秦政起，胡破术，书纪散，孔不绝。’子夏明日往视之，血书飞为赤乌，化为白书，署曰‘演孔图’。”①《春秋说题辞》、《尚书中候日角》、《孝经援神契》等篇也有这一套说法。

三曰“异貌”。这也是谶纬特有的神学观念之一。《春秋演孔图》：“孔子长八尺，海口尼首，方面，月角日准，河目龙颡，斗唇昌颜，均颐辅喉，龂齿龙形，龟脊虎掌……”②

四曰“预知”。如《春秋演孔图》叙述孔子所作关于秦始皇的谶言：“驱除名政，衣吾衣裳，坐吾曲床，滥长九州，灭六王，至于沙丘亡。”③

孔子的“神迹”，民间也早有流传。但对孔子作如此系统的神化，并载之文献，当以谶纬为“首功”。这种“神迹”今天看来是如此荒诞可笑，在当时却能够支配人们的意识，被奉为圣典。史晨、韩勑等在桓灵时身居鲁相，所撰诸碑或记载报送中央的章奏，或炫耀自己“崇圣”的功绩，本非市井俚语，却通篇充斥着这一类“神话”：

> 《史晨碑》：“孔子乾坤所挺，西狩获麟。……昔在仲尼，汁光之精，大帝所挺，颜母毓灵。承敝遭衰，黑不代仓。……获麟趣作，端门见征，血书著纪，黄玉响应。……钩《河》摘《洛》，却揆未然。”
>
> 《韩勑碑》：“秦项作乱，不尊图书，倍道畔德，离败圣舆食粮，亡于沙丘。……皇戏统华胥，承天画卦，颜育空桑，孔制元孝。俱祖紫宫，太一所授。前闿九头，以什言教，后制百王，获麟来吐。制不空制，承天之语，乾元以来，三九之载，八皇三代，至孔乃备。圣人不世，期五百载，三阳吐图，二阴出谶。”
>
> 《韩勑后碑》：“孔圣素王，受象乾坤。生于周冲，匡政天

① 《纬书集成》卷4上，页7。
② 《纬书集成》卷4上，页5。
③ 《纬书集成》卷4上，页14。

文。德参燿□，作应星神。稽易制孝，升出大人，证符洞虚，论要道根。赤书黄字，蜚于仓天，北落复下，大帝閶门。龙□□□，精历星官，雷动玄紫，声隐□震。春秋既成，效以获麟。"

除了"异貌"，孔子的其他几种"神迹"都出现在汉碑中了。这说明谶纬神学的孔子观已深入地渗透到当时统治集团的意识之中。

（三）玄丘制命帝卯行

谶纬所创造的神化的孔子，正是一个"通天教主"的形象。孔子虽然只是"素王"，但他的"神迹"可与任何一位"真命天子"匹敌，加上一批"素臣"，就构成了足以抗衡世俗政权的神权系统。

谶纬神学认为："圣人不空生，生必有所制。"[①]孔子既然未逢其运，黑帝为什么要急急忙忙让他降生呢？原来他别有历史使命。《春秋演孔图》："丘揽史记，援引古图，推集天变，为汉帝制法，陈叙图录。"[②]《后汉书·苏竟传》："孔丘秘经，为汉赤制。"《乙瑛碑》："孔子作《春秋》，制《孝经》，删述五经，演《易》系辞，……为汉制作。"《史晨碑》："《尚书考灵曜》曰：'丘生仓际，触期稽度为赤制。'……主为汉制，……删定六艺，……钩《河》摘《洛》。"《韩勑后碑》："《河》《洛》摘灵，……为汉制作。"原来孔子的历史使命是以"素王"的身份，删定六经，摘取《河》《洛》图录，制定"秘经"，为汉代统治者制定制度、法规。

"秘经"是什么？就是纬书。东汉的纬书，当然不是孔子作的。但是《史记·天官书》说："孔子论六经，纪异而说不书。至天道命，不传；传其人，不待告；告非其人，虽言不著。"则汉儒本认为孔子在六经之外，还有一套"虽言不著"、不轻传人的奥秘学问。谶纬说兴，由于本来与今文经学有渊源关系，也为了拉大旗作虎皮，奉孔子为纬书的作者，这在当时的形势下也是可以理解的。虽然有尹敏[③]、孔僖[④]等人

---

① 《孝经援神契》，《重修纬书集成》卷5，页31。

② 《纬书集成》卷4上，页8。

③ 《后汉书集解》卷79上《尹敏传》。

④ 见刘汝霖《汉晋学术编年》章帝元和二年。

的揭发，至东汉末年，仍然“世称纬书仲尼之作也”[①]。谶纬或称“内学”，多言神鬼怪诞天意等神秘莫测的玩意，故称“秘”。既是孔子所作，也可称“经”。“秘经”说其实是为纬书争正统地位。至东汉中后期，纬不仅俪经，甚而凌驾于六经之上，所以汉碑中也不再使用“秘经”这一概念了。

《河》《洛》图录，本来就在谶纬的范围之内。至于六经，在东汉也早已被充斥谶纬的“经说”淹没了。按照谶纬神学的观点来看，孔子作为教主，直接受命于“紫宫太一”，“承天之语”，“后制百王”，他所制定的“道”，“乾元以来，三九之载，八皇三代，至孔乃备”，至高无上，“百王不改”（见《韩勅碑》）。孔子的地位，当然不亚于当代的君王。孔子所制定的“道”，就是谶纬。《史晨碑》引《孝经援神契》：“玄丘制命帝卯行”，就是要东汉的最高统治者按谶纬神学的观念来治理天下。这些思想能在汉碑中堂而皇之地出现，不正说明“玄丘制命帝卯行”的政治局面在某种程度上已经实现了吗？

四、汉碑中的感生，异貌，符命观念与谶纬神学的君权神授理论

自殷周以来，君权神授始终是中国人的重要神学观念之一。西汉末叶社会上浓厚的宗教迷信气氛，促使王莽、刘秀、公孙述等竞相标榜自己在君权神授方面的合法性。产生于这种社会风尚、政治背景之下的谶纬神学，吸取了社会上流传有绪的感生、符命等神学观念，按照阴阳五行、天人感应的神学理论，组织成荒诞而又富有吸引力的君权神授理论。它的主要内容，包括感生帝、特异风貌、符命。

（一）感生帝

“感生”观念，渊源很古。据说许多原始民族都流传过这种说法。我国周族的始祖后稷是由姜嫄感巨人足迹而生的，商族和秦族的始祖则由母亲吞鸟卵而生，共同点是都没有生父[②]。其他少数民族，如“哀牢夷者，其先有妇人名沙壹，居于牢山。尝捕鱼水中，触沈木

① 《申鉴·俗嫌》。
② 参见《诗·大雅·生民》及《商颂·玄鸟》，《史记》殷、周、秦本纪。

若有感，因怀妊，十月，产子男十人。后沈木化为龙，出水上。……种人皆刻画其身，象龙文，衣皆著尾”[①]；“越之前君无余者，夏禹之未封也。禹父……娶于有莘氏之女，曰女嬉，年壮未孳。嬉于砥山，得薏苡而吞之，意若为人所感，因而妊孕，剖肋而产高密”[②]。

孙作云先生对这种“感生”说法的解释是：“原始人不知道生育子女是由于男女交合而来，他们只是推测他们的女老祖宗，因为某一机会，受了某一种动物或什么东西的感应，因此便生下了子女。这种感应她的东西（物），就叫做图腾。”[③]“感生”传说多应用于各氏族的男性始祖。从这一点来看，它很可能是原始氏族制由母系向父系过渡时期婚姻形式的变化，在原始宗教上的折射反映。母系氏族制时子不知父，妻不知夫。当转化为父系氏族制度时，需要确定一个男性始祖，他的出身便只能用女性始祖与氏族保护神——图腾或其他神物的结合来解释了。社会进化以后，这种传说仍被保存下来，并被赋予新的神学意义，应用于后世的帝王、圣贤。例如《史记·高祖本纪》载：“刘媪尝息大泽之陂，梦与神遇。是时雷电晦冥，太公往视，则蛟龙于其上。已而有身，遂产高祖。”当时齐、鲁、韩《诗》，公羊《春秋》，都宣扬这一套，以致汉人产生出“圣人皆无父，感天而生”的观念[④]。

汉碑中也有“感生”观念的影响。如《史晨碑》说孔子是“汁光之精，大帝所挺。……黑不代仓”。汁光即汁光纪，纬书中黑帝的名字。《帝尧碑》：“庆都与赤龙交而生尧。”《成阳灵台碑》：“庆都……游观河滨，感赤龙交，始生尧。……汉感赤龙，尧之苗胄。”《刘熊碑》：“厥祖天皇大帝垂精接感，笃生圣明。”《唐扶碑》：“其先出自庆都感赤龙生尧。”

值得主意的是，汉碑中的“感生”观念与《史记》中的“感生”观念并不完全一致。一是强调“赤”、“黑”（所以《史记》仅说“蛟龙”，汉碑中却说“汉感赤龙”），一是强调由“大帝”所生。这正是

---

① 《风俗通义校释》，页439。
② 《吴越春秋》卷6。
③ 《诗经与周代社会研究》，页2。
④ 见孙星衍《问字堂集》卷5引。

谶纬神学的印记。

谶纬对"感生"说的重大发展，就是将它与"五德相生"说相结合，构成独特的"感生帝"说。在纬书中，举凡圣人、帝王、无不感生。感生的方式，有履大人迹、神龙、云虎、仙人、电光，乃至见流星、大虹、白气而"意感"，"气感"，其想像力之丰富，原始人类确乎不能望其项背。受此影响，东汉的豪族、官僚也往往自称感 ××而生。但受命帝王的感生，却有严格条件。谶纬认为，天上的"太微宫，有五帝星座"①，王者之先祖"皆感太微五帝之精以生"②，"天子皆五帝精宝，各有题序，以次运相据起"③，于是按照五行相生的顺序形成"上帝五帝，在太微之中，迭生子孙，更王天下"④的循环局面。非由"大帝"所感，绝无受命的资格；非其次序，也不能"抢班夺权"。这种"神授"理论，不是很有特色吗?

（二）特异风貌

《仓颉庙碑》："仓颉天生德于大圣，四目灵光。"

《帝尧碑》："龙颜日角，眉□八采，……琦表射出，双握嘉文。"

这都是从纬书中征引的"特异风貌"。这也是帝王、圣人的神权标志之一。从纬书对三皇五帝、孔子、皋陶、伊尹等描写来看，高贵的"异貌"有这样几类。

"伏羲牛首，女娲蛇躯，皋陶鸟啄，孔子牛唇"⑤，"体为朱鸟"，"龟脊虎掌"等，以半人半兽或动物形象为贵。武梁祠、沂南等画像石中，有大量这种形象的天神、古帝画像。更早一些，《山海经》中有许多半人半兽的神怪，《史记·秦本纪》也说"大廉玄孙曰孟戏、中衍，鸟身人言"。这种观念很可能是原始的图腾崇拜以及从动物神

---

① 《春秋文耀钩》，《纬书集成》卷4上，页135。
② 《礼记·大传》郑玄注。
③ 《春秋文耀钩》，《纬书集成》卷4上，页135。
④ 《春秋公羊传·宣三年》何休注。
⑤ 《后汉书集解》卷53《周燮传》注。

向人格神过渡时期的原始宗教观念的遗留物。谶纬把它吸收进来，用以塑造传说中古代帝王的形象（也可能民间对这些古史人物本有这样的传说，被谶纬全盘引进）。

“四目”、“重瞳”、“三肘”、“四乳”、“三眸”、“大口”、“长十尺”，这些都是人体特殊或者畸形的特征。但当时也许并不目为“怪异”，反看做是圣人的“吉相”，所以硬往圣贤身上加。

“日角”、“隆准”、“琦表射出”、“双握嘉文”、“丰下兑上”，显然是当时相者看骨相、掌纹时用的术语。两汉相术极盛，谶纬吸收它的“成果”，是非常方便而且易为人们接受的。

史载，东汉的许多帝王、后妃都喜欢以“贵相”、“异貌”自诩。这种风气在当时社会上极为流行。《后汉书·周燮传》：“燮生而钦颐折頞，丑状骇人。其母欲弃之。其父不听，曰：‘吾闻圣贤多有异貌。兴我宗者，乃此儿也。’”东汉皇帝甚至不得不下“诏书令功臣家各自记功状，不得自增加以变时事。或自道形貌表相，无益事实，复口齿长一寸，龙颜虎口，奇毛异骨，形容极变，亦非诏书之所知也”[①]。社会风尚与谶纬的神学观念互相影响，互相渗透，结果产生出如此怪诞可憎的社会效果。

（三）符命

所谓“符命”，就是伴有符瑞的天命。《墨子·非攻下》所谓“赤乌衔珪，降周之岐社。曰，天命周文王，伐殷有国。……河出绿图，地出乘黄”，邹衍所谓“大螾大蝼”，草木“秋冬不杀”[②]，汉初所谓“五星聚于东井”[③]，都可证明“符命”观念在东周至西汉的流行。陈槃先生对此有专文论述[④]。

从《太誓》、《墨子》、《吕氏春秋》、《史记》的记载来看，早期的“符命”观念与物占，天文占有关，主要根据动物、气象、宝物、星象等的变化推测天意，与“祥瑞”、“灾异”本出同源。但自“白

---

① 《太平御览》卷363引《东观汉记》。

② 《吕氏春秋·应同》。

③ 《史记》卷27《天官书》。

④ 见《论早期谶纬及与邹衍书说之关系》（《历史语言研究所集刊》二十之一，1948年）及《秦汉间之所谓“符应”论略》（《历史语言研究所集刊》十六，1947年）。

鱼"、"赤乌"以后，"符命"成为专门启示新王将兴的"符瑞"，与一般的"祥瑞"逐渐划分开来。由于思孟学派和邹衍都极重视"符命"，如《中庸》鼓吹"国之将兴，必有祯祥"①，邹衍则认为"凡帝王之将兴也，天必见祥乎下民"②，并把"符应"作为标志"五德转移"的必要条件，所以西汉思想界也非常看重它。司马迁、司马相如、终军等都言及"符瑞"，汉武帝"天人三策"的中心之一，就是想了解受命之符安在③。当时的社会舆论，也公认"符命"是帝王受命于天的主要证据。正因如此，靠"禅让"获得帝位的王莽，极力伪造大批"符命"，以论证其"君权神授"的合法性。后人讥之为"符命政治"是一点不过分的。

明了"符命"观念在两汉社会中的地位和作用，也就可以明了谶纬神学把它纳入"君权神授"理论体系的用心。但正如"感生"说一样，谶纬也给"符命"说打上了自己特有的印记。

> 《春秋合诚图》："黄帝游玄扈上洛，……有凤衔图，以置帝前。图以黄玉为匣。"④庆都"出观三河之首，有赤龙负图出，……云：赤受天运，下有图，人衣赤衣，面八采"⑤。
>
> 《春秋元命包》："唐帝游河渚，赤龙负图以出，图赤色如锦状，赤玉为匣。……章曰：天皇上帝，合神制署。"⑥"尧坐中舟，……凤鸟负图授。"⑦
>
> 《春秋运斗枢》："舜……即位为天子，……黄龙五采负图出，……章曰：天皇帝符玺。"⑧
>
> 《春秋元命包》："凤鸟衔丹书，游于文王之都。"⑨

---

① 《中庸》24章。
② 《史记》卷27《天官书》。
③ 见《汉书》卷56《董仲舒传》。
④ 《纬书集成》卷4下，页2—3。
⑤ 《纬书集成》卷4下，页2—3。
⑥ 《纬书集成》卷4上，页24。
⑦ 《纬书集成》卷4上，页24。
⑧ 《纬书集成》卷4，页198。
⑨ 《纬书集成》卷4，页27—28。

又如第三小节中所举的孔子于端门得血书赤乌及西狩获麟等。

可以看到，谶纬的“符命”观，已经定式化：（1）主要以龙凤龟麟（时或有“赤乌”之类）“四灵”象征符瑞、传达天意。（2）这些“上帝使者”还要与受命帝王的五德次序相配合，如赐黄帝的图以黄玉为匣，赐尧的图以赤玉为匣，以及赤龙、黄龙之类。（3）必须拥有天帝授命的“委任状”——图书（这大约是由“河出图”衍化出来的），有时天帝还要盖上御玺。

这种定式化的“符命”观念，也见诸汉碑。如《帝尧碑》：“名纪见乎《河》《洛》。……游于玄河之上，龙龟负衔，投钤授与，然后尧乃受命。”《成阳灵台碑》：“尧历三河，有龙图，……上受符命”。《韩勑后碑》：“赤书黄字……赤诵受命。”

谶纬神学以“感生帝”、“特异风貌”、“符命”构成它的“君权神授”理论。它对这些传统神学观念的改造，主要是突出了“五德相生”体系和“图书”即图谶的作用，从而使东汉人的“君权神授”观念完全纳入谶纬神学的轨道。谶纬“君权神授”理论的另一特点，是表面上神化了人间帝王，实质上压低了帝王的价值。这一点，在第八小节中将加以讨论。

五、汉碑中的五德相生观念与谶纬神学的历史观

先秦儒家既承认“受命”，也承认“革命”。这是他们总结了夏、殷、周武力相伐、更迭相代的历史事实得出的经验。所以成汤放桀、周武伐纣，都被看做是顺天应人的义举。孟子不仅从政治上、神学上为“革命”说提供了理论，而且提出了“五百年必有王者兴”①的命题，从哲学上论证了改朝换代的必然性。这种说法虽然是牵强的，唯心的，但它承认社会变革的必然性，在当时是有一定意义的。

战国时代，原来用以解释宇宙万物构成的五行学说兴盛起来。阴阳五行家们不仅用它来解释自然现象，也用它来解释一些社会现象。邹衍正是在这种学术空气的影响下，试图用五行原理来解释社会历史发展、变化的规律，创立了“五德终始”论。它吸取了儒家“革命”

① 《孟子·公孙丑下》。

说的核心——王者的统治不是无限期的，改朝换代是必然的，采用“革命”手段是合理的。所以它在五行相生、相胜两种运转方式中，选择了相胜，这样也更符合战国后期群雄并争、战争不息、逐鹿中原的社会实际。比起孟子的“革命”说来，它更神秘，没有多少伦理的成分。但也更严密。邹衍认为，帝王是有一定任期的；以新代旧是必然的；新王同样要由上天来任命，“符应”便是委任状；王朝的更迭由上天按五行相胜的次序来支配，循环不休。在战国末年浓厚的宗教气氛中，邹衍的这种神学历史观有极大的诱惑力，使“王公大人惧然顾化”①。这种历史观虽以神学相号召，却能发挥非常现实的政治作用，受到有志统一中国的秦国的重视。《吕氏春秋》吸取了这一思想。秦始皇建国以后，又宣布秦为“水德”，“五德终始”论第一次出现在国家的政治生活中。西汉初期，由于某些政治原因，对于汉应归哪一“德”引起了一场论战。至汉武帝时终于统一认识，定汉为“土”德。这样，邹衍奠定的古史系统：黄帝（土）—禹（木）—汤（金）—文王（火）—秦（水）—汉（土），就算建立起来了。

从汉碑来看，东汉仍然承袭了“五德终始”的观念，如《成阳灵台碑》：“五运精还，汉受濡期。”但汉碑中所开列的“五德”古史系统，显然不同于邹衍的体系。

> 《史晨碑》：“玄丘制命帝卯行。……汁光之精，大帝所挺，……玄德焕炳，黑不代仓。”
>
> 《史晨后碑》：“稽度玄灵。”
>
> 《孔彪碑》：“大圣之胄，……叡其玄秀。”
>
> 《杨著碑》：“定经东观，顺玄丘之指。”
>
> 《严举碑》：“孝行著成兮，玄丘报德。”

原位居“水德”的秦被“素王”孔子所代替。然而孔子也被排除在“五运”之外，因为周已不属“火德”，而属“木德”（“仓”）。木水不能相代。

---

① 《史记》卷74《孟荀列传》。

《成阳灵台碑》："庆都……感赤龙交，始生尧。……汉感赤龙，尧之苗胄。"

《修尧庙碑》："赤精之胄，为汉始别。"

《帝尧碑》："（尧）功成告让，遂禅舜黄。"

此外如《张纳碑》、《杨震碑》、《仲定碑》、《刘衡碑》、《熊君碑》、《张迁碑》、《樊敏碑》、《严䜣碑》、《丁鲂碑》等都以唐尧、刘汉为火德。这样，在"五德"系统中又出现了尧、舜，而且是土、火相代。而汉王朝则作为尧的后裔，列为火德。这些观念都是不符合原来的"五德相胜"说的，它们是怎么产生的呢？又怎样会取代汉人头脑中原有的五德观念呢？

《成阳灵台碑》说："案经考典，《河》《洛》秘奥，汉感赤龙，尧之苗胄。"显然这又是谶纬神学的"功绩"。不过这一回谶纬是有所本的。

西汉前期的今文学者并不很看重"五德"说，他们仍然沿用先秦儒家的"革命"说，作为他们的历史观和政治观。治齐诗的辕固生为了论证"汤武革命"的合理性，不惜捋虎须，当着汉景帝用刘邦代秦作为论据①。董仲舒一方面另辟蹊径，以"三统"说代"五德"说，一方面仍然坚持"顺天者昌，逆天者亡"，天子不奉天命，臣下可以有道伐无道，代天行罚的"革命"说②。西汉中叶以后的今文经学中，仍然可以看到这种观念的影响。如《齐诗》学说"午亥之际为革命，卯酉之际为改正"③。《京房易传》："凡为王者，恶者去之，弱者夺之，易姓改代，天命应常。"④

然而秦汉以来中央集权的大一统的政治局面，毕竟非战国群雄时代可比。赞扬武力相伐的"革命"、"五德相胜"学说，显然已脱离当时的实际政治生活。辕固生的"汤武受命"观念被景帝比作"马肝"，正是帝王讨厌"革命"说的迹象。于是儒者们开始改变他们的

① 见《汉书》卷88《儒林传》。

② 见《春秋繁露·尧舜不擅移汤武不专杀》。

③ 陈乔枞《三家诗遗说考》引。

④ 《魏志·文帝纪》注引许芝疏。

政治理论，把上古的“禅让”传说作为促成最高统治者“换马”的理论根据。尧、舜也因而受到汉儒的特殊喜爱。

眭弘是首先提出“汉家尧后，有传国之运”[1]，盖宽饶则以“五帝官天下，三王家天下，家以传子，官以传贤，若四时之运，功成者去”[2]为理由，暗示汉帝应当“传贤”。“若四时之运，功成者去”并无显著的神学色彩，说“汉家尧后”也不过是为了使“禅让”说显得更有历史根据，与“五德”说并没有什么明显的联系。成帝时甘忠可上“赤精子谶”。谷永则用“白气起东方，贱人将兴之表也；黄浊冒京师，王道微绝之应也”[3]来吓唬成帝，又说彗星是“土精所生”，预兆将有大变乱[4]。这些说法对汉为“火德”、土将代火的观念的形成，不知是否起过影响。完整的有体系的“五德相生”说，应当说是完成于刘向父子，也就是说不晚于成帝绥和二年（刘向以是年卒）。《汉书·郊祀志赞》：公孙臣、贾谊、司马迁等“以五德之传从所不胜，秦在水德，故谓汉据土德而克之。刘向父子以为帝出于《震》，故包羲氏始受木德，其后以母传子”。刘歆按照这一理论，进一步推定了太昊（木）→炎帝（火）→黄帝（土）→少昊（金）→颛顼（水）→帝喾（木）→唐尧（火）→虞舜（土）→伯禹（金）→成汤（水）这样一套“五德相生”的历史[5]。

按这个体系来推，周是木德，汉是火德（秦算“闰水”，排不上一德，当时也没有称孔子为“水德”），正符合“汉家尧后”的说法。五德之传从所相生，就排除了武力“革命”的必然性，与社会上的“禅让”说可以互相呼应。汉为尧后，又容易使人产生汉有“禅国之运”的联想。它成为当时统治集团中“易姓派”极有力的神学工具。王莽就屡屡宣扬自己是虞舜后裔，并公然在诏书中宣称：“赤德气尽，……黄德当兴，……今百姓咸言皇天革汉而立新，废汉而兴

① 《汉书》卷 75《眭弘传》。
② 《汉书》卷 77《盖宽饶传》。
③ 《汉书》卷 85《谷永传》。
④ 《汉书》卷 85《谷永传》。
⑤ 参考顾颉刚《五德终始说下的政治和历史》。

王。"[①]"五德相生"说正式踏上了历史舞台，并成为谶纬神学历史观的核心，从而支配了东汉人的历史观念。不仅汉碑，即如王符《潜夫论》的《五德志》，对古史的理解也是完全按照"五德相生"理论的。

谶纬神学中的"五德相生"说不仅仅是对历史的解释，而且代表了它对社会发展、对政治现实的看法，与儒家"革命"说有异曲同工之妙。第一，它认为社会是依五行相生的次序不断发展变化的。它所描绘的发展模式虽然只是一个封闭的圆圈，但总比"千年王国"的认识来得高明一些。第二，它认为帝王的任期是有限制的，到了限期就该让位，终始存亡之期就记录在纬书中[②]。这种观念显然促使许多野心家时时觊觎神器，也保证了谶纬在政治斗争中举足轻重的地位。第三，为了保证封建统治的有效性，它并不认为什么人都可以登上王位。所以它继承了儒家的"传贤"思想，主张"天道无适莫，常传其贤者"[③]，"君者群也，理物为雄，优劣相次，以期兴"[④]。第四，为了维持封建统治秩序的相对稳定，它主张政权更迭应采用"禅让"形式，如《论语比考谶》、《帝尧碑》、《修华岳碑》所称颂的尧、舜之间的做法。第五，为了维护封建统治集团的世俗权力，它竭力为他们抹上一层"神权"的光彩，例如把帝王、圣贤、名臣都说成是五天帝、山川、星辰之精，应运而生，统治或协助统治人间。这种观念导致东汉的官僚地主纷纷编造自己或祖先出身的不凡，以及"应期""应运"而降临人间的神迹。《济阳宫碑》、《石门颂》、《郭仲奇碑》、《仓颉庙碑》、《周巨胜碑》、《周公礼殿记》、《夏承碑》、《张表碑》、《修华岳碑》、《郭究碑》、《任伯嗣碑》、《陈实碑》等都流露出这种观念。

"五德相生"说对东汉社会思想的影响是巨大的，它对西汉末叶直至东汉末叶许多重大政治斗争的作用也是难以估量的。

六、汉碑中的灾异，祥瑞观念与谶纬神学的天人感应论

董仲舒所奠定的阴阳灾异天人感应理论，是两汉神学的基础，也

---

① 《汉书》卷99《王莽传》。

② 见《尚书璇玑钤》、《尚书中候》等。

③ 《尚书帝命验》，《重修纬书集成》卷2，页57。

④ 《孝经钩命决》，《重修纬书集成》卷5，页74。

是谶纬的主干。但谶纬的天人感应论，又有着自己的特点。

(一) 灾异

阴阳灾异说是西汉神学的主要内容。古代史官注意记载物候、气候、天象等自然现象的特殊变化，是出于对大自然的恐惧以及摸索自然规律的兴趣。他们观察到某些现象会导致自然灾害，影响人们的生产和生活。后来一些政治家、思想家利用这些现象来规谏君主，告诉他们自然灾害乃是上天对君主失德行为的惩罚。《左传》、《墨子》、《晏子》中都有这样的记载。

陆贾曾说："治道失于下，则天文度于上；恶政流于民，则虫灾生于地。"①"天生万物，以地养之，……改之以灾变，告之以祯祥。"②汉文帝也曾以日食为"天戒"，自谴修政③。这说明汉初时天人相感的"灾异"观已为政治家所接受。董仲舒的作用，在于熔阴阳、五行、天人感应为一体，对灾异的含义、发生的原因、预防的措施、补救的方法，根据儒家的伦理原则，运用阴阳五行的神学形式，作出了系统、完整的阐述④。由于当时的社会气氛，阴阳灾异说的神学色彩不断加强，在当时人的观念中，甚至达到"政失于此，则变见于彼，犹景之象形，乡之应声"⑤的神奇境界。

阴阳灾异说本是神学形式的政治工具。盐铁会议时，丞相、大夫坚持自然灾害非人力所致，贤良文学则认为灾异是由武帝的错误政策所造成的。他们斗争的焦点，其实是在于对武帝时期高度集权的专制政治的态度。如果以此划分双方的自然观为唯物、唯心两大阵营，从而判断孰是孰非，那是十分荒唐的。

如第一小节所述，西汉中叶以后，阴阳灾异说的政治作用得到更多的发挥，预占化的趋势也愈加明显。预占的目的，是更积极地干预政治，抓住些微"朕兆"就可以预言重大的政治变动。谶纬神学所吸

---

① 《新语·明诚》。

② 《新语·道基》。

③ 见《史记·文帝纪》。

④ 见《春秋繁露》中《必仁且智》、《王道》、《四时之副》、《五行顺逆》、《五行变救》等篇，及《汉书·董仲舒传》。

⑤ 《汉书》卷26《天文志》。

取的阴阳灾异说，正是以预占为特征的。如董仲舒："灾者，天之谴也。异者，天之威也。""天乃先出灾害以谴告之，不知自省，又出怪异以警惧之。"①《春秋潜潭巴》却解释为："灾之为言伤也，随事而诛。异之为言怪也，谓先发感动之也。"②纬书对"异"的解释，是不同于董仲舒的。

汉碑中的灾异观念，基本上承袭了西汉"天谴灾异"论的思想，如：

《修华岳碑》："其德休明，则有祯祥。荒淫臊秽，笃灾必降。秦违其典，璧遗鄗池，二世以亡。"

《袁良碑》引顺帝册："顷者连遇运害，灾条备至，阴阳不和，寒暑不节。昔孔子制义，承奉则有兴盛之福，慢期即致来咎之变。……二九之戒，今直其际，图记占□，恒在藩国。"

但谶纬式的"天人感应"论的影响仍是十分明显的。如"璧遗鄗池"，"二九之戒"之类。

《成阳灵台碑》中的灾异观念更为有趣：

"太平未至，灵瑞未下，四夷数侵，军甲数扰。……案经考典，《河》《洛》秘奥，汉感赤龙，尧之苗胄。当修尧祠，追远复旧，复治黄屋，推原圣意。灾生变见，天以谴告。……招祥塞咎，为汉来祚。帝纳其谋，……经之营之，不日成之。……神亨其灵，甘雨时降，百谷孰成。"

它并不把发生灾异的原因归诸君主的失政失德，也不认为修德修政是救灾的方法。它认为只要尊奉尧圣，得到神的欢心，就可以去灾降瑞。天人感应的内容，已排除西汉儒家的伦理成分，而带有更浓的神学色彩。这就是谶纬侵入东汉思想界产生的后果之一。

---

① 见《春秋繁露·必仁且智》及《汉书》卷56《董仲舒传》。
② 《纬书集成》卷4下，页84。

（二）祥瑞

汉碑中的祥瑞事迹远多于灾异，这与汉碑的主要内容是“歌功颂德”有关。

西汉儒者出于特定的政治原因，多以谈灾异为主。董仲舒、夏侯胜、刘向、谷永、翼奉、李寻等莫不如此。当他们谈论祥瑞的时候，也总要提醒君主修德以致祥瑞。贾谊：“见祥而为不可，祥反为祸。……见妖而迎以德，妖反为福也。”[①]《韩诗外传》亦持此说[②]。其伦理色彩非常强烈。董仲舒的说法神学气味浓一些：“天瑞应诚而至。”[③]但实际上他的说法也是以伦理为基础的：“故而人君者，正心以正朝廷，……诸福之物，可致之祥，莫不毕至，……然而天地未应而美祥莫至者，何也？凡以教化不立而万民不正也。”[④]

但是西汉诸帝，尤其是武、昭、宣诸世，为标榜自己的治绩，大肆宣扬“获嘉瑞”以粉饰太平。这种风尚在社会上有广泛影响。司马相如作《子虚赋》，列举大量珍怪鸟兽。据王文考《鲁灵光殿赋》，西汉景帝时诸侯王在宫殿中雕刻绘制山神海灵、珍禽异兽已成为风气。当时还有记载各种祥瑞的专书。汉武帝时所作歌诗云：“齐房产草，……披图案牒。”[⑤]《汉书·艺文志》中有《祯祥变怪》一书，在《易》家下又录有“《神输》五篇，图一”。《别录》云：“神输者，王道失则灾害生，得则四海输之祥瑞。”

由于谶纬中大量收录了这些祥瑞资料，祥瑞观念竟成为东汉天人感应理论的重要内容。据《后汉书·安帝纪》及《灵帝纪》，东汉帝王屡对各地上报“祥瑞”的地方官吏、三老赐钱帛等，并免除当地当年的田租，赐男子爵位。所以到了桓灵衰世，各郡国仍然有大量“祥瑞”出现，史书上记载极多，汉碑中也反映出这种风尚。赵翼说：“以衰乱之朝，而凤凰犹见，可知郡国所奏符瑞，皆未必得实也。”[⑥]

---

① 《新书·春秋》。
② 见《韩诗外传集释》卷3第2章。
③ 《汉书》卷56《董仲舒传》。
④ 《汉书》卷56《董仲舒传》。
⑤ 《汉书》卷22《礼乐志》。
⑥ 《廿二史札记》卷3《两汉多凤凰》。

这种怀疑是很有道理的。

当时社会上自皇宫、下至官僚豪族、莫不以“感致祥瑞”为荣。见于文献的如：光武时的济阳故宫皆画凤凰①，当时皇室“开四夷之境，……藏山隐海之灵物，沈沙栖陆之玮宝，莫不呈表怪丽，雕被宫帷焉”②。鲁恭为中牟令，蝗虫不入县界，嘉禾生庭中③。其弟鲁丕为当世名儒，“在职六年，嘉瑞屡降”④。

官僚豪族以祥瑞相标榜的风尚在汉碑中表现得尤为突出。武梁祠等画像石上绘满了各种祥瑞。安帝时的《尚博碑》云：“拜仆射令，……休征集，皇道著。”灵帝世此风尤盛。樊毅修华山庙，“图珍奇，画怪兽，岳渎之精，所出祯秀”（《修华岳碑》），竭尽粉饰之能事。

他如：

《杨震碑》：“穷神知变，与圣同符，……天爵不应，贻我三鱼，……为忠获罪，……神鸟送葬。”

《唐扶碑》：“枢衣受业，著录千人。……尼父授鲁，何以复加。灵祇瑞应，木连理生。”

《孔耽碑》：“平石上见神蛇。……木生连理。”

《费汎碑》：“三年不断狱，祯祥感应，时沛有蝗，独不入界。”

《西狭颂》（连《五瑞》《郙阁》共三碑，皆为李翕立）：“致黄龙、嘉禾、木连、甘露之瑞。”

《五瑞碑》：“君……德治精通，致黄龙白鹿之瑞。”

《郙阁颂》：“仍致瑞应。”

《周憬碑》：“信感神祇，灵瑞符□，嘉谷生于野，奇草蓂蒲，异根之树，超然连理。”

《蔡湛碑》：“嘉祥臻□。”

---

① 《东观汉记·光武纪》。

② 《后汉书集解》卷86《西南夷传论》。

③ 《后汉书集解》卷25《鲁恭传》。

④ 《后汉书集解》《鲁丕传》。

当时谈祥瑞都要以谶纬为凭据。如章帝"在位十三年，郡所上符瑞，合于图书者数百千所。"①《武氏石室祥瑞图》中的神鼎、黄龙、蓂荚、六足兽、白虎、玉马、玉英、连理木、璧流离、玄圭水泉比翼鸟等，都出于谶纬②。

从汉碑来看，东汉的"祥瑞"观念仍是以修德感应为基础的。如《山阳瑞象碑》："天有奇鸟，名曰凤皇。时下有德，民富国昌，黄龙嘉禾，皆不隐藏。"《修华岳碑》："其德休明，则有祯祥。"但也表现出神学气味更浓的特点，即只要对与天通灵的大圣认真祠奉，表示敬意，就能获致祥瑞。

> 《开母庙石阙》："原祥符瑞，灵支挺生。"
>
> 《帝尧碑》："故济阴太守刘郃，……设供曹掾史，令养牲牺，……軟已嘉瑞，李树连理。"

从汉碑来看，这些神圣是十分无赖，只顾自己的供奉，不管百姓死活的。如对尧母的祠奉荒废以后，灵瑞不下，灾异百生。然而一旦恢复，则神龙、灵龟都出现了，"甘雨时降，百谷孰成"（《成阳灵台碑》）。樊毅修治华山庙后，也出现了"嘉瑞仍答，风雨应时"的景象（《修华岳碑》）。甚至还有先示以神威，使人不敢不肃然起敬，加强祠奉的。如据《修尧庙碑》载，孟郁刚到成阳向帝尧致敬，"行礼未周，景云四集，翔风膏雨，即时大降"。于是孟郁领会到"圣尧精灵，与天通神"，赶紧修治尧庙。

这种倾向说明谶纬神学的天人感应论比之西汉的感应论，更加趋于宗教化了。

七、从汉碑看谶纬神学与东汉豪族的密切关系

谶纬神学在西汉末叶风靡整个社会，至东汉已成为极有影响的社会思潮。不仅光武帝本人读谶信谶，他的儿子明帝及沛献王辅、楚王

① 《后汉书集解》卷3《章帝纪》。

② 参见陈槃《古谶纬书录解题附录（二）》，《历史语言研究所集刊》十七，页65—72。

英、济南安王康、东平宪王苍、阜陵质王延也都通谶纬[①]。佐助光武“中兴”的名将如李通、邓晨、冯异等，也都相信谶纬。《济阳宫碑》：“群众诸将，据《河》《洛》之文，协符瑞之征，佥曰历数在帝，践祚允宜”，如实反映了东汉初期统治集团对谶纬神学的信赖情形。即如反对“淫祀”，认为“鬼神难征”的邓太后，也“博览五经、传记、图谶、内事、风角、占候”[②]。如果不学谶、不信谶，就会遭到排斥，甚至有杀身的危险。所以“中兴以后，儒者争学图纬”[③]，“朝廷以下，四海之内，皆为章句内学”[④]。从汉碑来看，东汉儒者、士大夫争学图纬、以通“内学”为荣的风尚，至桓灵时不仅未见衰落，而且愈演愈烈，炫耀碑主“通纬”的碑刻，就有二十五种之多。

在这些“通纬”的人士中，杨震、陈球、刘宽位居三公，都是东汉官僚士大夫集团的著名领袖人物。蔡朗、祝睦、尚博、丁魴、李翊、刘熊、熊君、文春、唐扶、曹全、田君、蔡湛，都是郡县长官。东汉士人通过察举、征辟出仕，郡县长官掌握举、辟大权，政治地位很高。他们的门生故吏，多是当地的豪族，奉他们为举主、府主，执以君臣、父子之礼。东汉碑刻，大多是门生故吏为故主立的。

至于张表、督邮班、赵宽、武梁等，都是州郡曹吏。在东汉，州郡曹吏多由本地的望族大姓充当，实权往往在州郡长官之上。东汉还有所谓“征士”，实际上是以不与中央政权积极合作自我标榜的“名流”，如汉碑中提到的郭泰、周勰。他们虽不参政，却往往可以左右乡里舆论，影响士大夫的仕途进退，是地方豪族的代言人。

而杨震、杨著，又都是“累世经学”、“四世三公”的著名豪族世家——弘农杨氏的成员。袁良出身扶沟袁氏，也是世代公卿的望族。任城武氏虽不见于史籍，但汉碑中的武开明、武梁、武荣、武斑等都是中层官吏。虽然算不上“簪缨之族”，大约也是当地大姓了。

看来，当时以“通纬”为荣的风气，遍及豪族地主的各个阶层。

---

① 参见《后汉书集解》卷3《章帝纪》，卷42《光武十王传》。

② 《后汉书集解》卷10《邓皇后纪》，《集解》惠栋引《续汉书》。

③ 《后汉书集解》卷59《张衡传》。

④ 《后汉书集解》卷79《儒林传》上《孔僖传》，《集解》惠栋引《连丛子》。

我们还可以从另一个角度来观察谶纬与东汉豪族的关系。本文所引用的涉及谶纬内容的86种汉碑，碑主以及祀孔、尧、山川诸碑的立碑人，当然都是官僚、豪族。不仅如此，在碑阴题名的"门生故吏"，有迹可征的如：

> 《韩勑碑阴》：河南洛阳种氏——"财三千万，……悉以赈衃宗族及邑里之贫者"。鲁孔氏——"宾客日盈其门"。
>
> 《张纳碑阴》：朐忍扶氏——"大姓"。充国谯氏——"大姓"。
>
> 《杨震碑阴》：南阳陈氏——"同县豪右"。扶风马氏——"外戚豪家"。①

显然也都属于豪族集团。

中村璋八在《汉碑中所见的纬书说》中对所举的41种与谶纬有关的汉碑的所在地加以统计，指出一个值得玩味的现象：山东、四川、河南地区最为集中，其次是河北、陕西。我对所引的86种进行同样的统计，仍然以山东、河南、四川、陕西地区的数量最多。

这种统计能说明什么问题呢？当然不能证明谶纬是一种区域性的神学思想。这种现象的背后有种种复杂的因素：各地区立碑多寡，与谶纬的流行与否并无关系；由于社会条件、自然条件的不同，某些地区的碑刻难以保存，但不等于当时没有或数量少；有些碑的撰文立碑者在甲地，碑却立在碑主的原籍乙地，或者碑立在碑主的治所丙地，碑主的原籍却在丁地，汉碑中所反映的观念，当归于甲地还是乙地？丙地还在丁地？等等。所以我们并不主张用这种"算术"方法来论证谶纬思想有地区性。

但是我们可以举出几组有趣的数据：

（1）据中村氏统计，文献中记载的东汉谶纬学家分布如下：山东11，河北3，河南24，山西1，陕西10，甘肃2，四川24，贵州1，湖

① 引文均见鹤间和幸《汉代豪族的地域性》表6。

北2，江西2，安徽2，江苏9，浙江3。[①]

（2）据胜村哲也的统计，出现在《后汉书》中的人物共1052人，其中出生于山东、河南、陕西、四川四个地区的有709人。《后汉书》中立传的共430人，其中出生于这四个地区的为324人。[②]

（3）据鹤间和幸的统计，见于《史记》、《汉书》、《后汉书》、《三国志》、《华阳国志》等文献的两汉豪族大姓，共为284族。其中上述四个地区的，为197族。[③]

当然，以上这些统计仍然可能是不完全、不够准确的，统计方法、使用文献也可能存在某些缺陷。但是，这四组数据显示出一种共同的倾向，即这四个地区豪族地主最集中，在政治舞台上影响最大，而见于文献、汉碑的学纬风尚也最突出。这总不能视之为偶然的巧合吧？

山东自春秋以来就是中国学术、文化的中心之一，儒家和阴阳家、方士的重要发源地。两汉经师，多出于齐鲁，由经学入仕的卿相无数，形成许多"累世经学"的豪族大姓。河南地区西汉以来即多豪强、素号"难治"。[④]光武起事，主要依靠南阳豪族集团的支持，"廿八将"、"卅二功臣"绝大多数是南阳、颍川的豪族领袖。在东汉他们的势力更加扩张，形成"河南帝城多近臣，南阳帝乡多近亲"[⑤]的局面。陕西地区自秦至西汉始终是国家的政治中心，关东豪强大姓又多次迁入关中，到东汉时"多强豪、奸暴不禁"[⑥]。

这三个地区都是传统的经济先进区域，许多强宗大族的形成，可追溯到东周。四川地区的豪族大姓，则主要是在西汉以后逐渐形成的。巴蜀地区肥美富饶，得天独厚，"人吏富实，掾史家赀，多至千万"[⑦]。雄厚的经济实力，为豪族的生长提供了肥沃的土壤。

这几个地区文化也是很发达的，是东汉官僚士大夫比较集中的地

---

① 见《纬书的基础研究》，页372—388。

② 见《后汉知识分子的地方差别和自发性》，载《中国中世史研究》。

③ 引文均见鹤间和幸《汉代豪族的地域性》表6。

④ 见《汉书》卷28《地理志》下，卷76《韩延寿传》、《张敞传》。

⑤ 《后汉书集解》卷2《明帝纪》，集解引《刘隆传》。

⑥ 《后汉书集解》卷29《郅寿传》。

⑦ 《后汉书集解》卷41《第五伦传》。

区。当时纬学吃香，士大夫们多学纬以干禄。也可以这样认为：正因为士大夫在这几个地区特别集中，所以通纬的比例也就特别高。但这种解释也并不妨碍东汉豪族热衷于纬学的结论。另外，我们不是可以反过来说，正因为东汉广大的豪族地主对谶纬的热衷，才使纬学如此吃香，如此发达吗？

八、谶纬神学反映豪族地主的意识和利益

东汉豪族热衷纬学，主要原因不是皇室的提倡，而是出于他们自己的利益考虑。

光武虽然以图谶起家，本人以信谶重谶著称，尹敏、郑兴因为怀疑谶纬，还遭到他的排斥，但他内心深处，别有疑虑。王朗、公孙述、张满、张丰借助谶纬，在一部分豪族的支持下与他争锋天下的情景，是不会轻易忘却的。光武中元元年“宣布图谶于天下”，一般被认为东汉帝王提倡谶纬的证据。殊不知图谶并不是中府秘书，当时社会上已流传极广，专攻的学者也很多，何须“宣布”然后才能推广于天下？实际上光武即位就已令薛汉、尹敏等人“校定图谶”，对不利于东汉皇室的内容加以删削、修订，三十年后才把整理好的内容“宣布于天下”，目的是要是谶纬定型化，从而杜绝伪造谶文图谋不轨的流弊。老奸巨猾的窦融正因为揣摩透了光武信谶、重谶而又不愿贵族忠臣通谶的复杂心理，所以才会向光武表白自己不许儿子“观天文、见谶记，诚欲令恭肃畏事，恂恂循道，不愿其有才能”[①]，以此邀宠避祸。而光武也并没有像对尹敏、郑兴那样加以斥责，此中的奥妙是可以理解的。

在谶纬神学中，豪族地主的思想意识随处可见。例如“汉为尧后”说。东汉的开国气象与西汉迥然不同。西汉高祖“以匹夫起事，角群臣而定一尊。……其徒亦自多亡命无赖之徒”[②]。虽然也有一些“赤帝子”、“蛟龙”感生的神迹，但并没有编造一个溯自上古的贵族世系。在当时的社会意识中，也并不以为耻辱。所以司马迁写《史

① 《后汉书集解》卷23《窦融传》。

② 《廿二史札记》卷2《汉初布衣将相之局》。

记》，毫不隐瞒高祖的出身。在《秦汉之际月表序》中，司马迁还认为“起于闾巷”而为“天下雄”，比起“虞夏之兴，积善累功数十年”，“汤、武之王，乃由契、后稷修仁行义十余世”，更为难能可贵。西汉末年，由于强宗大姓维护自己统治特权的需要，追溯氏姓源流、编造贵族世系的“谱牒之学”逐渐形成。豪族地主纷纷以炫耀门阀为荣。东汉史学家班彪说：“帝王之祚，必有明圣显懿之德，丰功厚利积累之业，……未见运世无本，功德不纪，而得屈起在此位者也。”①观点与司马迁截然相反，所反映的显然是豪族的阶级意识。这种意识反映到谶纬中，就出现了炎帝→唐尧→刘汉的帝王世系。《帝尧碑》中对此有详细的叙述。

谶纬的“君权神授”理论，对人间的帝王做了高度神化。然而细细分析，这不过是一颗裹着糖衣的苦药丸。揭去光怪陆离的神光，人间的帝王不过是上天委任的官吏，干得好，也有期限，干得不好，随时撤换。过分地强调君权的“神授”，实质上贬低了人间帝王的价值，剥夺了他们的主动权，也为豪族地主更换最高统治者提供了便利。至于“感生”、“异貌”、“符命”这几件身份证，“戏法人人会变”，当需要造一个“受命帝王”时，怎么也不会缺乏这类“证明”的。事实上不少豪族地主不是经常宣扬自己“感应神祇”，屡致祥瑞，奇状怪貌，神灵感应（或“托生”）的“神迹”吗？

“五德相生”是谶纬的历史观和政治观的核心。它一方面神化现存的统治秩序，一方面又认为社会不断变化，王朝必须不断更迭。这对于已经登上宝座的皇帝当然不利，对于觊觎皇位的豪族地主们却不无好处。应当指出，谶纬的“五德”说并不承认被压迫阶级“革命”的合法性。“五德相生”区别于“五德相胜”的一个重要标志，是谶纬独创的“感生帝”说。它规定受命天子必须有高贵的出身，这是符合豪族地主的阶级意识的。东汉中叶以后，族谱学渐成体系，赵岐《三辅决录》、应劭《风俗通义》、王符《潜夫论》中都有“氏姓之学”。自承圣贤之后，编造氏姓源流，成为东汉豪族的风尚。汉碑中如赵宽、唐扶、刘熊、唐公房等自称唐尧之后，陈纪、袁良、田君自

---

① 《汉书》卷100《叙传》上。

称虞舜之后等。其他还有自承为周文、夏禹、黄帝、祝融、颛顼、商汤之后的。东汉豪族的这种风尚不仅为了标榜姓氏高贵，抬高自己的社会地位，也与“五德”说有关，汉碑中引为先祖的人物，大都可纳入五德古史体系。试观王莽以虞舜为先祖，光武自承为尧后，袁术“以袁氏出陈，为舜后，以黄代赤，德运之次，遂有僭逆之谋”①，以及东汉中后期各个豪族集团都以“黄家当兴”为反对东汉皇室的共同口号，“五德相生”观念对于东汉豪族的用处，不是很清楚了吗？

谶纬神学继承了西汉天人感应神学的祥瑞、灾异观。从现存纬书资料来看，“灾异”说的比重远远胜过“祥瑞”说。“祥瑞”说本来是用来为帝王歌功颂德的，可是在东汉也往往用来美化官僚豪族。西汉的“灾异”说本来就是用来限制皇权的，儒者动辄用它攻击帝王、后妃、外戚。谶纬中的“灾异”观仍然保留了这一传统。在极其大量的天文谶、五行谶中，矛头所向，主要是帝王、宦官、后妃。动辄警告“天子有忧”国将亡。这就使谶纬“灾异”说成为东汉的官僚士大夫、地方豪族集团对抗皇室、宦官的重要武器。

谶纬神学反映和代表了豪族地主的阶级意识和利益，是谶纬在政权豪族化的东汉社会中受到尊崇，得到广泛的流行和应用的真正主要原因。

谶纬中虽然充斥了种种荒诞无稽的神化和胡言乱语，却并不是空头神学，而是具有强烈的现实政治色彩的“实学”，东汉儒生学谶通纬，不是为了学说鬼话、神话，而是为了“经世致用”。

新莽末年各个豪族集团利用谶纬争锋天下的情况，上节已经言及。光武死后，他的儿子们都效其乃父故智。济南安王康“案图书谋议不轨”②。阜陵质王延“作图谶，祠祭祝诅”③。楚王英的行为更加猖獗，“大交通方士”，伪造符瑞，“造作图谶”④。

① 《后汉书集解》卷75《袁术传》。又卷74《袁绍传》：“耿包密白绍曰：‘赤德衰尽，袁为黄胤。’”注引《献帝春秋》：“袁、舜后，黄应代赤，故包有此言。”

② 见于《后汉书集解》卷42，《光武十王传》。

③ 见于《后汉书集解》卷42，《光武十王传》。

④ 见于《后汉书集解》卷42，《光武十王传》。

东汉统治者对这一类案件是处分极严，毫不手软的。阜陵质王延的同谋被处死，“辞所连及，死徙者甚众”①。楚王英一案尤为可观，牵连日广，“遂至累年，其辞语相连，自京师亲戚、诸侯、州郡豪杰及考案吏，阿附相陷，死徙者以千数”②。

除了觊觎神器的野心家，当时一般的官僚、豪族，也把谶纬神学作为政治斗争的工具。东汉时以官僚士大夫、地方豪强为主的豪族地主与挟持天子以谋私利的外戚、宦官之间，不断发生激烈的生死搏斗。在反对梁冀的斗争中，朱穆、袁著、陈授等就利用“灾异”说攻击梁氏。桓灵时期的“党人”，是官僚士大夫反对宦官政治的代表人物，大多出身豪族世家。“党人”中如郭泰、魏朗都通纬学。杨震、李固是官僚士大夫集团的领袖，也通谶纬。

此外还有一些明习阴阳谶纬的名士、地方豪强，对中央政权公然采取不合作态度，拥众自重。如北海人逢萌，“素明阴阳”，拒绝与光武合作，隐居劳山，当地人“敬如父”。北海太守曾遣吏捕他，“行至劳山，人果相率以兵弩捍御。吏被伤流血，奔而还”。逢萌的朋友同郡徐房、平原李子云，“并晓阴阳，……养徒各千人”。东汉政权对他们也无可奈何。③

地方豪族的发展，客观上对中央政权的政治、经济力量起了削弱、瓦解的作用，成为东汉社会政治、经济结构中的一个严重问题。自哀、平以来，已“郡国处处有豪桀”④，“其并兼者则陵横邦邑，桀健者则雄张闾里”⑤。东汉依靠豪族立国，“并兼”、“桀健”者成为皇亲国戚、贵族近臣，社会矛盾更加激化。东汉皇室每每借助外戚、宦官加以钳制，但外戚、宦官也每每勾结一部分官僚士大夫、地方豪强，形成新的豪族集团。当时有“四世三公”、“四世五公”⑥的世代

① 见于《后汉书集解》卷42，《光武十王传》。

② 见于《后汉书集解》卷42，《光武十王传》。

③ 《后汉书集解》卷83《逢萌传》。

④ 《汉书》卷92《原涉传》。

⑤ 《后汉书集解》卷77《酷吏传论》。

⑥ 《廿二史札记》卷5《四世三公》。

冠族，有“宗亲千余家”[①]的强宗大姓，有“资财千万”[②]的豪富，有豢养宾客、食客、亡命徒的豪侠[③]。这些豪族地主以本宗族为核心，控制当地的同姓、异姓小农，建立自己的军事力量。身兼官僚的豪族又拥有大批门生、故吏。望族大姓又往往把持州郡的行政。桓灵时期，东汉皇室实行“党锢”政策，把皇室、宦官与豪族的矛盾推向了高峰。各地豪族对中央公然表示蔑视。党人张俭受到追捕，许多人帮助他隐藏，潜逃，并以替死为荣。著名党人范滂释归，南阳汝南士大夫迎之者数千。《杨震碑》等碑刻中，也反映了豪族们对“党锢”的强烈不满。

配合这一政治形势，谶纬又一次发挥其强大的政治作用。“桓灵之间，诸明图纬者皆言汉行气尽，黄家当兴。”[④]从汉碑中可以看到，谶纬在桓灵时期的社会影响，比之东汉初年有增无减，“诸明图纬者”一齐鼓吹“汉行气尽”，社会效果是可以想见的。在黄巾军起义的同时及稍后，一些豪族集团公然撕破面皮，以图谶相号召，向中央闹独立，甚至企图取而代之。如官至二千石的张纯、张举，以天降灾异，汉祚已尽，天下将有二主为理由，联合乌桓，众十余万，号称天子，要东汉皇帝避位[⑤]。辽东土豪公孙度，因为襄平社生大石，就以为象征自己的符瑞，于是割地称侯。至于袁氏兄弟、曹魏、孙吴各主要豪族集团，也都以“黄德”相号召。在他们的即位诏书中，都连篇累牍地征引谶纬以证实自己的合法地位。《天发神谶碑》及至今尚存的《国山碑》中，都可以看到那一时期谶纬对政治斗争的强烈影响。

谶纬的“君权神授”、“五德相生”观念，对东汉社会各阶层都有广泛影响，使被压迫阶级的政治运动，也带上谶纬神学的色彩。桓帝时的盖登自称“太上皇帝”，有玉印、珪璧、铁券[⑥]；戴异得黄金印，祭井作符书，称“太上皇”[⑦]。献帝时的阙宣起事，顾炎武指出他是

---

① 见《汉代豪族的地域性》表6。
② 见《汉代豪族的地域性》表6。
③ 见《汉代豪族的地域性》表6。
④ 《魏志·武帝纪》注引《魏略》。
⑤ 《后汉书集解》卷73《刘虞传》。
⑥ 《后汉书集解》卷7《桓帝纪》。
⑦ 《后汉书集解》卷7《桓帝纪》。

受了“代汉者当涂高”谶语的影响①。徐凤、马勉起义，“筑营于当涂山中”②，可能也是受此谶语的影响。冲帝时的华孟聚众千人，自称“黑帝”③，当还是沿用“五德相胜”，以水克火之说。至如马勉、陈坚、裴优、李伯、许生都自称“皇帝”④，陈景自号“黄帝子”⑤，黄巾军自号“黄天”，当是利用了谶纬的“五德相生”说。（汉碑中皇、黄互通）

谶纬神学动辄讲“革命”、“革政”，“五德”更代，在社会动乱之际有极大的煽惑力，受到野心家的欢迎。它使专制君王在民众眼中只不过是历史舞台上的匆匆过客，不仅无助于建立封建正统观念，而且灌输“皇帝轮流做，明年到我家”的危险意识。它对于巩固政权，维护既定的统治秩序，并不是理想的神学工具。尤其是它的历史观、政治观及其政治倾向，与中央集权的专制政体是水火不相容的。所以它理所当然地受到帝王的猜忌。明帝时为了伪造图谶的案件屡兴大狱。除了上述诸王的案件，又有扶风人苏朗因伪言图谶被处死。⑥所以士大夫中，视通纬为畏途的也颇有人在。除了上面提到的窦融的例子，又如东汉末年的成都人杜琼，是纬学大师任安的高足，“精究安术”。但他“虽学业入深，初不视天文”。而且“不教诸子，内学无传业者”。他曾对后进的纬学大家谯周言及此中的苦衷：“欲明此术甚难，……晨夜苦剧，然后知之，复忧漏泄，不如不知”。⑦

对于谶纬神学以及社会上的神仙方术的利弊，当时略有见识的政治家都是很清楚的。曹植《辩道论》：“世有方术，吾王悉所招致。……所以集之于魏国者，诚恐斯人之徒接奸宄以欺众，行妖慝以惑民。……自家王与太子及余兄弟，咸以为调笑，不信之矣。”⑧魏文、晋武及六朝帝王，多利用符谶，以“禅让”为名，行篡夺之实。一旦践祚，又无

① 《后汉书集解》卷9《献帝纪》及集解引顾说。
② 《后汉书集解》卷38《腾抚传》及卷7《桓帝纪》、卷8《灵帝纪》。
③ 《后汉书集解》卷38《腾抚传》及卷7《桓帝纪》、卷8《灵帝纪》。
④ 《后汉书集解》卷38《腾抚传》及卷7《桓帝纪》、卷8《灵帝纪》。
⑤ 《后汉书集解》卷38《腾抚传》及卷7《桓帝纪》、卷8《灵帝纪》。
⑥ 《后汉书集解》卷40《班固传》。
⑦ 《蜀志 · 杜琼传》。
⑧ 《魏志 · 华佗传》注引。

不下诏严禁图谶之学。魏晋以降，外来的佛教、土生的道教发展较快。与这样组织精巧逻辑严密的新宗教相比，体系混杂，带有原始宗教的残存气息、形式荒诞的谶纬神学，便显得粗糙、简陋了。它那浅薄、粗俗的内容和表达形式，对于经学、哲学、自然科学的进一步发展，也成为一个严重障碍，早已落后于社会意识的发展，失去了知识分子的宠爱。谶纬神学退出政治界、思想界、学术界，便成为历史的必然。隋唐以后，门阀豪族的政治、经济基础逐渐被粉碎，高度集权高度统一的封建专制主义制度逐渐完善，谶纬神学赖以产生、生存并为之服务的历史条件已经消失。虽然它的某些神学形式，如图谶、符命、异貌等，在后世仍被保留下来，在新的历史条件下发挥其独特的政治作用，例如“推背图”、“烧饼歌”之类，但作为有体系的神学，它已完全不适应社会的需要，终于在历史舞台上销声匿迹。其消失的程度是如此彻底，以至曾经显赫数百年，给一整个历史时代打下显赫印记，影响遍及当时社会各个阶层、意识形态各个领域的一个庞大的神学体系，今天已无法在人们面前复原它的本来面貌。经过许多学者几个世纪的艰苦努力，才凑集起一些片言断语。这些片言断语只是在被当作研究那个历史时代的社会史、思想史的对象时，才能引起人们的注视和兴趣。

（原载《研究生论文选集·中国历史分册》，南京：江苏古籍出版社，1984，页67—88。原稿采用文末注，为便读者，今改用页下注）

附录三　感生神话与汉代皇权正当性的论证

按神话学和文化人类学的看法，感生神话反映的是一种原始神话观念（甚至可能是史前的母系氏族社会，那时男性生殖能力没有得到认识和承认）。在世界上许多地区的早期神话，尤其是始祖神话和文化英雄神话中，处女怀孕、无性生殖等神奇诞生故事是一种普遍存在的母题。所以有西方神话学者说，英雄之出现必伴以神奇诞生之故事。①

由于种种原因，先秦文献中所记录的中国早期神话素材相当零碎。比较著名的两则关于商、周始祖契、后稷的感生故事，均见于《诗经》。但到了汉代，感生故事大量涌现。《史记》在历史化、圣贤化一系列上古文化英雄的同时，保存（或再创作）了不少有关他们的感生神话。这种倾向至西汉末及东汉发展至极致。“圣人皆无父，感天而生”成为当时广泛流传的信仰。纬书作者对感生神话的重大发展，是将它与“五德相生”相结合，构成独特的“感生帝”说。“感五帝座星者称帝。”“天子皆五帝精宝，各有题序，以次运相据起。”纬书对古代传说中的“三皇五帝”、文化英雄及先秦至汉思想界推崇的先王作了系统的整理，构筑了一个政治神话的诸神谱。举凡圣人、帝王，无不感生。感生的方式，有履大人迹，遇神龙、云虎、仙人、电光、流星、大虹、白气而“意感”、“气感”。其想像力之丰富，非原

① Anne Birrell, *Chinese Mythology: An Introduction* (Baltimore: Johns Hopkins University Press, 1993), p.113.

始人可望其项背。

由《史记》到纬书所编织的神话体系，当然是不同于原始神话的一种政治神话，具有鲜明的意识形态特征，其目的主要在于为汉统治集团提供正当性的依据。本文希望通过对汉代政治神话中感生神话之形成过程及其产生背景的梳理，探讨汉代皇权正当性论证的方式、理据和心态，以及古代神话文本在传承过程中不断随社会、思想、政治生活的变迁而演变的情形。

一、先秦文献所见感生神话

"感生"，亦即无父生殖的观念，渊源很古，散布很广。据神话学家的研究，世界上的许多原始文化都出现过神奇诞生神话，尤其是有关部族始祖及英雄的诞生神话。①感生神话就是神奇诞生神话中最常见的一个类别。中国先秦文献中有关商、周族始祖的诞生神话，就是典型的例子：

> (1)《诗经·商颂·玄鸟》："天命玄鸟，降而生商。"
> (《楚辞·天问》则作："简狄在台，喾何宜？玄鸟致贻，女何喜？"②)

> (2)《诗经·大雅·生民》："厥初生民，时维姜嫄，生民如何？克禋克祀，以弗无子。履帝武敏歆，攸介攸止，载震载夙，载生载育。时维后稷。"
> 《诗经·鲁颂·閟宫》："赫赫姜嫄，其德不回。上帝是

---

① 参见 Birrell（1993，9，114）转引的诸家西方理论。西方神话学家提出多种假设，试图解释为什么在原始神话中会有如此众多的神奇诞生神话。如认为这些神话反映了一个民族、氏族、教派或朝代创立之始性别间的竞争。（参见 William G. Doty, *Mythography: the study of myths and rituals*. Alabama：University of Alabama Press，1986，p. 126）又如"英雄模式"的假设，认为文化英雄或民族始祖必具备某些特征，如神奇诞生，身为孤儿历经艰难而仍然生存，来自超自然力的眷顾和庇荫，等等。（参见 Jaan Puhvel, *Comparative mythology*. Baltimore：Johns Hopkins University Press，1987，p. 162）弗洛伊德学派的学者（如 Otto Rank）则认为这些神奇诞生故事反映出英雄对父权统治的叛逆或对双亲的报复心理。（Doty，1986，144）

② 游国恩主编，《天问纂义》，北京：中华书局，1982，页 302。

依，无灾无害，弥月不迟，是生后稷。”

孙作云先生对这种感生神话的解释是：“原始人不知道生育子女是由于男女交合而来，他们只是推测他们的女老祖宗，因为某一种机会，受了某一种动物或什么东西的感应，因此便生下了子女。这种感应她的东西（‘物’），就叫做图腾。”[①]袁珂先生的解释是：“感生神话是古已有之的……它们往往又是和图腾崇拜联系着的，认为所感而生某祖的事物就是某族的图腾……以歌颂祖先诞生神异的感生神话，虽是直到原始社会父权制时期，甚至是已经进入阶级社会后才特别受到重视，但究其本始，还是母系社会‘民知其母而不知其父’（《商君书·开塞篇》）的特定情况下的产物。那时原始先民非但‘不知其父’，并且不知道性交和受孕之间有什么直接联系，往往误认为妇女受孕是由于作为氏族亲属的某一外界事物（包括动物、植物、自然现象等）——图腾，钻进了她的肚子。于是一部分感生神话就和图腾崇拜神话、祖先崇拜神话有了不可分割的关系。”[②]很显然，将感生神话与原始氏族图腾崇拜及母系社会联系在一起，是中国神话学家的普遍认识。但从感生神话多涉及各氏族的男性始祖这一点来看，它们应该是原始氏族制由母系向父系转化时期婚姻形式之变化在原始信仰中的折射。当转化为父系氏族制时，需要确立一个男性始祖，他的出现便只能用女性始祖与氏族保护神——图腾或其他神物的结合来解释了。

二、《史记》所见感生神话

如果将先秦文献所见感生神话与《史记》所见感生神话作一比较，应是相当有趣的事：

(1)《史记·殷本纪》：“殷契母曰简狄，有娀氏之女，为

① 孙作云，《诗经与周代社会研究》，北京：中华书局，1966，页2。

② 袁珂，《中国神话史》，台北：时报文化出版公司，1991，页115—116。

帝喾次妃。三人行浴，见玄鸟坠其卵。简狄取吞之，生契。”①

(2)《史记·周本纪》：“周后稷名弃。其母有邰氏女，曰姜原。姜原为帝喾元妃。姜原出野，见巨人迹，心忻然说，欲践之。践之而身动，如孕者。居期而生子。”②

(3)《史记·秦本纪》：“秦之先，帝颛顼之苗裔。孙曰女修。女修织，玄鸟堕卵。女修吞之，生子大业。”③

(4)《史记·高祖本纪》：“刘媪尝息大泽之陂，梦与神遇。是时雷电晦冥。太公往视，则见蛟龙于其上。”④

从例（1）和例（2），我们可以看到《史记》中的有关记载要比前举《诗经》的记载详细复杂得多。关于殷族始祖契的感生神话，在《诗经·商颂·玄鸟》中的记载相当简略，只揭示了玄鸟与商族的特殊关系，而《史记·殷本纪》却提供了远为详细的情节。其中一部分与《楚辞·天问》吻合，如契母的名字、族属，与帝喾的关系，以及玄鸟降卵的暗示，应该是先秦时期已在流传的情节。但《殷本纪》版本还提供了较《天问》更详细、更具故事性的情节，包括契母简狄的次妃身份、三女沐浴、吞玄鸟卵而孕。关于周族始祖后稷的感生神话，《史记·周本纪》中的故事情节不但比《诗经》中的版本更详尽，而且以姜原为帝喾元妃、简狄为帝喾次妃的说法，有明显的人为斧斲痕迹。(很可能是周人所创）所以有神话学者认为是司马迁将《诗经》中保留的原始神话理性化、历史化了。⑤

至于《史记·秦本纪》中的秦祖大业感生神话，有学者干脆认

---

① 《史记》第1册，北京：中华书局，1972，页91。
② 《史记》第1册，北京：中华书局，1972，页111。
③ 《史记》第1册，北京：中华书局，1972，页173。
④ 《史记》第1册，北京：中华书局，1972，页341。
⑤ Birrell (1993), pp.117 –118.

为“显然是为‘宠神其祖’而对商祖神话的仿造”①。所以“史公在作《史记》之时并非完全根据《诗经》传说，而是根据由《诗经》所记传说而来的秦汉时期关于始祖的新传说编写的”②。

但“姜原出野，见巨人迹，心忻然说，欲践之。践之而身动，如孕者”的情节较之文绉绉及带有浓厚上帝崇拜色彩的“履帝武敏”，却更具原始神话的质朴气息。所以孙作云先生认为，这种新神话虽然记载在《诗经·生民》之后，却应比《生民》神话更原始。“践巨人迹”是一种原始文化孑遗（求子仪式）。“巨人”即熊，周民族图腾崇拜对象。周代文明社会对此不解或以为不雅，所以改为“履帝武敏”③。换句话说，《史记》版的后稷感生神话虽然后出，其中一些内容却可能源自比《诗经》更早、更原始的神话版本。事实上，原始神话的理性化、历史化绝非始于司马迁。《诗经》所记录的神话故事，其实已被周人或春秋时代的编纂者按照他们所能理解的或所追求的文化模式加以改造。何况《诗经》虽然是我们所能看到最早的记录原始神话的文本，我们又岂能断定司马迁撰写《史记》时所依据的资料来源，于《诗经》之外再无其他文本，亦未包括自上古以来延续不绝的口述神话传统呢？以主张层累造成古史观著称，认为历史资料愈晚出愈详细也愈不可靠，对先秦、秦汉文本多所质疑的顾颉刚先生，也承认“《史记·秦本纪》说秦祖女修吞卵生子，中衍鸟身人言，也可信为当时确有的史说”，“商族是自以为‘天命玄鸟’降下来的，周族是自以为上帝凭依了姜嫄而生下来的。这些事情的真不真是另一问题，但他们对于自己的祖先，都以为由于上帝的命令而出现，这个观念的存在是铁一般的事实。”④

但例（4）所述《史记·高祖本纪》中刘媪梦与神（蛟龙）遇的刘邦感生神话，与例（1）、（2）、（3）的情形完全不同，应是汉代人

① 冷德熙，《超越神话——纬书政治神话研究》，北京：东方出版社，1996，页99。
② 冷德熙，《超越神话——纬书政治神话研究》，北京：东方出版社，1996，页99。
③ 孙作云，《诗经与周代社会研究》，北京：中华书局，1966，页3、6、18。亦可参见冷德熙，《超越神话——纬书政治神话研究》，北京：东方出版社，1996，页98—99。
④ 顾颉刚：“战国秦汉间人的造伪与辨伪”，见《古史辨》第七册上编，上海：上海古籍出版社，1982，页10、17—18。

为论证汉皇室统治正当性而推出的政治神话。[①]关于这一点我们将在下面探讨。

三、纬书，汉碑所见感生神话

同其他文本类似，无论是口述的神话传统还是书面记录的神话传统，在其横向和纵向的流传过程中，一定会随着社会历史环境、思维生活方式的变迁，以及不同时代不同区域承担薪传重任的神话叙述者和编纂者出于不同动机而作的不同改编和诠释，发生渐进的演变。这种演变在先秦至汉、西汉初至东汉的神话文本中表现得相当明显。当然，如前所述，有时晚期的文本也可能保存更早的神话素材。

Birrell在比较中西神话之后，有一个有趣的观察。她说印欧神话传统中的大神，如天神、宙斯等，都曾与无数女子发生性关系，留下了无数子嗣。这种乱交并非如后来的西方古典艺术所表现的那种浪漫式爱情，却是充斥着兽性的欲念和魔鬼似的无穷精力，违反了社会的礼仪习俗。而中国古代神话中的大神，例如帝喾，则相当不幸。他的两个妻子（简狄和姜嫄）以感生的方式生下了殷、周两族的始祖，父亲却不是他。[②]汉代的华夏族人对于生殖和生命的本质的认识，对于国族的认同方式显然大不同于许多世纪之前的祖先。这种心甘情愿戴绿帽的心态对西汉人来说可能变得逐渐难以理解。刘邦之后的继体之君中少有传出感生神话。[③]

---

① 顾颉刚承袭康有为、崔适的批评原则，认为汉为火德说由刘向父子所创，故《史记》中凡提及火德、赤帝、赤帜的段落，必是刘向父子或其后之人伪造并窜入《史记》。如《高祖本纪》中刘邦杀蛇（白帝子），神母夜哭的故事，顾颉刚即指为“司马迁时不能有此事，必出伪窜”（见“五德终始说下的政治和历史”，《古史辨》第五册，上海：上海古籍出版社，1982，页493）。有人因而怀疑，《高祖本纪》中刘邦的感生神话也可能出于伪窜。

② Birrell (1993), p.114.

③ 刘邦之后的汉代君王，也有伴随神话，但感生神话则逐渐减少。但汉朝周边的少数族群中，仍有此类神话流传。如《后汉书·东夷传》载有夫余国开国君主东明的感生神话：其母“见天上有气大如鸡子来降我，因以有身”（见王先谦，《后汉书集解》，北京：中华书局，1984，页982）。《后汉书·西南夷传》：“哀牢夷者，其先有妇人名沙壹，居于牢山。尝捕鱼水中，触沈木若有感，因怀妊，十月，产子男十人。后沈木化为龙，出水上。”（见王先谦，《后汉书集解》，北京：中华书局，1984，页997）。《吴越春秋》卷六：“越之前君无余者，夏禹之末封也。禹父……娶于有莘氏之女，曰女嬉，年壮未孳。嬉于砥山，得薏苡而吞之，意若为人所感，因而妊孕，剖胁而产高密。”

但到西汉末及东汉，随着纬书的出现和流行，感生神话大量涌现。不但原有关于契、后稷、刘邦的感生神话被改写，几乎所有早期神话中的文化英雄、氏族始祖都被冠以感生神话。

有关殷契的感生神话

《尚书中候·苗兴》：“契之卵生，稷之迹乳。”①

《诗纬·含神雾》：“汤之先为契，无父而生。契母与姊妹浴于元丘水，有燕衔卵堕之。契母得，故含之，误吞之，即生契。”“契母有娀，浴于玄丘之水，睇玄鸟衔卵，过而坠之。契母得而吞之，遂生契。”②

《尚书中候》：“玄鸟翔水，遗卵于流。娀简易拾吞，生契，封商。后萌水易。”（注：“易疑浴。娀简在水中，浴而吞卵生契。后人当天应嘉，乃以水易为汤。”）③

有关周后稷的感生神话

《尚书中候·稷起》：“苍耀稷生，感迹昌。”④

《诗纬·含神雾》：“后稷母为姜源，出见大人迹，而履践之，知于身，则生后稷。”⑤

《春秋·元命包》：“姜嫄游闭宫，其地扶桑，履大迹，生后稷。神始行从道，道必有迹，而姜原履之，意感，遂生后稷。后稷于扶桑之所出之野，长而推演种生之法，而好农，知为苍神所命也。”

“苍神精感姜源而生，卦之得震，故周苍，代商。”注：“苍神谓喾，木者王也。”

“姜嫄游閟官，其地扶桑，履大人迹而生男，以为不

① 安居香山、中村璋八编，《重修纬书集成》卷2，东京：明德出版社，1975，页109。

② 安居香山、中村璋八编，《重修纬书集成》卷3，东京：明德出版社，1971，页24。

③ 安居香山、中村璋八编，《重修纬书集成》卷2，页81。（页108—109略同）从以上几段纬书佚文来看，契的感生神话强调的是“无父而生”的处女生殖母题，在《史记》版本中作为契母丈夫的帝喾不再出现。

④ 安居香山、中村璋八编，《重修纬书集成》卷2，页105。

⑤ 安居香山、中村璋八编，《重修纬书集成》卷3，页25。

祥，弃之。"①

《春秋·命历序》："帝喾传十世，乃至尧。后稷为尧官，则姜嫄帝喾后世妃，而言履帝武敏歆者，帝谓天帝。"②

有关刘邦的感生神话

《诗纬·含神雾》："执嘉妻含始生刘季。""有宝鸡，衔赤珠出。""含始吞赤珠，刻曰玉英，生汉皇。后赤龙感女媪，刘季兴。"③

《春秋·握诚图》："执嘉妻含始，游洛池，赤珠出，刻曰，玉英，吞此者为王客。以其年生刘季，为汉皇。""刘媪梦赤鸟，如龙戏己，生执嘉。"④

以下是纬书、汉碑中有关早期神话中的文化英雄、氏族始祖的感生神话。这些感生神话不见于先秦、汉初的神话文本。

伏羲

《诗纬·含神雾》："华胥履大人迹，而生伏羲。""大迹出雷泽，华胥履之，生伏牺。"⑤

《河图·稽命征》："华胥于雷泽，履大人迹，而生伏羲于成纪。"⑥

《孝经·钩命决》："华胥履迹，怪生皇羲。"（注："迹灵

① 安居香山、中村璋八编，《重修纬书集成》卷4上，东京：明德出版社，1988，页29—30。

② 中村璋八编，《重修纬书集成》卷4下，东京：明德出版社，1991，页126。这一版本以姜嫄为帝喾后世妃，而非帝喾之妃。而上引大部分佚文所表达的母题与契的感生神话类似，作为人夫、人父的帝喾亦不再出现。

③ 安居香山、中村璋八编，《重修纬书集成》卷3，页25。

④ 安居香山、中村璋八编，《重修纬书集成》卷4下，页71。纬书版本的刘邦感生神话与《史记》版本的明显区别：赤龙、赤鸟、赤珠的出现及父、母、祖母的名字。

⑤ 安居香山、中村璋八编，《重修纬书集成》卷3，页23。

⑥ 安居香山、中村璋八编，《重修纬书集成》卷6，页106。

威仰之迹也。履迹而生，以为奇怪也。”）①

神农

《春秋·元命包》：“少典妃安登，游于华阳，有神龙首感之于常羊，生神子，人面龙颜，好耕，是谓神农。”“女登生神子，人面龙颜，始为天子。”②“神农生，三辰而能言，五日而能行，七朝而齿具，三岁而知稼穑般戏之事。”③

《孝经·钩命决》：“任巳感龙，生帝魁。”注：“任巳帝魁之母也。魁神农。巳或作姒也。”④

《孝经·钩命决》：“佳姒感龙，生帝嵬魁。”注：“嵬魁神农名。”“郑玄曰：佳巳帝魁之母也。魁神名。宋衷春秋传曰：帝魁黄帝子孙也。”⑤

《河图·稽命征》：“女登游于华阳，有神龙首感女登于常阳山，而生神农。”⑥

黄帝

《河图·稽命征》：“附宝见大电绕北斗权星，照郊野，感而孕，二十五月而生黄帝轩辕于寿邱。”⑦

《河图·始开图》：“黄帝名轩，北斗黄神之精。母地祇之女附宝，之郊野，大电绕斗，枢星耀，感附宝，生轩，胸文曰：黄帝子。”⑧

《河图·握矩记》：“黄帝名轩，北斗黄神之精。母地祇之女附宝，之郊野，大电绕斗，枢星耀，感附宝，生轩，胸

① 安居香山、中村璋八编，《重修纬书集成》卷5，页67。这个版本显然脱胎于后稷感生神话。
② 安居香山、中村璋八编，《重修纬书集成》卷4上，页26。
③ 安居香山、中村璋八编，《重修纬书集成》卷4上，页25。
④ 安居香山、中村璋八编，《重修纬书集成》卷5，页67。
⑤ 安居香山、中村璋八编，《重修纬书集成》卷5，页67。
⑥ 安居香山、中村璋八编，《重修纬书集成》卷6，页106。
⑦ 安居香山、中村璋八编，《重修纬书集成》卷6，页107。
⑧ 安居香山、中村璋八编，《重修纬书集成》卷6，页47。

文曰：黄帝子。"①

《诗纬·含神雾》："大电光绕北斗枢星，照郊野，感附宝，而生黄帝。"②

《孝经·钩命决》："附宝出，降大灵生帝轩。"（注："附宝帝轩母也。电黄精，轩辕气也。轩黄帝名，附或作付也。"）③

少皞

《春秋·元命包》："大星如虹，下流华渚。女节梦接，意感而生白帝朱宣。"（宋均注："华渚，渚名也。朱宣，少昊氏。"）④

《春秋纬》："高阳即是少皞，黄帝之子，代黄帝而有天下，号曰金天氏。"⑤

《河图·稽命征》："大星如虹，下流华渚。女节气感，生白帝朱宣。"（宋均注："朱宣，少昊氏也。"）⑥

颛顼

《诗纬·含神雾》："摇光如蜺，贯月正白，感女枢，生颛顼。"⑦

《春秋·元命包》："在昔摇光贯月，感女枢，生颛顼。女枢见此而意感也。"⑧

《河图·握矩记》："帝乾荒，擢首而谨耳，猳喙而渠股。是袭若水，娶蜀山氏曰枢，是为河女，所谓淖子也。淖子感

---

① 安居香山、中村璋八编，《重修纬书集成》卷6，页85。
② 安居香山、中村璋八编，《重修纬书集成》卷3，页23。
③ 安居香山、中村璋八编，《重修纬书集成》卷5，页67。
④ 安居香山、中村璋八编，《重修纬书集成》卷4上，页27。
⑤ 安居香山、中村璋八编，《重修纬书集成》卷4下，页135。
⑥ 安居香山、中村璋八编，《重修纬书集成》卷6，页107。
⑦ 安居香山、中村璋八编，《重修纬书集成》卷3，页23。
⑧ 安居香山、中村璋八编，《重修纬书集成》卷4，页99。

摇光于幽防，而生颛顼。”①

《河图·稽命征》：“摇光之星，如虹贯月，感处女于幽房之宫，生帝颛顼于若水。”②

尧③

《春秋·合诚图》：“尧母庆都，有名于世。盖大帝之女，生于斗维之野，常在三河之南。天大雷电，有血流，润大石之中，生庆都。长大，形象大帝，常有黄云覆盖之，梦食不饥。及年二十，寄伊长孺家。出观三河之首。常若有神随之者。有赤龙负图出，庆都读之，赤受天运。下有图，人衣赤光，面八彩，须鬓长七尺二寸，兑上丰下，足履翼翼。署曰，赤帝起，诚天下宝。奄然阴风雨，赤龙与庆都合婚，有娠，龙消不见。既乳，视尧貌如图表。及尧有知，庆都以图予尧。”④

《尚书中候·握河纪》：“庆都游于三河，龙负图而至，其文要曰：‘亦受天佑，眉八采，鬓发长七尺二寸，圆兑上丰下，足履翼宿。’既而阴风四合，赤龙感之孕。十四月而生尧于丹陵，其状如图，身长十尺。”⑤

《诗纬·含神雾》：“庆都与赤龙合昏，生赤帝伊祁，尧也。”⑥

《河图·稽命征》：“庆都与赤龙合，生帝尧于伊祁。”⑦

《帝尧碑》：“庆都与赤龙交而生尧。”

《成阳灵台碑》：庆都“游观河滨，感赤龙交，始生尧”。“汉感赤龙，尧之苗胄。”

---

① 安居香山、中村璋八编，《重修纬书集成》卷6，页86。

② 安居香山、中村璋八编，《重修纬书集成》卷6，页108。

③ 尧的感生故事最详细。母庆都感雷电生尧。她本身也有感生故事。这应与西汉末、东汉流行以“汉为尧后”论证其皇权的正当性有关。

④ 安居香山、中村璋八编，《重修纬书集成》卷4下，页11。

⑤ 安居香山、中村璋八编，《重修纬书集成》卷2，页92。

⑥ 安居香山、中村璋八编，《重修纬书集成》卷3，页23。

⑦ 安居香山、中村璋八编，《重修纬书集成》卷6，页107。

《刘熊碑》："厥祖天皇大帝垂精接感，笃生圣明。"

《唐扶碑》："其先出自庆都感赤龙生尧。"

舜

《诗纬·含神雾》："握登见大虹，意感而生帝舜。""握登感大虹，生大舜于姚墟。"①（《河图纬·著命》略同）

《尚书纬·帝命验》："姚氏纵华感枢。"（注："纵，生也。舜母握登，枢星之精，而生舜重华。枢如虹也。"又注曰："舜母感枢星之精，而生舜重华。"）②

《尚书中候·考河命》："握登生舜于姚墟。龙颜色黑，身长六尺一寸。握登见大虹，意感而生舜。父母憎之，使其涂廪，自下焚之。舜乃服鸟工之衣飞去。又使浚井，自上填之。舜服龙工之服，自傍而出。"③

《河图·稽命征》："握登见大虹，意感，生舜于姚墟。"④

夏禹

《尚书纬·帝命验》："禹，白帝精，以星感。修纪山行见流星，意感栗然，生姒戎文禹。"（注："星，金精也。栗然，感貌。姒，禹氏。禹生戎地，一名政命也。"）⑤

《尚书中候·考河命》："修己剖背而生禹于石纽。"⑥

《礼纬》："禹母修己，吞薏苡而生禹，因姓姒氏。而契姓子氏者，亦以其母吞鳦子而生。"⑦

《孝经·钩命决》："命星贯昴，修纪梦接，生禹。"（注：

---

① 安居香山、中村璋八编，《重修纬书集成》卷3，页24。
② 安居香山、中村璋八编，《重修纬书集成》卷2，页53—54。
③ 安居香山、中村璋八编，《重修纬书集成》卷2，页96—97。
④ 安居香山、中村璋八编，《重修纬书集成》卷6，页107。
⑤ 安居香山、中村璋八编，《重修纬书集成》卷2，页54。
⑥ 安居香山、中村璋八编，《重修纬书集成》卷2，页98。
⑦ 安居香山、中村璋八编，《重修纬书集成》卷3，页82。

“命使之星，谓流行之星也。”）①

《河图·稽命征》：“修己见流星，意感，生帝戎文禹，一名文命。”②

有关商汤的感生神话

《尚书中候》：“桀后十三世，生主癸。主癸之妃曰扶都，见白气贯月，意感，以乙日生汤，号天乙。”③

《春秋·元命包》：“扶都感白气而生汤。”④

《河图·稽命征》：“扶都见白气贯日，意感，生黑帝子汤。”⑤

有关周文王的感生神话

《诗纬·含神雾》：“太任梦长人，感己生文王。”⑥

《河图·稽命征》：“大任梦长人，感己生文王。”⑦

有关孔子的感生神话

《春秋演孔图》：“孔子母征在，游大泽之陂，睡梦黑帝使请己。已往梦交，语曰：‘汝乳必于空桑之中。’觉则若感，生丘于空桑。”（注：“乳，生也。孔子曰：‘某援律吹律，而知有姓也。’”）⑧

---

① 安居香山、中村璋八编，《重修纬书集成》卷5，东京：明德出版社，1973，页67。在《天问》和《山海经》中，录有禹的神奇诞生神话，却非无父感生，而是在其父亲的尸体中孕育，最后剖尸而生。所以他本是知其父而不知其母。但纬书却将之改为感生神话，由其母修己意感流星而生。（由修己剖背而生的情节，尚可看到旧版神话的痕迹）

② 安居香山、中村璋八编，《重修纬书集成》卷6，东京：明德出版社，1978，页107。

③ 安居香山、中村璋八编，《重修纬书集成》卷2，页81。

④ 安居香山、中村璋八编，《重修纬书集成》卷4上，页29。

⑤ 安居香山、中村璋八编，《重修纬书集成》卷6，页107。先秦、汉初神话文本中未见有商汤的感生神话。以下如周文王、孔子的感生神话，亦纬书之前所未见。

⑥ 安居香山、中村璋八编，《重修纬书集成》卷3，页24。

⑦ 安居香山、中村璋八编，《重修纬书集成》卷6，页107。

⑧ 安居香山、中村璋八编，《重修纬书集成》卷4上，页12—13。这个感生故事似乎受到伊尹神奇诞生故事情节的影响。（见《吕氏春秋》）孔子“援律吹律，而知有姓也”，暗示他也是无父而生。

正如冷德熙所指出，虽然感生这种神话形式出现很早，甚至可能是一种史前文化孑遗[①]，但大量出现于西汉成哀之后，记录在纬书中、铭刻在汉碑上的关于三皇五帝、圣王、文化英雄的感生故事，却是一种当代人创作的政治神话。[②]

对当时那么流行的一种文化现象不能简单地斥之为“适应着当时统治者愚民政策的需要”[③]。目前学术界对这种文化现象背后的复杂社会、政治、文化、宗教、心理因素及其互动情形的探索、研究还很薄弱。但即以表面证据来看，汉代人对“圣人皆无父，感天而生”[④]的信仰是忠诚而坚定的。不仅圣人、帝王，就连臣子都会有感生故事。《春秋·演孔图》：“正气为帝，间气为臣。”注：“正气谓若木人则得苍龙之形，灵威仰之气；火人得朱鸟之形，赤熛怒之气。以生之比也。间气则不苞一行，各受一星以生。若萧何感昴精，樊哙感狼精，周勃感亢精者也。”[⑤]这不是孤例。在汉碑铭文中也常见此类表述。“感天而生”的“感”字，是个多义字，在这里的意思应该是感应。感生一词当出《易经·咸卦》的彖辞“天地感而万物化生”。既然万物皆由天地感而化生，人又何能例外？当然，圣贤、帝王、名臣的感生之特殊在于他们是感天帝、天神、灵异之气而生。在汉代的政治神话中，感生不再是原始人类对神奇自然力和生殖现象的素朴诠释，而是高贵血统和神圣权力的标识和象征。在这种考虑之下，皇室和贵族们不再顾虑感生说会为他们的父辈戴上绿帽。

我们已经看到，中国古代神话的文本从先秦到西汉初曾发生重大的变化。不同时期的神话编纂者，出于不同的动机，依他们自己的理解和社会、文化背景，对神话文本进行不同程度的润饰、整理、曲解，实际上创作了一个与前不同的神话系统。当时华夏世界政治上的大一统无疑极大地推动了对原先地方色彩浓厚的不同神话系统的整合。而这种整合的目的之一是要为大一统的皇朝提供一个新的融地方

---

① 这种文化孑遗在被采入《诗经》、《楚辞》、《山海经》、《史记》，进行文本化的过程中，当然无可避免地被不同的改编者以不同的论述策略重新叙述、诠释。但某些远古文化因子及精神仍然可能以某种形式保留下来，如《史记》中的后稷感生故事。

② 冷德熙，《超越神话——纬书政治神话研究》，北京：东方出版社，1996，页100—101。

③ 袁珂，《中国神话史》，台北：时报文化出版公司，1991，页116—117。

④ 许慎，《五经异义》引《春秋公羊传》。（今本《公羊传》无此文）

⑤ 安居香山、中村璋八编，《重修纬书集成》卷4上，页9。

信仰为一体的（或大杂烩的）诸神崇拜系统。[①]这种倾向在《史记·五帝本纪》、《史记·封禅书》、《大戴礼记·帝系》等文本中表现得相当突出。而从西汉末至东汉则出现另一波神话大整合。纬书中的大量感生神话就是这一整合的部分成果，极好地反映出当时知识界的风气和神话编纂学的动机和潮流。

纬书作者们改编或创作的感生神话具有鲜明的特征：

（1）新编神话中仍保留一些传统的感生神话母题，如鸟卵、巨人迹，以配合文化习俗和群众心理。

（2）感生被视为一个文化英雄或圣王通向成功的生命之旅的必经阶段和成王成圣的必备条件。[②]

（3）他们配合当时流行的政治哲学“五德终始论”，将“圣人皆无父，感天而生”的信仰发挥到极致。[③]为区别真命天子与一般贵族的感生，纬书的感生信仰脱离其原始神话的形式，发展为“感生帝说”。圣人、天子的超人父亲因而被限定为天上的五天帝。祂们分别以五星为宫室，依五德之序，轮流下凡，在人间播下龙种。[④]

（4）纬书中的感生类型丰富多彩，富于想像力。五天帝常将祂们自己化为龙、虎、云、闪电、流星、彩虹、白气等形状。被选中的女子则通过“意”或“气”来“感”受天帝的“精”。

---

① 参见 Birrell（1993），p.19.

② 神话学者 David Adams Leeming 根据对古希腊、古罗马、埃及、犹太、基督教、印度、印第安、波斯、德意志、波利尼西亚、弗里吉亚、非洲班图族神话的考察，将神话英雄的生命之旅分为八个阶段，而神奇诞生则被列为必经的第一阶段。（*Mythology：The Voyage of the Hero*.New York：Harper & Row，Publishers，1981）冷德熙（1996）对纬书政治神话加以爬梳后，将文化英雄神话中重复出现的母题性意象归纳为四类：（1）神奇诞生：感生说；（2）超人性特征：异貌说；（3）受图书符命：受命说和禅让说；（4）治功和文明业绩。（见冷德熙，《超越神话——纬书政治神话研究》，北京：东方出版社，1996，页 96—97）笔者以前曾对汉碑中的纬书影响加以整理，也曾指出汉代的君权神授的必备要素，有感生帝、特异风貌、符命。（“东汉碑刻与谶纬神学”，载《研究生论文选集·中国历史分册》，南京：江苏古籍出版社，1984，页 73）

③ 如前所述，不仅帝王，连贵族臣子都争相自承感生。他们的父亲们真可怜！

④ 安居香山、中村璋八编，《重修纬书集成》卷 4 上，页 32。《春秋·元命包》：“夏白帝之子，殷黑帝之子，周仓帝之子。”（页 18）《春秋·演孔图》：“天子皆五帝精宝，各有题序，次运相据起，必有神灵符纪，诸神扶助。”安居香山、中村璋八编，《重修纬书集成》卷 2，页 104。郑玄注《尚书中候·敕省图》：“感五帝座星者称帝。”

四、政治神话与皇权正当性论证

中国古代神话经过一代接一代的再叙述、再论述，配合着不同时期的社会、思想、政治生活的变化和需要，终于构成有体系的纬书政治神话。"感生"成为汉以后历代正史或野史中常见的"真命天子"的通用胎记和象征。这些感生神话常被皇位占有者（尤其是开国君主）或觊觎者用来论证其统治权力或统治机会的正当性[①]，也常被历代的有识之士讥为无稽之谈，斥为迷信荒诞。我们今天当然不必将这种在中国历史上曾经非常流行的文化现象如此简单化。

从殷商的神佑王权、西周的王权天授，到秦汉以降的五德终始说，乃至黄宗羲《原君》中的有关讨论，对皇权正当性的论证方法和理论一向是中国古代政治思想中的重要论题。[②]对皇权正当性的论证，包括对作为整体的皇权统治正当性的原则性探讨，以及对皇位继承或转移（改朝换代）理据、方式、过程正当性的普遍规则乃至具体案例认受性的讨论。这后一种关注，即传统史家所谓"正统"何在，在中国历代正史的修撰和批评中反映得尤其明显，讨论极其热烈。[③]西方近现代政治学理论也认为正当性是政权权力的基础。这种权力之运用基于：统治者方面意识到它有统治的权利；而被统治者也在某种程度上认可其统治权利。对正当性认受性的需求深深植根于人类社会。历史上的政权难得忽视这种认可。西方政治学者指出，就算是篡位者，在攫取权力之后，也常常试图为其政权提供一种正当的形式，以加强其统治地位。这些对篡夺权力进行正当性遮掩的努力，无论成功与否，常常揭示了特定社会、文化中对正当性（认受性）的判断标准。[④]按此说法，在中国历史上常常被用来论证统治正当性的感生神

---

① 如刘邦、刘裕、萧道成、萧衍、拓跋珪、高洋、杨坚、朱温、石敬塘、郭威、赵匡胤等。见孙广德，《我国正史中的政治神话》，页55—61。

② 刘泽华主编，《中国政治思想史》先秦、秦汉魏晋南北朝、隋唐宋元明清诸卷中的有关论述，杭州：浙江人民出版社，1996。尾形勇，"中国古代たおけぬ帝位の继承——正当化の过程と论理"，载（日本）《史学杂志》85期，1976，页308。

③ 参见饶宗颐，《中国史学上之正统论》，上海：远东出版社，1996，页1。

④ 参见Dolf Steinberger，"Legitimacy"（*International Encyclopedia of Social Sciences*，9：244－248），p.244.

话，其实也揭示了中国历代社会、文化中对正当性的判断标准。

西方关于正当性影响最大的现代理论出自韦伯。他将传统政治统治的正当性来源分为三种类型：传统（同世袭、封建形式有关，多应用于继位之君），克理斯玛（神授，同先知、英雄、领袖有关，多应用于开国之君），理性。[①]以神授来论证皇权来源，在中国古代，特别是汉代，也是相当普遍的方式。

皇权的正当性论证不同于皇权的攫取，不可以靠暴力或巧取豪夺。这种论证必须基于感情和民众的流行信念，才能充分获得民众心甘情愿的支持和效忠。（陈恒明，1986）灵活运用政治神话，证明皇权神授，就是一种高明的论证方法。文明时代的神话当然是虚构的。但人们需要神话，在实际生活中有神话的存在，却是事实。“而这些事实的发生，必然有其原因，也必然有其功能。”[②]

孙广德指出，汉代以来历代开国之君有神话的，算上曹丕、王莽、刘备、孙权，有二十三人，占总人数百分之九十二。“它说明了开国之君所以有神话，绝不是一件偶然的事，其中必有一番道理。”[③]同开国之君有关的神话，包括感生、特异风貌、符命，许多应该是编造出来的。这些编造出来的内容，有些出于“开国之君及其同党们的有意制造”，是为了打天下得政权的需要，因为如拉斯威尔与开普兰所说：政治符号有助于权力的建立、转移或保持，而“政治神话，是流行于社会中的基本政治符号的模式。”[④]也有些是由一般民众以讹传讹，无意之中编造传播的。孙广德认为，这“一方面是为开国之君的成功寻求合理的解释，一方面也是为了使他们自己在对君主非服从不可的情形下，以神话使其成为特异人物，以便服从的甘心情愿。因为人都有愿意服从特异之人的心理，服从特异之人，可以表示自己的服从是合理的，不过他们对自己的这种心理大都是不自觉的，

① Ibid., p.247.

② 孙广德，《我国正史中的政治神话》，载杜维运、王寿南、王德毅、李云汉编，《中国史学论文选集》第6辑，台北：幼狮文化事业公司，1986，页52。

③ 孙广德，《我国正史中的政治神话》，载杜维运、王寿南、王德毅、李云汉编，《中国史学论文选集》第6辑，台北：幼狮文化事业公司，1986，页65—66。

④ 孙广德，《我国正史中的政治神话》，载杜维运、王寿南、王德毅、李云汉编，《中国史学论文选集》第6辑，台北：幼狮文化事业公司，1986，页65—66。

因而他们制造神话也是出于无意的”①。还有些情形是：那些神异事迹虽是假的，却也代表着许多人的希望，在那种局面下，人们心灵深处，本来就希望他们有异乎寻常的领导者，因为这样才可以使他们的信仰与愿望的实现得到最大的保证。因而那些神异的事迹可以说是人们内心的希望投射到外在的世界。而在这种情形下假造神异事迹的人，可能会有极强烈的使命感，虽然从事制造也不会有骗人的罪恶感。②

但一旦这些神话得到流传，编造者（无论是开国之君还是普通民众）就难以控制其传播方向及功效。一切将取决于当时的社会环境、气氛、民众的信仰、意愿和选择。到最后，大多数民众最愿意相信、最希望看到它实现的神话，必然流传最广，效力最大。于是，我们就看到从西汉后期的“人心厌汉”，到新莽后期的“人心思汉”，再到东汉末年的人心思变，各种以五德终始论为基础的政治神话（包括感生神话）应运而生，掀动阵阵政治风波。而到了汉魏之交，又成为以“禅让”为形式的异姓皇朝更迭程序中不可或缺的一部分，影响中国政治史达数百年之久。③

（原载秦汉史研究会编《秦汉史研究论丛》第8辑，昆明：云南大学出版社，2001，页415—434）

① 孙广德，《我国正史中的政治神话》，载杜维运、王寿南、王德毅、李云汉编，《中国史学论文选集》第6辑，台北：幼狮文化事业公司，1986，页65—66。

② 孙广德，《我国正史中的政治神话》，载杜维运、王寿南、王德毅、李云汉编，《中国史学论文选集》第6辑，台北：幼狮文化事业公司，1986，页111。

③ 尾形勇，“中国古代たおけぬ帝位の继承——正当化の过程と论理”，载（日本）《史学杂志》85期，1976，页310。

参 考 文 献

工具书

罗竹风，主编．汉语大词典．上海：汉语大词典出版社，1986—1994．

夏征农，主编．辞海．上海：上海辞书出版社，1999．

许慎．段玉裁注．说文解字注．上海：上海古籍出版社，1981．

徐中舒，主编．汉语大字典．成都：四川辞书出版社，武汉：湖北辞书出版社，1986—1990．

中国社会科学院语言研究所词典编辑室，编．现代汉语词典．第5版．北京：商务印书馆，2005．

历史和考古文献

安居香山、中村璋八，纂辑．纬书集成．石家庄：河北人民出版社，1994．

白居易．顾学颉，校点．白居易集．北京：中华书局，1979．

班固等，编；陈立，疏证．白虎通疏证．北京：中华书局，1994．

班固．汉书．北京：中华书局，1964．

班固．王先谦，补注．汉书补注．北京：中华书局，1983．

苍颉篇．丛书集成初编．上海：商务印书馆，1935—1937．

常璩．任乃强，校补．华阳国志校补图注．上海：上海古籍出版社，1987．

曹植．丁晏，编；黄节，注．曹子建集评注．台北：世界书局，1998．

陈奂．诗毛氏传疏．台北：世界书局，1957．

陈松长．帛书《刑德》乙篇释文．收录于：丁原植，主编．马王堆帛书《刑德》研究论稿．台北：台湾古籍出版有限公司，2001．

陈寿.裴松之，注.三国志.北京：中华书局，1971.
陈埴.木钟集.四库全书.上海：上海古籍出版社，1987.
崔适.史记探源.北京：中华书局，1986.
丁福保.说文解字诂林.北京：中华书局，1988.
杜文澜，辑；周绍良，校点.古谣谚.北京：中华书局，2000.
杜佑.通典.续修四库全书.上海：上海古籍出版社，1987.
段玉裁.说文解字注.上海：上海古籍出版社，1981.
范晔.后汉书.北京：中华书局，1965.
房玄龄等.晋书.北京：中华书局，1974.
顾炎武.黄汝成，集释；栾保群、吕宗力，校点.日知录集释.上海：上海古籍出版社，2006.
管子.赵守正，注译.管子注译.南宁：广西人民出版社，1982.
郭茂倩，辑.乐府诗集.北京：中华书局，1983.
何建章.战国策注释.北京：中华书局，1990.
洪迈.何卓，校点.夷坚志.北京：中华书局，1981.
胡寅.致堂读史管见.续修四库全书.上海：上海古籍出版社，2002.
桓宽，王利器，校注.盐铁论校注.北京：中华书局，1992.
贾谊.阎振益、钟夏，校注.新书校注.北京：中华书局，2000.
贾谊.贾谊集.上海：上海人民出版社，1976.
李零.长沙子弹库战国楚帛书研究.北京：中华书局，1985.
李延寿.南史.北京：中华书局，1975.
郦道元.陈桥驿，校证.水经注校证.北京：中华书局，2007.
梁玉绳.史记志疑.北京：中华书局，1981.
列子.杨伯峻，集释.列子集释.北京：中华书局，1979.
刘安.刘文典，集解.淮南鸿烈集解.北京：中华书局，1989.
刘蜕.刘蜕集.四部丛刊初编缩印本.台北：台湾商务印书馆，1965.
刘熙.释名.四部丛刊初编.上海：商务印书馆，1929.
刘向.新序.四库全书.上海：上海古籍出版社，1990.
刘向.王照圆，补注.列女传补注.续修四库全书.上海：上海古籍出版社，2002.
刘向.向宗鲁，校证.说苑校证.北京：中华书局，1987.
刘炎.迩言.四库全书.上海：上海古籍出版社，1987.
刘珍等.吴树平，校注.东观汉记校注.北京：中华书局，2008.
刘知几.浦起龙，释.史通通释.上海：上海古籍出版社，1978.

六韬.中国兵书集成,第1册(据中华学艺社影宋刻武经七书本影印).北京:解放军出版社,沈阳:辽沈书社,1987.

陆贾,王利器,校注.新语校注.北京:中华书局,1986.

逯钦立,辑校.先秦汉魏晋南北朝诗.北京:中华书局,1983.

吕不韦.陈其猷,校释.吕氏春秋新校释.上海:上海古籍出版社,2002.

马承源,主编.上海博物馆藏战国楚竹书二.上海:上海古籍出版社,2002.

孟子.焦循,正义;沈文倬,点校.孟子正义.北京:中华书局,1987.

缪文远.战国策新校注.成都:巴蜀书社,1987.

皮锡瑞.盛冬铃、陈抗,点校.今文尚书考证.北京:中华书局,1989.

阮元,编.十三经注疏.北京:中华书局,1980.

孙星衍等,辑;周天游,点校.汉官六种.北京:中华书局,1990.

孙诒让、孙启治,点校.墨子閒诂.北京:中华书局,2001.

上海师范大学古籍整理组.国语.上海:上海古籍出版社,1978.

沈约.宋书.北京:中华书局,1974.

睡虎地秦墓竹简整理小组.睡虎地秦墓竹简.北京:文物出版社,1990.

司马光.资治通鉴.北京:中华书局,1956.

司马迁.史记.北京:中华书局,1959.

司马迁.泷川资言,考证,水泽利忠,校补.史记会注考证附校补.上海:上海古籍出版社,1986.

陶宗仪,编纂.説郛(据涵芬楼1927年版影印).北京:中国书店,1986.

王充.黄晖,校释.论衡校释.北京:中华书局,1990.

王符.汪继培,笺;彭泽,校正.潜夫论笺.北京:中华书局,1979.

魏收.魏书.北京:中华书局,1974.

魏征等.隋书.北京:中华书局,1973.

吴起.吴子.四部丛刊初编缩印本.台北:台湾商务印书馆,1965.

吴小强.秦简日书集释.长沙:岳麓书社,2000.

萧统,编;李善,注.文选.北京:中华书局影印胡克家刻本,1977.

徐元诰,撰;王树民、沈长云,点校.国语集解.北京:中华书局,2002.

许洞.虎钤经.丛书集成初编.上海:商务印书馆,1935—1937.

许慎.说文解字[续古逸丛书据日本岩崎氏静嘉堂藏本影印(宋)徐铉校宋本说文解字].上海:涵芬楼,1919.

许慎.说文解字(孙星衍校平津馆丛书覆宋本徐铉校说文解字).北京:中华书局,1985.

许维遹，集释．韩诗外传集释．北京：中华书局，1980．

荀悦．前汉纪．四部丛刊初编．上海：商务印书馆，1929．

荀悦．张烈，点校．两汉纪．北京：中华书局，2002．

荀子．王先谦，集解．荀子集解．北京：中华书局，1988．

严可均，辑．全上古三代秦汉三国六朝文．北京：中华书局，1958．

杨伯峻．春秋左传注．北京：中华书局，1990．

应劭．王利器，校注．风俗通义校注．北京：中华书局，1981．

永瑢、纪昀等，编纂．四库全书总目．北京：中华书局，1965．

袁宏．周天游，校注．后汉纪校注．天津：天津古籍出版社，1987．

袁康．李步嘉，校释．越绝书校释．武汉：武汉大学出版社，1992．

袁珂．山海经校注．上海：上海古籍出版社，1980．

曾公亮、丁度等．武经总要·前集．中国兵书集成，第3—5册（据明金陵书林唐富春刻本影印）．北京：解放军出版社，沈阳：辽沈书社，1988．

张家山汉墓竹简二四七号汉墓整理小组．张家山汉墓竹简（二四七号墓）．北京：文物出版社，2001．

长孙无忌等．刘俊文，点校．唐律疏议．北京：中华书局，1983．

赵翼．王树民，校证．廿二史札记校证．北京：中华书局，1984．

郑樵．王树民，点校．通志二十略．北京：中华书局，1995．

周天游，辑注．八家后汉书辑注．上海：上海古籍出版社 1986．

朱熹．诗集传．北京：中华书局，1958．

诸祖耿．战国策集注汇考（增补本）．南京：凤凰出版社，2008．

庄子，郭庆藩，集释．庄子集释．北京：中华书局，1961．

中文论著和译著

奥尔波特等．刘水平、梁元元、黄鹂，译．谣言心理学．沈阳：辽宁教育出版社，2003．

白寿彝．白寿彝史学论集（下）．北京：北京师范大学出版社，1994．

白寿彝等，主编．中国通史，第4卷．上海：上海人民出版社，1995．

阿兰·鲍尔德．民谣．北京：昆仑出版社，1993．

晁福林．周太史儋谶语考．史学月刊，1993，6：21—27．

陈光崇．关于范晔《后汉书》的三个问题．中国史学史论丛．沈阳：辽宁人民出版社，1984．

陈力丹．舆论学——舆论导向研究．北京：中国广播电视出版社，1999．

陈雪屏.谣言的心理.长沙艺文丛书编辑部，1939.

陈业新.两《汉书》“五行志”关于自然灾害的记载与认识.史学史研究，2002，3：43—48.

陈直.史记新证.天津：天津人民出版社，1979.

D.B.杜鲁门.陈尧，译.政治过程——政治利益与公共舆论.天津：天津人民出版社，2005.

高殿石.中国历代童谣辑注.济南：山东大学出版社，1990.

顾颉刚.中国上古史研究讲义.北京：中华书局，1989.

顾颉刚.五德终始说下的政治和历史·古史辨，第五册.上海：上海古籍出版社，1982.

关雁春.公众舆论、市民社会与法治.学术交流，2003，11：36—39.

侯健.三种权力制约机制及其比较.复旦学报，2001，3：100—106.

胡守为.“举谣言”与东汉吏政.中山大学学报，2004，6：64—69.

黄震云.汉代神话的多态性与政治.文学评论， 2010，2：98—104.

江万秀、雷才明、江凤贤.谣言透视.北京：群众出版社，1991.

卡普费雷，郑若麟、边芹，译.谣言——世界最古老的传媒.上海：上海人民出版社，1991.

柯文.杜继东，译.历史三调：作为事件、经历和神话的义和团.南京：江苏人民出版社，2000.

孔飞力.陈兼、刘昶，译.叫魂：1768 年中国妖术大恐慌.上海：上海三联书店，1999.

勒莫.唐家龙，译.黑寡妇：谣言的示意及传播.北京：商务印书馆，1999.

古斯塔夫·勒庞.冯克利，译.乌合之众——大众心理研究.北京：中央编译出版社，2004.

雷群明、王龙娣.中国古代童谣赏析.长沙：湖南文艺出版社，1988.

冷德熙.超越神话——纬书政治神话研究.北京：东方出版社，1996.

李零.中国方术正考.北京：中华书局，2006.

沃尔特·李普曼.阎克文、江红，译.公众舆论.上海：上海人民出版社，2006.

李中华.文字狱：悬在文人头上的利剑.寻根，2003，2：26.

廖伯源.秦汉史论丛.台北：五南图书出版公司，2003.

林剑鸣、余华青、周天游、黄留珠.秦汉社会文明.西安：西北大学出版社，1985.

刘安彦.社会心理学，第 5 版.台北：三民书局，1993.

刘建明.舆论传播.北京：清华大学出版社，2001.
刘节.中国史学史稿.郑州：中州书画社，1982.
刘开扬.柿叶楼存稿.上海：上海古籍出版社，1983.
刘泽华，主编.中国古代政治思想史.天津：南开大学出版社，1992.
鲁迅.鲁迅全集.北京：人民文学出版社，1987.
逯耀东.魏晋史学及其他.台北：东大图书公司，1998.
吕思勉.秦汉史.上海：上海古籍出版社，1983.
吕宗力.东汉碑刻与谶纬神学.研究生论文选集·中国历史分册.南京：江苏古籍出版社，1984：67—88.
吕宗力、栾保群.中国民间诸神.石家庄：河北人民出版社，2000.
吕宗力.感生神话与汉代皇权正当性的论证.秦汉史论丛第8辑.昆明：云南大学出版社，2001：415—434.
吕宗力.汉代的流言与讹言.历史研究，2003，2：14—31.
吕宗力.汉代"妖言"探讨.中国史研究，2006，4：39—58.
吕宗力.略论民间歌谣在汉代的政治作用及相关迷思.社会科学战线，2008，9：106—124.
吕宗力.汉代开国之君神话的建构与语境.史学集刊，2010，2：11—18.
马新.时政谣谚与两汉民众参与意识.齐鲁学刊，2001，6：82—88.
孟祥才.中国政治制度通史，第3卷.北京：人民出版社，1996.
汉斯-约阿希姆·诺伊鲍尔.顾牧，译.谣言女神.北京：中信出版社，2004.
彭雅玲.《史通》的历史叙述理论.台北：文史哲出版社，1993.
钱钟书.管锥编.北京：生活·读书·新知三联书店，2001.
邱永明.中国监察制度史.上海：华东师范大学出版社，1992.
本杰明·史华兹.程刚，译.古代中国的思想世界.南京：江苏人民出版社，2004.
宋衍申，主编.中国史学史纲要.长春：东北师范大学出版社，1992.
苏萍.谣言与近代教案.上海：远东出版社，2001.
孙广德.我国正史中的政治神话.杜维运、王寿南、王德毅、李云汉，编.中国史学论文选集第6辑.台北：幼狮文化事业公司，1986：51—125.
孙家洲.汉代"应验"谶言例释.中国哲学史，1997，2：82—88.
孙旭培.华夏传播论.北京：人民出版社，1997.
汤凌慧.汉文帝"约法省刑"略述.辽宁师专学报，2000，1：112—114.
天鹰.中国古代歌谣散论.上海：中华书局上海编辑所，1959.

田北湖.论文章源流（2）.国粹学报，1904，2：1—6.

仝晰纲.汉代风谣与举谣言.人文杂志，1999，4：110—111.

王梅芳.舆论监督与社会正义.武汉：武汉大学出版社，2005.

王青.汉朝的本土宗教与神话.台北：洪叶文化，1998.

王雄.新闻舆论研究.北京：新华出版社，2002.

王子今.秦汉社会史论考.北京：商务印书馆，2006.

吴承学.论謡谶与诗谶.文学评论，1996，2：103—112.

夏明钊.谣言这东西.深圳：海天出版社，1999.

萧公权.中国政治思想史（上）.台北：联经出版公司，1982.

谢贵安.中国谶谣文化.海口：海南出版社，1998.

谢贵安.古代政治民谣及其社会舆论功能.湖北行政学院学报，2002，创刊号：81—84.

徐华龙.中国歌谣心理学.乌鲁木齐：新疆人民出版社，1990.

阎步克.察举制度变迁.沈阳：辽宁大学出版社，1997.

阎心恒.民意的形成与发展.曾虚白，主编.中国新闻史第二章.台北：三民书局，1984.

严耕望.中国地方行政制度史（甲部）·秦汉地方制度.台北：历史语言研究所专刊之45A，1990.

杨明品.新闻舆论监督.北京：中国广播电视出版社，2001.

杨燕起、陈可青、赖长扬，编.历代名家评《史记》.北京：北京师范大学出版社，1986.

叶常林、李瑞华.公共权力监督模式的历史研究.安徽工业大学学报，2006，1：15—18.

余嘉锡.四库提要辨证.北京：中华书局，1980.

喻国明.解构民意——一个舆论学者的实证研究.北京：华夏出版社，2001.

张仁玺.秦汉家族成员连坐考略.思想战线，2003，6：97—102.

张铁民.谣言和流言：错位的心态.南京：江苏教育出版社，1997.

张晓峰.政治传播与政治象征理论评介.现代传播双月刊，2004，6：25—29.

章太炎.章太炎卷·革命之道德.姜德铭，主编.中国现代名家名作文库.北京：中国戏剧出版社，2001.

赵世瑜.谣谚与新史学——张守常《中国近世谣谚》读后.历史研究，2002，5：166—171.

郑昌淦.中国政治学说史.台北：文津出版社，1995.

钟肇鹏.谶纬论略.沈阳：辽宁教育出版社，1991.

周长山.汉代地方政治史论.北京：中国社会科学出版社，2006.

周晓虹.现代社会心理学——多维视野中的社会行为研究.上海：上海人民出版社，1997.

朱传誉.中国民意与新闻自由发展史.台北：正中书局，1974.

朱自清.中国歌谣.台北：开今文化，1994.

邹贤俊.中国古代史学史纲.武汉：华中师范大学出版社，1989.

英文论著

Aberbach, David. *Imperialism and Biblical Prophecy, 750 –500 BCE*. London and New York: Routledge, 1993.

Allport, Gordon W. and Leo Postman. *The Psychology of Rumor*. Reissued, New York: Russell & Russell, INC., 1965. (Copyright, 1947, by Henry Holt and Company)

Aune, David Edward. *Prophecy in Early Christianity and the Ancient Mediterranean World*. Grand Rapids: William B. Eerdmans Publishing Company, 1983.

Borden, Diane, and Kerric Harvey, ed. *The Electronic Grapevine: Rumor, Reputation, and Reporting in the New On-Line Environment*. Mahwah: Lawrence Erlbaum Associates, Publisher, 1998.

Bronner, Stephen Eric. *A Rumor About the Jews: Reflections on Antisemitism and the Protocols of the Learned Elders of Zion*. New York: St. Martin's Press, 2000.

Cahill, Suzanne E. *The Queen Mother of the West in Medieval China*. Stanford: Stanford University Press, 1993.

Cho, Hyunyi. "Public Opinion as Personal Cultivation: A Normative Notion and a Source of Social Control in Traditional China." *International Journal of Public Opinion Research*, 2000, 12 (3): 299 –323.

Chou, Ying-hsiung. "The Wooden-tongued Bell: the Uses of Literature and Poetry-collecting in Han China." Unpublished Ph. D. dissertation, University of California, San Diego, 1977.

Cohen, Paul A. *History in Three Keys: the Boxers as Event, Experience, and Myth*. New York: Columbia University Press, 1997.

Davis, Thomas J. *A Rumor of Revolt: the "Great Negro Plot" in Colonial New York*. New York: Free Press, 1985.

DeBendittis, Peter. *Guam's Trial of the Century: News, Hegemony, and Rumor in an American Colony*. Westport: Praeger, 1993.

DiFonzo, Nicholas, and Prashant Bordia. *Rumor Psychology: Social and Organizational Approaches*. Washington, D C: American Psychological Association, 2007.

Dumont, Jean-Paul. "Rumor and tremor in a Visayan community: some anthropological reflections on symbolic power." *Silliman Journal* (Dumaguete City, Philippines), 1980, 27 (4): 258 –264.

Farber, Seth. *Madness, Heresy, and the Rumor of Angels: the Revolt Against the Mental Health System*. Chicago: Open Court, 1993.

Farge, Arlette, and Jacques Revel. *The Vanishing Children of Paris: Rumor and Politics before the French Revolution*. Cambridge: Harvard University Press, 1991.

Fine, Gary Alan. *Whispers on the Color Line: Rumor and Race in America*. Berkeley: University of California Press, 2001.

Frye, Northrop. *Words with Power*. San Diego: Harcourt Brace Jovanovich, Publishers, 1990.

Glynn, Carroll J. ed. *Public Opinion*. Boulder: Westview Press, 1999.

Goode, Erich, and Nachman Ben-Yehuda. *Moral Panics: The Social Construction of Deviance*. Cambridge, MA: Blackwell, 1994.

Gross, Kenneth. *Shakespeare's Noise*. Chicago: University of Chicago Press, 2001.

Haar, B. J. ter. *Telling Stories: Witchcraft and Scapegoating in Chinese History*. Leiden, Boston: Brill, 2006.

Harris, Richard Jackson. *A Cognitive Psychology of Mass Communication*. Hillsdale: Lawrence Erlbaum Associates, 1989.

Jenkins, Henry. *Textual Poachers: Television Fans & Participatory Culture*. New York: Routledge, 1992.

Kapferer, Jean-Noël. *Rumors: Uses, Interpretations, and Images*. New Brunswick: Transaction Publishers, 1990.

Knopf, Terry Ann. *Rumors, Race, and Riots*. New Brunswick: Transaction

Books, 1975.

Koenig, Fredrick. *Rumor in the Marketplace: The Social Psychology of Commercial Hearsay*. Dover: Auburn House Publishing Company, 1985.

Kuhn, Philip A. *Soulstealers: the Chinese Sorcery Scare of 1768*. Cambridge, MA.: Harvard University Press, 1990.

Lin Yutang. *A History of The Press and Public Opinion in China*. Chicago: The University of Chicago Press, 1936.

Loewe, Michael. *Ways to Paradise: The Chinese Quest for Immortality*. London, Boston: Allen & Unwin, 1979.

Lu, Zongli, *Power of the Words: Chen Prophecy in Chinese Politics, 265 –618*. Oxford, Bern, Berlin, New York: Peter Lang AG, 2003.

Matthews, George Tennyson. *News and Rumor in Renaissance Europe: the Fugger Newsletters*. New York: Capricorn Books, 1959.

Neubauer, Hans-Joachim. *The Rumour: A Cultural History*. Trans. into English by Christian Braun. London: Free Association Books, 1999.

Ono, Shinji. "A Deliberate rumor: national anxiety in China on the eve of the Xinhai Revolution." In *China's Republican Revolution*, ed. by Eto Shinkichi and Harold Z. Schiffrin. Tokyo: University of Tokyo Press, 1994, 25 –40.

Ostrander, Michael E. "The meaning of Sennacherib's rumor in Isaiah 37: 7." Unpublished M. Div. Thesis. Grace Theological Seminary, 1970.

Overholt, Thomas W. *Prophecy in Cross-Cultural Perspective: A Sourcebook for Biblical Researchers*. Atlanta: Scholars Press, 1986.

Palmer, Roy. *The Sound of History: Songs and Social Comment*. Oxford: Oxford University Press, 1988.

Ramsay, Clay. *The Ideology of the Great Fear: the Soissonnais in 1789*. Baltimore: Johns Hopkins University Press, 1992.

Rogers, Francis Millet. *The Quest for Eastern Christians: Travels and Rumor in the Age of Discovery*. Minneapolis: University of Minnesota Press, 1962.

Rosnow, Ralph L. and Gary Alan Fine. *Rumor and Gossip: the Social Psychology of Hearsay*. New York: Elesevier, 1976.

Roth, Michael S., and Charles G. Salas. *Disturbing Remains: Memory, History, and Crisis in the Twentieth Century*. Los Angeles: Getty Research Institute, 2001.

Shibutani, Tamotsu. *Improvised News: A Sociological Study of Rumor*. Indianapolis: The Bobbs-Merrill Company, 1966.

Shibutani, Tamotsu and Kian M. Kwan. *Individuality and Social Control: Essays in Honor of Tamotsu Shibutani* (Contemporary Studies in Sociology, V. 13). Greenwich, Conn.: JAI Press, 1996.

Shive, Glenn. "Policy debates and rumor mills: China considers restrictions on study abroad." *China Exchange News* (Washington, D. C.), 18 (1), (Mar 1990): 3-7.

Strauss, Botho. *Rumor*. Translated from the German by Michael Hulse. Manchester: Carcanet Press, 1984.

Turner, Patricia A. *I heard It through the Grapevine: Rumor in African-American Culture*. Berkeley: University of California Press, 1993. (GR111.A47 T87 1993)

Van Buren, John. *The Young Heidegger: Rumor of the Hidden King*. Bloomington: Indiana University Press, 1994.

Victor, Jeffrey S. *The Creation of a Contemporary Legend*. Chicago: Open Court, 1993.

White, Luise. *Speaking With Vampires: Rumor and History in Colonial Africa*. Berkeley: University of California Press, 2000.

日文论著

小柳司气太.童谣·图谶·教匪.东洋思想の研究.东京：关书院，1934.

串田久治.中国古代の“谣”と“予言”.东京：创文社，1999.

索　　引

后　　记

无独有偶，十年前的此刻，我在清水湾畔闭关，埋首于两晋南北朝时期谶言信仰的研究，其成果就是2003年出版的英文书《语词的威力——谶言与两晋南北朝政治》（*Power of the Words: Chen Prophecy in Chinese Politics, AD 265–618*. Oxford, Bern, Berlin, New York: Peter Lang AG, 2003）。此时此刻，再度闭关，艳阳依然当空，微风吹拂照旧，空间却转换到了未名湖畔。感谢香港科技大学人文社会科学学院院长李中清教授和北京大学国际合作部的细心安排，未名湖北岸的健斋真是读书写作的好去处，绞脑之暇，绕湖散步，赏心悦目。更不可思议的是，蒙前来探望的表侄宗年相告，半个多世纪前，舅父宗白华先生由南京转任北京大学教职，也曾在健斋短暂落脚。我的房号是203，他住在204。是万中无一的巧合？还是冥冥中难以言明的机缘？当然，时空变幻，如今的健斋，改叫帕卡德国际学者公寓，由美国企业家捐助改建，形同实异，今非昔比了。

正是十年前对两晋南北朝时期谶言、谶谣政治、社会影响的研究，令我注意到谶言、谶谣与谣言的密切关系。“以斛律光之旧将，而有百升明月之谣。”①明月之谣源自敌方间谍的传播，而在境内儿童中传唱之后，经政敌操弄“破译”，成为谶谣，导致一代将星陨落，北齐自毁长城，齐、周军力均势失衡，“谣言可畏”，竟是祸

① 《日知录集释》卷3，页163。

首。①自此开始关注欧美和中国社会心理学、社会学、传播学、舆论学、历史学有关谣言的著述。

从心理学、社会学的角度重新审视汉代文献，发现在当时语境中的流言、讹言、谣言、谶言、谶谣、神话、传说等言论信息，非常类似现代社会心理学、社会学学者所界定的“谣言”。这些谣言类史料在历史研究中不受重视，但在汉代的社会、政治、文化中确实扮演了重要角色。正如社会学家希布塔尼所论，谣言是一种集体解决问题的方式，是一种在人群、社会中反复出现的沟通形式。人们通过这种沟通形式，尝试在不明朗不稳定的社会处境中，共享其智力资源，建构出对他们而言有意义的关于处境的诠释。②

从2003年开始，我陆续发表了有关研究，包括《汉代的流言与讹言》(载《历史研究》，2003)，《汉代“妖言”探讨》(载《中国史研究》，2006)，《略论民间歌谣在汉代的政治作用及相关迷思》(载《社会科学战线》，2008)，《汉代开国之君神话的建构与语境》(载《史学集刊》，2010）等。本书的第一、二、三章，第五章的前半部分，就是在上述研究基础上重新组织和增补而成。第四章“谶言和谶谣”，和第五章的后半部分“民间传说”，则是最近的研究成果。

附录包括三篇关于汉代谶纬的旧作。本书所讨论的谣言，包括谶言，而《纬书与西汉今文经学》(载安居香山编《谶纬神学の综合的研究》，东京：国书刊行会，1984）和《东汉碑刻与谶纬神学》(载《研究生论文选集·中国历史分册》，南京：江苏古籍出版社，1984）均发表于二十多年前，有兴趣的读者已很难找到。《感生神话与汉代皇权正当性的论证》(载《秦汉史论丛》第8辑，昆明：云南大学出版社，2001）虽然发表时间不算久远，但与本书第五章“政治神话”的讨论密切相关，所以一并附上，以便读者检阅。旧作的论点，与我今日的认识不尽相同。如细心比照，不难发现。

本书的研究，断断续续持续了十年。感谢宋超（《历史研究》)、彭卫（《中国史研究》)、尚永琪（《社会科学战线》)、孙久龙（《史学

① 《北齐书》卷17《斛律光传》：“斛律累世大将，明月声震关西，丰乐威行突厥，女为皇后，男尚公主，谣言甚可畏也。”(页225)

② Shibutani (1966), p.17.

集刊》）诸位先生一直以来的支持，令这一研究得以坚持下来。更感谢浙江大学出版社以及编辑赵琼女士的热情鼓励和极高的工作效率，令我下定决心，闭关数月，终能完成全稿，呈请方家和读者批评指教。

2011年仲夏于未名湖畔

图书在版编目(CIP)数据

汉代的谣言/吕宗力著.—杭州:浙江大学出版社,2011.10

ISBN 978-7-308-09129-9

Ⅰ.①汉… Ⅱ.①吕… Ⅲ.①谣言-研究-中国-汉代 Ⅳ.①D691.98

中国版本图书馆CIP数据核字(2011)第193948号

汉代的谣言

吕宗力 著

责任编辑 赵 琼

装帧设计 王小阳

出版发行 浙江大学出版社

(杭州天目山路148号 邮政编码310007)

(网址:http://www.zjupress.com)

排　　版 北京京鲁创业科贸有限公司

印　　刷 杭州杭新印务有限公司

开　　本 640mm×960mm 1/16

印　　张 20.75

字　　数 298千

版 印 次 2011年10月第1版 2011年10月第1次印刷

书　　号 ISBN 978-7-308-09129-9

定　　价 39.00元

浙江大学出版社发行部邮购电话(0571)88925591